영원한 WHO 사무총장

이종욱 평전

행동하는 사람

"우리는 모두를 위한 건강이라는 목표를 향해 나아갈 것입니다.
함께, 과거로부터 배운다면, 우리는 글로벌 공중보건의
미래를 바꿀 수 있습니다."

영원한 WHO 사무총장

이종욱 평전

엄상현 지음

동아일보사

차 례

2019년 12월 중국에서 시작된 신종 코로나바이러스 감염증(코로나19)이 순식간에 전 세계를 공포로 몰아넣었다. 세계보건기구(WHO)는 질병 관리 컨트롤타워인 이종욱 전략보건운영센터(JW Lee SHOC), 일명 '쇼크룸'을 즉각 가동했지만 초기 대응과 방어에 실패하고 말았다.

결국 WHO는 2020년 3월 세계적 대유행(팬데믹, Pandemic)을 선언하고, 사무총장 테워드로스 아드하놈 거브러여수스(Tedros Adhanom Ghebreyesus)가 정치적 편향성 논란에 휘말리면서 거센 비판에 직면했다.

세계 공중보건의료 종사자들은 2006년 5월 22일 타계한 이종욱 전 WHO 사무총장을 14년 만에 다시 소환했다.

'만약 그가 살아 있다면 어떻게 대처했을까?', '과연 바이러스의 세계적 대유행을 막을 수는 없었을까?'

조직 내 거센 반대에도 불구하고 쇼크룸을 만들고, 전 세계 지도자들과의 폭넓은 친분관계를 통해 재임 당시 WHO의 위기 대응 능력을 최대치로 끌어올렸던 이 총장이라면 뭔가 달랐을 것이라고 생각하는 이들이 많았다. 세계적인 명성과 높은 평가에 비해 잘 알려지지 않은 국내에선 그를 재평가하는 움직임이 일기도 했다.

필자가 한국국제보건의료재단(KOFIH)으로부터 의뢰를 받아 새로운 〈이종욱 평전〉 작업을 시작한 건 그즈음이다. 이 총장의 연설 담당 비서였던 데즈먼드 에버리(Desmond Avery)가 2006년 5월에 시작해 2012년 5월까지 장장 6년에 걸친 취재와 조사를 바탕으로 쓴 기존 평전(〈LEE JONG-WOOK : A Life in Health and Politics〉)이 큰 도움이 됐음은 물론이다.

에버리가 서문에서도 밝혔듯이 기존 평전은 두 가지 한계점을 갖고 있었다. 하나는 한국과 한국 말, 한국 문화에 대해 잘 모르는 영국인의 시각에서 이 총장의 삶과 행적에 접근하고 기술했다는 점이다. 또 하나는 그러다 보니 이 총장이 한국에서 보낸 어린 시절과 학창 시절, 그리고 국제사회에 진출한 이후 한국의 관료 또는 정치인들과 얽힌 뒷이야기(예를 들어 WHO 사무총장 출마 및 선거 과정)와 같은 부분이 충실히 반영되지 못했다는 점이다.

필자는 에버리의 평전에 소개된 이 총장의 편지와 연설문 등 객관적 자료와 주요 관계자 인터뷰 내용, 아내인 레이코 여사가 직접 작성한 '회고록(미발간)' 정리본과 메모 등을 토대로 추가 취재와 자료 조사를 진행했다. 그리고 이 총장이 살아온 삶을 최대한 정확하게 기술하기 위해 주요 사건의 발생 시점과 전후 관계, 그리고 사실 여부에 대한 확인작업에 집중했다. 이 과정에서 기존 평전의 소소한 오류와 일부 잘못 기재된 사실관계를 바로잡았다.

자료가 없거나 부족한 부분은 인터뷰를 통해 채워나갔다. 이 총장의 국내 가족과 중·고교 및 대학 친구, 그리고 WHO에서 인연이 있었던 전직 관계 및 학계 인사들에 대한 인터뷰는 큰 문제 없이 진행할 수 있었다. 하지만 해외 현지 취재와 해외 인사들에 대한 인터뷰는 코로나19 대유행으로 어려움이 컸다.

특히 이 총장이 WHO 조직 생활을 처음 시작했던 피지는 외국인 입국 자체를 금지했고, 레이코 여사가 20년 가까이 봉사활동을 이어온 페루 리마의 빈민촌 카라바이요는 최악의 코로나 감염지역으로 접근이 쉽지 않았다. 이 때문에 직접 대면 인터뷰 대신 현지 촬영팀을 통한 간접 인터뷰나 화상 인터뷰, 이메일 인터뷰 등으로 진행할 수밖에 없었던 점은 깊은 아쉬움으로 남는다.

이 총장이 서거한 지 이미 15년이라는 시간이 흐르면서, 그사이 사망했거나 연락이 닿지 않는 사람들은 과거 언론 인터뷰나 방송사 다큐멘터리 프로그램에 출연했을 당시의 인터뷰 내용을 일부 참고했다.

필자는 이종욱이라는 한 사람의 일생을 좇으면서 최대한 객관적인 사실에 입각해 기록하려고 노력했다. 인물 전기나 평전에서 흔히 나타나는 지나친 미화나 영웅시하는 오류를 범하지 않기 위해 특히 애썼다. 물론 자료나 인터뷰 내용의 취사선택, 그리고 전반적인 평전 구성 과정에서 필자의 주관적인 시각과 성향이 반영될 수밖에 없다는 한계는 부정하지 않겠다.

이 총장에 대한 호칭은 WHO 사무총장 당선을 기점으로 이전까지는 '이종욱' 또는 '종욱'으로, 이후부터는 '이종욱 사무총장' 또는 '이 총장'으로 통일해 사용했다. 이 총장이 거쳐온 소속에 따른 직책 또는 직위를 붙일 경우 그때마다 호칭이 달라져 나타날 수 있는 혼동을 최소화하기 위해서다.

책에 등장하는 외국 인물들의 호칭은 소속과 직책 및 직위를 먼저 적고 이름과 성(일본인의 경우 성과 이름순)을 붙인 후 다시 등장할 때는 성만 사용해 불필요한 중복과 혼선을 최소화했다. 다만 국내 인물들은 이름 또는 성만 쓸 경우 구분이 어려워 불가피하게 매번 이름 전체를 다 사용했다.

이종욱, 그는 과연 어떤 사람일까. 어린 시절의 그는 그렇게 특출나지는 않았다. 1945년 광복을 맞은 해에 태어나 6·25전쟁을 겪은 수많은 사람 중의 한 명일 뿐이었다. 어릴 적 무척 고집스러웠다고는 하지만 그런 사람이 어디 한둘일까. 오히려 아버지가 구청장인 유복한 집안의 아들이었다는 게 어쩌면 더 특별했다.

더욱이 1960년대 집안 살림이 무척 어려워진 시절에 군 복무까지 마치고 5수까지 해 대학에 입학했다는 것 자체가 어쩌면 개념 없는 철부지처럼 보일 수도 있다. 하지만 결과론적으로 그가 만약 중도에 포기했다면, 한국인 최초의 국제기구 수장에 오른 이종욱이라는 인물은 없었을 것이다.

이 총장의 인생은 한마디로 '고난과 역경을 극복하는 과정'이었다. 일찍부터 미국 유학을 준비했던 그는 성 라자로 한센인 마을에서 레이코 여사를 만나면서 인생의 큰 변곡점을 맞았다. 한일관계가 극도로 나빴던 그 시기에 '하필 일본 여성이라니…'. 가족과 주변의 거센 반대도 그의 고집을 꺾지는 못했다. 이후 그는 누구도 가보지 않은 미지의 세상을 향해 거침없이 도전해갔다.

이 총장이 그 과정에서 보고 겪은 세상은 결코 아름답지 않았다. 불합리했고, 편협했고, 비이성적이었고, 불평등했고, 이기적이었고, 권위적이었고, 위선적이었고, 비인간적이었다. 그가 남들과 다른 점은 바로 그 속에서도 따뜻한 미소와 위트, 그리고 타인에 대한 배려를 끝까지 잊지 않았다는 사실일 것이다. 그리고 좀 더 합리적이고, 관대하고, 이성적이고, 평등하고, 이타적이고, 소탈하고, 솔직하고, 인간적인 세상을 만들기 위해 끊임없이 노력했다는 점이야말로 높이 평가받을 만하다. 물론 그 역시 인간인지라 자신이 바라는 목표와 성과를 이뤄가는 과정에서 성질을 참지 못하고 조급함을 드러내 '성마르다'는 평가를 받기도 했지만 말이다.

2021년, 다시 해가 바뀌고 코로나19 치료제와 백신이 개발돼 보급되기 시작했지만, 이 깊고 어두운 '절망의 터널'이 언제쯤 끝날는지 알 수 없는 상황이다. 오늘도 전 세계에서 수천, 수만 명이 코로나19에 감염돼 목숨을 잃었다. 이 총장이 생전에 경고했던 국경을 가리지 않는 '바이러스의 대공습'은 이미 현실로 우리 앞에 다가와 있다. 그렇다면 그의 삶 속에서 이 암울한 현실을 타개할 해법도 찾을 수 있지 않을까.

이 총장 서거 15주년을 맞아 그의 평전을 새롭게 정리할 수 있는 기회를 주고 물심양면으로 지원을 아끼지 않은 한국국제보건의료재단과 첫 번째 평전을 쓰면서 조사하고 정리해둔 방대한 자료를 선뜻 보내준 데즈먼드 에버리에게 먼저 깊은 감사의 마음을 전한다. 재단과 에버리의 도움이 없었다면 이 새로운 평전은 시작도 하지 못했을 것이다.

아울러 이 졸고를 위해 귀중한 자료를 제공해준 WHO와 성 라자로 마을, 강원대학병원(강원도립의료원 후신), 서울대 의과대학 도서관 등과 이 엄중한 '코로나19 시대'에도 인터뷰에 응해주신 가족과 친구, 동료, 선후배, 그리고 수많은 지인들에게도 감사의 마음을 전한다. 특히 인터뷰와 함께 오랫동안 간직했던 편지와 사진을 제공해준 카우프먼 부부와 헤스 부부, 그리고 대학 시절 소중한 뒷이야기를 45년 만에 솔직하게 털어놓은 한승신 부부의 도움 덕분에 좀 더 충실한 평전을 쓸 수 있었다.

끝으로 코로나19 감염 우려 때문에 해외 취재가 극히 제한된 상황에서, 미국 현지 인터뷰에 많은 도움을 준 후배 기자 강지남과 채널A 다큐멘터리 제작을 겸해 스위스 제네바 현지 취재를 함께 한 강대국 PD, 자료 조사에 도움을 준 황인숙 작가, 원고 집필 내내 솔직한 평과 비판, 그리고 응원을 아끼지 않은 아내와 아들에게도 이 자리를 빌려 고마움을 전한다.

이번 평전이 이 총장의 인간적인 면과 삶, 그가 이 세상에 남긴 유산과 가치를 좀 더 세상에 알리고, 이후 누군가 다시 쓸 그에 대한 새로운 평전에 미력하게나마 도움이 되기를 희망한다.

2021년 5월 어느 봄날, 충정로에서
엄상현

약 어

AI	Avian Influenza, 조류 인플루엔자
AIDS	Acquired Immunodeficiency Syndrome, 후천성면역결핍증후군 (에이즈)
AROC	Alert and Response Operations Center, 경계대응운영센터
ARV	Anti-retroviral Drug, 항레트로바이러스
CDC	Centers for Disease Control and Prevention, 미국 질병통제예방센터
CVI	The Children's Vaccine Initiative, 어린이 백신사업
DANIDA	Danish International Development Agency, 덴마크 국제개발기구
DOTS	Directly Observed Therapy-Short Course, 직접관찰 치료전략
DRT	Drug Resistant Tuberculosis, 약제 내성 결핵
ECFMG	Educational Commission on Foreign Medical Graduates, 외국 의대졸업생 교육위원회
ELISA	Enzyme-linked Immunosorbent Assay, 효소면역분석법
EPI	The Expanded Programme on Immunization, 예방접종 확대 프로그램
FCTC	Framework Convention on Tobacco Control, 담배규제기본협약
GAVI	Global Alliance for Vaccines and Immunization, 세계백신면역연합
GDF	Global Drug Facility, 글로벌약품조달기구
GPEI	Global Polio Eradication Initiative, 국제 소아마비 퇴치 캠페인
GPV	Global Programme on Vaccines, 글로벌 백신 프로그램
GPVI	Global Programme Vaccines and Immunization, 국제 백신·면역 프로그램
Hib	Haemophilus influenzae type b, 뇌수막염, b형 헤모필루스 인플루엔자
HIV	Human Immunodeficiency Virus, 인체면역결핍바이러스
IAS	International AIDS Society, 국제에이즈협회

이종욱 평전

IHR	International Health Regulations, 국제보건규약
ILO	International Labour Organization, 국제노동기구
IUATLD	International Union Against Tuberculosis and Lung Disease, 국제항결핵폐질환연합
LSHTM	London School of Hygiene & Tropical Medicine, 런던 위생학·열대 의학대학
NBME	National Board of Medical Examiners, 의사국가시험위원회
PAHO	Pan American Health Organization, 범미보건기구
PEPFAR	President's Emergency Plan for AIDS Relief, 에이즈 퇴치를 위한 대통령 비상계획
PIH	Partners In Health, 파트너스인헬스
SARS	Severe Acute Respiratory Syndrome, 사스
SDH	Social Determinants of Health, 보건의 사회적 결정요인 위원회
SHOC	Strategic Health Operations Centre, 전략보건운영센터
TAG	Technical Advisory Group, 기술자문단
THE GLOBAL FUND	The Global Fund to Fight AIDS, Tuberculosis and Malaria, 에이즈·결핵·말라리아 퇴치를 위한 글로벌 펀드
UNAIDS	Joint United Nations Programme on HIV·AIDS, 유엔에이즈계획
UNDP	United Nations Development Programme, 유엔개발계획
UNICEF	United Nations International Children's Emergency Fund, 국제연합 아동기금(유니세프)
VQE	Visa Qualifying Examination, 비자자격시험
WHA	World Health Assembly, 세계보건총회
WHO	World Health Organization, 세계보건기구

1

1945~1976
출생에서 대학까지

JONG
WOOK
LEE

a man of action

도전의 시작

북아현동
한옥

서울시 서대문구 북아현동. 안산을 등지고 남쪽으로 구릉을 따라 가지런히 펼쳐진 따뜻한 동네다. 일제강점기 막바지인 1945년 4월 12일, 이종욱은 이곳의 한 한옥에서 태어났다. 주소는 '서대문구 북아현동 6번지 26'. 세월이 흐르면서 지금은 흔적도 없이 사라졌지만, 종욱의 누나 종원은 새로 지은 지 얼마 안 되는 깨끗한 한옥으로 기억한다. 당시 그녀는 만 여덟 살로, 근처 미동초등학교(당시엔 국민학교라고 불렀다) 3학년에 다니던 조그만 아이였다.

그때로 말하면 새집 동네였어요. 우리 집은 방이 3개나 있었으니 꽤 컸죠. 그 시절 보통 한옥은 방이 2개였거든요.

북아현동은 그 직전까지 토막민수용소가 있던 곳이다. 일본의 수탈로 몰락한 농민들이 서울로 유입되면서 형성된 대규모 도시 빈민층을 '토막민'이라고 불렀다. 땅을 파서 그 단면을 벽으로 삼거나 혹은 땅 위에 기둥을 세우고 거적 등으로 벽을 삼아 양철이

이종욱 평전

나 판자로 지붕을 만든 토막(土幕, 움막집)에서 산다고 해서 붙은 이름이다.

그러다 일제 말기 서울의 인구밀도가 높아지고 주택난이 심해지자 당시 경성부(일제강점기 서울시 명칭)는 도시계획과 위생·안전상의 이유 등을 들어 토막을 철거하고 그 자리에 새로운 집을 짓도록 했다. 이종욱이 태어난 한옥이 바로 그런 집들 중의 하나였다. 종원은 동생 종욱이 태어난 그날을 아무리 오랜 세월이 흘러도 잊지 못한다.

집에서 학교까지 걸어서 다녔어요. 그때는 학생이 많아서 오전 반과 오후반으로 나눠서 다녔는데, 저는 오후반이었죠. 어머니가 등교 준비를 하는 저에게 학교 가는 길에 아랫마을 조산원 조 씨 아주머니에게 '어머니가 산통이 있다'고 전하라고 하셨어요. 어머니 말씀대로 하고, 학교에 다녀오니 벌써 예쁜 남자아이가 태어나 있었어요.

아버지 이명세와 어머니 이상간에겐 정말 귀한 아들이었다. 첫째 종숙(당시 19세·딸), 둘째 종빈(14세·아들), 셋째 종원(8세·딸)에 이은 넷째였지만, 실은 종원과 종욱 사이에는 세상을 일찍 떠난 두 명의 자녀가 더 있었다. 아들(종익)은 다섯 살 때 뇌수막염으로, 딸(종희)은 세 살 때 폐렴으로 사망했던 것이다. 그런 아픔 뒤에 태어난 아들이니 부모에겐 더없는 기쁨이었다. 아버지가 이름을 '종'자 돌림에 '성할 욱(郁)'자로 지은 것도 어렵게 얻은 아들이 오래 살기를 바라는 마음에서였다. 그리고 부를 때는 욱이라고 불렀다.

종욱의 아버지 이명세는 일제강점기에 경성부에서 공무원으로 일했다. 사실 그 시절 공무원은 개인 영달을 향한 열망과 민족 차별에 대한 고뇌, 주위의 차가운 시선에서 느끼는 부담감 등 숱한 갈등 속에서 지낼 수밖에 없는 존재였다.

고등문관시험이나 보통문관시험 등을 통해 선발된 고위급 공무원이나 면서기, 고원, 촉탁 같은 하급 공무원이나 상황은 별반 다르지 않았다. 1920년 초반까지만 하더라도 3·1운동의 영향으로 한국인들 사이에서 공무원의 인기가 별로 없었지만, 1920년대 중반부터는 10~20 대 1의 경쟁률을 기록할 정도로 응시생이 많아졌다.

가족들의 기억과 증언에 의하면, 이명세는 그즈음 하급 공무원인 고원(雇員)에서 출발했다. 행정학 사전에는 고원에 대해 '제2차 세계대전 이전 일본 정부에서 서기 업무를 담당해온 비관리(非官吏)의 한 종류'라고 설명돼 있다. 훗날 계약직 임시공무원과 비슷한 신분이었던 것. 그러다 내부 시험을 거쳐 정식 공무원 신분을 얻은 것으로 알려졌다. 덕분에 이종욱이 태어날 무렵 가정 형편은 크게 어렵지 않았다. 종원의 회고다.

이종욱 평전

지금은 상상도 안 될 거예요. 문중에 한 사람만 제대로 월급 타는 사람이 있으면 그 주변 일가 사람들은 다 같이 밥 먹고 살 수 있었어요. 친척이 오면 차비라도 주고, 일할 곳도 추천해주고 그랬죠. 공무원이라 월급은 많지 않았지만 우리 형제는 물론 주변 친인척들까지 다 건사했죠. 집에 와서 자는 사람이 없으면 이상할 정도로 집안이 북적북적했어요. 정말 아버지와 어머니 두 분 모두 굉장히 훌륭하고 존경할 만한 분들이었죠.

그렇다고 본디 집안이 부유했던 건 아니다. 아버지와 어머니 모두 가정 형편 때문에 교육을 많이 받지는 못했다. 아버지는 4년제 중등학교(중·고교 통합) 과정을 수료했고, 어머니는 보수적인 집안 탓에 집에서 혼자 한학을 공부했다. 그래서 자녀 교육에 관심과 열의가 더 대단했는지 모른다.

종욱이 태어난 해, 우리나라는 일본 제국주의의 강점으로부터 벗어나 광복을 맞았다. 그해 8월 15일 정오, 일본 천황이 연합국에 항복을 선언하면서 제2차 세계대전은 끝났고, 우리나라는 36년 만에 굴욕적인 일제 치하에서 벗어났다. 한반도는 태극기로 물결쳤고, 일본인들은 서둘러 짐을 꾸려 본국으로 돌아갔다.

시국은 어수선했다. 서울과 평양을 각각 점령한 미국과 소련, 두 강대국은 한반도에 38선을 긋고 서로 군정을 선포했다. 일제의 강압 통치에서 벗어난 지 얼마 되지도 않은 상황에서 다시 강대국의 군정이 시작된 것이다. 광복과 동시에 경성부는 서울시로 이름이 바뀌었고, 이듬해 중앙정부의 직접적인 통제를 받는 서울특별자유시로 승격했다.

종욱의 아버지는 서울시에서 계속 근무했다. 일본인들로부터 시 행정 업무를 인계받아 진행할 수 있는 한국인이 절대적으로 부족했던 시기였다. 덕분에 종욱의 가정은 큰 어려움 없이 지낼 수 있었다. 그리고 3년 후 동생 종오가 태어났다. 종오는 부모님을 그 누구보다 자녀들을 가르치려는 학구열이 높았던 분들로 기억한다.

그 시대 부모님들이 대개 그러셨지만, 자식 교육을 가장 중요한 가치로 삼았어요. 집안 분위기도 상당히 학구적이었습니다. 집에 책들도 많았어요. 어머니는 신식 교육은 못 받았지만 한자를 많이 아셔서 우리에게 중국 수호전이나 삼국지 이런 걸 읽어주시기도 했죠.

봄볕처럼 포근하고 단란했던 가족들. 하지만 그 행복은 그리 오래가지 못했다.

6·25전쟁의
상흔

1950년 6월 25일 새벽 4시경, 소련의 군정 아래서 한반도의 북쪽에 조선민주주의인민공화국을 수립한 북한은 38도선 전역에서 일시에 군사 도발을 감행했다. 관련 기록에 따르면 북한군은 7개 보병사단과 1개 기갑여단, 수개의 특수 독립연대로 구성된 총 병력 11만1000명과 1610문의 각종 포, 280여 대의 전차와 자주포 등을 동시에 투입했다. 이 중 주요 병력은 서울을 목표로 개성과 연천, 철원 등지에서 일제히 남하했다. 때를 같이해 무방비 상태인 서울 상공으로 날아든 북한 전투기들은 김포공항을 폭격하고, 시내 중심가에 기총 소사를 가하는 등 막강한 화력을 쏟아부었다. 북한군은 파죽지세로 밀려 내려와 불과 3일 만에 서울을 점령해버렸다.

그런데도 서울 시민 대부분 피난을 떠나지 못한 이유는 바로 정부의 거짓말 때문이었다. 북한군이 서울 인근까지 진격한 27일 오후 1시, 국방부는 특별방송을 통해 의정부를 탈환했다는 내용을 공식 발표했다. 당시 라디오 방송 내용이다.

적군이 탱크를 남겨두고 의정부에서 후퇴한 이후 정부는 여전히 작전 중입니다. 오늘 아침에 우리 군이 우세한 상황으로 바뀌었고, 의정부를 장악했으며, 북쪽 29km 지점에서 적과 치열하게 전투 중입니다. 적군은 탱크를 남겨두고 북쪽으로 도망치고 있습니다. 우리 공군은 3대의 적군 전투기를 격추시켰습니다.

같은 날 오후 4시, 국방부 보도과장 김현수 대령은 다음과 같은 내용을 발표했다.

정부는 일부 시설을 수원으로 옮기기로 결정했다가, 상황이 나아지면서 정부는 모든 장관이 참석한 가운데 수도에서 운영되고 있으며, 국회도 남아 있기로 결정했습니다. 국민은 동요하지 말아야 합니다. 우리 국방군을 믿어야 합니다.

그리고 그날 밤 9시, 이승만 대통령이 직접 미군(맥아더 장군)의 참전 소식을 전하며 국민에게 희망을 주는 특별 담화를 발표했다. 당시 미군이 본국에 송신한 이승만의 담화문 요약문이다.

지난 몇 달간 저는 미군의 군사 원조가 임박했다고 단언했습니다. 그러나 민주주의 국가에서 그런 원조를 결정하는 데는 상당한 시간이 걸립니다. 마침내 적군은 탱크와 전투기, 전함을 앞세우고 서울로 진격하고 있는데, 우리 국군은 싸울 수 있는 게 아무것도 없습니다. 이 암울한 상황에 직면한 저는 도쿄와 워싱턴에 연락해 현 상황을 설명했습니다. 드디어 저는 이날 오후에 맥아더 장군으로부터 한 통의 전보를 받았습니다. 맥아더 장군은 우리에게 수많은 유능한 장교들과 군수물자를 보내는 중이며, 빠른 시일 내에 도착할 것입니다. 저는 이 좋은 소식을 국민과 함께 나누고자 오늘 밤 알려드리는 것입니다.

우리는 공산주의와 싸우기 위한 우리의 용기와 투지를 증명해 보였습니다. 모든 우방국들이 우리를 돕고 있습니다. 최전선에서 싸우는 모든 우리 용감한 군인들과 정치인들에게 감사를 표합니다. 공산주의자들이 과거의 실수를 바로잡고 대한민국에 대한 충성을 맹세한다면 용서받을 수 있다는 사실을 상기시키기 위해 다시 한 번 말합니다. 그렇지 않으면 그들은 머지않아 대가를 치르게 될 것입니다. 우리 국민 모두가 그들을 대한민국 공화국의 충실한 시민이 되도록 가르치고 안내해야 할 것입니다.

하지만 그 시각, 이승만은 이미 극비리에 대전으로 피신해 있었고, 북한군은 미아리 고개를 넘어 서울시내 진입을 목전에 둔 상태였다. 급기야 28일 새벽 2시, 국군은 북한군의 남하를 저지하지 못하고 한강대교와 한강철교를 폭파한 뒤 한강 이남으로 후퇴했다. 결국 대통령과 정부의 계속된 거짓말과 한강을 건널 수 있는 다리와 철교의 폭파로 서울 시민 대부분은 피난을 가려야 갈 수 없는 상황에 처했던 것이다.

28일 아침, 세상은 완전히 뒤바뀌었다. 대한민국 서울이 하루 아침에 조선민주주의인민공화국 서울이 됐다. 서울시청 앞에는 태극기 대신 인공기가 올라갔다. 여느 때처럼 서울시청으로 출근하던 이종욱의 아버지는 인공기를 보고 깜짝 놀라 조심스레 뒷걸음쳐 집으로 되돌아와야 했다. 자칫 북한군에 잡히면 목숨을 부지하기 힘들었기 때문이다. 일제강점기 때부터 시청 공무원으로 근무한 이력은 북한군의 시각에서 볼 때 '부일(附日) 협력자'로 몰릴 공산이 컸다. 그 시기에 아버지는 시에서 양곡 관리를 책임지는 자리에 있었다.

이제 가족은 전쟁에서 살아남을 방법을 찾아야 했다. 마침 북아현동 집에서 안산 너머 서대문구 영천동(지금의 현저동)에 큰아버지 집이 있었다. 독립문과 서대문형무소(당시 서울형무소) 뒤쪽 안산 방향으로 외진 곳인 데다, 집과도 멀지 않아 아버지가 잠시 몸을 피하기 안성맞춤이었다. 자녀들은 먼 친척 집으로 보내졌다. 첫째 종숙은 서울 북쪽 시 외곽에 있는 양주의 외갓집으로, 둘째 종빈과 셋째 종원은 풍덕군(지금의 파주시) 장단면의 5촌 아저씨 집으로 갔다. 집에는 어머니와 아직 어린 종욱, 종오만 남았다. 종욱은 다섯 살, 종오는 겨우 두 살이었다.

북한군은 한 달 만에 낙동강 이남인 부산과 대구, 경남을 제외한 모든 지역을 장악했다. 그사이 서울은 무법천지가 됐다. 북한군은 전선에서 자신들과 전투를 벌이다 부상을 입고 서울대 의대 부속병원(지금의 서울대병원)에서 치료를 받던 국군 부상병과 경비병뿐만 아니라 그 가족들까지 무참히 사살하는 만행을 저질렀다. 서울시내 병원 곳곳에서 비슷한 학살극이 벌어졌다. 비록 적군이라고 할지라도 부상병과 포로는 인도적으로 대해야 한다는 '제네바 국제협약'이 1949년 8월 12일 체결됐지만, 북한군은 이를 철저히 무시했다. 훗날 서울대병원은 이때 사망한 희생자들을 위한 추모비를 세웠다.

북한군과 함께 내려온 공산당원들은 우익 인사와 경찰, 공무원을 색출하기 위해 서울시내를 이 잡듯 뒤졌다. 발각된 이들이 체포를 거부하면 그 자리에서 사살했고, 체포에 응해도 인민재판에 회부해 많은 사람들이 보는 앞에서 무참히 처형했다. 공산당원들은 친일반민족행위자를 처형한다는 명분을 내세웠지만, 실제로는 자신들의 이념에 맞서는 반동분자를 색출해 척살하고자 했던 것이다.

이런 상황인데도 종원은 어머니와 동생들이 걱정된 나머지 얼마 후 풍덕군 친척 집에서 서울 집으로 돌아왔다. 마땅한 교통수단이 없었던 터라 걷거나 소달구지를 얻어 타는 수밖에 없다 보니 친척 집에서 출발한 지 이틀이나 걸렸다.

전쟁은 쉽게 끝날 기미가 보이지 않았다. 어머니와 종원은 얼마 남지 않은 식량으로 최대한 버텨야 했다. 끼니는 밀가루와 달걀을 약간 섞은 호박죽으로 해결했다. 어머니가 금반지와 바꾼 쌀은 파 밭 밑에 묻어두고 꼭 필요할 때만 꺼내 먹었다. 한창 잘 먹어야 할 아이들이었지만 그렇게나마 끼니를 때우며 견뎌야 했다.

서울을 점령한 북한군은 '공무원 반동집'이라고 집 안의 모든 물건에 압류 딱지를 붙이고 처분 금지 명령을 내렸다. 하지만 어머니는 그 명령을 곧이곧대로 따르지 않았다. 밤마다 압류 딱지를 조심스레 뜯고 살림을 꺼내 이웃에 사는 사촌 언니 집으로 옮겼다가 낮에 먹을거리와 바꿨다.

그러던 어느 날, 변복을 한 이모부가 은밀히 찾아와 다급한 소식을 전했다. 아버지가 북한군에 붙잡혀 종로구 효제초등학교에서 처형될 뻔하다가 공습을 틈타 탈출해 방산동 이모네 지하실에 숨어 있다는 것이었다. 그 소식을 들은 지 얼마 지나지 않아 공산당원들이 집으로 들이닥쳤다. 도망간 아버지를 찾기 위한 게 분명했다. 공산당원들은 종오를 등에 업은 어머니를 그대로 경찰서로 끌고 가 아버지의 행방을 대라며 종주먹을 들이댔다. 하지만 어머니는 거꾸로 역정을 냈다.

"당신네가 좀 찾아주오. (집안 살림에) 압류 딱지까지 붙여놓고, 나도 혼자서 어린 것들하고 먹고살려니 너무 힘드오!"

아이를 업고 있는 모습이 보기에 딱했는지, 북한군은 새벽에 어머니를 풀어줬다. 집으로 돌아온 어머니는 쫄쫄 굶은 어린 자녀들을 위해 과일 궤짝을 쪼개 불을 지핀 뒤 보리 두 줌을 솥에 넣고

끓였다. 비록 설익었지만, 그 시절 그나마 곡기라도 연명할 수 있어서 다행이었다.

전쟁이 시작된 지 두 달 반이 지나자 전세가 역전되기 시작했다. 9월 15일 새벽, 맥아더 장군이 이끄는 유엔군과 국군이 인천상륙작전을 감행해 성공한 데 이어 2주 뒤인 28일 서울을 되찾았다. 그사이 경상도 지역에서 북한군과 대치하던 국군과 유엔군도 대대적인 반격을 개시해 30일 서울까지 치고 올라와 합류했고, 이에 기세를 올린 연합군은 10월 1일 38도선을 넘어 북한으로 진격해나갔다.

덕분에 북한군의 추적을 피해 숨어 있던 아버지와 여기저기 뿔뿔이 흩어졌던 가족들이 집으로 돌아올 수 있었다. 하지만 만남의 기쁨도 잠시. 양주의 외갓집으로 피신을 갔던 맏딸 종숙이 그사이 신장병으로 숨졌다는 비보가 날아들었다. 이미 장례까지 치러 외갓집 근처 야산에 묻혔다는 것이다. 이제 만 24세의 꽃다운 나이였다. 서울 진명여중을 졸업하고 아현초등학교에서 교사로 일했던 종숙은 평소 신장염 때문에 건강이 좋지 않았다.

생때같은 딸을 얼굴도 보지 못한 채 저세상으로 먼저 보낸 부모의 심경이 어땠을까. 비통함에 젖은 어머니는 종숙이 시집갈 때 옷을 해 입히려고 준비해둔 옷감을 꺼내 말없이 태웠고, 아버지는 전시 상황인데도 홀로 양주까지 찾아가 딸의 무덤을 쓰다듬으며 작별을 고하는 걸로 슬픔을 대신해야 했다.

북한으로 진격한 유엔군과 국군은 중국과의 국경인 두만강과 압록강까지 치고 올라갔다. 10월 19일 평양시, 26일 압록강 초산군, 11월 23일 함경남도 혜산시, 26일 함경북도 청진시 등 북한 대부분의 지역을 점령했다. 우리 군은 곧 남북통일이 이뤄질 것으로 믿었고, 유엔군은 크리스마스는 집에서 가족들과 함께 보낼 수 있을 것으로 기대했다. 하지만 그런 믿음과 기대는 중공군의 대대적인 참전으로 산산조각이 났다.

물밀듯이 밀려 내려오는 중공군의 '인해전술(人海戰術)' 공세에 유엔군과 국군은 속수무책으로 당했다. 미군 1개 사단이 거의 전멸하고, 다른 전선에서도 심각한 타격을 입었다. 전세는 다시 뒤집어졌다. 후퇴에 후퇴를 거듭하면서 12월 중순엔 다시 서울까지 위험해졌다. 훗날 세계 전사(戰史)에 남은 장진호(함경남도 장진군 일대) 전투와 흥남 철수 등이 이 시기에 이뤄졌다.

서울 시민들은 앞다퉈 피난길에 올랐다. 이제 정부의 발표를 믿을 국민은 아무도 없었다. 서울시청 공무원들에게는 대구로 이동하라는 지시가 내려졌다.

북한군과 공산당원들의 피비린내 나는 살육과 공포를 진저리치게 경험한 가족들은 다시는 그런 경험을 되풀이하고 싶지 않았다. 아버지는 가족들에게 대구에서 만나자고 약속하고 다른 공무원들과 함께 먼저 떠났고, 이제 만 열세 살이 된 종욱은 다른 친척 가족과 함께 피난 트럭에 올라탔다. 마침 제일은행에서 제공한 그 트럭에는 이불과 재봉틀, 그리고 돈이 될 만한 살림살이를 가득 실었다. 어머니는 종욱과 종오 두 어린 아들과 함께 소달구지를 타고 그 뒤를 따랐다. 대학교 1학년(19세)이었던 맏아들 종빈은 피난길 대신 전투경찰의 길을 택했다. 당시 전투경찰은 일선이 아닌 후방에서 좌익 무장 세력과의 전투를 전담했다.

가족들의 1차 피난 목적지는 충북 청주 교동에 있는 먼 친척 집이었다. 종원이 탄 트럭은 아버지의 고향인 충남 전의(全義)를 지나갔다. 한겨울, 눈이 가득 쌓인 길을 가던 트럭은 그만 눈구덩이에 빠지고 말았다. 사람들이 몰려들어 밀면서 끌어내보려고 애썼지만 트럭은 오히려 더 깊게 빠져 들어갔다. 결국 트럭을 포기할 수밖에 없었다.

사방이 온통 하얀 눈뿐인 길 위에 트럭에 싣고 왔던 살림살이와 덩그렇게 남은 종원 일행은 이만저만 난감한 게 아니었다. 다행히 주변 마을에서 소달구지를 구해 청주까지 갈 수 있었다. 청주에 도착하자 친척 아저씨(이의세)가 따뜻하게 맞아주었다.

종원은 어머니와 두 동생이 오기를 애타게 기다렸다. 북한군과 중공군이 서울에 곧 들이닥칠 것이라는 소식이 계속 전해져 이만저만 불안한 게 아니었다. 1950년 12월 20일 해 질 무렵, 어머니와 두 동생을 실은 소달구지를 보고서야 종원은 안도했다. 하지만 그것도 잠시. 종욱이 누나를 다시 보자 너무 기쁜 나머지 달구지에서 급하게 뛰어내리다가 발목을 삐끗했다. 발등은 금세 부어오르며 아파왔다.

전선에서도 좋지 않은 소식이 계속해서 들려왔다. 1월 초에는 적군이 서울을 점령하고 남하하기 시작했다는 흉흉한 소문이 돌았다. 실제 우리 군은 1월 4일 서울을 다시 빼앗기고 남쪽으로 밀려 내려오고 있었다. 방을 내준 아저씨네는 산속으로 피난을 준비하면서 종욱 가족의 눈치를 봤다. 결국 아버지가 기다리는 대구로 내려가기로 했다.

청주에서 대구까지는 남쪽으로 150km 정도의 거리. 마땅한 교통수단이 없던 터라 종욱의 가족은 다른 피난민들과 마찬가지로 걸어가야 했다. 그나마 피난길에 챙긴 돈이 있어서 다른 피난민들에 비해 상황은 좀 나은 편이었다. 어머니는 리어카를 구해 살림살이를 싣고 전대에 돈을 넣어 허리에 찼다. 만약을 대비해 어머니가 갖고 있던 돈의 일부를 비상금조로 떼어 종원이 간수했다. 종원이 훗날 남긴 회고록 중 일부다.

어머니가 앞에서 리어카를 끌고, 종욱과 종환(친척 동생)이는 앞서거니 뒤서거니 하면서 걸었다. 나는 종오를, 종환이 어머니는 둘째 아이를 업고 그 뒤를 따랐다. 종환이가 가끔 발이 아프다며 눈물, 콧물을 쏟으며 울었지만 종욱이는 다리가 부어 절뚝거리면서도 아버지에게 간다고 하니 씩씩하게 걸었다. 종오는 내 등에 엎드려 보채지도 않고 얌전히 있었다. 가끔 울면 노래도 불러주고

이종욱 평전

이야기도 해줬다. 우리는 그렇게 하루에 네 시간씩 걸었다.

짐을 가득 실은 달구지를 끌고 가는 소도 더러 있었는데, 소가 죽으면 주인이 소를 잡아다가 자기들 먹을 고기만 남기고 나머지는 팔았다. 어머니는 그런 고기를 사다가 삶아 소금과 함께 내놓곤 했다. 우리 가족은 이따금 그런 호사를 누리는 경우 말고는 주로 집에서 가져온 깨소금과 소금, 고춧가루로 버무린 밥과 피난길에서 산 김치를 먹으며 버텨야 했다.

하루하루 힘들고 비참한 피난길이었다. 아이들 우는 소리, 잃어버린 가족 찾는 소리, 소가 죽자 주인이 주저앉아 통곡하는 소리…. 활달하고 호기심 많은 종욱에겐 그런 피난길이 어쩌면 모험 같은 것이었는지 모른다. 길을 가다 소가 쓰러지거나 길가에 주저앉아 있으면 가까이 다가가 유심히 살펴보면서 불쌍해했다. 종원은 그런 동생이 동상이라도 걸릴까 봐 털모자를 꼭 씌워줬다.

그렇게 하루하루 대구를 향해 내려가던 길에 종욱의 가족에게 예기치 못한 위기가 찾아왔다. 피난길에 가장 조심해야 할 것이 가족을 잃어버리는 것이다. 6·25전쟁 당시 가족을 잃은 이산가족이 무려 1000만 명에 달하는 것으로 추산된다. 휴전선을 경계로 남과 북으로 헤어지고, 같은 남쪽에서도 서로의 생사나 행방을 모른 채 평생 헤어져 사는 가족들이 많다.

충북 보은쯤 지날 무렵이었다. 종오를 업고 가던 종원이 길에 사람들이 너무 많아 어머니를 그만 놓치고 말았다. 피난민 행렬을 헤집으며 리어카를 끌고 가는 어머니를 아무리 찾아도 보이지 않았다. 지나가는 사람들을 붙잡고 물어봐도 헛수고였다. 보은 경찰서에 찾아가 도움을 청했지만 경찰이라고 뾰족한 수가 있는 건 아니었다. 아이를 업은 어린 여자아이가 안쓰러웠는지 경찰은 "내일까지 못 찾으면 피난민을 태운 경찰 트럭에 태워주겠다"고 했지만, 종원은 그럴 수 없었다. 어머니 역시 자기와 동생을 찾느라 헤매고 다닐 것이 분명했기 때문이다.

민가에서 하룻밤을 지낸 종원은 다시 종오를 업고 어머니와 동생을 찾아 나섰다. 온종일 동네를 찾아 헤맨 끝에 나무에 붙어 있는 낯익은 글씨의 쪽지를 발견했다.

'거기 그대로 있어. 엄마가 다시 찾으러 올게.'

종원은 그 자리에서 몇 시간을 추위와 싸우며 기다렸다. 마침내 어머니와 종욱이 눈앞에 나타났다. 그 반가움과 기쁨은 이루 말할 수 없었다.

"엄마~!"

어린 종오는 엄마의 따뜻한 품속을 파고들었다. 극적으로 상봉한 가족은 안도의 한숨을 내쉬고 다시 길을 재촉했다.

1951년 1월 26일, 마침내 대구에 도착했다. 여관방을 잡고 짐을 푼 가족은 모처럼 말끔히 몸을 씻고 옷도 갈아입었지만 영락없는 피난민이었다. 종원은 아버지를 만나기 위해 종욱을 데리고

이종욱 평전

경상북도 도청을 찾아갔다. 서울시 공무원들이 임시 청사를 차린 곳이었다. 아버지는 오누이를 보자마자 한없이 반가워하며 종욱을 번쩍 안아 올렸다. 전쟁 통에 가족을 챙기지 못하고 먼저 떠나야 했던 아버지로서 가족의 생사조차 모른 채 기다려야 했던 시간이 얼마나 힘들었을까. 오누이를 본 순간, 복받쳐 오르는 감사와 안도의 기쁨은 또 얼마나 컸을까. 아버지의 눈가가 어느새 촉촉해졌다.

종욱의 가족은 그곳 경찰서장 집(대구 북구 동천동) 뒤채 방 한 칸을 빌려 지내기로 했다. 쌀은 정부에서 주는 배급표를 받아 해결했다. 종원은 대구사범대학 부속중학교 교정에 차려진 피난민을 위한 특별반에서 수업을 들었다. 책상도 의자도 없이 쌀가마니를 펴놓고 앉아야 했지만, 종원은 좋은 성적을 올려 아버지를 기쁘게 했다. 종원이 이때 쌓은 영어 실력은 이후 그녀의 삶에 큰 자산이 된다.

종욱은 집 근처 팔거천 강가를 놀이터 삼아 동생 종오와 신나게 놀면서 시간을 보냈다. 형제는 겨울 찬 바람에 얼굴이 빨개져서 집으로 돌아오곤 했다. 집에서는 어머니와 누나가 만화책을 읽어주곤 했는데, 둘 다 이야기에 푹 빠져들었다. 영특했던 형제는 그렇게 들은 이야기를 세세한 부분까지 다 기억해서 말하길 좋아했고, 특히 종오는 만화책에 나오는 그림 중 전쟁 장면을 잘 그렸다.

얼마 후 전투경찰에 자원했던 큰아들 종빈이 대구 피난살이 집으로 찾아왔다. 제주도로 파견 나갔다가 풍토병에 걸려 패잔병처럼 돌아온 것이다. 종빈은 코피를 자주 쏟을 정도로 건강 상태가 무척 좋지 않았고, 이 때문에 가족들의 걱정이 이만저만 아니었다.

그사이 중공군과 북한군에 밀려 평택과 오산까지 내려왔던 유엔군과 국군은 대대적인 반격을 개시해 다시 북상하기 시작했다. 전열을 가다듬은 유엔군과 국군은 우세한 항공 전력을 동원해 북한 전역에 무차별 폭격을 가했다. 인해전술로 물밀듯이 내려오는 중공군의 보급로를 차단하기 위해서였다. 결국 중공군이 패주하면서 유엔군과 국군은 3월 14일 서울을 재탈환했다.

이후 중공군은 4월과 5월 두 차례에 걸쳐 대대적인 공세를 가했지만, 오히려 유엔군과 국군의 반격에 큰 타격을 입고 후퇴했다. 지금의 휴전선 모양과 비슷한 전선이 형성된 것이 그때다. 그 직후인 7월부터 소련의 제의로 유엔군과 북한 및 중공군 간 휴전 협상이 시작됐다. 이 협상은 미국과 소련, 중국 등 주변 강대국들 간의 이해관계 속에 2년 동안 지지부진하다가 1953년 7월 27일 '정전협정'으로 매듭지어진다.

황소
고집

1951년 8월, 전선이 소강상태에 접어들자 서울시 공무원들은 다시 서울시청으로 복귀했다. 식량과 연료 조달을 책임지는 부서의 과장이 된 아버지는 이번에도 가족보다 먼저 서울로 올라갔다. 건강을 회복한 큰아들 종빈은 전투경찰을 그만두고 대학에 복학하기 위해 부산으로 내려갔다. 또다시 어머니와 종원, 그리고 아직 어린 종욱, 종오 형제만 남겨졌다.

한 달쯤 지난 뒤에서야 종원은 어머니와 함께 두 동생을 데리고 트럭을 빌려 서울로 향했다. 서울에 다 와서도 집으로 가려면 한강을 건너야 했지만 쉽지 않았다. 한강 다리와 철교가 모두 파괴된 상태인 데다 아직 전쟁이 끝나지 않아 민간인들이 강을 건너는 것을 정부가 통제하고 있었다.

영등포의 한 여관에 잠시 짐을 푼 어머니와 종원이 집으로 돌아갈 방법을 찾느라 백방으로 수소문하던 와중에 또 한 번 난리가 났다. 종원이 영등포구청에 도움을 청하러 간 사이 두 동생이 사라진 것이다. 온종일 여관 주변을 헤맨 끝에 다행히 찾았으니

망정이지 하마터면 이산가족이 될 뻔했다. 잠시 한숨 돌린 가족은 봉은사 인근 나루터에서 아버지가 마련한 배를 타고 한강을 건너 북아현동 집으로 돌아올 수 있었다.

전쟁 중에 버려진 집은 폐허나 다름없었다. 수도가 끊겨 물도 나오지 않았다. 하지만 집 마당에서 뛰노는 어린 사내아이들에겐 그런 불편쯤이야 큰 문제가 되지 않았다. 종원은 집 안 곳곳에 남아 있는 언니 종숙의 흔적을 발견할 때마다 자신도 모르는 사이 눈물이 흘러내렸다.

전쟁은 가족에게 많은 변화를 가져왔다. 북한군과 공산당원들 치하에서 경험했던 3개월간의 치 떨리는 공포, 그리고 험난했던 9개월간의 피난 생활은 어린 종욱에게도 적지 않은 영향을 끼쳤다. 특히 철없이 막무가내로 부리던 투정과 고집이 사라졌다. 종원의 회고다.

전쟁이 나기 전에는 장난감이고 자동차고 한번 눈에 들면 꼭 그걸 사야 했어요. 하루 종일 어머니 치맛자락 붙잡고 쫓아다니면서 사달라고 졸랐죠. 정말 막무가내였어요. 어머니는 사달라는 대로 사주면 안 된다고 생각해서 기다렸다가 사주려 했지만 얼마나 고집이 셌는지…. 제가 고집이 저렇게 세서 나중에 어떻게 살지 걱정이라고 했더니 어머니께서 그러시더라고요. 고집 센 사람은 그 고집으로 살게 돼 있다고, 사람이 쉽게 물러서면 뭘 못 한다고.

이종욱 평전

이종욱 돌 사진. 양손에 먹을 것을 잔뜩 들고 시계까지 찬 우량아 모습이다.

아버지 이명세와 초등학교 저학년 시절의 종욱. 눈매가 많이 닮았다.

굉장히 철학적이셨지요. 하하.

어린 시절 나타난 극히 개인적인 성향은 쉽게 바뀌지 않는 법이다. 실제 어린 종욱의 이런 고집스러움은 이후 그의 험난한 인생 여정 속에서 순간순간 엿볼 수 있다. 만약 그의 '황소 같은 고집'(누나 종원은 회고록에서 이렇게 표현했다)이 없었다면 훗날 WHO 사무총장의 자리까지 올라갈 수 있었을까?

다음 해 3월, 종욱은 집 근처인 봉래초등학교에 들어갔다. 동생이 학교에 입고 갈 만한 번듯한 옷이 없자, 종원은 아버지의 헌 옷을 양복점에 가져가 줄여서 입혔다. 그녀가 보기엔 패션잡지 모델을 해도 괜찮을 정도로 맘에 들었다.

세상은 조금씩 안정돼갔다. 전선에선 소규모 국지전이 끊임없이 벌어졌지만, 전면전으로 확대될 가능성은 희박했다. 휴전협상이 마무리될 즈음, 폐허가 됐던 도시는 대대적인 복구 작업과 함께 빠르게 기능을 되찾아갔다. 물론 사람들 저마다의 가슴속에 남은 전쟁의 깊은 상처는 어떤 방법으로도 쉽게 치유할 수 없는 노릇이지만.

집안에도 기쁜 소식이 연달아 날아들었다. 1953년 북아현동에서 청파동의 큰 집으로 이사를 한 이후 막내 종구가 태어나고, 그해 12월 서울시 과장이던 아버지는 마포구청장에 올랐다. 당시 구청장은 지금처럼 선출직이 아닌 임명직이었는데, 서울시에는

이종욱 평전

봉래초등학교 3학년 시절, 매년 10월 24일 국제연합(UN) 조직을 기념하기 위해 만들어진
'국제연합일(일명 유엔 데이)' 기념행사를 마친 뒤 촬영한 사진. 오른쪽 맨 아래 유엔 군복을
입고 있는 아이가 종욱이다.

초등학교 시절 종욱과 동생 종오.

구청이 9개밖에 없던 때였다. 그만큼 오르기 힘든 높은 자리였다.

청파동 집은 일본 적산가옥으로 100평이 훌쩍 넘었다. 집 뒤에는 포도와 앵두 같은 과일을 따 먹을 수 있는 과수나무와 라일락, 은행나무 등 다양한 나무들이 심어져 있었다. 매년 봄이면 은은한 라일락 향기가 온 집 안에 가득 스며들었고, 가을이면 커다란 은행나무에 매달린 잎들이 노랗게 물들면서 가을의 정취를 물씬 풍겼다. 넓은 마당에서 닭도 키우고, 개도 네 마리나 길렀다. 바로 이 집이 오랜 훗날까지 가족들에게 가장 행복했고 많은 추억을 남긴 공간으로 기억되는 곳이다.

기쁜 소식은 또 있었다. 전쟁이라는 극심한 혼란기에도 책을 손에 놓지 않았던 종원이 경기여고를 졸업하고 서울의 명문사립 여대인 이화여자대학교 약학과에 합격한 것이다. 부모님이 무척 기뻐하고 자랑스러워했음은 물론이다. 그 무렵 봉래초등학교에서 3학년을 마친 종욱은 4학년에 올라가면서 청파동 집에서 가까운 덕수초등학교로 전학을 했고, 마침 세 살 아래인 동생 종오가 같은 초등학교에 입학해 함께 다닐 수 있게 됐다.

대학생이 된 종원은 매일 아침 두 동생과 함께 아버지 승용차를 타고 등교했다. 1950년대에 아무나 누리지 못하던 호사였다. 학년이 올라가면서 종욱과 종오는 국어, 산수 등 주요 과목의 성적을 올리기 위해 매일 개인 과외까지 받았다. 좋은 중학교에 진학하기 위해서는 성적을 올리는 것이 매우 중요했다.

이종욱 평전

동생들의 공부를 챙기는 것은 종원의 몫이었다. 종원은 시간이 될 때마다 동생들의 학교로 찾아가 담임선생님에게 동생들이 숙제를 잘하는지, 점수를 잘 받았는지 확인하곤 했다. 아버지는 동생들의 성적이 탐탁지 않으면 제대로 돌보지 않았다며 종원을 꾸짖었다. 그러면 종원은 신경이 곤두서서 동생들을 엄하게 대했다. 가끔 벌도 줬다. 그래서 동생들은 누나에게 '표범'이라는 별명을 붙였다. 종원은 지금도 그때 일이 눈에 선하다.

문제를 틀리면 한 문제당 30분씩 손을 들고 서 있도록 했어요. 종오는 끝까지 손을 들고 있었죠. 마음이 여렸거든요. 그런데 종욱이는 내가 딴 곳을 보고 있으면 슬며시 손을 내렸어요. 그러다 걸리면 또 혼났죠. 내린 시간만큼 더 들고 있어야 한다고요. 그래도 뭐 그때뿐이었어요.

이런 종욱의 모습에선 누군가로부터의 강요나 본인의 의지와는 무관하게 세워진 원칙에 대한 반항심 같은 것이 엿보인다. 훗날 그가 지나치게 권위적이고 형식과 절차에 얽매인 WHO 내부 조직 문화와 운영 시스템에 깊은 회의를 느끼고 개혁을 추진했던 것과 연결시킨다면 무리일까? 어쨌든 종욱은 어린 시절 무척 고집이 셌고, 부모나 누나가 시키는 대로 순순히 따르는 스타일이 아니었던 것만큼은 분명해 보인다.

그럼에도 아버지는 종욱을 유별나게 아끼고 사랑했다. 아버지는 주말에 시간이 날 때면 낚시를 가거나 양주 외갓집에 놀러 가곤 했는데, 늘 종욱이를 데리고 다녔다. 그렇다고 다른 자녀들에게 애정이 없었던 것은 결코 아니다. 모든 자녀에 대한 아버지의 교육열은 높았고, 성공하기를 바라는 마음이 다른 그 무엇보다 컸다.

한편 종욱의 초등학교 생활기록부를 보면 그의 성적은 그다지 뛰어난 편은 아니었다. 다만 6학년 종합평가란에는 '영리하고 온순하며 상식이 많다. 꾸준한 노력으로 성적 향상이 크다'고 적혀 있다. 이런 평가처럼 중학교 진학을 앞두고 열심히 노력한 덕분일까. 종욱이 서울의 명문 중학교인 경복중학교에 합격하자 아버지는 기뻐서 어쩔 줄 몰랐다.

아버지의
죽음

종욱은 1957년 중학교에 들어가자마자 부반장에 뽑혔다. 그의
중학교 담임은 〈우리의 소원〉이라는 유명한 노래를 작곡한 안병
원이었다. 안병원은 일제강점기에 극작가이자 영화감독, 배우, 미
술가 등으로 활약하다 50세에 요절한 안석주(아명 석영)의 아들
로, 아버지가 남긴 〈우리의 소원은 독립〉이라는 노래 가사에서
'독립'을 '통일'로 바꿔 곡을 붙여 만들었다.

그 시절 종욱은 유복한 집안의 명랑 소년으로 친구들 사이에서
인기가 많았다. 그의 방은 친구들의 아지트였다. 동생 종오가 같
은 방을 썼지만, 형 친구들이 몰려오면 쫓겨나기 일쑤였다. 그 당
시는 대체로 한 집에 평균 5~6명씩 자녀를 둬 혼자만의 방을 갖
는다는 것 자체가 무척 어려웠다.

종욱은 공부를 특별히 잘하는 학생은 아니었고, 그렇다고 덩치
가 크거나 주먹이 센 편도 아니었다. 오히려 키가 작아 주로 앞자
리에 앉았다. 하지만 친구들 사이에선 리더였다. 큰 덩치에 주먹
깨나 쓴다는 친구들도 그 앞에선 별 힘을 못 썼다. 주목되는 것은

친구들이 기억하는 그의 독특한 리더십이다.

종욱이는 누구하고도 척을 지는 적이 없었어요. 뭐랄까, 소박하고 천진하다고 할까요? 항상 웃으면서 이야기하고, 잘 들어주고, 무슨 일이든 솔선수범하고. 그러니 누구라도 그 친구와 다툴 이유가 없었죠. 정말 인간적이었죠. 종욱이가 다른 친구와 다퉜다는 이야기를 단 한 번도 들어본 적이 없어요. 체구는 작았지만 카리스마가 있었죠.(경복중·고교 친구 - 사업가 원청언)

그 친구 이름 들으면 맨 먼저 떠오르는 것이 '맑은 미소'예요. 덩치 큰 친구들이 서로 으르렁대다가도 종욱이가 나서서 이쪽저쪽에 특유의 미소를 뿌려대면 언제 그랬냐는 듯이 조용해졌죠. 수업이든 청소든 별다른 말썽 없이 잘 굴러가는 모습을 보면 참 신기했어요. 타고난 친화력이 있었던 것 같아요. 유머 감각도 있었고. 그러면서 일처리는 똑 부러졌죠.(경복중·고교 친구 - 한국안보문제연구소 이사장 김희상)

당시 한국 사회는 무척 권위주의적이었다. 근대화를 거치면서 양반과 천민 등 사회적 계급이 사라지고, 여성의 권위가 높아졌음에도 남녀차별 같은 보수적인 유교 문화가 우리 사회 곳곳에 뿌리 깊게 남아 있었다. 그만큼 권위적인 리더십이 여전히 추앙받던

이종욱 평전

시기였다. 그런 사회적 분위기에서 종욱이 친구들에게 보여준 리더십은 분명 특별했고, 훗날 그가 세계적인 지도자로 커나가는 데 필요한 소양(素養)이 됐음은 물론이다.

종욱이 중학교 때부터 남다른 관심을 갖고 실력을 쌓기 시작한 영어도 나중에 해외로 나가 국제사회에 진출하는 데 큰 밑거름이 됐던 자산 중 하나다. 그가 영어 실력을 쌓을 수 있는 기회는 우연히 찾아왔다. 중학교 영어 선생님이 방과 후 영어 특별수업을 위해 영어를 잘하는 4~5명의 학생을 선발했는데, 그 안에 포함된 것이다. 선발 목적은 유엔과 같은 국제기구에서 각국의 청소년들을 대상으로 진행하는 프로그램에 학생들을 보내기 위해서였다. 전쟁으로 온 나라가 폐허로 변한 데다 국가 재정이 바닥나 국민 대다수가 헐벗고 굶주리는 상황에서 학생들에게 국제기구의 중요성을 일깨우고 경험을 쌓게 해주려는 시도 자체가 의미 있었다. 수업은 문법이나 작문 등 학교의 정규 수업과는 달리 회화 위주로 진행됐다.

덕분에 종욱의 영어 실력은 친구들에 비해 부쩍 늘었다. 친구들은 자신들이 멜로디로만 흥얼대던 팝송 가사를 적어서 가르쳐주거나, 외국 펜팔 친구들에 대해 이야기하던 종욱의 모습을 기억한다. 또 가족들은 그가 이미 영어로 에드거 앨런 포의 〈황금벌레〉나 〈검은 고양이〉, 마크 트웨인의 〈톰 소여의 모험〉나 〈허클베리 핀의 모험〉, 찰스 디킨스의 〈두 도시 이야기〉 같은 작품들을 읽었다고 회상한다.

아이러니한 건 종욱의 중학교 영어 성적이 그다지 좋지 않았다는 점이다. 영어 조기교육이라는 건 상상도 할 수 없었던 1950년대 후반은 중학교에 입학한 학생들에게 가르친 영어 수업이라는 게 극히 조악했던 시절이었다. 회화보다는 문법, 듣고 말하기보다는 읽고 쓰고 암기하는 게 영어 수업의 전부였다. 시험 역시 비슷한 수준이었으니, 단지 성적으로만 당시 종욱의 영어 실력을 평가하기엔 무리가 있다.

종욱의 영어 특별수업은 2년 정도 이어졌다. 하지만 아쉽게도 당초 선생님이 목적했던 국제기구 프로그램 참여로 이어지지는 못했다. 만약 종욱이 이 프로그램에 참여했다면 좀 더 빨리 WHO와 인연을 맺을 수도 있지 않았을까? 어찌 됐든 그 시대에 이처럼 깨어 있는 선생님을 만난 건 그로서는 큰 행운이었다.

경복중을 졸업한 종욱은 1960년 같은 재단의 학교인 경복고등학교에 시험을 봐 합격했다. 경복고는 당시 서울고, 경기고와 함께 서울 3대 명문고로 꼽히던 학교로, 1977년 서울지역에서 고교평준화가 시행되기 전까지 그 명성을 이어갔다. 종욱의 고교 친구들 중에는 훗날 정치계는 물론 경제계, 법조계, 학계, 군 등 각계에서 유명해진 인사들이 많다. 입학 시험에서 성적이 나빠 합격하지 못했다 해도 학교에 강당을 지어주거나 담을 쌓아주는 등 재정적인 지원을 조건으로 입학한 부잣집 아들이나 정치적인 영향

이종욱 평전

력을 행사해 입학한 유명 정치인의 아들도 적지 않았다.

당시 종욱의 아버지는 서대문구청장(1957년 8월~1959년 8월)을 거쳐 종로구청장(1959년 8월~)에 재직 중이었는데, 경복고가 바로 종로구청 관할지역 내에 있었다. 그 때문에 종욱은 다른 쟁쟁한 집안의 친구들과 견주어도 결코 밀리지 않았다. 중·고교 시절 내내 '보이스카우트', 'JRC(Junior Red Cross)', 'YMCA 청소년 서클' 등 각종 청소년 봉사단체에서 활동할 수 있었던 것도 같은 이유다. 청소년 봉사단체들은 학교별, 학년별로 소수의 학생만 선발해 관리·운영했다. 고등학교 시절에도 종욱은 친구들 사이에서 리더였다. 고등학교 생활기록부 특기사항에는 '3개 년간 반장'이라고 적혀 있다.

종욱이 고등학교에 입학하던 해 동생 종오는 형의 뒤를 이어 경복중학교에 합격했고, 막내 종구는 덕수초등학교에서 2학년에 올라갔다. 누나 종원은 교수의 꿈을 안고 약학대학원에 재학 중이었다. 남부러울 것 없이 마냥 행복할 것만 같았던 종욱의 가족들. 하지만 안타깝게도 그 행복은 그리 오래가지 못했다.

1950년대 후반에 접어들면서 이승만 정권의 인기는 급격히 하락했다. 정부는 민심 이반을 억누르고 감추기 위해 경찰과 공무원을 중심으로 대중 시위를 조작하는 한편 독재체제를 점점 강화했다. 급기야 1960년 3월 치러진 선거가 온갖 관권과 부정으로 얼룩지면서 민심은 더 이상 억누를 수 없는 상황에 직면했다. 선거를 전후해 반정부 시위가 전국 대도시를 중심으로 일어나기 시작한 것이다.

그러던 4월 초, 경남 마산의 한 해변에서 마산상고를 다니던 김주열 학생의 시신이 발견되면서 그동안 참았던 시민들과 학생들이 거리로 쏟아져 나왔다. 경찰이 시위 군중에게 발포하자 오히려 전국 차원의 대대적인 항거로 불타올랐다. 대한민국 민주화운동의 시초로 평가받는 '4·19혁명'은 그렇게 시작했다. 결국 이승만 정권은 붕괴됐고, 이 대통령은 85세의 나이에 아내 프란체스카와 함께 하와이로 망명길에 올랐다.

7년 가까이 서울시 주요 구청장을 맡아 각종 관제 데모와 부정선거에 대한 책임에서 자유로울 수 없었던 종욱의 아버지 역시 정치적, 사회적 혼란이 극에 달했던 혁명기에 공직에서 물러나야 했다. 일제강점기와 6·25전쟁을 거쳐 4·19혁명까지 한국 현대사의 굴곡과 함께 살아오는 과정에서 아버지가 겪었을 고민과 번뇌, 갈등은 이루 말할 수 없었으리라. 문제는 건강이었다. 그 시대 대부분의 남성들처럼 담배를 많이 피웠던 아버지는 얼마 되지 않아 후두암으로 병원에 입원해 그해 8월 세상을 떠나고 말았다. 향년 52세로 아직 젊은 나이였다.

아버지는 가부장적이고 곧잘 언성을 높이곤 했지만, 자상했고 가족 중에서 유일하게 돈을 벌어오는 분이기도 했다. 가족들은 선장이 사라진 난파선에 버려진 처지나 다름없었다. 대학원에 다니

이종욱 평전

중·고교 시절 가장 절친했던 친구 김철언과 종욱. 부모와 함께 브라질로 이민을 떠난 김철언
은 훗날 브라질 한인회장 등을 역임한다.
경복고등학교 졸업 앨범에 실린 종욱 사진.

던 종원은 그 순간을 "5남매는 광야에 버려진 양떼 같았다. 앞으로 어떻게 살아가야 할지, 냉혹한 현실에 슬퍼할 사이도 없었다"고 회상했다.

아버지의 죽음에 심적 부담이 가장 컸던 사람이 바로 종원이었다. 어머니는 평생 집 안에서 살림만 했고, 상명여고(지금의 상명대 사범대학 부속고등학교)에서 교사 생활을 하던 오빠 종빈은 건강이 나빠져 지방의 한 절에 들어가 요양 중이었기 때문이다. 결국 종원은 교수의 꿈을 접고 약국을 차려 집안 경제에 일조해야 했다.

종빈도 서울로 올라와 가족의 생계를 돕기 위해 출판업을 시작했지만, 실패하는 바람에 가족은 더 어려움을 겪었다. 어머니는 자식들의 학비를 마련하고 생활비를 줄이기 위해 청파동 집을 팔고 더 작은 집으로 이사할 수밖에 없었다. 처음엔 홍제동 문화촌으로 옮겼다가 다음엔 불광동, 녹번동, 수색동, 진관동(기자촌) 등 점점 싼 집을 찾아 시 외곽으로 밀려났다.

그사이 종원이 결혼을 해 출가(出嫁)하면서 종욱과 종오, 종구 3형제의 학비와 생활비는 오롯이 어머니 몫이 됐다. 훗날 종오의 회상이다.

아주 가난하고 어려웠던 그 시대 많은 어머니가 그랬듯이, 저희 어머니도 강철 같은 의지로 견뎌냈던 것 같아요. 1960년대 겨울

이종욱 평전

은 굉장히 추웠어요. 그런데 어머니는 자기 방에는 불을 안 넣고, 우리들 방에만 불을 넣어줬죠. 그때는 그러려니 했는데, 나중에 생각해보니 그게 얼마나 어려운 일인데 그냥 보고만 있었나 싶어 무척 후회가 됩디다.

어머니가 자식들 앞에서 남편 잃은 아픔 때문에 눈물을 보인 것은 세월이 한참 지나서였다. 자녀들은 그런 어머니의 강인함을 존경하며 가정에 보탬이 되기 위해 열심히 공부했다. 고등학교 1학년이었던 종욱은 학교 친구들에게 집안에 닥친 크나큰 불행에 대해 일절 말하지 않았다. 그래서 친구들 대부분은 종욱이 예전처럼 잘사는 줄 알았다. 이사를 가기 전까지만 해도 방이 많았기 때문에 종욱은 방과 후나 주말에 친구들을 집으로 데려가곤 했다. 친구들은 종욱이 그럴 형편이 더 이상 못 될 때에도 그 사실을 눈치채지 못했고, 적당히 둘러대면 그런 줄로만 알았다. 친구 원청언의 회고다.

자존심이 무척 강했어요. 아버지가 돌아가시고 경제적으로 상당히 궁핍하고 어려워졌을 텐데 전혀 내색을 안 했어요. 한 열흘 정도 학교를 쉬었나? 몸이 좀 아팠다고 해서 친구들은 다 그런 줄로만 알았죠. 그런데 그다음부터 공부를 좀 등한시하더니 성적이 점점 떨어졌어요.

종욱은 고등학교 3년 내내 중상 정도의 성적에 머물렀고, 대학 입시에서도 연거푸 낙방의 고배를 마셔야 했다. 정서적으로 가장 예민한 청소년 시기에 닥친 집안의 불행과 상처받은 자존심은 어쩌면 이후 자신의 고민과 속내를 더욱 감추고 외롭게 살아가게 했던 건 아닐까. 이후 종욱은 아버지에 대한 기억이나 이야기를 어느 누구에게도 쉽게 꺼내지 않았다. 다만 WHO 사무총장 시절, 종욱은 이렇게 회고한 적이 있을 뿐이다.

"저는 열네 살 때 흡연 관련 질환으로 아버지를 잃었습니다. 그래서 그 고통이 어떤지를 잘 압니다."

훗날 WHO 사무총장 선거에 나선 종욱을 도와 핵심 공약을 만들고, 종욱이 WHO 사무총장 시절 에이즈국장을 역임했던 김용 전 세계은행 총재는 그가 아버지 죽음의 영향을 무척 많이 받은 것 같다고 했다.

그의 아버지는 운이 나쁜 공직자였습니다. 흡연가였고, 상대적으로 이른 나이에 암으로 사망했죠. 그는 자신의 아버지에게 일어난 일들에 대해 비통해했고, 자기 인생에서 아버지와 같은 일이 벌어지길 원치 않았습니다. 그런데도 절대 내게 아버지에 대해 자세한 얘기를 해주지 않았습니다. 그는 담배 피우는 것을 싫어했는데, 부분적으로 자신의 아버지 때문에 매우 공격적인 비흡연론자가 됐던 것이죠.

가족들의 기억을 종합하면 아버지는 교육을 많이 받은 분은 아니었지만, 선비풍이라 책과 예술을 사랑해 집 안에는 늘 읽을거리가 많았다. 종욱 역시 책을 무척 좋아했고, 어린 시절부터 미술이나 음악 등 예술 분야에 특별한 소질을 보였다. 아버지가 종욱을 특별히 좋아했던 건 어쩌면 자신과 가장 닮은 자식이었기 때문은 아니었을까? 어찌 됐든 종욱의 청소년기는 아버지의 죽음과 함께 암울하게 막을 내렸고, 이후로도 한동안 좌절과 방황에서 벗어나지 못했다.

서울대
5수생

종욱이 다닌 경복고가 명문고로 명성을 날린 이유는 국내 최고
의 국립대인 서울대와 명문 사립대인 고려대, 연세대 등 이른바
'SKY'로 불리는 명문대 입학생을 많이 배출했기 때문이다. 한 학
년 정원 480여 명 중 매년 절반 정도가 서울대에 들어갔고, 나머
지 학생도 대부분 명문 사립대에 진학했다.

종욱 역시 서울대 진학을 목표로 세운 것은 물론이다. 하지만
처음부터 의대를 가고 싶어 한 건 아니었다. 원래 희망하는 전공
분야는 공대였다. 종욱의 고등학교 생활기록부 희망 상급학교란
에도 '공대'라고 적혀 있다.

그도 그럴 것이 1960년대 초·중반 우리나라엔 기업이라고 할
만한 회사가 정부에서 해외 원조를 받아 만든 충주비료공장과 나
주비료공장(호남비료) 정도가 전부라 해도 과언이 아니었다. 이들
비료공장에 입사하려면 공대 내에서도 화학공학과를 졸업해야
유리했다. 막내 동생 종구가 전하는 당시 상황을 들으면 취업난이
얼마나 심각했는지 짐작하기 어렵지 않다.

이종욱 평전

그 시절에 서울대 공대를 졸업한 선배한테 전해 들은 이야기가 있어요. 서울대 공대 전자공학과 졸업생 중 딱 두 명이 취직을 했는데 한 사람은 국도극장 영사기사, 한 사람은 수학 선생이었답니다. 나머지는 다 백수고요. 졸업하고 몇 개월 뒤 취직한 두 사람이 동기들을 불러놓고 누가 술값을 낼 것이냐를 놓고 논쟁을 벌였을 정도였다니 말 다 했죠. 제가 고등학교 다닐 때 수학 선생님들 대부분이 서울대 공대 졸업생이었고, 김일성대와 서울대 두 대학에서 모두 수석을 차지한 분이 화학을 가르쳤으니까요. 물론 나중에 다 대학교수로 가셨지만요.

당시 대학 입시는 각 대학별로 시험을 치러 신입생을 선발하는 방식이었다. 시험 일정은 전기와 후기로 나뉘었고, 그 선택은 대학에 맡겨졌다. 학생들은 대학별 시험 일정에 맞춰 두 개 대학을 선택해 시험을 볼 수 있었는데, 각 시기별 주요 대학 선호학과로 몰리는 건 당연했다. 그중 상위권 학생들 사이에서 가장 인기가 높았던 곳이 바로 서울대 공대였다. 합격 커트라인도 제일 높았다.

아버지 사망 이후 학교 성적이 떨어졌던 종욱은 쉽사리 그 벽을 넘지 못했다. 1963년 1월 고등학교 졸업을 앞두고 치른 첫 입시에서 서울대에 낙방한 종욱은 그다음 해 재수에서도 실패했다. 가정 형편이 넉넉지 않았던 상황에서 어머니와 누나는 후기 대학 입시를 권했다. 이때 종욱이 지원한 곳이 한양대 공대 건축과였다. 다행히 우수한 성적으로 합격해 입학금의 일부를 장학금으로 받을 수 있었고, 나머지는 누나가 해결해 입학하는 데 큰 무리가 없었다.

하지만 어린 시절부터 고집은 물론 자존심까지 무척 강했던 종욱이 서울대 도전을 쉽게 포기할 리 없었다. 너무 오래된 일이라 가족들마다 기억이 조금씩 다르지만, 한양대를 다닌 기간이 한두 달을 넘지 않은 건 분명한 것 같다. 다만 종욱이 그로부터 10여 년 후인 1976년 춘천 강원도립의료원에 응급실 촉탁의사로 취업하면서 제출한 이력서를 보면, 한양대 학적은 1964~1966년으로 돼 있다. 이를 종합해보면, 종욱은 한양대 학적을 그대로 유지한 채 곧바로 다시 서울대 입시를 준비한 것으로 보인다. 그럼에도 3수에 이어 4수까지 연거푸 낙방의 고배를 마셨다.

그러는 사이 세월이 흐르고 나이가 들면서 그에게 날아온 건 서울대 합격증 대신 군 입영통지서였다. 정상적으로 대학 생활을 시작했더라면 대학 4학년이었을 나이였기에 더 이상 군 입대를 연기할 수 없었다. 신체 건강한 종욱은 현역 입영 대상자였다. 당시 육군 복무기간은 36개월로 만 3년을 꽉 채워야 했고, 공군과 해군은 39개월로 3개월 정도 더 길었다.

1966년 3월 14일 종욱은 육군에 입대했다. 그의 병적증명서를 보면 병종은 '보병', 병역사항에는 '30사 인명(병) 제95호'라고 적혀 있다. 제대는 1969년 3월 8일로, 근무기간은 정확히 만 3년에서 일주일 정도 빠진다. 과연 그의 군 생활은 어땠을까?

그 시절 우리나라에서 군대는 목숨을 걸어야 할 정도로 위험한 곳으로 여겨졌다. 군대 내에서 각종 사건·사고가 끊이지 않았고, 훈련을 받다가 안전사고로 목숨을 잃거나 크게 다치는 경우가 비일비재했기 때문이다.

종욱이 군 복무기간 동안 어떤 부대에서 어떤 임무를 맡았는지에 대해서는 정확하게 알려져 있지 않다. 다만 그가 영어를 잘했던 덕분에 주한 미군에 배속된 한국 육군 사병인 '카투사(Korean Augmentation to the U.S. Army)'나 정보부대에 배치돼 통역병으로 근무한 것으로 기억하거나 추측하는 이들이 많다. 힘든 훈련과 열악한 환경을 버텨야 하는 일선 부대에 비해 비교적 편안한 군 생활을 했을 것이라는 이야기다.

다만 종욱은 "군부대에서 비품 관리를 맡았으며, 지휘관의 아들에게 영어를 가르치기도 해서 책 읽을 짬이 있었다"고 밝힌 적이 있어 주변 사람들의 기억과는 좀 차이가 있다.

어찌 됐든 군 복무를 마친 종욱은 다시 대학 입시를 준비해야 했다. 2년이 넘는 휴학으로 한양대에서도 이미 제적을 당한 상태였으니 돌아갈 곳도 없었다. 이때 종욱은 서울대 공대에 대한 미련을 버리고 의대로 목표를 바꿨다. 당시 심경에 대해 훗날 그가 미국 친구에게 보낸 편지에서 이렇게 술회한 적이 있다.

남들이 가는 길을 따라가지 않음으로써 받는 불이익이 어떤지 잘 알고 있어. 하지만 어쩔 수 없어. 고질병인가 봐. 건축을 전공하고, 3년간 사병으로 군 복무를 하고 나서 의사가 되기로 했으니 더 어리석었지. 한국에선 의사가 되려면 예과에서 기초 공부를 해야 하는데, 입학하려면 수학, 영어, 국어, 독어 등 고등학교 과목 9개를 다시 공부해서 시험을 치러야 해. 입시 과목들이란 것이 여간 까다로운 것이 아니어서 학원이라는 데를 다니기도 해야 할 정도였지.

종욱이 이처럼 남들이 가는 길을 따라가지 않은 이유는 어린 시절 겪었던 6·25전쟁과 부모님의 영향이 컸다. 종구의 회고다.

평소 어머니께서 말씀하시던 제일 좋은 직업이 두 가지였어요. 하나는 선생님이고, 하나는 의사였죠. 우리 가족이 6·25전쟁 때 여러 번 죽을 고비를 넘겼잖아요. 그때 아무리 세상이 바뀌어도 선생님은 그대로 선생님이고, 빨갱이도 의사는 안 죽이더라는 거예요. 아버지를 봐도 그렇지만, 공무원은 세상이 조금만 바뀌면 엉망진창이 되는데 말이죠. 형이 의대를 선택한 것은 그런 영향도 좀 있었던 것 같습니다.

종욱이 학원을 다니며 대학 입시를 준비하던 1969년에 동생

종오는 서울대 상대 2학년, 막내 종구는 고등학교 2학년이었다. 만약 또 실패하면 다음 해에 종구와 함께 대입 시험을 치러야 할 판이었다. 그렇지만 다행히 종욱은 그해 입시에서 서울대 의대에 합격했다. 5수 끝에 그토록 원하던 서울대에 들어가게 된 것이다. 어지간한 고집과 집념이 아니면 어려운 일이었다. 훗날 종구는 이렇게 너스레를 떨었다.

우리 삼형제가 (서울대) 원서를 한 10장은 썼을걸요? 종욱 형님이 5장으로 제일 많이 썼고, 종오 형님이 3장, 제가 2장 썼으니까 제가 공부를 제일 잘한 거죠. 아닌가요? 하하.

삼형제는 그렇게 서울대 동문이자 선후배가 됐다. 정리하면, 종욱은 서울대 의대 70학번, 종오는 서울대 상대(상학과) 68학번, 종구는 서울대 문리대(사회학과) 72학번이었다. 삼형제가 모두 서울대에 들어간 것도 대단한 일이지만 이들이 끝까지 도전할 수 있도록 묵묵히 뒷받침해준 어머니의 헌신과 노력이 아니었으면 불가능한 일이었다. 삼형제가 서울대에 입학한 이후에는 어머니가 짊어져야 할 경제적 부담은 오히려 한결 가벼워졌다. 학비는 전의(全義) 이씨 문중에서 지원해줬고, 책값과 생활비는 과외, 번역 등 각자 아르바이트를 하면서 충분히 해결할 수 있었다.

ECFMG 시험 모임과
동생의 구속

1970년 서울대 의대(당시 문리과대학 의예과)를 입학했을 때 종욱은 동기들보다 일곱 살이나 많았다. 과 전임강사와 동갑이었으니 교수든 선배든 누구라도 부담스러울 수밖에 없었다. 동기들 대다수가 그를 '형'이라고 부르며 깍듯이 대우했다. 덕분에 자연스럽게 학년 대표가 돼 동기생들의 요구사항을 학교 측에 전달하는 역할을 맡았다.

의대는 예과 2년에 본과 4년까지 모두 6년 과정으로, 그때나 지금이나 변함이 없다. 예과 때는 주로 교양과목을 듣고, 본과에 올라가서 의학 전문교육을 집중적으로 받는다. 비교적 여유가 있는 예과 2년 동안 종욱은 과외로 학비를 벌고 테니스도 치면서 나름 캠퍼스 생활을 즐겼다.

마침 이종사촌 여동생이 같은 과 1년 후배로 들어왔다. 막내 이모의 딸 최성엽이다. 여덟 살이나 어린 그녀로서는 종욱이 어려웠다. 명절 때 얼굴을 봐도 잠깐 인사만 하는 사이 정도로 지내왔다. 그런 이종사촌 오빠와 함께 같은 대학을 다닐 거라고는 상상도

하지 못했지만 현실이 됐다.

성엽은 예과 1학년 때 예과 2학년이던 종욱과 거의 붙어 다니다시피 했다. 함께 공부하고 테니스도 치고, 학과 시험을 볼 때면 선배로부터 물려받는 속칭 '족보'도 종욱으로부터 어렵지 않게 구할 수 있었으니 나쁠 게 없었다.

그 시절 테니스는 아무나 쉽게 즐길 수 있는 운동이 아니었다. 테니스 라켓과 공 가격이 만만치 않았고, 여기에 테니스 운동복에 신발까지 제대로 갖춰 입는다는 게 평범한 대학생들에겐 사치스럽게 느껴질 법한 일이었다. 훗날 성엽은 "그 당시 테니스는 부자 놀이였다"고 회고했다.

경제적으로 여유가 없던 가정 형편에 종욱이 굳이 테니스를 쳤던 이유가 뭘까. 그는 단순히 동기들과의 사교나 건강을 위해서라기보다는 내심 맘에 뒀던 한 동기 여학생으로부터 환심을 사기 위한 목적이 컸던 것 같다. 그로부터 4~5년 쯤 후인 대학 졸업식 다음 날, 그사이 인연을 맺은 미국 의사 부부에게 보낸 편지에 이런 내용이 있다.

잠시나마 그녀의 마음을 얻으려고 매일 아침 테니스를 치고 힘이 닿는 한 최선을 다했던 것을 생각하면 제가 얼마나 멍청이 같은지 모르겠습니다. 이용당한 기분마저 듭니다. 그녀에게 말로 직접 표현한 적은 없습니다. 겉으로는 둘 사이에 아무 일도 없었습니다.

누구나 다 짝사랑이라는 걸 경험한다. 종욱도 그랬던 걸까? 아무튼 이때 배운 테니스는 훗날 그에게 더없이 좋은 취미가 된다.

본과에 올라가면서 종욱은 눈코 뜰 새 없이 바빠졌다. 매달 시험이 있고, 해야 할 공부가 너무 많았다. 과외 할 시간도, 테니스를 칠 시간도 없이 공부에만 전념해야 했다. 예과 때와 수업하는 건물도 달라졌다. 교양과목 수업은 문리과대학 건물에서 이뤄졌지만, 본격적인 전공 수업은 의대 건물에서 받아야 했다. 그러다 보니 성엽과 마주칠 기회조차 점점 줄어들었다.

늦깎이 대학생인 종욱은 어린 동기들보다 더 열심히 공부를 해야 했다. 하루는 해부실에서 다음 날 치를 시험 준비를 하고 있는데, 공부가 덜 끝난 상황에서 문을 닫아야 한다는 소리를 들었다. 머리뼈 해부 공부를 더 해야 했던 그는 머리뼈를 수건에 싸서 가방에 담아 집으로 가져갔다. 다음 날 어머니는 집 안을 치우다가 아들 책상 위에서 그 뼈를 발견하고는 기겁을 했다. 물론 가족 모두 한바탕 웃어넘긴 해프닝으로 끝난 일이다.

머리를 싸매고 전공 공부와 씨름하는 동안 시간은 화살처럼 빠르게 흘러갔다. 그러는 사이 종욱의 고민은 점점 깊어졌다. 졸업 후 진로가 가장 큰 문제였다. 의대를 졸업하면 대부분 대학병원에서 전공의 과정(인턴 1년, 레지던트 3년)을 거쳐 각 분야의 전문의가 된다. 이후 대학에 남아 교수가 되거나 병원 개원 또는 취직 등 각자가 희망하는 방향으로 진로를 정한다.

그런데 그 시절 대학병원 전공의 과정은 무척 고달팠다. 선후배 간 위계질서가 군대 못지않게 강했다. 교육이라는 것도 선배가 시키면 옳고 그르고를 떠나 무조건 따라야 했다. 야근과 철야는 기본, 며칠씩 밤을 꼬박 새는 일이 다반사였다. 가뜩이나 나이가 많은 종욱으로서는 그런 과정 자체가 부담스러울 수밖에 없었다. 그가 일찍부터 해외로 눈을 돌린 것도 이런 저간의 사정과 무관치 않았다. 대학 시절 종욱과 무척 가까웠던 동기인 한승신의 훗날 회고다.

지금도 마찬가지지만, 그 시절 우리나라 교육 시스템에서는 의대 졸업생들이 인턴, 레지던트 실습 교육을 받을 때 조교는 물론 선배들도 아주 깍듯이 모셔야 했어요. 그분들이 별로 가르쳐줄 것이 없다고 해도 그 밑에서 온갖 허드렛일을 다 해야 했죠. 마치 부하나 머슴처럼 말이죠. 그런 과정을 거쳐 전문의가 돼도 제약이 굉장히 많았어요. 여러 가지 연줄도 있어야 했고. 반면 미국 전문의 교육 시스템은 매우 합리적이었죠. 정말 필요한 교육과 실습과정을 거칠 수 있도록 도와줬으니까요. 그 때문에 저도 그렇지만, (종욱 형은) 본과에 들어오면서부터 졸업하면 외국으로 나가겠다는 의지가 강했어요.

마침 미국에서는 외국 의사들을 많이 필요로 했다. 우리나

이종욱 평전

라보다 앞서 현대 의료체계를 갖추기 시작한 미국은 1957년부터 ECFMG(Educational Commission on Foreign Medical Graduates, 외국 의대졸업생 교육위원회)에서 주관하는 미국 의사 자격시험과 영어시험을 통해 부족한 전문 의료 인력을 해외에서 충원했다.

특히 미국은 1964년 8월 '통킹만 사건'을 구실로 베트남전쟁에 본격적으로 개입하면서 군 의료 인력을 전선에 투입해야 했고, 자국 내에 해외 의료 인력 충원의 필요성은 더욱 절실해졌다.

하지만 우리나라에서도 의료 인력이 턱없이 부족한 건 마찬가지였다. 정부는 의사들이 보건소나 의사가 없는 무의촌에서 일정 기간 근무를 해야 이민 신청을 할 수 있도록 제한했다. 그런데도 1960년대 초부터 10여 년간 우리나라 의대 졸업생의 절반 가까이가 미국으로 건너갔다. 누구라도 가난하고 억압받는 우리나라보다 부유하고 자유로운 미국에서 살고 싶지 않았을까.

종욱은 1974년 본과 3학년에 올라가면서부터 미국 유학 준비에 본격적으로 착수했다. 미국 의사자격시험과 영어시험을 함께 통과해야 하는 ECFMG 시험을 혼자서 준비하기엔 벅찼다. 특히 영어시험에는 미국 현지 문화와 실생활을 알아야 풀 수 있는 까다로운 문제들이 적지 않았다. 그래서 만든 것이 ECFMG 시험 준비모임이었다.

종욱을 중심으로 동기생 12명 정도가 모였다. 종욱을 포함한 6명은 어떻게든 미국으로 유학이나 이민을 가려는 의지가 강했고, 나머지 6명은 나중에 어떻게 될지 모르니 일단 시험을 봐서 합격해 두자는 생각이었다. 이들은 일주일에 3일 정도 학교 수업이 끝난 후 함께 모여 공부했다. 주로 모인 곳은 서울대 의대 캠퍼스(종로구 연건동) 바로 옆 '진아춘'이라는 중식당이었다. 다시 승신의 회고다.

먼저 시험을 본 선배들이 후배들을 위해 모아놓은 시험문제집이 있었어요. 한 10년, 15년 이상 축적된 것인데, 진아춘이라는 중국집에 모여서 저녁 먹고 난 다음에 2~3시간 동안 한 10문제 정도 같이 풀었죠. 한 사람이 한 문제씩 맡아서 답이 뭔지, 어떻게 그 답이 나오게 됐는지를 연구해서 설명하고 서로 토론하고 그런 식이었죠. 일주일에 3~4일을 같이 붙어 다녔으니 그만큼 서로 가까웠죠.

그즈음 종욱에게는 예기치 못한 또 한 번의 시련이 찾아왔다. 서울대 사회학과 3학년에 다니던 동생 종구가 3월 31일 집에 있다가 갑자기 경찰에 연행돼 구속된 것이다. '대통령이나 유신헌법을 비판하면 사형에 처할 수 있다'는 대통령 긴급조치 제4호 위반 혐의였다.

그런데 아이러니하게도 긴급조치가 내려진 것은 종구가 체포된 후 3일이 지난 4월 3일이었다. 법이 시행되기도 전에 법 위반으로 구속되는 어처구니없는 상황이 벌어진 것이다. 이것이 바로 박정희 독재정권 시절 중앙정보부가 조작한 '전국민주청년학생총연맹(약칭 민청학련)' 사건의 시발점이었다. 종구가 직접 쓴 회고록 중 일부다.

제가 체포되던 날, 종욱 형은 경찰에게 완전히 속아서 제가 무사할 줄 알고 경찰들에게 기다리게 하고는 저를 설득해서 경찰에게 협조하게 하고, 심지어 저와 사복경찰들을 따라 경찰서까지 가기도 했습니다. 하지만 나중에 자신이 속았음을 깨닫고는 대학 교직원들에게 도움을 청했지만 소용없었습니다.

당시 한국 사회는 정치적으로 긴장이 고조되던 시기였다. 1961년 쿠데타로 정권을 잡은 박정희 대통령은 장기집권을 위해 1972년 10월 유신헌법을 통과시킨 데 이어 1973년 8월 정적(政敵) 김대중을 제거하기 위해 '일본 납치사건'을 기획했다가 실패하면서 거센 국민적 반발에 직면했다.

급기야 전국 대학을 중심으로 그해 10월부터 시작한 박정희 독재정권 퇴진 및 유신 반대 운동이 해를 넘기며 점점 확산일로로 치닫기 시작했다. 독재정권이 이를 가만히 놔둘 리 없었다. 전국적으로 1000여 명의 대학생을 마구잡이로 조사해 180여 명을 구속·기소하면서 "불온세력의 조종을 받아 국가를 전복시키고 공산정권 수립을 추진했다"고 허위 혐의를 뒤집어씌웠다.

당시는 군사독재 치하의 광기의 시대였습니다. 저는 중앙정보부에서 취조를 당했습니다. 정보부는 민청학련 사건을 조작해 잡아들인 사람들에게 불온단체 소속임을 자백하라고 강요했지요. 군사법원에서는 1심에서 제게 15년 형을 선고했다가, 2심 때 12년으로 감형해줬습니다. 우리는 그런 사법제도의 권위를 인정할수 없었기에 대법원에 상고하지도 않았습니다.

그러는 사이 개신교, 가톨릭, 지식인이 이끄는 단체들이 압제에 맞서며 시국사범들의 석방을 강력히 요구하는 대중운동을 조직했습니다. 저는 1975년 2월 15일에 다른 학생들, 운동가들과 함께 풀려났습니다. 하지만 박정희 정권은 중앙정보부가 완전히 날조했던 인혁당(민청학련 배후 조종세력) 관련자로 분류된 사람들은 풀어주지 않았습니다. 그리고 몇 주 뒤인 4월 9일, 여덟 명의 무고한 사람들을 교수형에 처했습니다.

그로부터 32년 뒤인 2007년, 대한민국 법원은 인혁당 사건에 대해 무죄를 선고한 데 이어 2년 뒤인 2009년, 민청학련 사건에 대해서도 무죄를 선고했다. 아울러 국가가 유족들에게 배상할 것을 명령했다. 이처럼 동생을 통해 국가권력에 의한 사건 조작과

이종욱 평전

인권유린을 간접적으로 경험하면서 사회를 바라보는 종욱의 시각에 변화가 왔던 건 아닐까.

동생이 구속되기 전까지 종욱은 학생 시위에 대해 무척 부정적이었다. 특히 그는 주변 사람들에게 "학생들이 열심히 공부해서 우리나라 자체의 성장에 중점을 둬야지 정치적인 문제에 관여할 시기가 아니다"라며 시위 참여를 적극적으로 말렸다. 하지만 종욱이 가끔 속내를 털어놓을 만큼 가까웠던 승신은 그의 또 다른 모습을 기억한다.

그땐 국내 언론이고 해외 언론이고 정부의 통제와 검열이 심했어요. 타임, 뉴스위크 등 해외 유수의 잡지들도 마찬가지였죠. 한국 정치에 대해 다룬 기사가 있으면 까맣게 지워져서 판매될 정도였으니까요. 그런데 종욱이 형은 어디선가 검열받지 않은 잡지 원본을 구해서 보여줬어요. 외국 잡지들을 통해 우리나라에 알려지지 않은 사실, 도대체 어떤 일들이 벌어지고 있는지를 객관적으로 보려고 했던 거죠.

한번은 서울의 한 호텔방에서 타임지 기자를 몰래 만난 적이 있어요. 종욱이 형이 대통령 긴급조치 발령에 대해 한국 학생들이 어떻게 생각하는지 들어보고 싶은 외신 기자가 있는데 좀 응해줄 수 있느냐고 하더라고요. 좀 두려웠지만 워낙 믿는 형이 부탁하는 거라 그러자고 해서 몇 번 했는데, 혹시 누가 도청할지 몰라 호텔

샤워실에서 물을 크게 틀어놓고 조용조용 작은 소리로 인터뷰한
적이 있습니다.

동생 종구도 형 종욱에 대해 비슷한 경험을 이야기했다. 민청학
련 사건으로 구속됐다가 1975년 2월 석방되기 전후에 있었던 일
이다. 다시 이어지는 종구의 회고담.

형은 친구인 미국 의사의 집에 제 동료를 은신시키기까지 했
어요. 1974년 가을 시국사범을 석방하라는 인권운동이 고조되자
형은 외국인 언론인들을 운동가나 양심수 가족과 만나게 해주기
도 했죠. 한번은 미국 기자를 우리 집에 데려와 가족이 겪는 고초
에 대해 종빈 형님과 인터뷰를 하게 했습니다. 제가 풀려난 다음
날 종욱 형은 저를 영국 기자와 만나게 해주기도 해서 저는 중앙
정보부와 감옥에서 겪었던 일을 그에게 말해줄 수 있었죠.

종욱의 이런 은밀한 움직임은 단순한 시위 그 이상의 반정부
활동이나 다름없었다. 언론 탄압과 인권유린 등 국내에서 벌어지
는 엄혹한 실상을 해외 언론을 통해 밖으로 알리는 것 자체가 독
재정권에 큰 부담을 줄 수 있었다.

동생 종구에 대한 정권 차원의 감시와 탄압은 석방 이후에도
계속 이어졌다. 종구는 기본적인 시민권조차 박탈당해 투표는 물

이종욱 평전

론 해외여행도, 정부 관련 기관 취직도, 대학에서 공부도 할 수 없었다. 그러다 1979년 10월 26일 박 대통령이 중앙정보부장에게 살해당하면서 독재정권이 막을 내리자 비로소 지긋지긋한 감시와 탄압도 끝났다. 덕분에 그다음 해 대학에 복학할 수 있었지만 그것도 잠시였다.

또다시 전두환 신군부가 쿠데타를 일으켜 정권을 잡으려 하자 대학을 중심으로 전국적으로 민주주의를 요구하는 시위가 들불처럼 일어났다. 특히 1980년 5월 광주를 중심으로 민주화 운동의 불길이 거세지자 신군부는 공수부대 등 군을 투입해 남녀노소를 가리지 않고 수많은 시민을 학살하는 만행을 저질렀다. 이렇게 탄생한 전두환 정권은 학생운동 출신자들에 대한 탄압을 다시 시작했다. 종구가 희망했던 서울대 졸업 후 대학원 진학도 막았다. 학생들에게 좋지 않은 영향을 끼친다는 이유였다. 다행히 일본 도쿄대학에서 그의 입학 지원을 받아줘 자의 반 타의 반 유학길을 떠나야 했다.

못다 핀 캠퍼스에서의
사랑

대학 시절 동기들은 대부분 종욱을 굉장히 명랑하고, 솔직하고, 재미있고, 사교성 좋은 사람으로 기억한다. 앞에선 자기 할 말을 감추고 엉큼하게 뒤에서 누군가를 험담하는 사람은 결코 아니었다. 그렇다고 누군가와 쉽게 흉금을 털어놓고 자기 속내를 보이는 사람도 아니었다. 강한 고집과 자존심만큼 자신의 사생활에 대해선 철저히 함구했다.

일례로 동생의 구속과 재판으로 또 한 번 인생의 파고를 겪는 와중에도 종욱은 대학 동기들에게 일절 내색하지 않았다. 미국 의사자격시험과 영어시험 준비를 위한 공부 모임에서도 마찬가지였다. 대학 동기 중에 종욱의 동생이 민청학련 사건으로 구속됐다가 풀려났다는 사실을 아는 사람은 거의 없었다. 일주일에 3~4일 정도 만나 함께 공부하고, 종욱의 부탁에 은밀히 외신 기자를 만났던 승신조차도 몰랐을 정도였다.

동양적 사고에서 보면 종욱의 이런 성향은 전형적인 '외유내강 (外柔內剛)'형에 가깝다. 원래 타고난 것인지, 아니면 고등학교 시절 갑작스러운 아버지의 죽음에서 비롯된 것인지는 분명치 않다. 다만 훗날 WHO에 근무하면서 모든 사람에게 격의 없이 대하면서도 결벽에 가까울 정도로 공(公)과 사(私)를 분명히 한 그의 행동은 이런 성향의 연장선에서 보는 것이 설득력 있지 않을까 싶다.

한편 그즈음 종욱과 함께 유학을 준비하는 공부 모임은 벽에 부딪쳤다. 이전에 출제된 문제를 모아놓은, 일종의 기출문제집만 풀어서는 시험 통과가 쉽지 않을 것 같았다. 미국 현지 사회에서 주로 사용하는 생활 속 단어나 문화를 제대로 알아야 풀 수 있는 문제가 많았던 것이다. 이를테면 마약이라는 게 한두 종류가 아닌데 학명으로만 공부해서는 문제에 등장하는 마약이 어떤 마약을 의미하는지조차 제대로 파악하기 힘들었다.

미국 현지 문화와 일상생활 속에서 흔히 쓰는 단어들, 그리고 우리나라와 다른 현지 의료 환경과 교육 시스템 등에 대해 사전에 알 수 있도록 누군가의 도움이 필요했다. 모임에선 미국인 의사를 수소문해보기로 했고, 영어에 가장 능통했을 뿐만 아니라 인적 네트워크가 넓었던 종욱이 나서기로 했음은 물론이다. 그가 맨 먼저 도움을 요청한 곳은 서울 용산 미군 소속 121의무부대였다. 그로부터 얼마 후 종욱 앞으로 한 통의 편지가 도착했다.

이 선생께

제가 외과의로 일하고 있는 용산 121후송병원 지휘관으로부터 당신의 편지를 받았습니다. 영어를 가르쳐본 경험은 없지만 제 아내와 제가 도움을 드릴 수 있을지 모르겠습니다. 평일 저녁이나 주말에 저희가 사는 강변아파트에서 함께 모이면 어떨지요? 관심이 있는 학생들이라면 누구라도 무료로 참가하셔도 됩니다. 아무 날이든 저녁에 전화주시면 편한 시간에 처음 만남을 잡아보겠습니다. 전화번호는 44-2057입니다.

의무대 외과의 배리 C. 카우프먼(Barry C. Kaufmann) 소령

참조 : 오돔(Odom) 대령

1974년 11월 4일

이 편지가 바로 종욱과 카우프먼 부부의 소중한 인연의 시작이었다. 훗날 부인 릴리 카우프먼은 '친구 욱이를 회상하며'라는 글을 통해 당시를 회고하면서 깊은 신뢰와 친근감을 표현하려는 듯 종욱을 '욱이(Uggy)'라고 썼다. 이 호칭은 어린 시절부터 가족들이 주로 부르던 것인데, 종욱이 카우프먼 부부처럼 가까운 사람에게 보낸 편지에 자주 사용한 서명이었다. 릴리 카우프먼의 회고담이다.

이종욱 평전

우리는 욱이가 서울대 의대생이던 1974~75년에 알게 됐습니다. 그는 서구 의료 시스템에 대해 알려주고 대화를 나눌 미국인 의사와 만나고 싶어 하던 서울대 의대생 모임의 대표이자 연락 담당자였습니다.

남편 배리는 미군 소령이자 서울 121병원 외과의였습니다. 하루는 남편이 미국 의사와 만나기를 희망하는 욱이의 편지를 집으로 가져왔습니다. 당시 우리는 한국에 도착한 지 얼마 되지 않았고, 우리의 가정부 외에 '실제 한국 사람'들을 만나볼 수 있다는 것에 기뻐했습니다.

우리는 기꺼이 한강변에 있는 작은 아파트에 그들을 초대했고, 그 후로 1년 동안 우정을 나누며 한국의 도시와 농촌 곳곳을 다녔습니다. 우리에겐 작은 노란색 도요타 승용차가 있었는데, 아이들을 무릎에 앉히고 비좁은 좌석에 끼어 앉아 돌아다녔습니다. 가끔은 택시를 타기도 했습니다. 원래는 매주 모이기로 했지만 학생들의 일정에 따라 연기하기도 했습니다. 남편은 121병원에서 일어나는 의료 문제에 대해 토론하고, 미국 시스템이 어떻게 작동하는지 설명해줬습니다. 대신 학생들은 돌아가며 한국 문화와 사회, 아시아인의 사고방식에 대해 알려줬습니다. 우리는 억압적이던 박정희 정권이 학생들을 위협할 위험이 있어서 정치적인 이야기는 피했습니다. 욱이에게는 그때 학생 시위에 연루돼 체포된 동생이 있었습니다. 우리는 우리 부부가 지키는 유대인 명절을 함께 보냈고, 불교 행사에도 참여했습니다.

우리는 서로의 삶을 공유했고, 우리 두 아들은 언제나 그들의 귀여움을 독차지했습니다. 우리는 배낭을 메고 나흘간 설악산으로 여행을 가서 별빛 아래 잠들며 믿을 수 없을 만큼 감동적인 동지애를 느꼈습니다.

욱이는 그룹의 리더이자 대변인이었고, 영어를 매우 유창하게 구사했습니다. 동료 학생들보다 나이가 많았고, 존재감이 크고 미래에 대한 확신이 대단했습니다. 학업을 마치면 한국에 남아 있지 않을 게 분명했습니다.

1975년 가을 무렵, 카우프먼 부부는 1년간의 한국 생활을 정리하고 미국으로 돌아갔다. 이후 수시로 종욱과 편지를 주고받았다. 편지는 주로 종욱이 보냈고, 자신과 모임 동기들의 안부를 전하는 내용이 주를 이뤘다. 그 내용들을 보면 강한 자신감과 위트 넘치는 그 시절 종욱의 모습이 곳곳에서 엿보인다.

종욱이 카우프먼 부부에게 '1975년 22일 수요일'에 보낸 편지에는 졸업 이후 미국 이민을 위한 자신의 계획과 고민을 담았다. 의대 마지막 시험을 치른 이후라는 점과 그해 하반기에 22일이 수요일인 달이 10월밖에 없다는 점을 감안하면 10월 22일 보낸 것이라는 추정이 가능하다.

이종욱 평전

친애하는 릴리 & 배리

32일에 걸친 마지막 시험이 3일 전에 끝났습니다. 이틀은 안과 시험을 쳤습니다. 작년에 비하면 형편없습니다. 학생의 4분의 1은 아직 시험을 치르는 중입니다. 기분이 어떠냐고요? 글쎄 좌초당한 기분이랄까요. 든든한 남편이나 부모를 둔 부인이나 자식이 보호자를 잃고 나서 느끼는 기분과 비슷하다고 할까요. 학교는 우리를 때로는 가혹할 정도로 힘들게 했는데, 이젠 학교가 얼마나 좋은 피신처였는지 실감하게 되네요.

아직 1월 23일에 봐야 할 시험(의사면허시험)이 남아 있긴 합니다. 졸업은 2월 26일이고요. 졸업을 하면 비자를 받을 때까지 보건소에서 일할 생각입니다. 교환·방문 비자를 신청하면 7월까지 받을 수 있을지 모르겠습니다. 이민 비자는 몇 개월 더 걸립니다. 교환·방문 비자를 이민 비자로 바꾸려면 아주 오래 기다려야 하는데, 기본적으로 계약 위반이기 때문이지요. 7월까지 비자를 받지 못하면 수련기간(전공의) 1년이 날아가버립니다. 그래서 지금 결정을 내려야만 합니다. 캐나다에 있는 친척에게도 그곳이 어떤지 사정을 알아보기 위해 편지를 보냈습니다. 지금 제 생각은 캐나다에서 인턴 과정을 밟으면서 미국에 이민 비자를 신청해볼까 하는 겁니다. 너무 구체적이라 실현성이 떨어질지도 모르겠습니다.

아무튼 자신을 학대하지 않도록 애쓰고 있습니다. 결과가 정말 나쁘더라도 36개월간의 기이한 경험도 인생 경험이라고 직시해야겠죠. 그러니 저는 무엇이든 감내하고 감사히 여길 수 있습니다. 결국

엔 다 잘될 거라고 믿습니다.

그리고 제겐 결혼할 여자도 필요합니다. 여기서 문제는 제가 중매에 대해 반감이 크다는 겁니다. (중략) 중매쟁이들은 의사라는 직업이 대개 돈을 잘 벌기 때문에 의사들을 열심히 쫓아다닙니다. 중매로 의사와 결혼하려는 여자들은 제가 재수를 하고, 과외 아르바이트를 하고, 이런저런 시험 준비를 하는 동안 무얼 했나요? 그들은 겉으로는 순진하고 아무것도 모르는 척하지만 실은 용기도 없고 상대와 동고동락할 마음도 없는 이기적인 사람들이에요. 그들의 부모는 중매 상대에게 보상 차원에서 딸의 몸 말고 이런저런 걸 내놓는 것이지요. 저는 어떤 의미에서 동등한 여성을 원합니다.

S.D.는 오늘 아침에 서울대에서 인턴 심사를 받았습니다. S.S.와 Dolly는 해군에 입대하기로 했습니다. J.A.는 리치먼드에 있는 이모네 집에서 첫 학년을 보내기로 했습니다. J.A.를 보고, 여성이 외모를 배제하고도 얼마나 아름답고 완벽할 수 있는지 알았습니다. 우리 그룹 중에서 하마라는 별명을 가진 녀석은 어머니가 여러 번 골수종에 걸렸습니다. 한국에서는 매우 희귀한 병이죠. 너무 안타까운 일입니다.

1975년 22일 수요일
대한민국 서울

막상 대학을 졸업하려니 덜컥 겁이 난 모양이다. 동기들보다 7년이나 늦어 이미 해외로 이민이나 유학을 가기로 마음을 굳힌 데다 이미 군대까지 다녀왔으니 피난처도 없었다. 그 때문일까.

이종욱 평전

어떻게든 빨리 미국 이민 비자를 받기 원하는 조바심 같은 것이 느껴진다. 비자가 속절없이 늦어지면 그만큼 시간을 허비할 수밖에 없는 상황이었으니 그럴 만도 하다.

의아한 것은 평소 어느 누구에게도 쉽게 속내를 잘 내비치지 않던 종욱이 자신의 고민과 감정, 세상을 향한 불만들을 제법 솔직하게 털어놓고 있다는 점이다. 그만큼 카우프먼 부부에 대한 믿음과 신뢰가 깊을 뿐만 아니라 그 부부에게 상당히 의지하고 있다고 볼 수 있지 않을까.

또 한 가지 주목되는 것은 종욱의 결혼관과 여성관이다. 중매쟁이를 통해 단지 '돈 잘 버는 의사'를 소개받으려는 이기적인 여성이 아니라 자신과 함께 미래를 헤쳐나갈 '동등한 여성'을 원한다는 것이다. 그리고 이미 그의 마음속에는 한 여성이 자리하고 있었다. 얼마 후 종욱은 다시 카우프먼 부부에게 ECFMG 시험 결과와 함께 동기들의 소식을 상세하게 담아 4페이지 분량의 장문의 편지를 보낸다.

친애하는 릴리 & 배리

새로 정착한 곳에서 다들 어떻게 지내고 계신지요? 한 달 전에 일본에서 보낸 편지를 받았습니다. 답장을 빨리 부치지 못해서 죄송합니다. ECFMG 결과를 기다리고 있는데, 예정된 날짜보다 18일이나 늦어졌습니다. 요즘 이곳은 병목현상 때문인지 모든 해외 우편물이 매우 늦게 도착합니다. 한번은 테이프에 녹음을 하려고 모였는데 하지 못했습니다. 사공이 많아서 배가 산으로 갔죠. "욱이, 이 빌어먹을 자식, 뻥 치지 마. 그럴 줄 알았어. 게으름 피운 거지"라고 말하는 소리가 들리는 것 같네요. 릴리, 더는 우기지 않겠습니다.

사실, 할 이야기가 너무 많은데 어디에서부터 어떻게 시작해야 할지 모르겠습니다. 먼저 우리 모두 커트라인 80점을 가뿐히 넘어서 시험에 합격했습니다. S.S.(승신)가 1등을 했는데, 아마 전국 1등일 수도 있겠습니다. 놀랍게도 저도 문을 닫고 합격했습니다. 하지만 영어시험에는 세 명만 합격했죠. 안타까운 일입니다. 제가 먼저 제안한 일이니만큼 정말 다행이었습니다. 아무튼 우리의 노력이 결실을 맺어 기쁩니다.

다행히 종욱은 미국 의사자격시험과 영어시험 모두 합격한 모양이다. 영어시험에 세 명만 합격해 안타까워하면서도 결실을 맺었다는 걸 보면 말이다. 이어 편지는 카우프먼 부부의 도움을 받아 함께 공부했던 동기들 한 명 한 명의 동정을 꼼꼼히 전한다. 그런 후 다시 마음에 둔 한 여자 동기에 대한 이야기로 이어진다.

J.A.는 공부하느라 바쁩니다. 그녀의 남자 친구는 학교 내과에 남기로 결정했다고 합니다. 그녀는 침착하게 미국, 즉 집으로 돌아가겠다는 결정을 알렸습니다. 아무도 감히 다른 계획에 대해서는 묻지

못했습니다. 저는 가끔 지적 호기심으로 곰곰이 생각해보곤 합니다. 그녀가 발산하는 에너지 같은 게 있는지 저는 자꾸 그녀 주변을 맴돌게 됩니다. 저는 그녀보다 더 예쁘고, 밝고, 재능이 있는 여자들을 알고 있습니다. 심지어 더 도도한 여자도 보았지만, 그래도 그녀는 특별한 데가 있습니다. 솔직히 사랑이니 뭐니 하는 감정과는 다른 무언가를 느끼고 있습니다. 저는 지금까지 가끔 질투를 해본 적은 있지만 사랑을 느껴본 적은 한 번도 없거든요. 그녀는 신비로운 데가 있습니다. 아마 그래서 매력을 느끼는 건지 모르지요. 풀 수 없는 암호 같은 게 있는 것 같은데, 영영 못 풀지도 모르겠습니다.

종욱이 맘에 두고 있던 그녀에게 이미 사귀는 남자 친구가 있었다니, 그것도 의대 동기 중에…. 그럼에도 그녀에 대한 자신의 특별한 감정을 쏟아놓았다. 종욱이 살아 있다면 조금 쑥스러운 일일 수도 있지만, 혈기 왕성한 젊은 청년이 이성에 대해 관심을 갖는 것은 무척이나 자연스러운 일 아닌가. 편지는 계절과 이런저런 소식과 상념으로 끝을 맺는다.

청명한 가을입니다. 서울에서 설악산까지 고속도로가 개통됐습니다. 이제 세 시간 반이면 갈 수 있어요. 다들 경치가 끝내준다고들 하더군요. 고속도로는 서울 남부에서 동해안까지 이어지고, 거기서 북쪽으로 꺾어 올라가서 설악호텔까지 연결돼 있습니다.

지금 서울에서는 '미드나이트 카우보이(Midnight Cowboy)'가 상영

중입니다. 무섭더군요. 영화 속 비정한 뉴욕을 통해서 서울을 보았습니다. S.S와 J.A, 제가 있는 서울이 아니라 이태원, 용산기지 주변 빈민가, 도심 뒷골목의 서울 말입니다. 오늘 밤은 왠지 꽤 철학적인 생각이 듭니다.

데이비드와 피터(David & Peter, 카우프먼 부부의 두 아들)는 어떻게 지내나요? 피터는 아직도 그 스누피를 가지고 있나요?

지난 토요일에는 의대 교향악단이 정기 연주회를 했습니다. 베토벤 교향곡 8번, 코리올란 서곡 등을 연주했어요. 그녀는 제2 바이올린을 맡았습니다. 우린 곧 모여서 카세트를 녹음할 생각입니다. 부디 기대해주세요.

욱이

우리나라에서 '미드나이트 카우보이'라는 영화가 개봉한 것이 1975년 10월 20일이라는 점을 감안하면 앞서 보낸 편지와 시차가 그리 크지 않아 보인다. 왠지 허전하고 쓸쓸했던 걸까? 크리스마스를 사흘 앞두고 종욱은 소소한 신변잡기를 담은 짧막한 편지 한 통을 다시 카우프먼 부부에게 보낸다.

어젯밤에는 서울에 눈이 내렸습니다. 추우면서도 맑은 날씨가 찾아왔습니다. AFKN에서는 모이어스 레크리에이션 센터(Moyer's Recreation Center)에 대한 이런저런 계획을 보도했습니다. 장교 부인 모임에서 무언가를 한다는 모양입니다. 적십자사에서 자원봉사자가 시급히 필요하다는군요. "공군이 여러분 인생의 중심입니다! 미국 저축채권을 사세요. 여러분의 미래와 결정은 군에 있습니다! 귀중한 재산을 지키세요." 다 이런 식입니다.

'Blowing in the wind'와 'If I get a hammer'는 미국의 다른 팝송 150곡과 더불어 금지곡이 됐습니다. 심지어 이 문제에 대해 공식 발표까지 했습니다. 권위적인 이 정부의 해석에 따르면 'Blowing in the wind'는 반전 가요이고, 'If I get a hammer'는 반체제 가요라는 겁니다. 가사를 보고 "내게 망치가 있다면 네 골통을 부숴놓겠다"라고 바꿔 부를지 모른다는 통찰을 했나 보지요.

며칠 전엔 도언이가 길에서 경찰에 장발 단속에 걸려 머리카락을 깎이고 벌금까지 물었습니다. S.D.도 그랬고요. 깜빡할 뻔했습니다. 도언이는 그 일로 얼마나 화가 났는지 모릅니다. 그의 머리카락은 그다지 길지 않았어요. 그의 헤어스타일 아시잖아요. 저와 비교해도 길지 않죠. 저요? 저는 당장 노련한 이발사를 찾아가 이발을 했지요. 얼마나 자상한 정부입니까! 국민을 너무 사랑하니 그렇게 챙겨주겠지요.

엊그제는 드디어 다들 명동에서 만났습니다. 커피를 마시고, 규호와 갔던 분위기 좋은 곳에서 식사를 하고, 와인을 마시며 저녁 내내 용산에서의 모임에 대해 이야기했습니다. 그쪽에 가서 모두 함께 만날 좋은 날이 올 겁니다. 피터와 데이비드에게도 사랑한다고 전해주세요.

욱

1975. 12. 22

이종욱 평전

이 편지에는 1970년대 중반 박정희 군사독재 시대의 암울했던 시대상이 그대로 담겨 있다. 그 시절 정부는 경제성장을 빌미로 개인의 자유를 지나치게 제한했다. 심지어 남자의 머리카락 길이와 여자의 치마 길이까지 단속했다. 장발 단속기준은 남녀의 성별을 구별할 수 없을 정도의 긴 머리, 옆머리가 귀를 덮거나 뒤 머리카락이 옷깃을 덮는 머리, 파마 또는 여자의 단발 형태의 머리였고, 치마 단속기준은 무릎 위 20cm였다.

정부가 명분으로 내세운 건 장발과 미니스커트가 '퇴폐 풍조'를 유발한다는 말도 안 되는 이유였지만, 실상은 미국 히피문화에서 시작된 이런 유행이 우리나라 젊은이들 사이에서 자유의 상징처럼 받아들여지자 이를 막기 위한 조치였던 것이다. 미국 팝송 150곡을 방송 금지시킨 것도 같은 목적이었다. 본능적으로 독재 정권은 자유를 싫어한다.

그렇게 의대 본과 4학년 마지막 학기가 끝나고 해가 바뀌었다. 1976년, 종욱의 인생에서 가장 드라마틱하고 운명적인 해가 시작된 것이다. 물론 그 당시 본인은 전혀 기대도, 상상도 할 수 없었겠지만 말이다. 종욱은 1월 23~24일 이틀에 걸쳐 의사국가시험을 치른 바로 다음 날 카우프먼 부부에게 장문의 편지를 썼다. 하지만 바로 부치지 못하고 이틀 동안 추신에 추신을 거듭했다. 마음에 두고 있던 여자 동기생을 향한 번민으로 머릿속에선 하루에도 수십 번 폭풍우가 몰아치고, 예상치 못한 경쟁자의 등장에 하루하루 상황이 격변했기 때문이 아닐까 싶다.

편지는 시작부터 그녀에 대한 이야기로 가득하다. 눈에 띄는 건 그녀가 지난해 연말 사귀던 남자 친구로부터 배신을 당했다는 것이다. 그렇다면 이제 종욱에게 기회가 온 건가?

친애하는 릴리 & 배리

어제 의사국가시험이 끝났습니다. J.A.는 1월 21일에 ECFMG(외국의대졸업생 교육위원회) 시험을 마쳤는데, 좋은 성과를 거둔 것 같아요. J.A.가 그렇게 행복하고 거리낌없어하는 모습은 처음 봤습니다. 어떻게 해냈는지 자랑을 멈추지 않더군요. 1976년 서울대 의대 우수 졸업생으로 국회의장상도 받을 겁니다.

반면 아주 괴로운 일도 있었어요. 그녀의 전 남자 친구가 12월 24일에 학장 막내딸과 약혼을 했다네요. 비밀이 얼마나 잘 지켜졌던지, 충격을 받지 않은 사람이 거의 없었죠. 저는 2주 후에야 그 사실을 알았습니다. 실력 좋은 중매쟁이와 그의 실리주의, 현실감이 합쳐진 마법이겠죠. 그는 서울대병원에서 성공한 의사가 될 겁니다.

학장에게는 내과에 또 다른 사위가 있습니다. 전 학장과 서울대 총장에게도 내과에 무려 3명(!)이나 사위가 있어요. 그중 두 명은 교수입니다. 혼기가 찬 딸을 둔 교수들이 '선'을 보게 하려고 안달입니다. 대부분의 의대생이 언제가 됐든 구매자를 만나게 될 겁니다. 상당히 잘 팔리는 물건이죠.

J.A.는 학장, 아니면 그의 부인에게 친구를 빼앗겼습니다. 강탈당한

∙ 설악산 대청봉에서 동기들과 함께.
∙∙ 대학 동기들과 서울대 의대 캠퍼스에서.
∙∙∙ 대학 졸업 앨범에 실린 종욱 사진.

수준이죠. 누구도 학장의 딸에게 신경 쓰지 않았습니다. 그녀는 학장의 딸이라는 것 외에 내세울 게 없었죠. J.A.는 전 남자 친구가 부유한 아버지를 도와야 하는 장남의 입장인 것을 이해한다고 말했습니다. 새로 약혼한 두 사람 사이의 이야기를 전하면서 전혀 눈치채지 못했던 것은 아니라는 점을 암시했습니다. 분명히 J.A.는 풍파를 견디기 위해 최선을 다하고 있습니다. 저는 그녀의 방어기제를 이해합니다.

그 시절 대한민국 사회는 무척 보수적이었다. 결혼에 부모의 의견이 거의 절대적으로 작용하던 때였다. 사귀던 남녀가 부모의 반대로 헤어지는 일은 다반사였다. 양쪽 집안에서 자녀들의 혼인을 결정하면, 정작 당사자들은 서로에 대해서 제대로 알지도 못한 채 팔려가듯 결혼하는 경우도 비일비재했다.

어느 정도 사회적 지위를 가진 부모들은 자신의 딸을 의사나 판·검사, 변호사 등 경제적으로나 사회적으로 안정된 전문직 남성과 결혼시키기를 원했다. 이런 사회적 분위기를 틈타 집안과 집안을 맺어주는 중매쟁이들이 많아져 아예 시장을 형성할 정도였다. 훗날엔 아예 공개적으로 남녀를 연결시켜주는 결혼정보업체가 생겨나지만, 그때는 아는 사람끼리 암암리에 중매가 이뤄졌다.

여러 편지에서 중매쟁이들에 대한 강한 거부감과 불만을 거듭 피력한 걸 보면, 종욱은 자신의 주변에 형성된 이런 분위기와 상황 자체가 정말 싫었던 모양이다. 자신은 절대 부모나 가족이 자신의 삶에 개입하게 두지는 않을 생각이었다. 하지만 J.A.의 생각은 조금 달랐다. 이어지는 편지 내용이다.

지난해 여름, 매우 권위적인 그녀의 어머니가 (한국에) 들어왔을 때부터 뭔가 잘못됐다는 걸 알았어요. 그 길고, 슬프고, 아름답지만 다소 혐오스러운 이야기를 요약하자면, J.A.는 미국으로 가겠다는 의견을 굽히지 않았습니다. J.A. 생각에, 그 사람(전 남자 친구)은 (한국에) 남기를 원했고요. 솔로몬 왕인지 여왕인지 모르겠지만 어머니가 개입해서, '나의 딸은 미국으로 갈 것'이라는 점을 분명히 했습니다.

며칠 전 J.A.에게 저는 제 삶을 살겠다고 말했어요. 가족 어른들을 존중하지만, 그분들이 '제 삶'에 개입하게 두지는 않을 겁니다. 절대로요. J.A.는 그 말에 매우 예민하게 반응했죠. "어른들 말씀을 거역하는 게 옳다거나 현명하다고 생각 안 해. 대체로 맞는 말씀을 하시거든." 제 생각엔 자기 어머니가 절대적으로 옳다는 데 의심이 들기 시작했기 때문이 아닐까 싶네요. 한 바구니에 자신의 모든 달걀을 담은 J.A.가 안쓰럽습니다.

종욱이 서울대 의대에 입학하던 해 입학 정원은 160명이었다. 그중 여학생은 단 6명뿐이었으니, 우리나라 여학생 중에서도 최고의 수재들이었다. J.A.는 그중에서도 종욱이 가장 매력을 느끼는 여성이었다. 그가 찾던 '동등한 여성'인지는 알 수 없지만, 도전해볼 만했다. 그는 용기를 냈다.

제가 J.A.에게 청혼했을 때, 죽은 사하라 사막에서 꽃을 피우려는 시도는 하지 않았어요. 하지만 몇 주 뒤에 답이 돌아왔어요. 거절이었습니다. 저는 그것이 그녀의 되돌릴 수 없는 최종 결정이라고 생각하지 않아요. 저는 실망하지 않았습니다.

먼저, 제 진심을 증명해야 하고 그녀도 다른 방도가 없다는 것을 깨달아야 해요. 저는 마침내 그녀가 저뿐만 아니라 다른 여러 후보자에게도 신호를 보냈다는 것을 알았어요. 물론 그녀는 서둘러 결정을 내릴 수밖에 없는 수세에 몰렸다는 인상은 주고 싶어 하지 않겠지요. 체면이 뭔지!

요즘 우리는 전화 통화를 몇 시간씩 합니다. 지난번에는 지원서를 제출하고, 도서관에 있는 학과 클럽에서 커피 한잔을 하자고 했어요. 그날은 토요일 오후였어요. 그녀에게 제가 무슨 이야기를 할지 아는지 물었죠. "…" 그리고 그냥 청혼하러 왔다고 말해버렸어요. 최대한 단순하고 솔직하게 제 생각을 설득하려고 시도했죠. 중간에, 그녀는 거절하면 어떻게 되느냐고 저에게 묻더군요. 저는 떠나기 전에 확인하고, 제가 미국으로 갈지 알려주겠다고 말했어요. 정말 그렇게 할 생각이었어요. 그녀는 그만한 가치가 있으니까요. 제가 결국 승낙을 받더라도, 불쾌하지 않을 정도의 대체품에 불과하다는 걸 깨닫는 건 짜증스러운 일입니다. 그녀가 제게 올지도 모르죠, 누가 알겠습니까? 말을 꺼냈으니, 견뎌야죠!

1976년 1월 25일

이종욱 평전

종욱이 이처럼 갑작스레 고백한 이유가 뭘까. 그녀에 대한 연민? 아니면 예상치 못한 경쟁자의 출현 때문이었는지도 모르겠다. 경쟁자는 그의 편지에 가장 많이 등장하는 바로 승신(S.S.)이다. 종욱과 가장 가까웠던 동기이자 공부 모임 멤버다.

훗날 승신의 기억에 따르면 이 무렵 두 사람은 술 한잔 기울이면서 하룻밤을 지새운 적이 있다. 대학 졸업 이후 어떻게 살아갈 것인지, 결혼은 어떤 여자와 할 것인지, 미국은 언제 갈 것인지 등등 다가올 미래에 대한 걱정과 고민거리들을 주고받으며 깊은 대화를 나눴다. 그러면서 자연스럽게 서로 같은 여자를 맘에 두고 있다는 사실을 알게 된 것이다. 그날 밤에 대한 승신의 회고다.

누구 집이었는지는 정확히 기억나진 않아요. 앞으로 우리의 인생이 어디로 어떻게 흘러갈지 이런저런 이야기를 주로 했죠. 저는 군 복무를 먼저 마쳐야 해서 군대에 지원한 상태였고, 그 형은 수련의가 아닌 직장을 구해야 했어요. 그래야 언제든지 떠날 수 있었으니까요. 그런데 결혼 이야기를 하면서 J.A.를 장래 배우자감으로까지 이야기해요. 사실 저도 같은 여자를 마음에 두고 있었거든요. 이야기를 해보니까, 보는 눈이 서로 비슷해요. 그래서 '그럼 서로 방해하지 말고 신사적으로 경쟁하자'고 서로 합의를 했죠. 아마 제가 그 일 때문에 서둘러 청혼했던 것 같아요. 하하.

그날 밤의 대화 때문인지, 이어지는 종욱의 편지에선 미묘한 내면의 갈등이 엿보인다.

제가 뉴욕에 가면 당연히 승신이의 누이들을 만나볼 겁니다. 승신의 어머니는 어젯밤 제게 미국에 사는 한국인 부부들의 어려움을 길게 말씀하시더군요. 남녀 역할이 바뀌고, 고분고분하던 여성이 갑자기 기세등등해진다는 얘기들이었습니다. 미국엔 가정파탄이나 이혼자가 널려 있는 것 같더군요. 그들이 저보다 나이가 많든, 이혼을 했든, 크게 성공했든 말든 제겐 상관없습니다. 그런 문제에 대해서는 제가 꽤 개방적이라는 뜻이지요. 무슨 일이 생기더라도 그건 제가 거기 가서 일어날 일이고요. 그분들을 제가 거기서 자리 잡기 위한 수단으로 활용하고 싶은 마음은 추후도 없습니다. 제 판단이 맞는 건지는 모르겠습니다. 아무튼 좋은 여자가 있으면 부디 소개해주시기 바랍니다.

마음에 둔 여자에게 한번 청혼했다가 거절은 당했지만, 여전히 기대를 접지 않고 있던 종욱이 갑자기 '좋은 여자가 있으면 부디 소개해달라'니…. 이미 마음을 비운 걸까? 아니면 다른 이유가 있었던 걸까. 어쩌면, 아버지의 죽음 이후 오랫동안 힘들고 고통스러운 시간을 보내면서도 겉으로 내색하지 않으려고 참고 버텨왔던 인내심이 임계점에 다다랐던 것일 수도 있다. 이어지는 편지를 보면, 그런 심리적 위기의 순간에 카우프먼 부부의 존재는 그에게 큰 힘이 됐던 건 분명해 보인다.

모든 건 제가 2월 중이나 3월 초에 의사 면허를 받아야 시작됩니다. 복잡한 문제들이 곧 풀리지 않을까 싶습니다. 지금까지 그래왔던 것처럼 동양적 인내심을 계속 발휘해야죠. 그렇긴 해도 이런저런 일들과 사람들이 너무 경멸스럽습니다. 물론 내색은 하지 않지요. 이젠 정말 기분 전환이 필요합니다. 그동안 학교와 군대에서 오랫동안 버텨왔지만 이젠 무너질 조짐을 보일까 봐 두렵습니다. 지금까지 저는 대부분의 급우들과 달리 감당하기 힘든 실패와 좌절을 겪었습니다. 하지만 그런 경험을 제가 소중히 여기는 일을 위한 디딤돌로 삼으려고 애써왔습니다.

돌이켜보면 제가 대단치 않은 것에 너무 많은 걸 희생한 건 아닌가 싶기도 합니다. 한국의 전통 민담 하나가 생각납니다. 어떤 사람이 8일 뒤인 생일에 잘 먹으려고 굶다가 6일째 되던 날 굶어 죽었다는 이야기예요. 지금은 제게 전환이 필요한 때입니다. 다가올 일들 꼭 멋지게 해내겠습니다.

마음에 평화가 깃들기 바랍니다. 저와 이곳에 있는 우리 모두를 걱정해주셔서 감사합니다. 물론 필요할 때는 주저 없이 도움을 요청하겠습니다. 오랫동안 잊고 지낸 릴리, 나의 자매여, 감사합니다! 어서 가서 모두 보고 싶습니다. 소식 보내주세요!(J.A.의 소식을 기다려주세요.)

편지 말미를 보면, 날카로운 벼랑 끝에 서 있는 듯 아슬아슬한 종욱의 심경이 고스란히 드러난다. 어쩌면 자신이 민담 속 '굶어 죽은 사람'처럼 어리석고 아둔한 사람일지도 모른다는 자책감과 스스로에 대한 회의감에 깊이 빠졌던 건지도 모르겠다. 심지어 평소 그의 고집과 자존심을 감안하면 '필요할 때는 주저 없이 도움을 요청하겠다'는 표현은 극히 낯설고 어색하다. 한편으로는 카우프먼 부부에게 그가 얼마나 의지했는지 짐작할 수 있는 대목이기도 하다.

카우프먼 부부에게 기원했던 마음의 평화를 자신도 찾고 싶었던 걸까? 종욱은 이날 편지를 마무리해놓고도 결국 보내지 못했다. 그리고 다음 날, 새로운 소식을 추신으로 달았다.

> 추신, 오늘 아침(1월 26일) J.A.에게 전화를 걸어 그녀가 남편을 선택할 권리가 있다고 말했습니다. 승신이 J.A.를 사랑한다고 말했죠. 승신이 청혼하지 않는 이유는 제가 있기 때문이라고요. J.A.에게 말했어요. 승신에게 전화를 걸어서 배려에 감사하고 몇 분 전에 말한 이야기를 했다고요. 승신에게 J.A.에게 전화해보라고 했어요. 그가 전화할 겁니다. 커플이 탄생하겠네요! 다시 남자가 된 기분입니다. 기분이 좋네요. 다시 자유로워졌으니까요!

종욱의 선택이 어떤 영향을 미쳤는지는 알 수 없지만, 두 사람은 얼마 후 실제 결혼을 하고 미국에서 의사 부부로 살아간다. 그런데 편지는 여기서 끝나지 않는다. 종욱은 미처 떨치지 못한 마지막 미련과 여운까지 모두 담아 떠나보내려는 듯, 다음 날 자신의 복잡한 심경을 추가해 썼다. 결국 25일 시작한 이 편지는 이틀 후인 27일에서야 이 맺음말로 끝을 맺는다. 그리고 그에겐 새로운 운명의 시간이 다가온다.

어제 기차를 타고 몇 시간을 사색하며 보냈습니다. 자신감이 흔들렸고, 거짓된 영웅주의, 위선에 공허함을 느껴서 그야말로 굴욕감이 들었습니다. 몇 년이나 기다렸는데, 결정적인 순간에 코를 빠뜨렸습니다. 승신은 조금의 이의도 없이 제 결정을 받아들였습니다. J.A.의 맹목적 자신감에 질투가 날 지경입니다. 제가 J.A.였더라도 같은 결정을 내렸을 겁니다. 전부 해결됐습니다. 오늘 저녁 6시에 졸업 파티가 있는데, 여기에 남아 있는 게 낫겠습니다. 학교도 끝났고, 캠퍼스에서의 사랑도 끝났습니다!

2

1976~1983
성 라자로 마을~남태평양

JONG
WOOK
LEE

a man of action

운명

성 라자로
마을

경기도 의왕시 모락산 자락에 움푹 자리 잡은 '성 라자로 마을'. 그곳 입구에 서 있는 예수 십자가상 아래에 이런 글귀가 적혀 있다.

'목 마르다'
요한복음 19장 28절

성경에 따르면 예수가 십자가에 못 박힌 뒤 얼마쯤 지난 후에 한 말이다. 종교인과 신학자들은 이 말에 인간이 느끼는 가장 큰 고통이 함축돼 있다고 해석한다. 천형(天刑)으로까지 불리는 바로 '한센병' 환자들의 안식처인 이곳. 어쩌면 세상에서 가장 고통받는 자들을 위한 곳이 아닐까.

한센병에 걸려 '나병 시인'으로 불렸던 천재 시인 한하운이 남긴 시들은 한센인들의 고통을 고스란히 전해준다. 그의 대표적인 작품 중 하나인 '벌(罰)'이라는 시다.

죄명은 문둥이……
이건 참 어처구니없는 벌(罰)이올시다.

아무 법문(法文)의 어느 조항(條項)에도 없는
내 죄(罪)를 변호(辯護)할 길이 없다.

옛날부터 사람이 지은 죄(罪)는
사람으로 하여금 벌(罰)을 받게 했다.

그러나 나를
아무도 없는 이 하늘 밖에 내세워 놓고

죄명(罪名)은 문둥이……
이건 참 어처구니없는 벌(罰)이올시다.

2급 법정전염병인 한센병은 인류 역사상 가장 오래된 질병 중 하나다. 기원전 600년경 인도의 기록에서도 발견됐다니 정말 지독한 생존력이다. 그만큼 오랜 세월 동안 환자들은 이루 말할 수 없는 고통, 그리고 사회의 차별과 멸시를 받아왔다. 나균(한센간균)이 피부와 말초신경계 등에 침투하면 코가 뭉그러지고, 눈썹이 빠지며, 손가락과 발가락이 썩어 잘려나가거나 시력을 잃는 등 외형에 심한 변형이 생겨 보기에 무척 흉했다. 더군다나 전염성까지 있으니 사람들이 두려움에 떨고, 피하는 게 어쩌면 당연했다. 한 센병에 걸리면 마을 사람들뿐만 아니라 가족들로부터도 버림받 았고, 부랑자처럼 떠돌던 환자들은 결국 자신들끼리 모여 살 수밖 에 없었다. 문제는 치료였다.

일제강점기에는 일제가 한센인들을 소록도에 강제 수용해 노 역 탈취와 치료를 병행했지만, 광복 후에는 전국 곳곳에 퍼져 자 생적으로 정착촌을 만들면서 치료의 사각지대에 놓인 환자들이 많았다. 수많은 해외 선교사들과 신부·수녀들로 구성된 종교단체 들이 이들을 위한 시설을 만들어 구라사업(救癩事業, 나병 환자를 치료해 사회 복귀를 돕고 사회적 편견을 바로잡는 사업)에 나섰던 이 유다. 성 라자로 마을도 그런 곳 중 하나로, 1950년 한국 천주교 회가 설립한 최초의 한센병 요양기관이었다.

1976년 2월 9일 월요일, 종욱은 처음 이곳을 찾았다. 주말 내 내 눈비가 내리더니 마침 아침부터 맑게 갰다. 겨울인데도 날씨가 풀려 제법 봄기운이 느껴졌다. 이날 자 〈동아일보〉는 날씨란에서 '남쪽지방에선 이제 철 당겨 가꾸는 고추나 가지, 토마토의 온상 을 만들어도 될 때'라고 전했다.

그 시절 성 라자로 마을은 큰 도로에서 한참을 걸어 들어가야 했다. 아직 포장되지 않은 도로였기에 주말에 내린 눈비에 날씨까 지 풀렸다면 무척 질척댔을 게 뻔하다. 종욱은 그 길을 걸어 들어가면서 과연 무슨 생각을 했을까. 그곳에서 접한 한센병이 훗날 그를 WHO 사무총장의 길로 안내하고, 바로 그곳에서 평생 함께 할 운명의 여인을 만날 것이라고는 꿈에라도 상상할 수 없지 않았을까.

당시 성 라자로 마을에 상주하면서 자원봉사를 하던 가부라키 레이코(鏑木珍子, 세례명 소피아)는 훗날 한 언론과의 인터뷰에서 그날 종욱과의 첫 만남의 순간을 이렇게 회고했다.

젊고 잘생긴 청년이 의료봉사를 하고 싶다며 찾아왔어요. 그 사람이 환자 상처를 소독해주고 붕대를 갈아주는 모습을 지켜봤는데, 젊고 의욕적으로 보였어요. 진료 끝나면 제가 있는 사무실로 와 "어떤 음악 좋아하세요?"라고 묻기도 했죠. 일주일에 하루 이틀 오다가 나중엔 매일 다녀갔어요.

종욱이 그곳에서 주로 한 일은 의대를 갓 졸업한 의사가 할 수 있는 수준의 간단한 진찰과 의료 처치 정도였다. 한센병을 치료한다거나 약을 처방할 정도는 아니었다. 그래도 전염 우려가 완전히 사라지지 않은 상황에서 한센병 환자들과 스스럼없이 대화를 주고받으며 편하게 대하는 건 쉽지 않은 일이었다.

그런데 종욱은 왜 그곳에 갔던 걸까? 당시 정부는 부족한 국내 의료 인력, 특히 의사들이 해외로 빠져나가는 것을 어느 정도 제

한하기 위해 보건소장으로 1년 근무하거나 '무의촌(無醫村)'에서 6개월 이상 봉사활동을 해야만 해외로의 이민이나 유학을 허가해줬다. 이런 점을 감안하면, 미국 이민을 준비하던 종욱으로서는 필요한 봉사활동이었던 셈이다. 물론 이를 입증할 만한 진술이나 근거가 있는 건 아니다. 설사 그렇더라도 또 다른 의문이 남는다. 왜 하필 성 라자로 마을을 선택했던 걸까?

성 라자로 마을은 1950년 6월 2일 미국 메리놀 외방전교회 소속 조지 M. 캐럴(George M. Carroll) 신부가 경기도 화성에 세운 '성 라자로 요양원'에서 시작했다. 6·25전쟁을 거치면서 1951년 7월 5일 지금의 자리인 의왕시 오전동 일대로 옮겼고, 1970년대부터 시설과 환경이 크게 개선됐다. 그 중심에 이경재(알렉산더) 원장 신부가 있었다.

서울 가톨릭대학을 졸업한 이 신부가 6년간 미국에서 천주교 서울대교구 연락책임 신부로 지내면서 알게 된 해외 인맥을 활용해 폭넓은 기부금 모금과 재정 원조 유치 활동을 벌인 덕분이었다. 국내외 수많은 기관과 종교단체, 정·재계 인사, 연예인 등이 마을을 찾았고, 그들로부터 아낌없는 지원과 도움을 받을 수 있었다.

이 과정에서 이 신부에게 가장 큰 힘이 됐던 사람이 바로 일본인 자원봉사자 레이코였다. 도쿄 예수회 학교인 소피아대학에서 영문학을 전공한 그녀는 헌신적으로 봉사하는 교수들에게 감명을 받아 졸업 직후 수녀원에 들어갔다. 그곳에서 그녀도 교수가

이종욱 평전

되고 싶었다. 하지만 막상 들어가보니 기대했던 것과는 크게 달랐고, 결국 자신의 소명(召命)을 찾지 못해 몇 달 만에 그곳을 떠나야 했다.

그 후 얼마 지나지 않아 일본 도쿄성당에서 성 라자로 마을에 대한 안타까운 이야기와 '영어를 할 줄 아는 자원봉사자가 필요하다'는 이 신부의 설교를 들은 레이코는 한국으로 건너가 자원봉사를 하기로 마음 먹었다. 어머니가 일찍 세상을 떠나면서 홀로 힘겹게 키워준 아버지의 거센 반대도 그녀의 결심을 꺾지 못했다. 떠나는 날 아버지는 뒤도 돌아보지 않고 말했다.

"그래? 넌 내 딸이 아니니까."

그때가 1972년이었다. 훗날 그녀가 한 방송사와 인터뷰한 내용 중 일부다.

제가 영문학 석사과정까지 공부했거든요. 그다음에 뭘 해야 좋을까 생각했는데, 가난하고 어려운 사람들을 도와주면 좋겠다는 생각이 들었어요. 저희 집은 그렇게 부자는 아니었지만, 그렇다고 가난하지도 않았어요. 일본에서 여자가 석사까지 마친 경우도 많지 않았죠. 마음속에 어떤 에너지 같은 게 많은데 그걸 누군가에게 주고 싶다, 나누고 싶다, 그런 생각이 제일 강했어요. 그래서 그곳에 찾아갔던 겁니다.

레이코는 마을에 살면서 주로 해외에 물품 후원과 재정 지원을 요청하는 편지를 쓰고, 답신이 오면 다시 회신하고, 기다리던 후원이나 지원이 오면 감사 편지를 보냈다. 그렇게 매년 1000통 이상의 편지를 써서 보냈다. 때론 소식지도 만들어 동봉했다. 가끔 마을 한센병 환자들을 위로하기 위해 기타를 치고 노래도 불렀다. 그러는 사이 마을에서는 없어서는 안 될 존재가 됐다.

언어적 감각이 뛰어나서인지, 레이코의 한국어 실력은 금세 늘었다. 일본 성경책과 한국 성경책을 대조하면서 독학으로 익힌 실력이었는데도 한국말이 유창했다. 한번은 KBS 외국인 장기자랑에 한복을 입고 나가 '바닷가의 추억'이라는 노래를 불러 1등 상을 받기도 했다.

종욱이 그곳을 찾아온 1976년 2월은 레이코가 그렇게 4년쯤 지낸 후였다. 종욱의 방문은 이 신부나 성 라자로 마을 한센병 환자들로서는 무척이나 반가운 일이었다. 성모병원에서 매주 토요일 의료진을 파견해 정기적인 방문 진료를 해주다가 중단된 지 꽤 됐던 시점이었다. 봉사차 방문했던 외국 수녀회 소속 수녀들도 간단한 의료적 처치만 하는 정도였다.

여기서 다시 한 번 의문이 든다. 종욱이 굳이 한센병 환자들이 모여 사는 이 마을까지 찾아온 이유는 뭘까. 그것도 한센병 전문가도 아닌 초짜 의사가. 훗날 레이코는 한 방송사와의 인터뷰에서 이런 의문에 대해 스쳐가듯 잠깐 언급한 적이 있다.

이종욱 평전

레이코는 한센인들을 위해 직접 노래를 부르거나 연예인 자원봉사자들이 오면 함께 간단한 공연을 하기도 했다. 왼쪽은 당시 개그맨 출신 연예인 곽규석.

먼 친척 중에 수녀님이 있답니다. (종욱이) 의대를 졸업했을 때, 그분이 "거기(성 라자로 마을) 한번 가봐. 뭐 있다" 그러면서 가보라고 그랬대요. 그래서 정말 그냥 한번 찾아온 거라고 하더군요. 좀 이상하죠? 하느님이 데려온 건지도 모르죠.

친척 중 가톨릭은 물론 기독교 신자조차 없다는 종욱의 가족들과는 전혀 다른 이야기다. 가족들은 그가 예전부터 미군이나 외신 기자 등 외국인들과 자주 교류했던 점을 감안해 그들 중 누군가로부터 자연스레 소개받았을 것으로 추정한다. 과연 어느 쪽 이야기가 사실일까. 결국 종욱이 성 라자로 마을을 찾아온 계기나 이유는 여전히 풀리지 않은 수수께끼로 남았다.

종욱이 이곳을 자주 찾기 시작하면서 두 사람은 급속도로 가까워졌고, 그만큼 서로에게 호감을 느끼기 시작했다. 두 사람 사이에는 여러 가지로 교집합이 많았다. 책을 좋아했고, 영어에 능통했으며, 한센병 환자들을 위해 봉사한다는 점도 같았다.

그러던 어느 날, 두 사람은 서로가 영문 원서로 읽은 책 이야기에 푹 빠졌다. 레이코는 종욱이 〈성난 군중으로부터 멀리〉를 영어로 읽었다는 말을 듣고 기뻤다. 그것도 군대에 있을 때 미국산 밀가루 포대에 앉아 읽었다는 것이었다. 종욱은 레이코가 셰익스피어의 〈한여름 밤의 꿈〉이나 〈맥베스〉 같은 작품을 자세히 알고, 영국 출신의 예수회 신부 교수들에게서 배운 본토 영어로 작품

이종욱 평전

구절을 암송하고 숨은 뜻까지 설명하는 것을 보고 놀랐다. 레이코의 대학 시절 전공이 셰익스피어였다.

그렇게 두 사람의 관계는 깊어졌다. 종욱이 훗날 셰익스피어와 그의 작품에 대해 전문가 수준의 방대한 지식을 갖게 된 것이 어쩌면 레이코 덕분인지도 모르겠다.

의사도 사람인지라 한센병에 대한 막연한 불안감이 있기 마련이다. 성 라자로 마을에서 한센병 환자를 진료한 지 몇 주쯤 지났을까. 그의 팔에 붉은 반점 같은 것이 돋아나기 시작했다. 혹시 한센병에 감염됐을지 몰라 병원 전문의를 찾아가 물어보니 별다른 검사도 안 하고 그냥 괜찮다고만 했다. 그런데 오히려 그게 더 종욱을 불안하게 만들었다.

그러던 차에 마침 일본에서 한센병 전문의가 성 라자로 마을에 와 있었다. 이 원장 신부의 요청으로 1년에 두 번 정도 이곳을 찾아와 의료봉사를 하는 의사였다. 종욱이 그 의사에게 검사를 받아본 결과, 다행히 한센균이 아닌 곰팡이가 원인인 것으로 확인됐다. 종욱은 그제서야 한시름 놓았다.

한일
국제결혼

어느덧 3월 꽃샘추위가 지나고 완연한 봄날이 찾아왔다. 날씨는 풀렸지만 종욱에겐 또다시 시련의 그림자가 드리우기 시작했다. 4월, 5월… 시간은 흘러가는데 종욱이 기다리던 미국 비자 발급 통지서는 오지 않았다. 미국 의사자격시험과 영어시험만 통과하면 쉽게 이민을 받아주던 미국 정부가 갑자기 태도를 바꾼 것이다. 비자 심사기간도 길어지고, 절차도 까다로워졌다. 베트남전쟁이 끝난 여파였다.

1964년 통킹만 사건을 계기로 베트남전쟁에 개입한 미군은 9년 만인 1973년 북베트남과 평화협정을 체결하고 완전 철수를 시작했다. 베트남전쟁에 참여했던 수많은 군 의료진도 함께 본국으로 돌아갔다. 그러면서 미국 내 의료 자원이 풍족해졌고, 더 이상 해외 여러 나라에서 의료 자원을 충원할 필요도 없어졌다. 미군 철수 이후, 베트남전쟁은 결국 1975년 북베트남의 승리로 끝났다.

무작정 비자가 나오길 기다릴 수 없었던 종욱은 새로운 일자리를 알아봐야 했다. 마침 그해 보건소법 시행령이 공포돼 서울시내 각 구별로 보건소가 설치되면서 6월 도봉구보건소에 임시직 의사로 들어갈 수 있었다. 하지만 급여가 시원치 않았고, 무엇보다 새로운 의술을 배울 수 있는 기회가 없었다.

종욱은 결국 2개월 만에 보건소를 그만두고 강원도립의료원(현 강원대학병원) 응급실 촉탁의사(임시 계약직)로 자리를 옮겼다. 언제 미국 비자가 나올지 모르는 상황에서 그가 할 수 있는 최선의 선택이었다. 그가 8월 9일자로 카우프먼 부부에게 보낸 편지에는 바로 그 직후 그의 상황과 심경이 가장 잘 담겨 있다.

여기에 자리를 얻게 된 건 서울대 의대생만 받겠다는 원칙과 여기서 인턴으로 일하는 급우들의 추천 덕분입니다. 그들이 많이 도와줘서 많이 배우고 있답니다. 춘천은 한국에서 가장 아름다운 도시 중 하나예요. 무엇보다 호반의 도시라는 게 매력이지요. 인구가 30만 명인 이곳은 설악산을 품은 강원도의 도청 소재지이기도 합니다.

이 의료원은 이 지역의 유일한 종합병원이어서 온갖 병으로 온 사람들이 많고, 밤마다 각별한 주의가 필요한 환자들이 찾아옵니다. 저는 오후 9시부터 오전 9시까지 밤 근무조로 일하고 있습니다. 다른 수련의 한 사람이랑 교대로 근무하지요. 우리는 사나흘씩 이어서 근무하고 한 주의 나머지 절반은 쉬는 식으로 역할을 나눴답니다.

처음에 겁이 많이 났습니다. 지금도 겁이 나긴 합니다. 비상대기를 하는 레지던트 없이 사실상 혼자 다 해결해야 하니까요. 동창들은 처음엔 많이 힘들어도 금세 따라잡을 수 있다며 걱정 말라고 합니다. 하루는 환자의 위세척을 하다가 폐에다 물을 주입하는 바람에 환자를 익사시킬 뻔한 적이 있습니다. 다행히 환자가 의식을 차렸기에 망정이지, 밤새 아주 끔찍했습니다. (중략)
여긴 뱀에 물린 환자가 실려 오는 게 보통입니다. 응급실은 전쟁터나 다름없지요. 처음엔 신병훈련소 나오자마자 베트남에 파병되거나 비행 초급 강좌 듣자마자 점보기 조종간 잡은 것처럼 막막하더군요. 미국에 가기 전에 가능하면 많이 배우려고 노력하고 있습니다. 냉엄한 현실과 직면하다 보니 자존심이고 체면이고 차릴 여유 같은 건 없습니다. 재미있는 건 솔직히 제가 모른다는 걸 인정해야만 하는 아주 어려운 상황에서 답을 찾아야 한다는 겁니다. 서울대 교수님들이 얘기해주곤 하던 상황인데, 강의 내용을 다 기억하지는 못해도 서울대 교육의 질에 대해 실감하게 됩니다.(중략)

종욱의 이종사촌 동생으로 같은 학과 1년 후배였던 최성엽도 한 해 뒤 강원도립의료원에서 잠시 근무한 적이 있다. 그의 기억에 의하면 이 의료원은 전공의(인턴, 레지던트) 수련과정이 없을 뿐만 아니라 의사 수가 적어 서울대 의대 전공의들이 돌아가면서 파견 근무를 나와야 비로소 병원과 응급실이 돌아갔다. 파견기간은 길어야 2~3개월 정도였다. 그만큼 열악한 환경이었다. 편지는 자신의 고민으로 이어진다.

제가 생각해도 참 난처한 노릇이지만, 아직은 전공을 뭐로 할지 모르겠습니다. 결혼 문제랑 비슷합니다. 어떤 대상이든 기회가 그뿐이라면 택할 수밖에 없는 상황이랄까요. 그렇다고 제가 그 대상을 사랑하게 된 건 아닐 테지요. 돈을 보고 분야를 선택할지도 모릅니다. 성 문제를 고려해서 결혼하는 것처럼요. 한국 사람들은 독자적인 결정을 하는 데 익숙하지 않은 게 보통입니다. 저야 독립적인 편이고, 그러려고 애쓰는 사람입니다.
그러나 저의 독립성을 증명해 보이지 않아도 되는 누군가가 그립기도 합니다. 돌아가신 지 오래된 아버지가 자꾸 그리워집니다! 결혼도 좋은 아버지를 대신해줄 그런 상대를 만나면 좋겠다 싶을 정도입니다. 가정의학에 대해 잘은 모르지만 그쪽이 많이 끌리긴 합니다. 하지만 전망보다는 순전히 자리가 나느냐에 따라 전공이 결정될 수도 있는 게 현실입니다. 미국에도 가고, 수련 경험도 쌓고, 동반자도 생기면 거 참 좋겠네요! 곧 다시 편지하겠습니다.

욱이

전공은 어떤 분야를 선택하고, 결혼은 또 누구와 해야 할지 혼란스러운 속내와 홀로 지내면서 문득문득 느끼는 외로움들이 고스란히 전해진다. 그리고 하루라도 빨리 미국으로 가고 싶은 절절함이 느껴진다. 그런데 레이코와 관련해서는 직접적이든 간접적이든 어떤 언급도 없는 걸 보면, 두 사람의 관계가 아직 누군가에게 털어놓을 정도는 아니었던 것 같다.

종욱은 1976년 6월 도봉구보건소를 거쳐 춘천 강원도립의료원으로 직장을 옮긴 8월 초까지는 성 라자로 마을에 전혀 가지 못했다. 매일같이 오던 그의 발길이 뚝 끊어지자 레이코는 그의 소식이 궁금해졌다. 그런 마음이 전해졌는지 종욱에게서 한 통의 편지가 날아왔다. '강원도립의료원에서 일하게 돼 성 라자로 마을에는 가끔씩만 올 수 있다'는 내용이었다.

종욱이 일주일에 3~4일간 응급실에서 전쟁을 치르다가 쉬는 날 잠시 짬을 내 성 라자로 마을에 봉사활동을 가는 건 정말 쉽지 않은 일이었다. 그런데도 그가 그렇게 한 것은 순전히 레이코 때문이었다. 그녀가 비록 일본인이었지만, 종욱이 찾던 '동등한 여성'에 가장 가까웠고, 여러 가지로 잘 통했다. 중매쟁이들을 통해 소개받는 허울뿐인 여성들과는 차원이 달랐다. 그러던 어느 날, 종욱은 자신에 대한 레이코의 속마음을 조심스레 떠봤다.

"결혼 생각을 해본 적 있나요?"

레이코는 잠시 그를 응시하다가 생각을 가다듬고는 말했다.

"제가 생각해온 건 수도회 같은 곳에서 기도하고 일하며 지내는 은둔의 삶이었어요. 그런데⋯."

종욱은 그녀가 잠시 머뭇거리자 단도직입적으로 물어봤다.

"당신을 사랑해서 결혼하고 싶은 사람이 나타난다면, 이를테면

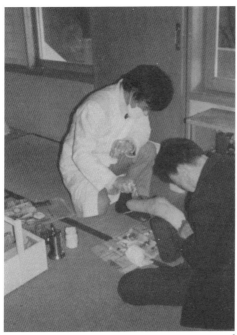

• 대학 졸업 직후 성 라자로 한센인 마을에서 의료 자원봉사를 하는 종욱.

•• 정확한 시점은 확인되지 않지만, 대학 졸업 후 잠시 근무했던 도봉구보건소 임시의사 시절로 추정된다. 오른쪽이 종욱.

열심히 일하는 의사가 있어서 그 사람이랑 함께한다면, 그것도 노동과 기도와 명상하며 지내는 은둔자의 삶이 될 수 있지 않을까요?"

잠시 긴 침묵이 흘렀다. 힘들게 입을 뗀 레이코는 종욱에게 답변 대신 질문을 던졌다.

"만일 제가 아프다면요? 한센병에 걸렸다면, 의사 부인으로서 어렵지 않겠어요?"

실제 레이코는 정신적으로 육체적으로 무척 힘들고 어려운 상태였다. 성 라자로 마을에 와서 한센병 환자들과 함께 부대끼며 4년 넘게 살아오는 동안 단 한 번도 두렵다거나 힘들다고 느껴본 적이 없었다. 그런데 갑자기 왠지 모를 두려움 같은 것이 엄습해 왔다. 아무것도 쉽게 만지지 못했고, 심지어 밥은커녕 물도 제대로 마실 수 없을 정도로 아팠다.

그런 그녀의 질문에 종욱이 고민 없이 선뜻 답했다.

"에이~ 그럼 내가 고쳐주면 되죠, 뭐. 그건 걱정하지 말아요."

그날의 대화는 별다른 결론 없이 끝났지만, 서로에 대해 가능성을 열어놓기에는 충분했다. 무엇보다 그녀가 분명한 거절 의사를 밝히지 않았으니 종욱에겐 희망이 있었고, 그녀 역시 그런 종욱이 싫지 않았다. 훗날 레이코는 그때의 심경을 이렇게 회상했다.

제가 처음 성 라자로 마을에 갔을 때는 저 혼자였어요. 주변에

이종욱 평전

가족도 없고, 아무도 없다고 생각하니 제가 무슨 병에 걸려 죽어도 상관없을 것 같아 무섭지 않았던 것 같아요. 그런데 갑자기 무서워졌어요. 몸도 아프고 너무 힘들었어요. 주변에 저를 이해해주는 사람도 없었고. 그래서 제가 병에 걸렸으면 어떻게 하겠냐고 그랬더니 고쳐준다고 그러더라고요. 그때는 결혼하겠다는 생각은 없었는데, '이렇게 나를 받아주는 사람도 있구나' 그렇게 좋게 느꼈죠.

다음 날, 레이코는 병원 예약이 잡혀 있었다. 성 라자로 마을 일을 도와주는 간호사가 근무하는 병원이었다. 그녀가 병원에 도착하니 뜻밖에도 종욱이 벌써 와서 기다리고 있었다. 종욱이 레이코에게 대뜸 물었다.

"왜 장화를 신고 왔어요?"

그날 종욱을 만나게 될 줄 몰랐던 레이코는 마을 숙소에서 버스정류장까지 땅이 질척거려 파란 고무장화를 신고 왔던 것이다. 나중에 종욱은 가끔 그날 일을 떠올리며 첫 데이트 때 무릎까지 오는 고무장화 차림이었다고 농담을 하곤 했다. 레이코가 링거를 다 맞고 나자, 종욱이 식사를 제안했다.

"시내 가서 뭘 좀 먹죠."

"네. 하지만 아무것도 못 먹을 거예요."

종욱이 레이코를 데려간 곳은 불고깃집이었다. 그런데 못 먹을 것 같다던 레이코는 오랜만에 허기를 느껴 꽤 많이 먹을 수 있었다. 뜨거웠던 한여름이 지나고 조금은 선선해진 날씨였다. 식사 후 두 사람은 서울 거리를 거닐며 이런저런 이야기를 나눴다. 종욱이 다시 결혼 이야기를 꺼냈지만, 레이코는 답을 피했다. 아직 확신이 들지 않았기 때문이다.

며칠 후, 레이코는 가족이 있는 일본으로 잠시 건너가 쉬었다가 오기로 했다. 그런데 레이코가 일본으로 떠날 때까지 두 사람은 좀처럼 결론을 내지 못했다. 레이코는 종욱에게 다시 한 번 생각해보고 도쿄로 전화해달라고 했다. 결혼에 확신이 들기 전까지는 아버지에게 결혼 이야기를 꺼내고 싶지 않았다.

레이코가 아픈 몸을 이끌고 일본 집으로 돌아가자, 다시는 안 볼 것처럼 뒤돌아섰던 아버지였지만 삐쩍 마른 딸의 모습을 보니 맘이 너무 아팠다. 부모·자식 간 인연이라는 게 그렇게 쉽게 끊을 수 있는 게 아니다. 아버지는 스시며 스테이크며 딸 건강에 도움이 될 수 있는 음식들을 먹이기 위해 이곳저곳을 데리고 다녔다. 아버지의 노력 덕분에 레이코는 어느 정도 식욕을 되찾고, 건강도 조금씩 회복해갔다.

그렇게 사흘 정도 지났을까. 종욱에게서 기다리던 전화가 왔다. 마음이 조마조마했다. 그가 어떤 결정을 내렸을지 궁금했다. 다행히 종욱은 레이코와 결혼하고 싶은 마음이 바뀌지 않았다고 했다. 레이코는 그의 말에 기뻤지만, 한편으로는 아버지의 반응이 걱정스러웠다.

두 나라의 아픈 과거사를 고려할 때, 아버지가 썩 달가워하지 않을 수도 있었다. 일본에 의해 강제 점령을 당했던 한국의 반일 감정이 얼마나 심한지 그녀의 아버지 역시 익히 알고 있던 터였다. 레이코는 아버지에게 조심스레 이야기를 꺼냈다.

"아버지, 어떤 사람이 결혼하자는데 어떻게 할까요? 아직 결혼하기로 한 건 아닌데, 서울대 의대를 졸업한 의사예요."

아버지의 반응이 의외였다.

"오, 서울대 의대면 옛날 경성제국대학이 아니냐. 그 대학을 졸업한 의사면 최고의 의사지."

긍정적인 반응이었다. 아버지는 딸이 한센병 환자들을 돕는다며 한국으로 건너가 혼자 지내는 것에 대해 항상 걱정하면서 맘 아파했다. 그런 딸에게 한국에서 좋은 남자가 생겼다니 다행스러운 일이었다. 레이코는 이미 종욱으로부터 전화를 받은 상태였지만, 그런 사실을 숨긴 채 다시 한 번 아버지의 속마음을 떠봤다.

"좋은 사람인 것 같아요. 저도 결혼할까 생각 중인데, 언제 도쿄로 와서 가족들과 인사 한번 하지 않겠냐고 그 사람에게 물어볼까요?"

"오, 좋지~!"

이 정도면 아버지가 이 결혼을 반대하지 않는 것이 확실했다. 레이코는 자신이 종욱을 사랑하는지 여전히 확신이 들지는 않았지만, 결혼해도 괜찮겠다는 생각이 들었다. 어쩌면 레이코가 결혼을 결심한 것은 육체적으로 정신적으로 매우 힘든 상태였기 때문인지도 모른다. 훗날 레이코는 만약 그 시절 자신이 건강했다면, 또 종욱을 만나지 않았다면 어느 누구와도 결혼하지 않았을지 모른다고 말했다.

한편 종욱은 레이코로부터 아버지의 반응을 전해 듣고, 이 기쁜 소식을 편지로 카우프먼 부부에게 서둘러 알렸다.

릴리와 배리, 그리고 데이비드와 피터에게

좋은 소식 하나 전해드립니다. 녹음테이프에서 말했던 그 일본인 아가씨에게 청혼해서 승낙을 받았습니다. 그녀는 도쿄에 가서 아버지께 말씀을 드렸고요.

그녀가 어떤 사람인지는 무엇보다 그녀의 편지를 한번 보기만 하면 쉽게 짐작할 수 있지요. 그녀는 한국어를 완벽하게 구사해서 우리 둘 사이에 언어 장벽은 없습니다. 저도 조만간 일본어를 배울 생각입니다. 그녀 가족은 제게 도쿄로 와서 인사를 나누지 않겠느냐며 초청을 했습니다. 제 주변에선 일본 아가씨와 결혼하는 건 별로 좋은 생각이 아니라고 말하는 사람들이 많습니다. 잘 아시겠지만 저는 그녀가 일본인이라고 해서 마음에 걸리는 게 없고, 그녀 집안에서도 제가 한국인인 걸 개의치 않는 것 같습니다. 하지만 아시다시피 여기선 좀 별난 일이긴 하지요. 제 어머니만 해도 처음 반응이 이

이종욱 평전

랬죠. "왜 하필 일본 사람이냐?"

레이코는 영어를 아주 잘합니다. 영국을 여행한 경험도 있지요. 아주 검소하고요. 두 분 모두 레이코를 아주 좋아할 겁니다. 그녀는 모레 오후 5시 반에 김포공항에 도착합니다. 저는 내일 서울로 가서 반지를 사려고 합니다. 이번 편지에서는 이 얘기뿐이네요. 저로서는 어려운 결정이었고, 지금도 그렇습니다. 유능한 중매쟁이가 하라는 대로 쉬운 길을 택하는 게 나을지도 모르죠. 그녀가 제 청혼을 받아들이고 나서야 제가 그동안 얼마나 큰 자유를 누려왔는지 알 수 있었지요. 제가 지금 엄청나게 어리석은 짓을 하는 건지도 모르겠습니다.

남자든 여자든 결혼을 결심하는 건 무척 힘든 일이다. 누군가와 평생을 함께하기로 결정하는 일인 만큼 무엇보다 큰 용기가 필요하다. 그만큼 책임도 뒤따른다. 종욱도 그런 사실을 누구보다 잘 안다. 그 때문에 남들과는 다른 자신의 선택이 과연 옳은 것인지 고민스러울 수밖에 없었을 법하다. 그런 그의 속내가 편지 곳곳에 고스란히 묻어난다.

종욱이 이 편지에 쓴 것처럼 이틀 후 레이코는 한국행 비행기에 올랐다. 그녀가 요양 겸 휴식차 일본에 간 지 2주 만이다. 종욱은 그녀를 맞으러 김포공항으로 나갔다가 성 라자로 마을 원장인 이 신부와 마주쳤다. 이 신부는 깜짝 놀랐다. 레이코가 결혼을 전제로 누군가를 만나리라고는 전혀 예상하지 못했기 때문이다.

이 신부에게 레이코는 단순한 자원봉사자 그 이상이었다. 이 신부를 대신해 해외에 보낼 편지를 쓰고, 이 신부가 해외에 나갈 때 일정을 조율할 뿐만 아니라 심지어 이 신부의 연설문과 강론 원고를 쓸 때도 있었다. 자원봉사자라기보다는 비서에 가까웠고, 그 역할을 흠잡을 데 없이 해냈다. 그런 레이코가 결혼을 하고 성 라자로 마을을 떠난다니 이 신부로서는 여간 서운한 게 아니었다. 어쩌면 종욱이 무척이나 못마땅했을 수도 있다.

종욱 역시 그런 이 신부가 좋아 보일 리 없었던 모양이다. 그로부터 2년 반 정도 지난 1979년 2월, 훗날 춘천에서 알게 된 친구인 헤스 부부에게 보낸 편지에서 당시 종욱의 심경을 엿볼 수 있는 대목이 있다.

레이코가 마을에서 한 일 중 하나는 신부님의 연설과 강론 원고를 준비하는 것이었어. 하! 신부님의 연설 원고 작성자라니! 처음엔 그것만 봐도 신부님이 레이코를 착취한 게 아닌가 하는 생각이 들었는데, 어제 서울에서 춘천으로 돌아오는 길에 생각해보니 좀 다르게 볼 수도 있겠더군. 그분이 레이코의 쓰임을 받은 게 아닌가 하고. 레이코가 그분의 입과 발을 빌려 마을 사람들을 위해 일한 것인지도 모른다는 거지. 전에는 그런 생각이 전혀 들지 않았어. 내가 요즘 르 카레(추리소설 작가)를 너무 많이 읽어서 그런지도 모르겠어.

이종욱 평전

레이코의 결혼 소식은 이 신부뿐만 아니라 성 라자로 마을 사람들 모두에게 충격이었다. 특히 마을 자원봉사자 숙소에서 항상 레이코와 함께 먹고 자고 생활하던 이영옥(마르타)에겐 더했다. 종욱이 의료봉사를 올 때면 영옥은 두 사람과 함께 난로가에 앉아 수다도 떨고 함께 저녁도 먹었지만 두 사람이 따로 만난다는 건 전혀 눈치채지 못했다. 더군다나 레이코가 떠나면 이제 홀로 지내야 할 처지였다.

1973년 고등학교를 졸업하자마자 이곳에서 봉사를 시작한 영옥은 고작 스물두 살의 어린 여성이었다. 개신교 신자였던 영옥은 이곳에서 천주교로 개종한 후 1982년 성 글라라 수도회에 입회해 수도자의 길로 들어선다. 2020년 가을, 강원도 양양 성 글라라 수도회에서 만난 마르타 수녀(영옥)는 이 신부가 레이코의 결혼 소식에 "서운할 만한 이유가 있었다"면서 당시 상황을 전했다.

이 신부님이 해외에 나가시면 보통 한두 달 정도 있다가 오시는데, 레이코에게 모든 것을 믿고 의탁했었어요. 신부님의 비서 역할을 정말 잘했어요. 비서직의 은사가 있었던 것 같아요. 그런 레이코가 그만둔다니 자신의 오른팔이 잘려나가는 기분이 들었던 것 같아요. 더군다나 레이코는 사복을 입고 지냈지만 서원(誓願) 생활을 하기로 수원교구 소속인 주교님께 서약을 한 상태였기 때문에, 신부님은 레이코가 결혼할 거라고는 전혀 생각하지 못했을 겁니다. 그래서 신부님이 처음엔 많이 서운해하셨지만, 레이코가 결혼하고 하와이에서 살 때 여행 중에 찾아가보고 그랬던 걸로 기억해요.

두 사람은 결혼을 전제로 성 라자로 마을과 서울, 그리고 춘천을 오가며 만났다. 물론 종욱의 가족들의 반대가 없었던 건 아니다. 아니, 무척 심했다. 한일관계가 그리 좋지 않았던 시기에 하필 일본 여성이라니…. 더군다나 서울대 의대를 졸업한 전도유망한 의사 아닌가. 종욱이 일본 여성과 결혼을 하겠다니 집안에선 당장 난리가 났다. 막내 종구의 기억이다.

(결혼한다는 여성이) 일본인이고 아니고를 떠나서 그 시절에 국제결혼이란 게 얼마나 골치 아픕니까. 더군다나 서울대 의대를 나온 의사였으니, 가만히 있어도 좋은 집안에서 중매가 쏟아져 들어올 텐데 말입니다. 누가 봐도 정상이 아니었죠.

어머니의 반대는 당연했다. 하지만 누구보다 반대가 심했던 건 집안 실세였던 누나 종원이었다. 당시 종원은 남편을 따라 말레이시아에서 살고 있었다. 종욱과 레이코는 어떻게든 누나를 설득해야 집안의 반대를 잠재울 수 있었다. 두 사람은 누나를 설득하기 위한 전략을 세웠다. 바로 테이프였다. 훗날 종원의 회고다.

이종욱 평전

종욱이 일본 사람과 결혼한다는 편지를 받고 바로 답장을 보냈어요. 민족적으로 감정이 좋지 않으니 사적인 영역까지 영향이 올 수 있고, 우리뿐만 아니라 여자 쪽 집안에도 문제가 있을 거라고 말이죠. 그랬더니 저에게 테이프를 보냈더라고요. 레이코가 KBS 외국인 장기자랑에서 상을 받았다면서 노래를 녹음해서 보낸 거예요. 그걸 틀어보니까 노래도 잘했지만 한국말이 완벽했어요. 그러니 소통에 아무 문제가 없고, 우리말도 완벽하고, 한국 문화도 잘 아는 데다, 굉장히 검소하고 인간적으로 존경할 점이 많다면서 누나가 오해하지 않았으면 좋겠다고 동생이 편지를 같이 보내왔더라고요. 참 기발했어요. 그래서 허락하게 됐죠. 그 고집을 누가 꺾어요.

가을에 접어들면서 두 사람은 본격적으로 결혼 준비를 시작했다. 그리고 결혼 미사 집전을 부탁드리러 노기남 신부를 찾아갔다. 한국인 최초의 주교이자 서울 대교구장을 지냈고, 한때 성 라자로 마을에서 생활했던 노 신부는 흔쾌히 수락했다. 대신 종욱에게 조건을 달았다. 가톨릭 신자가 돼야 한다는 것이었다. 종욱은 그 조건을 받아들였지만, 먼 훗날 그가 이 세상을 떠날 때까지 지키지 못했다.

레이코가 성 라자로 마을을 떠나는 날. 송별식도 없이 조용히 마을 입구를 나와 길모퉁이를 돌자 한센병 환자 몇 명이 기다리고 있었다. 그동안 자신들을 위해 봉사해준 것에 대한 감사 인사와 함께 십시일반 모아 레이코와 종욱의 이름을 새긴 금반지를 선물로 줬다.

〈성 라자로 마을 50년사〉에는 이들 두 사람에 대한 기록이 짧게 남아 있다.

> 도쿄 상지대 대학원 영문과를 졸업한 일본인으로 천주교 신자인 가부라키 레이코(소피아)는 여러 해 자원봉사자로 마을에 머물면서 온갖 일에 열성적으로 봉사했다. 레이코는 언어, 풍습, 음식 등 문화적 이질감을 극복하며 영문 편지의 작성·번역을 도맡는 등 원장신부 비서로 봉사하다가 1976년 12월 환자 치료차 마을을 자주 왕래하던 서울대 의대 출신 의사인 이종욱과 명동성당에서 노기남 대주교의 주례로 혼인성사를 거행하고 4년 6개월 만에 마을을 떠났다.

결혼식은 12월 18일 명동성당에서 양가 부모와 가까운 친척들만 참석한 가운데 조출하게 치러졌다. 기념사진엔 종욱과 레이코, 두 사람을 중심으로 한쪽에는 레이코의 아버지, 종욱의 큰형 종빈, 사촌과 삼촌 한 분이 섰고, 다른 한쪽에는 종욱의 어머니와 막냇동생 종구, 그리고 나머지 집안 하객 몇 분이 섰다. 그렇게 두 사람은 백년가약(百年佳約)을 맺고, 멀고 긴 새로운 인생의 항해에 함께 나섰다.

이종욱 평전

결혼식 직후로 보이는 종욱과 레이코 부부 기념사진.
춘천 근처 호수에서 유람선을 탄 종욱.

춘천 도립의료원
신혼생활

1970년대 중반 한국은 가난한 나라였다. 그중에서도 강원도는 더 가난했다. 온통 두메산골에 산간벽지뿐이었다. 그 시절 춘천 미군부대 '캠프 페이지(Camp Page)' 외과의사로 근무했던 군의관 존 헤스(John Hess)의 눈에 비친 모습은 정말 처참하기 이를 데 없었다.

1973년 한여름, 한국군은 화전민을 산에서 내쫓고 나무를 심었습니다. 화전민들은 춘천 끝자락에 마련된 강제수용소로 보내졌습니다. 그들은 거기서 굶주렸고, 결핵에 걸려 죽어갔습니다. 오일 쇼크로 말미암아 미군조차도 난방을 하기가 어려웠던 시절이었습니다. 어린 여자아이들은 산비탈에 버려졌고, 10대 소녀들은 매춘부로 팔려갔습니다. 겨울이 가고 다시 찾아온 봄, 보릿고개는 무척이나 길었습니다.

존은 시간이 날 때마다 춘천 죽림동성당 앞(지금의 성당 주차장 자리)에 세워진 '성 골롬반 의원'에 찾아가 의료 자원봉사를 했다. 천주교 소속 성 골롬반(St Columban) 외방선교회에서 운영하는 병원으로, 아일랜드 수녀 6명이 환자들을 돌보고 있었다. 존은 이곳에서 수백 명의 환자를 치료했고, 수천 명의 주민이 전염병 예방접종을 받을 수 있도록 도왔다.

1973년 9월부터 춘천 미군부대에서 근무했던 존은 이듬해 6월 미국으로 돌아갔다가 1977년 7월 다시 서울 용산 미군부대에 있는 121후송병원(카우프먼 소령이 근무했던 병원)으로 파견 근무를 나왔다. 그는 이곳에서 외래환자·결핵클리닉 소장을 맡았다. 그리고 매주 주말마다 다시 성 골롬반 의원을 찾아 자원봉사를 이어갔다.

그 시기에 종욱은 레이코와 신혼생활을 하면서 춘천 강원도립 의료원 응급실 촉탁의사로 바쁜 나날을 보내고 있었다. 성 골롬반 의원에서 의료원까지는 2km 남짓한 거리로 그리 멀지 않았다. 종욱은 이때까지도 존이라는 의사의 존재를 전혀 알지 못했고, 그가 가까운 미래에 자신을 새로운 세계로 안내해줄 사람이라는 건 더더욱 알지 못했다.

종욱과 레이코는 의료원 건물 바로 뒤, 이곳 의사들을 위해 지어진 아파트에 신혼집을 마련했다. 그때나 지금이나 신혼부부가 새살림을 꾸리면 주변 사람들을 초대해 음식을 대접하는 '집들이'라는 걸 한다. 종욱과 레이코 역시 집들이로 한동안 정신이 없었던 모양이다. 종욱이 결혼하고 처음 카우프먼 부부에게 보낸 편지는 이렇게 시작한다.

친애하는 릴리와 배리에게

요리책과 편지 잘 받았습니다. 총각 시절을 마감한 지도 석 달이 다 됩니다. 요즘 자주 드는 생각 하나는 두 분이 그때 저희 모임 사람들 예닐곱 명을 손님치레하느라 얼마나 힘들었을까 하는 겁니다. 레이코랑 저는 즐겁게 손님을 치르고 있지만 보통 부담스러운 일이 아니군요!
전셋집을 얻었는데 방 세 개에 욕실과 주방이 하나씩인 집입니다. 우리가 쓰기에 딱 맞는 집이라고 하면 부적절한 표현일 겁니다. 제 어머니 집보다 좋거든요. 이번 겨울은 추위가 대단한데 따뜻한 집과 약간의 쓸 돈과 함께 지낼 아내가 있으니 그 어느 때보다 살기가 편합니다.

새롭게 출발한 종욱과 레이코 부부의 행복한 신혼생활이 그려진다. 하지만 편지는 곧 자신이 처한 암담한 상황에 대한 토로로 이어진다. 미국 정부가 이민 비자 발급을 차일피일 미루더니 급기야 새로운 시험제도를 도입하면서 그의 고민이 깊어진 것이다. 그런 속에서도 혹시나 구제받을 수 있을지도 모를 가능성에 희망의 끈을 놓지 않는다.

지난 1월에는 드디어 여권을 받았습니다. 하지만 언제 떠나게 될지, 과연 떠나게 될지는 아직 모릅니다. 미국 대사관에서는 작년 12월에 비자를 받으려면 이런저런 서류를 갖추라고 했지요.

하지만 법이 바뀌는 바람에, 그사이에 계류된 건들에 대한 지시를 기다리고 있는 중이라네요. 저는 비자자격시험의 일환으로, 여기서 미국 의사자격시험 1부와 2부를 치러야 합니다. 제 영어 실력이 2년 전만큼 좋다는 걸 입증하기 위해 ECFMG 영어시험도 치러야 해요. 전에는 아무나 쉽게 가더니 이제는 미국도 좀 선별할 여유가 생겼나 봅니다. 제 개인적으론 상당히 흥미롭게 도전적인 일로 느끼고 있습니다.

의사자격시험이야 낙제할 일은 없을 겁니다. 영어시험도 통과할 거라고 봅니다. 누구보다 미국에 가려고 하던 저였는데, 지금은 이런저런 생각이 많이 드는군요. 힘든 시간을 보내서 그런가 봅니다.

편지는 다시 평상심으로 돌아와 결혼 준비 과정에 대한 이야기와 앞으로 한 가정을 꾸려갈 가장으로서의 다짐으로 끝을 맺는다.

결혼 문제는 우리 둘이서 모든 걸 다 결정했습니다. 저는 월급 받은 돈을 모아서 결혼반지를 샀고, 레이코랑 모든 경비를 같이 부담하며 언제, 누구에게, 어떻게 할지 모든 일을 결정했답니다. 그 과정에서 많은 사람들의 감정을 느꼈습니다. 다들 좋은 조언을 해줄 준비가 돼 있었죠. 심지어 양가 부모님들도 식장에만 오시도록 했습니다.

레이코의 아버지는 도쿄에서 오셔서 닷새 동안 머무르다 가셨습니다. 여기선 흔치 않은 일이지만 우리야 엄청 즐거운 시간이었지요. 앞으로 어떤 일이 닥치더라도 제 힘으로 해결할 수 있고, 제 아내를 먹여 살릴 수 있다면 그걸로 만족하고 크게 영향받지 않으려고 합니다.

피터와 데이비드는 이제 키도 많이 크고 의젓한 소년들이 됐겠네요. 서로 알아볼 수 있을 때 만나보고 싶습니다.

욱이와 레이코

1977년 2월 21일

왜, 불안한 예감은 틀리지 않는 걸까. 편지에 쓴 것처럼 서울대 의대 동기생들 누구보다 미국에 가고 싶었던 사람이 바로 종욱이었다. 하지만 혹시나 하고 기다리던 계류된 비자 역시 최종적으로 발급 거부를 당했다. 예상했던 대로 새롭게 바뀐 시험과 절차를 밟아서 통과해야만 비자 발급이 가능하다는 이유였다.

이때 미국 정부가 새롭게 시행한 법은 그동안 ECFMG에서 주관하던 미국 의사자격시험과 영어시험 중 미국 의사자격시험을 의사국가시험위원회(NBME, National Board of Medical Examiners)의 VQE(Visa Qualifying Examination, 비자자격시험)로 대체했다. 새로운 비자자격시험은 1부 기초의학 분야, 2부 임상의학 분야로 나뉘어 이틀에 걸쳐 치러졌다.

문제는 바로 1부 기초의학 시험이었다. 완전히 새로운 시험이어서 어떤 유형과 수준의 문제가 나올지 어느 누구도 예측할 수 없었기 때문이다. 종욱의 가까운 동기였던 승신도 해군 복무 중에 새롭게 시험 준비를 시작했다. 훗날 승신의 회고다.

그 시절 의대생들이 대부분 생화학, 생리학 등 기초의학 분야에 굉장히 약했죠. 그저 빨리빨리 배우는 게 중요했기 때문에 임상을 중심으로 한 공부는 어느 정도 수준에 올라왔지만, 기초의학 분야는 굉장히 뒤처져 있었어요. 더군다나 기초의학은 단기간에 배울 수 있는 분야가 아니거든요. 그래서 시험이 굉장히 어려웠어요. 통과한 사람이 거의 없을 정도였죠.

새로운 법 시행 첫해 시험에서 국내 응시생 500여 명 중 2~3명 정도가 겨우 합격할 정도였다니 얼마나 어려웠는지 알 수 있다. 종욱은 바쁜 응급실 근무를 하면서 시험 준비를 시작했다. 그리고 얼마 지나지 않아 레이코의 임신 사실을 알았던 것 같다. 이미 알고 있었다면 앞선 편지에 이 기쁜 소식을 전하지 않았을 리없기 때문이다.

레이코는 결혼한 지 얼마 지나지 않아 심한 편도선염을 앓았다. 극심한 고열과 인후통 때문에 아무것도 먹거나 마실 수 없을 정도였다. 하지만 응급실 의사였던 종욱은 레이코의 옆을 지킬 수 없었다. 그나마 집이 병원 바로 뒤에 있었던 게 다행이었다. 종욱

은 근무 사이사이 짬을 내 집에 들러 레이코에게 약을 가져다주
고, 탈수되는 걸 막기 위해 수액을 놓아줬다. 때론 뭔가를 요리했
다. 레이코는 그의 노력이 정말 고맙고 감사했지만, 그 음식 맛은
'개조차 먹기 힘들 정도'(훗날 레이코의 표현)로 끔찍했다. 레이코
는 배가 고팠지만, 아프다는 핑계를 댔다.

"목이 아파서 음식을 먹지 못하겠어요."

종욱도 레이코의 속내를 아는지 겸연쩍은 웃음을 지으며 말했다.

"음식이 맛이 없지?"

종욱은 레이코가 너무 걱정이 된 나머지 자신 때문에 디프테리
아(1급 법정감염병)에 걸린 게 아닌지 의심했다. 응급실에 가끔 디
프테리아 환자들이 왔기 때문이다. 종욱은 레이코에게서 채취한
균을 실험실 현미경으로 확인한 뒤에야 비로소 마음을 놓았다.

그렇다면 그 시절 레이코의 삶은 어땠을까. 훗날 그녀가 기록한
회고록 중 춘천에서 보낸 시절에 대한 내용을 보면 우여곡절이
많았음을 짐작하기 어렵지 않다.

춘천은 중소도시로 경치가 아름다운 곳이었어요. 댐을 만들면
서 생긴 호수가 있는데, 저는 남편을 따라 호수에 가서 함께 배를
저으며 놀곤 했죠. 임신했을 때에도 호수에 가곤 했지만 더 이상
노를 저을 수는 없었어요.

춘천에는 미군부대가 있었는데, 핵무기가 있는 아주 중요한 곳

이종욱 평전

이라는 얘기가 있었습니다. 미군들이 일부 철수할 때 헬기에 폭탄을 싣고 어디론가 떠나는 것을 보았는데, 어디로 가는지는 알 수 없었어요. 미군부대 앞에는 하루 일과가 끝날 무렵 부대 밖으로 나오는 미군들을 기다리는 몸 파는 여자들이 많았어요. 춘천에는 큰 한국군 부대도 있었어요. 한번은 그와 함께 택시를 타고 호수로 가는데 갑자기 어디선가 탱크가 나타나 우리에게 포를 들이대 무섭고 깜짝 놀랐던 적이 있습니다.

하루에 한 번인지 두 번인지 시내 곳곳의 확성기에서 애국가가 울려 퍼지면 길을 가다 말고 가슴에 손을 얹고 서 있어야 했어요. 한 달에 한 번은 대피훈련을 했는데 낮뿐만 아니라 밤에 할 때도 있었죠. 밤에 할 때는 집집마다 불을 다 꺼야 했어요. 버스나 기차를 타고 있으면 훈련이 끝날 때까지 모두 내려서 지정된 장소에 대피해 있어야 했죠.

춘천은 북한강과 소양강이 만나는 지점에 자리 잡고 있다. 강에 댐이 세워지면서 만들어진 춘천호와 소양호, 두 호수는 모두 아름다운 경치를 자랑한다. 시내에서 조금만 벗어나면 시원한 호수와 깊은 숲이 어우러진 멋진 풍광을 즐길 수 있었다.

하지만 그곳에서 레이코가 보고 겪은 현실은 그렇게 아름답지 못했다. 미군부대와 미군을 상대로 몸을 파는 매춘 여성들, 한 달에 한 번씩 실시했던 '등화관제훈련'과 '민방위 대피훈련', 그리고 매일 오후 5시(하계 6시)면 전 국민을 1분간 멈춰 서도록 강제했던 '국기하강식' 등 헐벗고 굶주렸던 우리의 열악한 경제 수준과 박정희 군사독재정권하에서 사람들의 삶은 무척 고달팠다. 레이코와 시어머니의 관계 역시 썩 좋지는 않았던 모양이다. 이어지는 회고록 내용이다.

하루는 시어머니가 오셔서 호수로 모시고 가서 뱃놀이를 했어요. 다음 날 아침 시어머니 아침상 차릴 고민을 하다가 김치찌개를 끓여드렸습니다. 그때 저는 임신 중이라 매운 음식에 매우 민감해서 김치 냄새를 맡으면 입덧이 심해져 김치찌개를 먹을 수 없었어요. 그래서 할 수 없이 빵과 차만 먹었는데, 시어머니는 영 탐탁지 않게 여기셨어요. 남편의 입장이 난처해졌죠.

시어머니는 한 달에 한 번씩 우리 집에 오셨는데, 버스와 기차로 두 시간이 걸리는 길을 매번 김치를 가지고 오셨습니다. 남편은 어머니가 우리 가정생활에 간섭하는 게 싫어서 어머니를 썩 반기지 않았어요. 그는 특히 어머니가 바라던 신붓감들 이야기를 하시는 걸 싫어했어요. 서울대 의대 출신은 엘리트 중에 엘리트였기 때문에, 딸 가진 부모들이 가장 바라는 신랑감 중 하나였거든요.

하지만 남편은 그들과 어머니를 행복하게 해주기 위한 결혼을 선택하지 않았습니다. 그는 누구의 간섭도 받지 않는 독자적인 삶

이종욱 평전

을 살고 싶어 했어요. 객관적으로 볼 때 그가 저와 결혼한 것은 그에게 도움이 되는 일이 아니었어요. 저는 키가 크지도 않았고, 예쁘지도 않았거든요. 안경을 쓴 데다 앞니 사이도 벌어졌었죠. 부잣집 딸도 아니었고, 무엇보다 외국인이었잖아요.

그는 예비군 소속이어서 한 달에 한 번은 훈련을 받으러 가야 했어요. 북한에서 간첩이 내려오면 두 번씩 가기도 했죠. 춘천은 휴전선이 가까운 지역이었거든요. 병원에서 밤 근무를 해 아주 피곤해도 훈련을 가야 했어요. 저는 그가 밤 근무를 하고 낮에 훈련을 받은 다음 다시 밤 근무를 하는 날이면 몹시 걱정이 됐어요. 다행히 그는 체력이 아주 강해서 잘 버텨낼 수 있었습니다.

레이코의 기억처럼 종욱의 병원 응급실 근무는 무척 힘들었다. 무엇보다 열악한 시설에 인력과 장비가 턱없이 부족했다. 그해 전후의 언론 보도 내용을 보면 그 심각한 정도를 짐작키 어렵지 않다.

강원 2차 기관의 전문의 태부족

1차 진료기관 111개, 2차 진료기관 9개소인 강원도에서는 2차 진료기관의 전문의 부족이 문제점으로 지적되고 있다. (중략) 춘천 도립의료원에도 12개 진료과목 중 안과, 신경외과, 정신과, 피부과, 비뇨기과 등 5개 과의 전문의가 없다.

〈동아일보〉 1977. 2. 17

시·도립의료원 병상이 비어 있다

보사부는 지난 1968년부터 1972년 사이 도립의료원의 시설을 개
선하기 위해 「덴마아크」 차관으로 각종 의료장비를 들여와 춘천, 청
주, 전주, 포항, 마산 등 5개 도립의료원에 배정한 일도 있으나 이번
에는 이를 이용할 수 있는 의사의 부족과 낡은 건물 때문에 제대로
운용하지 못하는 가운데 춘천 도립의료원의 경우는 들여온 지 6년
이 넘도록 장비의 포장조차 풀지 않은 채 그대로 방치해두고 있다.

〈동아일보〉 1978. 3. 24

이런 악조건 속에서도 종욱은 묵묵히 응급실을 지켰다. 일주일
의 절반은 응급실에서 밤을 지샜고, 퇴근한 이후에도 수시로 비상
호출로 불려 나왔다.

한번은 해군에서 군 복무 중이던 승신이 휴가를 얻어 병원으로
종욱을 찾아왔다. 대학 졸업 후 처음 만나는 것이었다. 응급실에
대체 인력이라도 있다면 하루 이틀 잠시 휴가라도 내서 함께 시
간을 보낼 수도 있었을 텐데, 그건 꿈도 꿀 수 없었다. 어쩔 수 없
이 두 사람은 응급실에서 이런저런 대화를 나누다가 환자가 오면
함께 치료하거나 응급처치를 하는 웃지 못할 상황을 연출했다. 다

시 승신의 회고다.

응급실에 음독자살을 시도한 분들이 많이 왔어요. 무슨 약을 먹은 게 아니라 가난하니 농약을 먹은 거죠. 그러면 위까지 관을 넣어서 위세척을 주로 했어요. 위에서 농약을 깨끗이 씻어내는 거죠. 그런 걸 같이 한 기억이 나요. 제가 갔을 때 응급실에 종욱이형 혼자 있었거든요. 결혼해서 부인도 계셨을 때인데, 집에서 저녁을 먹다가도 응급실에서 전화가 오면 같이 내려가고 그랬죠. 많이 힘들었을 텐데, 그런 내색은 전혀 하지 않았어요. 저와는 그래도 다 터놓고 이야기하는 사이였는데 말이에요.

1977년 10월 31일, 드디어 레이코의 출산일 아침이 밝았다. 레이코는 체구가 작은데, 그에 반해 태아는 너무 커 자연분만 대신 제왕절개를 해야 했다. 병원의 모든 의사들이 산부인과 의사를 돕기 위해 수술실로 모였다. 종욱은 잔뜩 긴장한 채 수술 장면을 차마 보지 못하고 레이코의 머리 쪽에 서 있었다. 그 모습을 본 레이코가 오히려 종욱에게 농담을 던졌다.

"일본에서 나쁜 사람들은 배 속이 검대. 내가 좋은 사람인지 나쁜 사람인지 확인하려면 수술할 때 내 속을 한번 들여다보면 돼."

하지만 종욱은 수술이 끝날 때까지 레이코의 배 안을 단 한순간도 쳐다보지 못했다. 이런 종욱의 모습이 떠올랐는지, 레이코는 훗날 회고록에서도 "종욱이 진실을 확인하는 것이 두려웠던 모양"이라고 우스갯소리를 했다. 다행히 아들은 무사히 태어났다. 산모도 태아도 모두 건강했다. 아들이었다. 종욱은 아이의 한국 이름을 '충호', 일본 이름을 '다다히로'로 지었다.

모든 아버지가 그렇듯 종욱은 아들이 세계 최고가 되거나, 아니면 자신이 세계 최고의 아버지가 되기를 원했다. 원하는 건 모든 걸 사주려고 했고, 매 순간 사진을 찍어 보관했다.

충호가 태어나고 두세 달쯤 지났을까. 종욱이 병원 응급실에서 밤샘 근무를 마치고 온 어느 날 아침, 레이코는 평소처럼 아침을 차려주었다. 그런데 종욱이 숟가락도 들지 않고 가만히 앉아 바닥만 내려다봤다. 레이코가 무슨 일이 있었느냐고 묻자, 고개를 든 그의 눈에서 눈물이 주르륵 흘러내렸다. 그리고 아무 말도 하지 못했다. 레이코가 종욱이 우는 모습을 본 것은 그때가 처음이었다. 몹시 걱정이 된 레이코는 조심스레 물었다.

"도대체 무슨 일이 있었기에…."

한참을 눈물 흘리던 종욱은 곧 마음을 가라앉히고 지난밤 있었던 일을 이야기했다.

"밤에 돌이 될까 말까 한 아이가 응급실에 왔는데, 탈수가 심하고 의식도 잃은 상태였어. 너무 늦게 온 거야. 어떻게든 살려보려고 온갖 방법을 다 써보았지만… 결국 아침에 죽었어. 그런데 충호 생각이 나더라고."

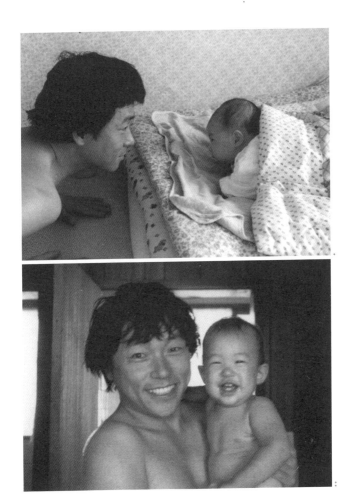

갓 태어난 아들과 눈높이를 맞추는 종욱.
함께 목욕을 한 후 환하게 웃는 종욱과 아들의 모습이 마냥 행복해 보인다.

레이코는 의사가 환자를 진료할 때 감정에 휘둘려서는 안 된다
는 이야기를 자주 들었지만, 그때는 그가 좋은 사람이라는 생각이
들었다. 종욱은 그 이후로도 응급실로 실려 온 아이를 살리지 못
해 사망하는 경우를 종종 봤다. 하지만 다시는 우는 모습을 보이
지 않았다.

한번은 종욱이 쉬는 날 서울에 다녀오니 응급실에서 기다렸다
는 듯 전화가 걸려왔다. 한센병 환자가 병원을 찾아왔는데, 당직
의사가 겁을 먹고 그 환자를 거부하는 바람에 오랫동안 기다렸다
는 것이다. 성 라자로 마을에서 수많은 한센병 환자를 자주 봤던
터라 별 두려움이 없던 종욱은 직접 그 환자를 치료해서 집으로
돌려보냈다.

응급실에는 응급 환자들이 예고 없이 수시로 밀려들어왔다.

이종욱 평전

새로운 시작을
위하여

똑똑!

1978년 1월 14일 토요일 오전, 춘천 성 골롬반 의원 진찰실 문을 누군가가 두드렸다. 용산 미군부대 121후송병원 소속 군의관 존 헤스가 통역사의 도움을 받아 환자를 진료 중이었다. 존은 매주 토요일마다 서울에서 이곳까지 찾아와 의료 자원봉사를 했다.

잠시 후 문이 열렸다. 의원 운영을 맡고 있는 아일랜드인 제타 수녀였다.

"존 헤스 선생님, 이분이 제가 말한 이종욱 선생님이랍니다."

일주일 전 제타 수녀는 존에게 "도립의료원에 온 지 얼마 안 되는 젊고 유능한 의사분이 있는데 만나보면 좋겠다"고 이야기했었다. 독실한 천주교 신자인 레이코가 죽림동 성당에 다니면서 수녀들과 가까워졌고, 성 골롬반 의원에 온 중증 환자를 도립의료원으로 연결해주는 과정에서 그곳 수녀들과 종욱이 자연스레 알게 됐을 것이라는 건 추측하기 어렵지 않다.

잠시 후 제타 수녀 뒤로 종욱이 모습을 드러냈다. 청바지에 스웨터를 입고 겨드랑이에 〈뉴 잉글랜드 저널 오브 메디신(The New England Journal of Medicine)〉이라는 잡지를 끼고 있었다.

두 사람은 그 자리에 있던 환자에 대해 서로 영어로 이야기하다가 환자와는 한국어로 대화했다. 아직은 서툴렀지만 존 역시 한국어를 배우고 있었다. 환자와 통역사가 자리를 뜨자 두 사람은 다른 환자 사례와 각자 지금 하는 일 등 다양한 이야기를 나눴다. 서른두 살(1945년 생)로 동갑인 두 사람은 의사인 데다 군 복무 경험을 했고, 문학 등 관심사도 비슷해 서로에 대해 금세 호감을 느꼈다.

마침 존의 약혼녀인 린 스탠스베리가 춘천까지 함께 와 있었다. 하와이대 의과대학 2학년에 재학 중이던 린은 존을 만나기 위해 서울에 잠시 놀러 왔다가 춘천까지 동행한 것. 존은 성 골롬반 의원에서 의료 자원봉사를 마친 후 종욱에게 린을 소개하고 그의 집으로 초대받아 그의 아내, 그리고 두 달 된 아들과 함께 저녁 식사를 했다. 훗날 그날에 대한 존의 기억이다.

강원도립의료원 뒤쪽으로 의사들이 살고 있는 낮은 아파트가 있었어요. 종욱의 아파트 현관에는 신발을 벗어놓을 수 있는 공간이 있었고, 그 위로 리놀륨이 깔린 온돌 바닥이 있었습니다. 우리는 그 위에 깔린 러그 위에서 같이 앉아 저녁 식사를 했죠. 그 뒤로 가스레인지와 냉장고가 있는 주방, 침실 그리고 화장실이 있었

· 　헤스가 주말마다 자원봉사를 했던 춘천 성 골롬반 의원. 2011년 11월.
· 　강원도립의료원 뒤 종욱의 집에서 직접 요리를 하는 존 헤스. 살림살이가 그리 여유로워 보
　이지는 않는다.

는데, 화려하진 않았지만 따뜻하고 편안한 집이었습니다. 우리는
의학과 셰익스피어, 한국, 미국, 그리고 국제결혼한 부부가 갖는
문제 등 다양한 주제로 이야기를 나누느라 시간 가는 줄 몰랐어
요. 식사를 마치고 저와 린은 우리가 살고 있던 서울로 돌아왔습
니다.

종욱과 존만큼 레이코와 린 역시 서로 통하는 게 많았다. 레이
코는 대학에서 셰익스피어를 전공했고, 린은 셰익스피어의 희곡
과 시를 무척 좋아했다. 두 부부는 만나자마자 마치 자석이 끌어
당긴 것처럼 바짝 가까워졌다. 얼마 지나지 않아 린은 깊은 아쉬
움을 남기고 하와이로 돌아갔지만, 존은 그해 5월 20일 한국을
떠날 때까지 종욱이 근무하는 의료원으로 자주 찾아와 함께 시간
을 보냈다. 그 사이 일화가 많았다.

존이 처음 의료원을 방문했을 때, 두 사람은 환자들의 상태와
치료법에 대해 오랜 시간 깊은 대화를 나눴다. 그러던 중 혼수상
태에 빠진 한 여성 환자가 응급실로 실려 들어왔다. 두 사람은 환
자를 살리기 위해 정맥주사를 놓으려고 여러 번 시도했지만 주사
바늘이 낡고 뭉툭해서 정맥을 찢어놓을 뿐 들어가지 않았다. 어렵
사리 정맥에 주사바늘을 연결하는 데 성공한 후 적정한 수액 양
에 대해 함께 논의해 환자를 살려냈다. 그리고 몇 주 뒤, 의료원을
다시 찾은 존의 손에 새 정맥주사 바늘 100상자가 들려 있었다.

이종욱 평전

한번은 감기에 걸렸다는 젊은 남성이 응급실로 찾아왔다. 약국에서 항생제를 처방받아 먹었다는 그 환자는 점점 숨을 가쁘게 몰아쉬면서 파랗게 질려갔다. 두 사람은 급히 기관삽관술로 기도를 확보하고 약을 투여했지만 호흡이 더 가빠지더니 결국 사망하고 말았다. 옆에서 환자를 함께 처치하던 젊은 간호사가 잔뜩 겁에 질려 어쩔 줄 몰라 했다. 존이 유족을 위해 시신을 수습하는 동안 종욱은 그 간호사를 진정시켜야 했다.

존이 하와이로 돌아가기 얼마 전의 일이다. 춘천에 사는 가난한 여성 결핵환자가 성 골롬반 의원으로 존을 찾아왔다. 신장이 하나밖에 없었다. 진찰을 해보니 결핵성 요관협착일 가능성이 높았다. 존은 그녀를 용산 121후송병원으로 데려가 비뇨기과 의사에게 요관확장술을 받을 수 있도록 도와줬다.

하지만 그녀의 상태는 금세 또 악화됐다. 존은 그녀를 다시 121후송병원으로 데려갔지만, 이번 비뇨기과 의사는 치료를 거부했다. 당시 미군병원은 한국의 민간인을 진료하는 것에 대해서는 의사의 재량에 맡겼다. 그녀가 죽어가고 있었지만 존으로서도 어쩔 도리가 없었다. 곧 한국을 떠나야 했던 존은 결국 환자를 춘천으로 데려가 종욱에게 부탁했다.

문제는 종욱이 근무하던 강원도립의료원에는 비뇨기과 의사가 한 명도 없었다는 것. 몇 개월 후 그녀는 결국 사망했다. 종욱은 이 소식을 자신의 또 다른 비보(그토록 갈망했던 비자자격시험에

서 탈락의 고배를 마셨다)와 함께 존에게 전했다. 편지는 시험 탈락
소식으로 시작한다.

친애하는 린과 존에게

결과를 받을 때까지 기다렸네. 그래야 더 많은 '희망'과 '가정'을 이야
기할 수 있으니. 뭐 어제 결과를 받긴 했네만 기쁘기보다는 안타까
운 소식이었어. 잠시 동안 메스껍다가 다시 손해가 얼마인지, 그리
고 어떤 행동을 취해야 하는지를 파악하려 노력했어. 어쨌든 상황
을 잘 관리하는 게 내 일이니. 나는 여전히 미국에 정말 가고 싶다네.
옛날 사람들은 문제나 좌절감이 해소되기를 바라며 붓다(석가모니)
의 탄생지를 찾아 중국이나 인도에 갔었지. 난 모든 일의 이면에 있
는 프로세스나 사고(思考)에 대해 알고 싶어. 일부 정도는 말이야.
이 일 이후에도 나는 여전히 내 자신을 문제에 정면으로 맞서는 사
람이라고 생각해. 헬리콥터를 타고 언덕 꼭대기에 가는 것이 더 좋
을 수 있지만, 여전히 등산은 스포츠로 인기를 끌고 있지. 군에서 만
난 내 친구 하나도 린의 자료를 활용해 멋지게 이를 해냈어. 이러한
혼란 속에서 한 가지 희망이 있다면 레이코와 내가 더 가까워진 느
낌이 든다는 거야. 이게 부인이나 남편의 쓰임이겠지.

그렇게 오랫동안 준비를 해왔건만, 또다시 좌절해야 하다니….
종욱에겐 분명 큰 충격이었던 것 같다. 그럼에도 포기하지 않고
산 정상을 향해 한 발 한 발 오르는 심정으로, 자신의 목표를 향한

의지를 다시 한 번 다지는 그의 안쓰러운 모습이 그려진다. 이에 레이코가 큰 힘이 된 건 분명하다. 편지는 시험에서 떨어지면서 닥쳐올 암울한 미래에 대한 걱정으로 이어진다.

레이코와 충호는 계획대로 12월 8일 한국을 떠날 거야. 둘을 미국으로 데려가려면 나는 이민 비자를 포기해야 해. 내가 도쿄에 2개월밖에 머무를 수 없더라도 말이야. 사실 한국과 일본은 한국에서 일본인의 삶, 그리고 일본에서 한국인의 삶을 더 힘들게 만들기 위해 서로 다투고 있다고 할 수 있지. 우리는 내년 가을 정도까지 당분간 떨어져 지내게 될 거야.

레이코에게는 한국에서 거주할 수 있는 '배우자 비자'가 없었다. 결혼할 당시 한일관계가 급속도로 악화되자 한국 정부가 발급을 거부한 것이다. 이 때문에 레이코는 한국 체류 허가증을 갱신하려면 일본에 다녀와야 했고, 그나마 한국에서 체류할 수 있는 기간도 6개월만 가능했다.

반면 한국인 종욱은 일본에 머물 수 있는 기간이 최대 2개월, 그것도 1년에 한 번만 허용했다. 결국 두 사람은 본인의 의지와 상관없이 얼마간 떨어져 지낼 수밖에 없는 처지였던 것이다. 힘겨운 응급실 근무에 체력도 바닥난 상태였다. 종욱으로서는 뭔가 새로운 돌파구가 절실히 필요한 시점이었다.

난 지금 하는 일을 그만두려고 해. 지난 2년간 하루걸러 하루 꼴로 광산을 16시간이나 돌아다니는 일이 내 건강에 안 좋을 것 같다는 생각이 들었거든. 조금 늦었지만 내 영혼을 갉아먹는 일은 내 기초과학과 양립할 수 없다는 것을 깨달았어. 하와이 응급실 풍경이 더 이상 평화롭지 않다는 것이 안타까워. 의도적 폭력 말고도 너무 많은 타고난 구조적 결함에서 인간이 너무나 많은 문제를 갖고 있다는 게 참 안타깝지 않아?

지난번에 NBME(의사국가시험위원회) 비자자격시험을 통과한 내 친구 중 하나가 지금 미군부대 용산병원 오돔 대령 밑에서 일하고 있어. 내년 2월이면 한국을 떠날 건데, 그 자리를 나에게 넘기고 싶어 해. 그 자리에는 ECFMG(외국 의대졸업생 교육위원회) 시험합격증만 있으면 된다고 하는데 그건 내가 전부터 가지고 있거든. 그리고 자네도 알겠지만 대부분 서류 작업이라고 하더라고. 내 생각엔 업무를 마치고 내 시간도 가질 수 있을 것 같고 아메리칸 스타일로 일이 어떻게 진행되는지 이런 걸 알 수 있는 자리일 것 같아. 지금 같은 철수 분위기 속에서 내 친구가 떠난 뒤에도 그 자리를 열어둘지는 모르지만 한번 시도해본다고 큰일이 생기는 건 아니니까. 혹시라도 대령을 안다면 내 소개서 한 장 써줄 수 있을까?

이런 부탁이 무안했는지, 잠시 고달팠던 자신의 과거를 뒤돌아본 종욱은 편지 말미에 존이 자신에게 부탁했던 환자의 안타까운 사망 사실을 전했다.

자네가 121병원에 입원할 수 있게 도와줬던 그 28세 여성 신장병 환자가 14일 전 우리 병원에서 사망했어. 그 환자는 폐부종이 왔음에도 거의 마지막 순간엔 정신이 또렷했어. 내가 그 환자와 가족에게 자네 사진을 보여주니 정중하게 감사를 표하고 싶은데, 그러지 못하는 것에 대해 많이 안타까워하더군. 다시 한 번 린과 자네 모두에게 모든 일에 대해 고맙다는 인사를 전하네.

종욱
1978년 11월 16일

안타깝게도 춘천의 응급실을 그만두고 용산 미군부대 병원으로 옮기려던 종욱의 계획은 실행으로 이어지지는 못했다.

그해 11월 하와이에서 결혼식을 올린 존과 린 부부는 종욱과 레이코 부부를 도울 방법을 찾고 있었다. 특히 존은 종욱이 하와이 공중보건대학원에서 장학금을 받으며 공부할 수 있는 기회가 있는지 알아봤다. 다시 존의 회고다.

종욱은 누군가의 도움이 필요했어요. 저는 그를 좋아했고 신뢰했습니다. 또 그가 성격이 밝고, 예의 바르고, 훌륭한 감정지능과 정직함을 갖고 있고, 열심히 일할 능력까지 갖춘 매우 뛰어난 사람이라고 생각했어요. 그리고 아무도 그를 돕지 못하더라도 저는 그를 도울 수 있다는 걸 깨달았죠. 하와이대의 무료 수업료와 장학금, 그리고 우리 집에서 함께 지낸다면 가능할 것 같았습니다.

그런 요건에 들자면 갖은 교섭과 서류 작성, 그리고 전략이 필요했다. 이런 내용과 자신의 결혼 소식을 담은 존의 편지에 종욱은 곧바로 나름의 계획과 구상을 정리해 회신했다. 레이코가 일본으로 떠난 지 4일 후인 12월 12일 종욱이 쓴 편지의 일부다.

이 편지를 마치고 서울에 가서 3일 전 도착한 신청서를 작성하기 위한 서류를 취합할 계획이야. 내 계획은 이러하네.

1. 12월 8일 레이코와 충호가 떠났어. 충호는 한국 국적인데, 레이코가 원하는 만큼 일본에 오래 체류할 수 있어. 충호는 자기 여권을 가지고 있어. 나는 어제 미 대사관에 가서 절차상 필요한 서류를 받았어. 도쿄에서 레이코가 일본에 활용 가능한 쿼터가 있는지 확인해줄 거야. 한국에는 쿼터가 없다고 하더군.

2. 내가 역학(疫學) 공부를 할 수 있다면 그건 정말 소중한 기회일 거라고 생각해. 교육을 마친 후 충호에게도 좋은 교육 기회라는 확신이 서면 레이코와 나는 다른 분야에 있는 사람과 우리의 언어, 지식, 경험을 공유하고 싶어. 역학의 일부 개념이 이 목적에 부합할 거야. 아마 내가 학생 신분인 만큼 오래 머무를 수 있을 것 같아. 하지만 내 학생 비자로는 훈련 프로그램에 참여하지 못하겠지. 소득이 발생하는 일로 간주될 테니까. 미국에서 다음 기초

이종욱 평전

의학시험에 통과하면 한국에 돌아와 이민 비자를 신청해야 할 거야. 그 비자를 받으려면 약 40일 정도가 걸린다는군. 신규 여권 발급, 이민 허가, 신체검사, 보안검사 등등… 레이코가 이민 비자를 받으면 나는 학생 비자를 신청할 필요가 없어. 배우자로 충호와 같이 비자 받게 될 테니까.

3. 레이코 나
   a. 이민 절차 학생 비자 - 기초과학시험 - 이민
   b. 여행자나 동행 학생 비자 - 기초과학시험 - 이민
   c. 이민 비자 학생 비자 - 이민

레이코는 도쿄에서 이민 비자를 받는 데 얼마나 걸리는지 알아볼 거야. 보통 쿼터가 있거나 대기 목록이 짧으면 6개월에서 1년 정도 걸린다고 하더라고.

4. 내 이민 비자 신청이 7월 27일 미국 이민국에서 6순위 중 3순위(전문가, 과학자, 예술가)로 승인이 났어. 올해 개정된 법은 1979년 1월 9일부터 발효되고, NBME I과 II시험이나 이에 상응하는 시험에 통과해야 한다는군(NBME 비자자격시험). 그래도 근로계약서나 노동청 인증서는 필요 없다고 해. 내가 지금 과도기에 걸려서 그런 것 같아. 이제 의사는 6순위로 분류가 된다고 해. 나는 의료인으로 들어가지는 못할 거야. 그쪽에서도 내가 의료인으로 분류돼 비자를 받으면 ECFMG에 의해 내가 병원 수련교육을 자유롭게 시작할 수 있다는 걸 알고 있거든. VQE는 국경을 넘는 방법 중 하나고 병원 훈련을 위해서는 ECFMG만 취득하면 되거든. (중략)

자네 계획을 읽고 있으니, 마치 전투작전 브리핑을 듣는 것 같구먼.

멍한 종욱

이처럼 종욱은 한국에서, 레이코는 일본에서, 그리고 존과 린은 하와이에서 복잡하게 얽힌 '비자 방정식'을 풀기 위해 고심을 거듭했다. 다행히 존의 하와이대 지인들 중 도와주는 사람들이 나타났다. 존의 회고다.

린과 제 지도교수이자 WHO 전문가(한센병) 패널로 활동하던 로버트 M. 워스(Robert M. Worth, 애칭 밥 워스) 교수가 어떻게 하면 되는지 제게 알려줬어요. 하와이대 공중보건대학원 원장도 기꺼이 도와줬습니다. 그때 제가 대학에 연간 6000달러를 기부했거든요. 대학에선 그 대신 종욱에게 대학원 수업료를 장학금으로 면제해주는 동시에 제 기부금 중 500달러를 매달 종욱에게 급여로 지급하기로 했습니다. 그리고 대학은 제 기부금에 대한 세금 감면을 받아 다시 제게 2000달러를 돌려줄 수 있었습니다.

종욱에게 존의 제안은 너무도 파격적인 것이었다. 대학에서 종욱에게 제공하는 장학금과 급여가 사실상 존이 기부한 돈의 일부인 셈이었다. 피 한 방울 섞이지 않은 남을 위해, 더군다나 같은 미국인도 아닌 강원도 춘천에서 잠시 만난 한국인에게 이런 호의

이종욱 평전

를 베푼다는 건 결코 쉽지 않은 일이었다.

더군다나 종욱의 가족에게 방까지 제공하겠다니…. 마침 존과 린 부부는 결혼한 이듬해 봄 하와이대 뒤쪽에 큰 집을 사면서 방에 여유가 생겼지만, 그렇다고 자신들의 사적인 공간을 누군가에게 쉽게 내줄 수 있는 건 아니었다.

존의 제안대로 종욱이 대학에서 급여를 받는 걸로 경제적 문제를 일부 해결하고, 거주할 수 있는 방을 구한다면 미국 정부로부터 학생 비자를 받아 온 가족이 헤어지지 않고 살 수 있었다. 이처럼 대단한 존의 호의에 종욱은 이런저런 체면을 차릴 상황이 아니었다. 그만큼 절박했다. 종욱이 그즈음 존에게 보낸 것으로 추정되는 날짜 미상의 편지를 보면, 종욱은 결국 존의 제안을 힘겹게 받아들인다.

친애하는 린과 존에게

남들을 위해서는 날마다 힘든 결정을 내리는 나지만, 이 일은 결정할 엄두가 안 났다네. 논리적이고, 합리적이고, 유순해지려고 애를 쓰고 있지만 지금도 힘들어. 아마 두 사람의 우정 어린 '압박'이 없었다면 이 많은 서류를 다 갖추지 못했을 거야.

나는 강원도 환자들과 접촉하며 날마다 겪는 좌절을 자주 얘기하지. 형편이 뻔히 다 들여다보이는 사람들이 체면을 차리려고 애를 쓰거든. 내가 아무리 겉으로 세련된 척해봐야 나도 뼛속까지 그들과 매한가지라고 느껴. 문득 린의 말이 떠오르더군. 두 사람이 나에게 가족으로서 말하고 있다는 얘기 말이야. 그 말을 자꾸 생각해보게 됐고, 그럴 때마다 마음이 편해졌어. 달아나고 싶은 본능과 두려움을 극복해가고 있는 중이야.

내게 이만큼 큰 수고를 끼친 사람은 어머니와 레이코, 싱가포르에 계신 누님밖에 없어. 그리고 이젠 두 사람이야.

아픈 자는 복이 있나니! 고마워, 존.

'달아나고 싶은 본능과 두려움'이라…. 상처받은 자존심과 누군가에게 의지하고 도움을 받을 수밖에 없는 자신의 처지에 대한 깊은 좌절감, 그리고 알 수 없는 미래에 대한 막연한 두려움 같은 것이 아니었을까. 존의 제안을 받아들여야 할지 말지, 내적 갈등에서 여전히 빠져나오지 못한 종욱의 모습이 엿보인다. 편지는 필요한 서류에 대한 이야기로 끝을 맺는다.

추천서 한 장은 탬파에서 날아오고 있어. 7페이지에 서명한 양식 동봉해.

내 성적표는 내일 김 선생 편에 학교에 전달될 거야.

전보 비용 20달러와 추가 양식 지원비도 동봉. 나머지 비용은 학교에서 부담하게 해줘.

종욱

탬파(Tampa)는 미국 남부 플로리다주 서부의 항만도시로, 카우프먼 부부가 살던 곳이다. 그렇다면 추천서 한 장은 카우프먼으로부터 받은 것이라는 추정이 가능하다.

한편 종욱은 1979년 2월 20일 레이코와 아들 충호를 만나기 위해 일본으로 건너갔다. 그가 한국 땅을 떠난 건 그때가 처음으로, 만 34세의 나이였다. 레이코는 도쿄 동생 집 근처에 작은 아파트를 구해서 아들과 지내고 있었다.

처음 접한 일본 도심의 풍경과 그곳에서 사는 레이코 가족들의 모습에서 종욱은 많은 것을 느꼈다. 한국과는 비교할 수 없을 만큼 잘사는 일본 사람들이 부러웠고, 그곳에서 부족함 없이 살던 레이코가 한국에서 지내면서 겪은 고통을 생각하니 왠지 미안한 마음이 들었다.

그리고 하와이행을 고민하던 종욱이 마음을 굳히는 결정적인 사건이 발생했다. 이 사건은 종욱이 일본 도쿄 방문 중 하와이로 보낸 편지에 고스란히 담겼다.

린과 존에게

나는 지금 도쿄에 8일째 머무르고 있네. 요즘 충호가 몸집은 커졌는데 말을 잘 안 듣고 더 까부는 것 같아. 나를 받아들이기까지 이틀이 걸리더군. 레이코는 육체적으로나 정신적으로 더 건강해졌어. 너무

잘사는 이곳 사람들을 보고 있자니 고국에 있는 수백만 동포들이 생각나네. (중략)

충호 여권 연장 때문에 한국대사관을 방문해야 했어. 이제 충호도 4월 말까지 유효한 여권이 생겼어. 그런데 대사관 측에서 얘기하길 새 여권을 받으려면 귀국을 해야 한다더군. 미국에 가려면 한국에 들어가서 미국 여권을 다시 받아야 한다고 하고. 그리고 이제 레이코에게도 1년에 한 번만 한국을 방문할 수 있다고 하더군. 너무 이상해서 내일 한 번 더 확인해봐야 할 것 같아.

내가 관계자들에게 상황을 설명했는데 그건 우리 가족 문제라고 일축하더라고. 혹시 내 여권이 취소되거나 금지 리스트에 올려질까봐 관계자들에게 이건 컴퓨터가 아닌 인간이 처한 문제라고 이야기하지 못했어. 그리고 내가 납세자로 그들에게 세금을 내고 있다는 말도. 그 자리에서 나는 충호에게 새로운 국적을 줘야겠다고 결심했어. 일본이든 미국이든 어디든, 문명국가의 국적이라면 어느 것이든 말이야.

레이코에게 한국 방문이 1년에 한 번으로 제한된다면 레이코는 종욱은 물론 아들 충호와도 일정 기간 떨어져 지낼 수밖에 없다. 한 가정을 책임져야 하는 가장으로서 종욱의 마음은 어땠을까. 편지 곳곳에 당황스러움과 분노의 흔적이 엿보인다. 결국 종욱과 레이코는 하와이행을 서두르기 위해 어쩔 수 없이 다시 한국으로 건너가야 했다. 편지는 이후 상황에 대한 설명과 존과 린의 안부

　　　　　　　　　　　　　　　　이종욱 평전

를 묻는 질문으로 이어진다.

레이코는 여권 문제가 없어. 요청 즉시 받을 수 있지. 레이코는 충호 문제 때문에 우리가 하와이에 가지 못할 수도 있다는 느낌이 든다고 해. 내가 오늘 서울에 전화해서 레이코가 한국에 입국할 때 필요한 서류에 대해 물었어. 나는 3월 14일까지 도쿄에 있을 예정이야. 우리 둘 다 예상보다 일찍 일본을 떠날 것 같으니 그들에게는 춘천에서 우리가 계속 연락을 주고받을 수 있을 것이라 알려주게.
린이랑 자네는 올해 계획이 어떤가? 하와이에서 머무를 계획이야? 아니면 시애틀? 린은 시애틀이나 타지에서 자리를 잡을 계획이야?
레이코는 3개 언어 모두 유창해서 하와이에서 지내면 특히 도움이 많이 될 것 같아. 레이코는 자네 부담을 좀 덜어주기를 바라고 있어. 그렇지만 처음에는 하와이에 가서 어떤 상황이 펼쳐질지 상상이 안 된다고 하더라고. 어떤 일을 하게 될지, 충호를 돌봐야 할지, 이런 문제들로 나도 요즘 잠들기 어려워. (생략)

1979년 2월 28일

당시 종욱과 레이코의 고민이 얼마나 심각했는지, 그 흔적들이 편지 곳곳에 묻어 있다. 그리고 얼마 지나지 않은 3월 23일, 드디어 기다리던 소식이 하와이에서 급보로 날아왔다. 하와이대에서 종욱의 입학을 허가한다는 소식이었다.

이종욱 박사

하와이대학이 자네 입학을 허가했네. 비자를 위해 건강증명서 양식
보냄

존

1979년 7월 말 종욱은 미국으로 떠나기 위한 모든 행정 절차
를 마쳤다. 그리고 7월 31일 의료원에 사직서를 냈다. 강원도립의
료원 인사기록 카드를 보면, 종욱은 그해 2월 1일 자로 계약직 촉
탁의사에서 정규직(지방잡급 직8종) 의사 신분으로 전환돼 있었
다. 비자 문제만 해결됐다면 굳이 이처럼 작전을 펼치듯 급하게
한국을 떠날 필요는 없었지 않았을까.

온갖 우여곡절 끝에 마침내 8월, 종욱 가족은 새로운 인생을 살
기 위해 미국 하와이로 떠났다. 종욱이 의대를 졸업한 지 3년 반
만의 일이다. 그들이 가져간 식기는 밥그릇 세 개와 접시 세 개,
그리고 젓가락 세 벌이 전부였다.

드디어
하와이에 가다

하와이의 8월은 무척 무덥고 습하다. 비는 거의 오지 않지만, 동풍을 타고 잔뜩 더워진 태평양 바다의 습기가 섬 전체를 뒤덮는다. 8월 한 달 내내 하루 평균 습도가 90%를 훌쩍 넘는 후덥지근한 날씨가 이어진다. 종욱이 도착한 날도 이와 크게 다르지 않았으리라.

1979년 8월 9일, 종욱의 가족은 하와이 호놀룰루 국제공항에 도착했다. 비행기 문을 열고 하와이라는 낯선 이국땅에 첫발을 디뎠을 때 기분이 어땠을까.

비자 문제로 한국과 일본, 두 나라 어느 곳에서도 가족이 온전히 함께 살 수 없었던 종욱과 레이코에게는 다른 선택지가 없었다. 물론 이곳도 비자 문제로부터 완전히 자유로운 곳은 아니었다. 종욱의 학생 비자로는 한국 국적인 아들만 동반할 수 있어서다. 일본 국적인 레이코는 따로 관광 비자를 받아야 했다. 그나마 다행스러운 건 한국에 비해 비자 연장이 까다롭지 않았다는 것이다.

레이코는 입국신고서 직업란에 '작가'라 쓰고, 방문 목적에는 '취재'라고 적었다. 그래야 그해 12월 비자가 만료될 때 기간 연장을 받기 쉬울 거라는 주변 사람들의 조언 때문이었다. 그리고 아들을 안은 종욱과 다른 줄에 섰다. 누군가의 아내라기보다는 작가처럼 보이기 위해서였다.

그런데 막상 입국심사대에 서니 당황스러웠다. '뭘 쓰기 위해서 왔느냐'는 질문에 순간 머리가 하얘졌다. 아무런 대답도 생각나지 않았다. 대답이 없자 입국심사관이 다른 질문을 했다.

"결혼하셨나요?"

"네."

"아이는 있나요?"

"아들 하나요."

"남편과 아이는 어디 있죠?"

"저쪽에요."

레이코는 종욱과 아들이 기다리고 있는 쪽을 가리키며 말했다. 혼자 왔다고 거짓말을 하려니 마음에 걸렸고, 한편으로는 허위신고를 했다가 입국을 거부당할까 봐 두려웠다. 다행히 입국심사관은 별말 없이 고개를 끄덕이며 메모를 하더니 여권에 도장을 찍고 돌려주면서 "잘 머무르다 가기를 바란다"고 말했다.

입국장 문을 나서자 사람들 사이에서 기다리던 헤스 부부(존과 린)가 보였다. 두 사람은 폴리네시아 전통 방식대로 만든 화환 '레이'를 종욱과 레이코, 그리고 귀여운 충호의 목에 걸어주며 무척 반가워했다. 레이는 애정과 우정을 의미한다. 종욱과 레이코, 두 사람은 비로소 안도의 한숨을 내쉬었다.

헤스 부부는 이들을 새로운 안식처가 될 자신들의 집으로 데려갔다. 하와이대 마노아 캠퍼스 뒤쪽 '파티 드라이브(Paty Dr)'가에 위치한 주택으로, 학교까지는 차로 10분 내외, 도보로 30~40분이면 다닐 수 있는 곳에 위치한 큰 집이었다. 이곳에는 이미 헤스 부부의 다른 친구 부부가 함께 살고 있었다. 린이 한때 참석했던 퀘이커(프로테스탄트의 한 종파) 집회에서 만나 친해진 샐리와 조엘 부부로, 하와이대에서 각각 독일어학과 조교와 언어학 연구원으로 일했다. 여기에 종욱의 가족이 합류하면서 이제 7명(세 부부와 아이 한 명)이 한 집에서 생활하게 됐다. 그 시절에 대한 존의 기억이다.

7명이 한 집에 살면서 요리와 설거지, 샤워에 서로 균형을 맞추기란 늘 도전적인 것이었어요. 다행스러운 건 우리 모두 대학을 졸업한 지 얼마 되지 않은, 젊은 나이였다는 겁니다. 종욱과 레이코는 아이와 함께 안방에서 지내며 욕실 한 개를 사용했고, 저희 부부와 다른 부부는 2층에서 지냈죠.

당시 존은 하와이대 의대 조교수로 채용돼 강의와 개인 진료를 병행했고, 린은 의대에서 인턴 과정을 밟는 중이었다. 종욱까지 하와이대에 다니면 레이코와 충호를 제외한 나머지 5명은 모두 하와이대에서 일하거나 공부하는 동문이자 동료가 되는 셈이었다.

하와이대는 하와이 주도인 호놀룰루 남동부 쪽에 자리 잡고 있다. 올림푸스(Olimpus) 산자락을 따라 형성된 마노아 계곡 아래쪽이다. 그 계곡을 타고 남서쪽으로 내려와 태평양과 만나는 지점에 그 유명한 와이키키 해변이 있다.

종욱은 이 대학에서 밥 워스 교수가 지도하는 공중보건학 정규석사과정에 들어갔다. 워스 교수는 WHO 전문가위원회에 참여하는 한센병 전문가로, 그의 수업 과목은 역학과 보건경제학, 질병 예방 및 관리 등이었다. 여기에 박사과정 대학원생들을 위한 한국인 박재빈 교수의 보건통계학 과목을 수강했고, 짐 더글러스 교수의 지도 아래 한센병을 옮기는 인자를 알아내는 ELISA(효소 면역분석법) 개발 연구에도 참여했다. 이 연구를 위해 종욱은 생명의과학과 건물에 있는 실험실에서 근무하며 이따금 환자를 검진하고 혈액 샘플을 채취하기 위해 미크로네시아에 있는 폰페이(Pohnpei, 옛 포나페)섬에도 다녀와야 했다.

종욱은 학교 일로 정신없이 바빴다. 함께 살고 있는 다른 두 부부도 바쁘기는 마찬가지였다. 레이코는 거의 대부분의 시간을 충호와 단둘이 보내야 했다. 가끔 장을 봐 종욱과 다른 부부들에게 요리를 해주기도 했지만, 경제적으로 여유가 없다 보니 이 또한 마음 같지 않았다. 종욱이나 다른 부부에게 내색하지는 않았지만, 굴욕적인 감정에 휩싸일 때가 적지 않았다.

레이코는 최대한 아껴 쓰려고 노력해야만 했다. 하나뿐인 아들에게 장난감이나 맛있게 구운 빵 한 조각 맘 편히 사 줄 여유가 없었다. 아들과 둘이 해변 산책을 나갔다가 핫도그 한 개만 사서 아들에겐 소시지를 주고 레이코는 빵만 먹은 적도 있었다. 외식은 거의 불가능했다. 장을 보거나 쇼핑을 할 때도 교통비를 아끼기 위해 걸어서 다녔다. 하마터면 아들이 위험할 뻔한 일도 있었다. 훗날 레이코가 정리한 회고록 중 일부다.

충호와 함께 쇼핑을 하러 상업지역에 간 적이 있습니다. 집에서 도보로 20분 정도의 거리였어요. 걷다가 보니 아이의 얼굴이 빨갛게 달아올랐는데 땀을 흘리지 않는 거예요. 순간 일사병에 걸렸다는 걸 직감했죠. 얼른 아이를 안고 50m 정도 거리에 있는 약국으로 달려갔어요. 에어컨에서 나오는 시원한 바람에 아이의 머리를 향하게 했죠. 다행히 조금씩 아이의 얼굴빛이 정상으로 돌아왔어요. 그 일 이후 더 이상 쇼핑센터까지 걸어 다니지 않기로 결심했습니다. 대신 버스를 타고 다녔어요. 그만큼 다른 데 더 아껴 써야 했지요.

조용하고 한가롭던 집은 저녁이나 주말이면 7명의 식구들로 북적댔다. 함께 식사를 하고, 하루 종일 충호에게 시달렸을 레이코를 위해 일본 TV 프로그램을 함께 즐겨 시청했다. 당시 미니시리즈 '쇼군' 시즌9와 '47 로닌' 등이 인기였다.

또 레이코와 린은 매일 밤 충호를 씻기느라 한바탕 전쟁을 치렀다. 얼마나 말을 듣지 않았는지, 두 사람은 충호를 '끔찍한 두 살(Terrible Twos)'이라고 부를 정도였다. 린은 먼 훗날까지 그 시절의 일들을 마치 어제 일처럼 기억했다.

한번은 욱이가 현장보고 과정을 마치고 하와이로 돌아왔다가 레이코와 제가 한창 "싫어" 소리만 하던 두 살배기 아들을 꾀어서 씻기는 것을 보고 깜짝 놀라 했어요. 저는 밤마다 아래층으로 달려 내려가면서 충호에게 "내가 욕조에서 목욕해야 하니까 너는 샤워만 해"라고 말했어요. 위층 욕실에는 샤워기만 있고 욱이와 레이코가 쓰는 욕실에만 욕조가 있었거든요. 아직 어린 아이는 "싫어" 소리를 안 하고는 못 배겨서 자기가 목욕할 테니 저보고는 샤워만 하라고 했어요. 그때를 놓치지 않고 레이코는 아이를 번쩍 안아서 욕조로 데리고 갔지요. 그러는 동안 소리치고 잡으러 다니고 웃고 하느라 떠들썩했지요.

주말엔 세 가족이 함께 공원으로 소풍을 가거나 충호에게 글

이종욱 평전

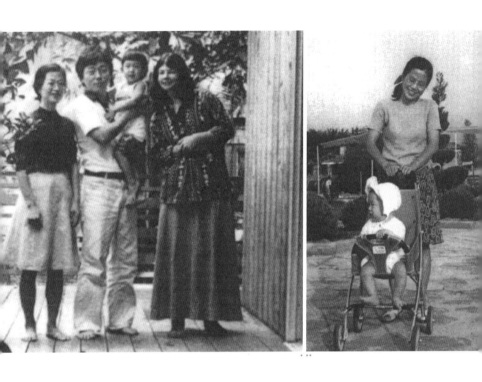

린 헤스(맨 오른쪽)와 종욱 가족.
레이코는 낮 시간 혼자서 충호를 돌보며 시간을 보냈다.

읽는 법을 가르치고, 때론 의학과 언어에 대해 끝없이 이야기를 나눴다. 가끔 다른 가족과 함께 소풍을 가거나 손님들을 저녁 식사에 초대하기도 했다. 일요일엔 독실한 가톨릭 신자였던 레이코 혼자 성당에 갔다.

충호에게 가장 인기가 있었던 사람은 턱수염이 털보처럼 수북한 조엘이었다. 다른 사람들에게는 없는 턱수염이 신기했던 모양이다. 충호가 조엘의 턱수염을 쓰다듬을 때마다 '조엘'이라고 이름을 알려줬지만, 충호는 '턱수염'이라고만 불렀다. 결국 조엘은 그 집에서 이름 대신 턱수염으로 통했다.

여러 가족이 함께 살다 보면 사소한 일로 서로에게 불편하거나 미안한 일이 생기기 마련이다. 린의 또 다른 기억이다.

하루는 충호에게 저녁 식사를 하는 동안에는 식탁에서 장난감 자동차를 굴리지 말라고 꾸짖었어요. 그러자 레이코가 아이를 얼른 데리고 나갔어요. 제 어린 시절에 배운, 틀에 박힌 예절을 가르치려다 그들이 자기 집처럼 편안히 지낼 수 있도록 그동안 기울인 노력을 다 날려버렸다는 자책감에 한동안 시달려야 했지요. 하지만 그 끔찍했던 한 해 동안 레이코와 충호가 주었던 기쁨과 축복을 잊을 수가 없어요.

하와이대 의과대학병원에서 인턴을 하던 린은 무척 힘든 시간을 보내고 있었다. 함께 일하던 인턴 중 두 사람이 세상을 떠났는데, 한 사람은 누군가에게 살해를 당했다. 너무 힘들어 병원에서 집으로 돌아와 밤마다 울던 모습을 종욱이 기억하고 훗날 존에게 이야기한 적도 있다.

종욱은 낯선 환경에서도 비교적 잘 적응해갔다. 석사과정 학생이자 연구자의 역할을 충실히 해나갔다. 물론 크고 작은 사건·사고가 없었던 건 아니다. 한번은 종욱이 원심분리기를 잘못 조작해 폭발 사고를 일으키는 큰 실수를 하고 말았다. 파손된 기계값만 5000달러나 됐다.

종욱과 동료 연구원이 함께 기르던 아홉띠아르마딜로(Nine-banded Armadillo)가 갑자기 죽어 연구에 차질이 생긴 적도 있었다. 몸에 띠 모양의 골절판이 아홉 개 있는 아홉띠아르마딜로는 사람에게 한센병을 일으키는 나균을 옮기는 것으로 알려져 발병에 관한 미생물학적 연구를 위해 기르던 것이었다. 종욱은 그 소식을 알리는 전화를 받자마자 실험실로 달려가 사체를 부검했으나 특별한 원인을 찾지는 못했다.

무엇보다 종욱을 힘들게 했던 것은 미국 의사 비자자격시험 탈락 소식이었다. 하와이에서 미국 이민을 위해 또 한 번 시험을 봤지만 통과하지 못했던 것이다. 그 때문에 종욱과 그의 가족은 여전히 불안정한 신분으로 살아가야 했다. 크게 낙담했을 종욱이었지만, 레이코에겐 전혀 내색하지 않고 오히려 긍정적으로 받아들이는 모습을 보였다.

그렇게 1년쯤 지났을까. 7명의 식구가 함께 살던 삶에 변화가 생겼다. 하와이대 의대 조교수로 일하던 존이 아메리칸사모아(미국령) 보건국장으로 임명되면서 린과 함께 그곳으로 가게 된 것이다. 린의 친구 부부도 다른 곳으로 떠나면서, 이제 그 넓은 집에 종욱 가족만 남게 됐다. 헤스 부부는 자신들이 타던 하얀 폭스바겐 승용차를 종욱의 가족이 사용하도록 했다.

존에게 운전을 배운 종욱은 두 번 만에 운전면허증을 땄다. 차가 생긴 종욱은 주말마다 레이코와 충호를 데리고 섬 곳곳을 여행했다. 종욱은 운전하는 것을 무척 좋아했고, 또 가족이 행복할 수 있도록 그가 할 수 있는 최선을 다했다.

한번은 종욱이 한센병 연구용 혈액 샘플 채취와 검진을 위해 미크로네시아 폰페이섬에 갔다가 살아 있는 큰 게를 받아왔다. 누군가를 도와줬는데 그 사람이 감사의 표시로 줬던 것. 종욱은 그 게를 죽여서 먹는 것이 너무 미안하고 안타까워 바다로 돌려보내기로 마음먹고 해변으로 차를 몰고 나갔다. 그런데 가던 중 그만 닭을 치어 죽이고 말았다. 한 생명을 살리려다 다른 생명을 죽인, 이 아이러니한 일은 한동안 종욱과 레이코에게 잊혀지지 않았다.

승용차는 때론 부부간 불화의 원인이 되기도 했다. 종욱이 레이코에게 운전을 가르치려다 말싸움이 감정싸움으로까지 비화하는 일이 많았던 것이다. 그때나 지금이나 부부지간에 흔하게 있는 일

하와이대 생명의과학과 실험실에서 실험 중인 종욱.

인데, 두 사람도 운전대 앞에선 여느 부부와 큰 차이가 없었던 모양이다.

종욱은 나에게 운전을 가르쳐줬는데, 매우 신경질적인 선생님이었어요. "비가 오니까 오늘은 운전하지 말자"거나 "거리에 차가 많을 때니 지금은 나가지 말자"며 자꾸 미뤄 배울 기회가 별로 없었어요. 운전을 배우러 나갈 때면 거의 매번 말다툼을 벌였죠. 그러다 제가 화가 나 한두 번 차에서 내린 적도 있어요. 결국 하와이에서는 운전을 배울 수 없었죠. 아메리칸사모아에 가서야 이웃의 도움으로 며칠간의 연습 끝에 운전면허증을 딸 수 있었습니다. 그녀가 말하길, 때때로 이혼으로 끝나기 때문에 남편으로부터는 운전을 배우면 안 된다더군요.

다시 1년이 지나고 종욱이 공중보건학 석사과정을 마칠 즈음, 아메리칸사모아에서 보건국장으로 일하던 존으로부터 연락이 왔다. 그 지역의 한 병원에서 응급실 임상의를 구한다는 소식이었다.

종욱은 고민에 빠졌다. 하와이대에 남아 공중보건학 강사로 일하면서 연구를 계속할 것이냐, 아니면 사모아 병원 응급실 임상의로 갈 것이냐, 둘 중 하나를 선택해야 했기 때문이다. 어떤 선택이든 장단점이 있었다. 하와이대에 계속 남아 있자니 안정적이긴 하지만 경제적 독립이 어렵고, 아메리칸사모아로 가자니 경제적 독

이종욱 평전

립은 가능하지만 낯설고 외딴 섬에서 살아갈 길이 막막했다.

종욱은 고민 끝에 아메리칸사모아에 가기로 결정하고, 그곳 병원 응급실 임상의에 지원해 합격 통보를 받았다. 마침 그곳에 살던 존과 린은 다시 하와이로 돌아올 예정이었다. 종욱이 또다시 힘겨운 응급실 임상의를 선택했던 이유는 뭘까? 레이코의 회고다.

먼저 강사 급여가 너무 적었어요. 충호를 좋은 유치원에 보내기엔 부족했어요. 두 번째는 우리 가족의 생계를 친구들에게 의존하거나 그들의 삶을 방해하고 싶지 않았어요. 그의 자존심이 허락하지 않았던 거죠. 저는 하와이를 떠날 때 지금보다 더 어렵고 힘든 삶을 살아야 한다는 생각에 눈물이 났지만, 한편으로는 가난 때문에 친구에게 의지했던 삶에서 벗어난다는 것이 기뻤습니다. 우리에겐 독립이 필요했어요.

종욱이 경제적인 문제와 자존심 때문에 사모아 임상의의 길을 선택했다는 이야기다. 반면, 존은 좀 더 복합적인 상황에서 원인을 찾았다.

제 생각에 종욱은 임상 경험을 더 많이 쌓지 않으면 비자자격 시험에서 임상시험을 통과하지 못하고, 그러면 미국에서 오래 머물 수 없을 것이라고 걱정했던 것 같습니다. 또 레이코가 저희의 호의를 점점 더 불편하게 여기고 자기 집에서 살기를 원했다고 생각해요. 저와 린은 사모아에서 하와이로 돌아와서 마땅한 직업이 없었기 때문에 그다지 안정적이지 않았거든요. 우리 모두 이런 상황을 이해했다고 생각합니다.

종욱과 레이코, 그리고 충호는 그렇게 하와이를 떠나 다시 아메리칸사모아라는 낯설고 외딴 섬에서의 새로운 도전에 나섰다. 그때가 1981년 6월 말쯤으로, 하와이에 도착한 지 거의 2년 뒤였다.

이종욱 평전

아메리칸사모아
LBJ 병원

남태평양의 사모아제도는 하와이와 뉴질랜드 중간쯤에 자리한 작은 섬들이다. 서경 171°를 경계로 동쪽은 아메리칸사모아, 서쪽은 사모아다. 원래는 원주민인 폴리네시아인들이 2000년 넘게 평화롭게 살던 곳이었다. 특별한 경계나 구분도 없었다. 그런데 서구 열강들이 서로 이곳을 차지하려고 아귀다툼을 벌이면서 지금처럼 나뉜 것이다.

분쟁은 18세기부터 시작해 오랜 기간 이어졌다. 그러다 1899년 미국과 독일이 동(아메리칸사모아)과 서(웨스턴사모아)로 나뉘가지면서 사실상 분쟁은 종식됐다. 이후 아메리칸사모아는 지금도 미국령으로 남아 있는 반면, 웨스턴사모아는 1차 세계대전 초에 다시 뉴질랜드로 넘어갔다가 1962년 독립한 후 1997년부터 '웨스턴'이라는 수식어를 빼고 사모아로 불린다.

종욱이 일하게 된 곳은 아메리칸사모아의 투투일라(Tutuila)섬에 세워진 린든 B. 존슨(LBJ) 병원이었다. 미국 제36대 대통령인 린든 B. 존슨이 1966년 이곳을 방문한 후 세워졌다고 해서 그의 이름이 붙었다. 물론 선진국에 비하면 많이 낙후됐지만, 그때나 지금이나 남태평양 지역에서는 가장 크고 시설이 좋은 병원으로 꼽힌다.

종욱이 이곳에 왔을 때 병원 바로 근처에 의료진과 가족을 위한 집[사모아인들은 집을 페일(Fale)이라고 부른다]들이 있었다. 종욱과 그의 가족은 병원으로부터 그중 한 곳을 제공받았다. 침실 두 개와 넓은 거실, 부엌, 다락방, 욕실 등이 갖춰진 네모반듯한 집이었다. 마당에는 바나나와 빵나무, 구아바나무 등이 있어서 늘 신선하고 달콤한 과일을 먹을 수 있었다.

종욱은 이삿짐을 정리하자마자 잠시 쉴 틈도 없이 곧바로 일을 시작해야 했다. 그의 주 업무는 응급실 환자를 진료하는 것이었다. 종욱은 응급실에서 8시간 교대로 근무하면서 하루 평균 60명의 환자를 봤다. 그 대가로 받는 연봉은 1만5000달러 정도였다. 한 달에 1250달러로, 하와이대에서 장학금 명목으로 지원받던 500달러보다 두 배 이상 많았다. 독립된 집도 생기고 수입도 많아졌으니 하와이에서의 생활보다는 경제적으로 넉넉해진 셈이었다.

마침 비슷한 시기에 바로 옆집으로 젊은 의사 부부가 이사를 왔다. 미국 샌프란시스코 캘리포니아대 의과대학병원 외과의사 윌리엄 쉑터(William Schecter)와 내과의사 기젤라 쉑터(Gisela Schecter) 부부로, 이들에겐 네 살짜리 아들 샘(Sam)이 있었다. 충호와 같은 나이였다. 훗날 쉑터 부부는 종욱 가족과의 첫 만남을 이렇게 기억했다.

우리 부부는 린든 B. 존슨 병원에서 2년간 근무하기로 한 계약에 따라 1981년 8월 아메리칸사모아섬에 도착했습니다. 종욱은 우리가 도착하기 바로 직전에 이곳에 와 응급실에서 일하고 있었어요. 그의 집은 우리와 매우 가까웠고, 그의 아들은 우리 아들 샘과 나이가 같아 금세 친구가 됐죠. 우리는 처음에는 이웃으로 만났지만, 곧 직장 동료가 됐습니다.

이들이 살았던 투투일라섬은 전체 면적이 133km^2에 불과했다. 우리나라의 제주도(1847km^2)와 비교하면 10분의 1도 안 되는 작은 섬이었다. 두 가족은 이 섬에서 많은 시간을 함께 보냈다. 특히 충호와 샘은 거의 매일 붙어 다니다시피 했다. 두 아이는 하루 종일 마당에서 자전거를 타거나 구아바나무를 오르내리며 놀았다. 조금만 걸어 나가면 아름다운 해변과 푸른 바다가 펼쳐져 있어 아이들이 지내기엔 최적의 장소였다.

다섯 살이 되면서 두 아이는 '아잉아 버스(Aiga Bus)'를 타고 유치원에도 함께 다녔다. '아잉아'는 사모아어로 가족이라는 뜻이다. 이 버스는 그때나 지금이나 섬 여기저기로 사람들을 데려다주는 지역 교통수단으로 쓰인다. 재밌는 건 실제 버스 운영을 가족 단위로 하고, 가족마다 버스 색깔이 다르다는 점이다.

한번은 두 아이가 사라져 레이코와 기젤라, 두 엄마가 미친 듯이 찾아 헤맨 적이 있었다. 유치원에 갔던 아이들이 버스를 타고 집으로 돌아오는 길에 내려야 할 정거장을 깜빡 잊고 그냥 지나쳐버린 것이다. 다행히 버스 기사가 아이들을 내려야 할 곳으로 다시 데려다줘 '웃지 못할' 해프닝으로 끝날 수 있었다.

두 엄마도 아이들만큼 함께 보내는 시간이 많았다. 새로운 언어에 관심이 많은 레이코는 독일어에 유창했던 기젤라의 도움을 받으며 함께 독일어 교육 프로그램을 수강하고, 테니스도 함께 배웠다.

종욱은 윌리엄뿐만 아니라 기젤라와도 병원 동료였으니 주말이면 두 가족이 함께 지내는 게 오히려 자연스러울 정도로 가까웠다. 서로의 집을 오가며 함께 식사하고, 요트클럽에서 '호비 캣(Hobie Cats, 돛이 달린 작은 쌍동선)'을 빌려 수영과 스노클링을 즐기거나 근처 호텔 해변과 수영장에서 하루를 보내기도 했다. 충호는 호텔 수영장에서 수영을 배웠는데, 마치 물고기가 물을 만난 것마냥 수영을 좋아했다.

두 가족은 가끔 '한국의 집'이라는 한식당에서 한국 음식을 먹었다. 기약 없는 외국 생활 속에서 한국 음식을 맛볼 수 있다는 건 종욱에겐 무척 특별한 일이었다. 그런데 남태평양 외딴 섬에 한국 식당이라니?

당시 이 섬에는 미국의 대표적인 참치캔 제조회사(2008년 동원산업에서 인수)에 참치를 제공하는 참치선단 소속 한국인 선원

4000여 명이 거주했다. 한국 식당은 바로 이들을 위해 만들어졌던 것. 같은 한국인으로서 종욱과 선원들은 금방 가까워졌다. 특히 종욱은 선원들에겐 없어서는 안 될 존재가 됐다. 레이코의 회고록 중 일부다.

한국 참치잡이 어선이 먼바다에 나갔다가 돌아왔을 때 항상 한두 명의 환자가 있었어요. 그들은 종욱을 찾아왔습니다. 대부분 영어를 하지 못해 통역이 필요했거든요. 종욱이 도와줄 수 없을 때는 가끔 제가 그들을 도와줬어요. 종욱은 그들에게 없어서는 안 될 사람이었죠. 몇몇 참치잡이 회사들은 배가 항구에 들어왔을 때 그 감사의 표시로 집으로 냉동 참치를 가져왔는데, 한 마리를 통째로 들고 오거나 좋은 부위만 잘라서 가져오기도 했습니다. 참치를 통째로 받았을 때는 슈퍼마켓에 가져가 조각을 내 병원 의사들과 나눠 먹었어요. 그래도 우리 집 냉동실은 참치들로 가득 찼습니다. 우리는 그 참치를 생선회로 먹거나 때때로 스테이크 또는 스튜로 만들어 먹었어요. 참치 머리는 큰 냄비에 끓여 개들에게 주고, 그 국물을 일부 남겨뒀다가 김치를 담글 때 사용했죠.

소박하고 알뜰한 레이코의 성향이 엿보이는 대목이다. 시간이 지나면서 종욱은 한국 선원들뿐만 아니라 지역 주민들 사이에서도 성실하고 양심적인 의사로 존경받았다. 동료 의사들도 응급 환자들을 능숙하고 거침없이 처치하는 그의 실력을 높이 평가했다.

승객을 잔뜩 실은 버스 한 대가 레인메이커(Rainmaker)산의 가파른 도로를 내려가다 절벽 아래로 구르는 큰 사고가 발생했을 때의 일이다. 이 사고로 버스에 탔던 승객 14명이 중상을 입고 병원 응급실로 긴급히 호송됐다. 그런데 종욱이 병원에 와서야 환자를 부상 정도에 따라 분류해 신속하고 적절한 치료가 가능했다. 덕분에 병원에 실려 온 환자 모두 목숨을 건졌다.

물론 종욱이 신이 아닌 이상 모든 환자를 살려낼 수는 없었다. 의사로서 감당하기 힘든 상황을 맞닥뜨린 적도 여러 번 있었다.

종욱은 응급실 교대 근무를 마치면 대부분 집에서 식사를 해결했다. 하루는 레이코가 참치 회사로부터 선물로 받은 선홍빛 생참치회로 저녁 식사를 준비했다. 정말 먹음직스러웠다. 종욱이 좋아할 걸 생각하니 기뻤다. 그런데 집으로 돌아온 종욱의 반응이 의외였다. 그 아름다운 참치 조각을 보면서 "먹을 수 없을 것 같다"는 것이었다.

"왜요?"

레이코가 궁금해하는 건 당연했다. 종욱은 마지못해 그날 오후 신문지와 천으로 뭔가를 감싸 응급실로 들고 온 한 중년 부부의 사연을 털어놨다. 해변에 다녀오겠다며 집을 나선 아들이 실종됐다가 3일 만에 발견됐고, 들고 온 게 아들의 남은 유해였다는 것이다.

이종욱 평전

섬 주위에는 상어가 많았다. 사람을 해치는 식인상어도 있었다. 그러다 보니 종종 실종사건이 발생하곤 했다. 남편은 아들의 사망 증명서를 원했고, 아내는 그 꾸러미를 부여잡고 얼굴에 비벼대며 흐느꼈다. 종욱이 그 꾸러미를 펼쳐보니 사람의 것으로 보이는 살점 덩어리들이었다. 순간, 종욱은 가슴이 너무 아팠다. 그런 일이 있고 난 후 집에 돌아와 붉은 참치회를 보니 그 살점 덩어리들과 슬퍼하던 부부가 떠올라 차마 먹을 수 없었다.

레이코는 종욱의 그런 모습을 보면서 내심 '그가 틀려서 다행'이라고 생각했다. 종욱이 평소 "의사는 환자의 대변을 보거나 피 묻은 수술 후에도 아무렇지도 않게 식사를 즐길 수 있다"고 자랑처럼 말해왔는데, 그 역시 인간으로서 정상적인 감수성을 갖고 있다는 걸 확인할 수 있었기 때문이다.

레이코의 기억에 종욱도 상어로부터 공격을 당할 뻔한 아찔한 순간이 있었다. 그 시절 종욱은 그다지 수영을 잘하지 못했다. 물안경과 오리발을 착용하고 물 위에 떠서 바닷속을 들여다보는 스노클링을 즐기는 정도였다. 그럼에도 종욱은 주말이나 쉬는 날이면 가족들과 해변을 자주 찾았다.

그러던 어느 날, 종욱은 스노클링을 하러 가족을 데리고 친구 가족과 섬 반대쪽 해변을 찾아갔다. 원시 그대로의 남태평양 열대 바닷속에 펼쳐진 각양각색의 산호초와 열대어 무리들은 정말 환상적이었다. 그 아름다움에 넋을 잃고 이끌렸던 걸까. 그날따라 종욱은 산호초 바깥쪽 바다 깊은 곳까지 헤엄쳐나가 바닷속을 탐험하기 시작했다.

그 순간, 함께 스노클링을 하던 친구가 급하게 뭔가를 가리켰다. 큰 상어가 종욱의 주변에 나타났던 것이다. 목숨이 위험할 수도 있는 다급한 상황. 하지만 그는 친구의 손짓을 보고도 느긋하게 바닷속을 즐겼다. 그가 물 밖으로 나오자 친구가 물었다.

"큰 상어 봤어?"

"아니~!"

그는 주변에 상어가 나타났는지, 친구가 뭘 말하려 했는지 전혀 몰랐던 것이다. 만약 그가 알았다면 과연 그렇게 느긋할 수 있었을까. 레이코는 그가 상어가 나타났다는 사실을 안 후에도 겉으로는 아무렇지도 않은 듯이 행동했지만 내심 크게 놀랐을 것이라고 확신했다.

이 시기 종욱에게 무엇보다 절실했던 것은 앞서 두 차례나 탈락의 고배를 마셨던 미국 비자자격시험을 통과하는 것이었다. 그래야 여전히 불안정한 상황에 놓여 있던 여권 문제를 해결할 수 있었기 때문이다. 종욱은 시간이 날 때마다 늘 의학 공부를 하면서 시험 준비에 매진했다. 그러면서도 가족, 특히 아들 충호를 위해 최선을 다했다.

종욱은 아들에게 필요한 모든 걸 사 주고 가르쳤다. 미국에 다녀올 때면 아들이 좋아하는 레고(LEGO)를 사 왔고, 디즈니에서 출판한 많은 책을 우편으로 주문해줬다. 시간이 날 때마다 아들에게 자전거와 롤러스케이트를 가르쳐주고, 그 모습을 보면서 흐뭇해 했다. 레이코의 회고다.

종욱은 아들이 자전거를 탈 때 무릎 보호대와 헬멧을 착용하도록 했어요. 아들이 처음엔 보조바퀴를 달고 타다가 나중에 보조바퀴 없이도 잘 타자 그가 얼마나 자랑스러워했는지 몰라요. 롤러스케이트를 탈 때는 더 많은 보호장비를 착용하도록 했죠. 스노클링을 하러 가서도 아들이 보조장비 없이 바닷속을 자유롭게 수영하는 모습을 보고 무척 좋아했죠. 가끔 한식당에서 배불리 먹고 잠시 잠이 든 아들의 숨소리조차 그는 자랑스럽고 행복해했습니다.

종욱이 아들을 얼마나 끔찍이 생각했는지 고스란히 전해진다. 한번은 아들 충호가 다니는 유치원 선생님에게서 집으로 전화가 왔다. 배가 아파서 울고 있다는 것이었다. 레이코는 곧바로 유치원으로 달려가 아들을 병원 응급실에 있던 종욱에게 데려갔다.
종욱은 다급히 아들의 상태를 살폈다. 하지만 복통의 원인을 찾을 수 없었다. 소아과와 외과 등 다른 과 의사들도 마찬가지였다. 혈액을 채취해 검사해보고 엑스레이를 찍어봐도 어떤 의심 증상도 발견되지 않았다. 외과 의사가 충수염(맹장염)일 가능성이 의

심되니 제거 수술을 하자고 제안하자, 종욱은 땅이 꺼질 듯한 표정으로 가만히 아들을 바라봤다. 정말 심각했다. 그 앞에서 세상 어느 누구도 숨소리조차 낼 수 없을 분위기였다.

10분? 아니 15분 정도 지났을까. 배가 아파 울던 충호가 울음을 그치고 잠이 들었다. 집으로 데려가 잠시 지켜보니 고열을 동반하는 편도선염 초기 증상이 의심됐다. 항생제를 처방해 먹이니 며칠 후 깨끗이 나았다. 정말 다행스러운 일이었다. 하마터면 이유 없이 아이의 충수(맹장)를 떼어낼 뻔했던 것이다.

다시 종욱의 가족에게 평화가 찾아왔다. 얼마 후 종욱은 로스앤젤레스(L.A.)로 가는 비행 편을 예약했다. 9월 8~9일 이틀간 치러지는 미국 비자자격시험에 또다시 도전하기 위해서였다. 투투일라섬 파고파고공항에서 L.A.로 가는 비행기는 일주일에 두 번 있었다. 그는 시험 이틀 전에 미리 도착할 수 있도록 여유 있게 예약을 해뒀다.

그런데 악천후로 비행기가 결항하는 바람에 다음 비행기를 타고 시험 당일에야 그곳에 도착할 수 있었다. 비행시간은 12시간 남짓. 피곤한 몸으로 시험을 치르다 보니 결과를 예측할 수 없었다.

종욱은 업무에 복귀해 다시 바쁜 일상으로 돌아왔지만 일이 손에 잘 잡히지 않았다. 시간이 흐를수록 생각이 복잡해졌다. 그가 아메리칸사모아 정부와 린든 B. 존슨 병원에서 근무하기로 계약한 기간은 2년(1981년 6월~1983년 6월). 계약이 연장될지

이종욱 평전

아니면 그대로 끝날지 알 수 없었다. 어찌 되든 뭔가 대책이 필요했다.

문제는 시험 결과였다. 그 결과에 따라 전혀 다른 대책을 세워야 했기 때문이다. 그러던 11월 어느 날, 드디어 기다리던 편지 한 통이 날아들었다. ECFMG(외국 의대졸업생 교육위원회)에서 11월 2일 자로 발송한 시험 결과 통지서였다. 종욱은 떨리는 심정으로 편지 봉투를 뜯었다.

1982년 9월 8~9일 비자자격시험 결과
신청인은 1982년 비자자격시험에 합격했으며 ECFMG 인증에 대한 모든 요건을 충족했습니다.
신청인 번호 : 247-429-4

미국 의사국가고시위원회는 ECFMG에 1982년 비자자격시험 결과를 전달했으며, 그 결과를 본 위원회에서 비자자격시험 응시자들에게 개별적으로 통보하기로 했습니다. 이에 귀하가 비자자격시험에 통과했음을 알려드립니다. (중략) 비자에 대한 정보가 필요한 경우 미국에 체류 중이라면 이민국에, 해외에 체류 중인 경우에는 미국 대사관 및 영사관의 비자 담당국에 연락 부탁드립니다.

결과는 합격이었다. 세 번의 도전 만에 비로소 미국 이민 비자를 신청할 수 있는 자격을 얻은 것이다. 만약 이번에도 합격하지 못했다면 그로서는 정말 암담했다. 아메리칸사모아 정부와의 계약이 만료될 경우 종욱과 아들은 한국으로, 레이코는 일본으로 다시 뿔뿔이 헤어져야 할 상황이었다. 벼랑 끝에 몰렸다가 뭔가 탈출구를 찾은 기분이 아니었을까. 종욱은 이 기쁜 소식을 일주일 후 헤스 부부에게 곧바로 알렸다. 마침 이들 부부에게도 축하해줘야 할 좋은 소식이 있었다.

친애하는 린과 존에게

애런의 탄생을 매우 축하하네. 나 역시 좋은 소식이 있어. 올해 비자자격시험을 통과했거든. 일주일 전에 연락을 받았지. 사모아에서 해낸 성과야. 우리는 올해 말에 여차하면 일본으로 떠날 계획이었어.
조금 변명을 하자면, 요즘 어머니를 포함해 누구에게도 거의 편지를 쓸 수가 없었어. 그냥 그럴 수 없더군. 다 망가진 전투기로 끔찍한 공중전을 벌이다 살아남은 듯한 느낌이 들더라고. 지긋지긋한 시험을 통과하는 과정은 정말이지 우울한 경험이었어. 그렇지만 지금까지 이곳에서 내가 우울해할 여유는 없었지.

종욱 가족에게 헤스 부부는 은인 같은 존재였다. 이들 부부가 아니었으면 종욱 가족은 하와이를 거쳐 아메리칸사모아까지 올 수 없었다. 그래서 한편으론 감사하지만, 다른 한편으론 부담스럽

이종욱 평전

고 미안한 대상이었을지도 모른다. 언제까지 이들의 신세를 질 수 만은 없었기 때문이다. 종욱이 오랜 기간 헤스 부부에게 편지를 쓰지 못한 이유는 아마도 이런 부담과 미안함이 작용한 탓이 아니었을까.

종욱에게 미국 비자자격시험이라는 건 미국에서 독립적으로 생존할 수 있는 일종의 생명줄 같은 것이었다. 이제 그 자격을 얻었으니 비로소 헤스 부부에게 편지를 쓸 시간적, 심적 여유가 생겼을 수 있다. 편지에서 쓴 것처럼 '지금까지 우울해할 여유조차 없었다'는 그였기에 더욱 그렇다. 편지는 그동안 전하지 못한 가족의 소소한 일상에 대한 이야기로 넘어간다.

충호는 유치원에 제법 잘 다니고 있어. 유치원에서 책을 읽을 줄 아는 유일한 아이야. 충호에겐 책이 140권이나 있지. 대부분 디즈니 책과 밥에서 선물로 받은 책이야. 유치원 선생님이 레이코에게 충호를 사우스퍼시픽 아카데미에 보내는 것이 어떻겠냐고 제안했다는군. 하지만 우리는 아이를 또래들과 함께 지내게 하기로 결정했다네. 그게 아이도 더 편안하게 생각할 것 같거든. 선생님과 충호는 아직 글을 잘 못 읽는 아이들에게 번갈아가며 책을 읽어주고 있다네. 충호의 일본어 실력은 눈에 띄게 늘었어. 레이코와 충호가 일본어로 대화를 하면 나도 다 알아듣지는 못하겠더라고. 충호는 운동도 열심히 하고 있어. 두발자전거와 롤러스케이트를 타고 수영하는 것도 좋아해. 물론 이 섬에서 다른 누구보다 장난감을 많이 가지고 있지. 생각해보니 아이가 두 살 때 글을 깨치게 하려고 자네가 들인 노력이 결국 보답을 받는 것 같아. 존, 자네가 "나는 너의 아빠야. 이 사람은 너의 엄마야" 등의 문장이 적힌 낱말 카드를 분만실에 들고 갔다는 얘기를 들어도 난 놀라지 않을 걸세.

옛날부터 아내나 자식 자랑을 많이 하면 '팔불출(八不出)'이라고 했건만, 종욱 역시 여느 아버지나 다를 바 없는 모습이다. 편지는 존이 이곳에 있었을 때 알게 됐던 병원 내 의료진의 크고 작은 신상 변화에 대한 이야기로 이어지다가 곧 종욱 자신의 계획으로 마무리된다.

나는 11월 29일 하와이에 갈 예정이야. 내 문제를 해결해줄 변호사를 좀 만나려고 해. 그리고 하와이가 아니라면 미국 어느 곳이든 마땅한 (전문의) 수련 장소를 찾아야 해. 내가 지난 9월 L.A.에 가던 중 밥 위스를 만났을 때, 그는 나에게 로드(Rhoad) 박사의 일을 맡기 위해 하와이대에 편지를 써보라고 하더군. 정말 감사했지만, 솔직히 내 이력서를 학교에 보낼 만큼의 용기가 나지 않았어.
ELISA 연구는 잘 진행되고 있다네. 그 연구 결과의 일부가 올해 센다이에서 열린 연례 미·일 학술 콘퍼런스에서 발표됐어. 그리고 내 이름으로 논문 몇 편을 더 낼 예정이야. 계속 연락하겠네.

우기, 레이코, 충호
1982년 11월 18일

이종욱 평전

ELISA(효소면역분석법)는 잠복기의 한센병을 발견해내는 검사다. 종욱은 하와이대에 다닐 때 밥 워스 교수와 짐 더글러스 교수의 지도 아래 미크로네시아의 환자들을 대상으로 ELISA 검사법을 연구했다.

그의 편지 내용대로 학술 콘퍼런스에서 발표된 연구 결과는 1983년 일본 사사카와 기념 보건재단에서 발행한 '한센병의 잠복기 감염 발견을 위한 혈청검사법'에 실린 데 이어 1984년 3월 〈국제 한센병 저널〉에 '한센병 항체 검출을 위한 ELISA 개발(Development of an ELISA for detection of antibody in leprosy)'이라는 제목으로 소개된다.

이 연구를 통해 종욱은 비로소 한센병 분야의 전문가 자격을 갖췄다. 다만 그동안 알려졌던 것과는 달리 아메리칸사모아 LBJ 병원에서는 종욱이 한센병 환자를 치료하지는 않았던 것 같다.

병원 한센병 프로그램 책임자는 바로 전염병 전문의(내과)였던 기젤라였다. 또 남편 윌리엄은 2년 동안 한센병 환자의 손 기형에 대한 연구와 28건의 교정 및 재건 수술을 진행했다. 이들 부부의 기억에는 종욱이 한센병을 치료한 적이 없었다. 이곳 한센병 책임자이자 종욱 부부와 누구보다 가까웠던 동료 겸 친구들이었으니 아마 가장 정확한 기억이 아닐까.

그런데, 운명이라는 게 참 얄밉고 짓궂다. 종욱이 그토록 바라던 미국 비자자격시험 합격 통보를 받은 지 얼마 지나지 않아 그에게 전혀 예상치 못한 새로운 기회가 찾아왔다. 피지 수바에 있는 세계보건기구(WHO) 남태평양지역사무소의 한센병 담당 자문관으로 올 수 있느냐는 제의가 들어온 것이다. WHO 제네바 본부로 돌아가고 싶어 하던 스페인 의사의 후임 자리였다. 확실하진 않지만, 한센병 전문가이자 종욱의 하와이대 지도교수였던 밥 워스 교수가 추천한 것으로 지금까지 알려져 있다.

미국 내에서 수련 병원을 알아보려던 종욱은 또다시 깊은 고민에 빠졌다. 동기들보다 7년이나 늦게 의대에 들어가면서부터 오랜 세월 미국에서의 의사 생활을 꿈꿨던 그가 아니었던가. 그렇다고 WHO라는 국제기구의 자문관 자리를 마다하기도 쉽지 않았다. 훗날 쉐터 부부의 회고다.

종욱은 이제 막 미국 비자자격시험에 합격한 뒤 임상에서 계속 경력을 쌓아가기 위해 레지던트 과정을 밟는 걸 계획하고 있었어요. 그런데 갑자기 WHO 자리를 제안받았으니 고민이 많았죠. 공중보건 분야에 종사하기 위해 오랜 기간 준비하고 쌓아왔던 임상의로서의 경험을 포기할 것이냐를 두고 말이지요. 그 장점과 단점을 꼼꼼히 따져보면서 심사숙고한 끝에 그는 결국 WHO에서 일하기로 결정했어요. 그에겐 정말 내리기 힘든 결정이었습니다.

성 라자로 마을에서 우연히 시작된 한센병과의 인연이 그에게 이처럼 새로운 기회를 가져다주리라고는 어느 누구도 예상하지 못한 일이었다. 레이코 역시 회고록에서 당시의 상황을 무척 흥미로웠던 순간으로 기억한다.

그때 종욱과 우리 가족에게는 두 가지 중요한 일이 있었어요. 하나는 종욱이 미국 비자자격시험에 합격한 것이고, 다른 하나는 WHO 한센병 전문의를 만난 것이지요. 그 스페인 출신의 전문의는 WHO의 제네바 본부로 옮기고 싶었지만, 후임자를 찾지 못하면 그럴 수 없었습니다. 아메리칸사모아 정부와의 2년 계약이 끝난 후 무엇을 할 것인지 결정해야 하는 종욱에게는 매우 흥미진진한 상황이었어요. 한국으로 돌아간다면 뿔뿔이 흩어질 게 분명한 우리 가족을 어떻게든 지켜야 했거든요. 그의 선택은 큰 도박이었지만, 동시에 우리 가족에겐 꿈같은 계획이었죠. 그는 피지를 방문해 WHO 사무소장을 만나 1983년 8월부터 일하기로 곧바로 결정했습니다. 정말 놀라운 타이밍이었어요!

종욱은 그렇게 1983년 6월 25일 아메리칸사모아 정부와의 계약이 끝나기 전에 피지에서의 새로운 일자리를 확보했다.

3

1983~2002
WHO 피지, 마닐라, 제네바

질병과의 전쟁

피지
국제기구의
일원으로

'기회는 일출과 같은 것. 너무 오래 기다리면 놓친다.'

미국의 유명 시인이자 칼럼니스트 윌리엄 아서 워드(1921~94)가 남긴 말이다. 그와 동시대에 살았던 종욱이 그 말을 알았는지는 알 수 없지만, 그는 기회가 올 때까지 마냥 기다리지 않았다.

종욱에게 피지의 WHO 남태평양지역사무소 한센병 자문관 자리를 맡아보겠느냐는 제안이 들어온 건 1982년 11월 어느 날이었다. 며칠간 깊은 고민 끝에 그 자리에 지원하기로 결정한 종욱은 곧장 피지로 날아갔다. 당시 그곳 책임자였던 페어슈타이프트(Verstuyft)를 만나 어떻게든 서둘러 그 자리를 확정 짓고 싶어서였다. 지원서를 제출해놓고 무작정 결과를 기다리기에는 가족을 책임져야 할 가장으로서 마음이 놓이지 않았다. 피지는 아메리칸 사모아에서 비행기로 고작 2~3시간 거리였다.

페어슈타이프트는 유쾌하고 유능해 보이는 종욱이 마음에 들었지만, 그에게는 인사 문제를 결정할 권한이 없었다. 인사권은 필리핀 마닐라에 있는 서태평양지역사무처의 책임자인 사무처장에게 있었고, 그 역시 스위스 제네바 본부의 승인을 받아야 했다.

당시 서태평양지역사무처장은 일본인 의학자인 나카지마 히로시였다. 1978년 당시 지역사무처 회원국이던 한국과 중국, 일본, 필리핀, 호주, 뉴질랜드, 말레이시아, 라오스, 캄보디아, 베트남, 그리고 태평양 섬 국가 등 30개국(2021년 36개국) 대표들이 투표로 선출했다. WHO는 유엔 기구 중 유일하게 6개 지역사무처로 나뉘어 있고, 각 지역사무처장은 지역 회원국들이 직접 선출해 추천하면 WHO 집행이사회에서 공식 임명한다. 임기는 5년으로 재선 가능하다.

나카지마는 재선에 뜻이 있었다. 다음 선거는 1983년 9월. 그는 지지표를 확보하기 위해 1년 전부터 회원국을 순회하던 중 아메리칸사모아에 가기 위해 하와이 호놀룰루에서 파고파고행 비행기에 올랐다.

마침 하와이에 다녀오던 종욱이 같은 비행기에 타면서 그를 발견했다. 종욱에겐 인사권자에게 자신을 피력할 수 있는 더없이 좋은 기회였다. 공항에 도착해서 짐을 찾는 동안 종욱은 나카지마에게 조심스레 다가가 자신을 소개했다. 그에게 행운이 따르려는지 나카지마의 짐이 한동안 나오지 않았다. 그 시간을 틈타 종욱은 자신이 왜 남태평양지역사무소 한센병 자문관에 적합한지 자세히 설명했다. 또 아내가 일본인이고 일본 언어와 문화에 친숙하다는 점을 내세워 그와의 대화를 부드럽게 이어갔다. 나카지마는 결국 그날 종욱의 도움으로 짐을 찾아 공항을 나설 수 있었고, 종욱에 대해 좋은 인상을 받았다.

서태평양지역사무처 사무차장이자 한센병 프로그램 관리 책임자가 한국 사람인 한상태였던 것도 종욱에겐 행운이었다. 서울대 의대 출신인 그는 종욱보다 열일곱 살이나 많은 까마득한 대선배였다. WHO라는 냉혹한 국제무대에서 그나마 서로 간에 의지할 수 있는 관계였다. 종욱은 이처럼 자신의 노력과 이런저런 행운 덕분에 일찌감치 남태평양지역사무소 한센병 자문관 자리를 확보할 수 있었다. 레이코는 이 과정에서 종욱에게서 그동안 보지 못했던 새로운 모습을 발견했다.

결혼했을 때 종욱은 친절하고 상냥한 사람이었어요. 야심이 있었지만 그걸 내게 보여주지는 않았죠. 아메리칸사모아에 살 때 제가 그에게 야심이 있는지 물은 적이 있어요. 그는 매우 강하게 "물론"이라고 답하더군요. 그리고 그걸 보여주기 시작했어요. 네! 그는 야심이 매우 큰 사람이었어요. 종욱은 좋은 기회를 찾는 데 매우 능숙했고, 그 기회를 결코 놓치지 않았어요.

이쯤에서 종욱이 걸어온 길을 잠시 돌아볼 필요가 있다. 춘천 강원도립의료원 응급실 3년, 하와이대 연구원 2년, 아메리칸사모아 LBJ 병원 응급실 2년, 그리고 다시 피지 WHO 남태평양지역사무소 한센병 자문관까지.

종욱은 그동안 험지와 남태평양의 낯선 섬들을 전전했다. 그것도 2~3년에 한 번씩 옮겨 다녔다. 하와이에서는 남의 집 신세까지 졌다. 평범한 의대 졸업생이라면 과연 이런 길을 걸을 수 있었을까.

물론 종욱에게도 매번 쉽지 않은 선택이었다. 무엇보다 자신이 꿈꾸고 그렸던 미래와는 전혀 다른 길이었다. 하지만 그가 이런 선택을 한 이유는 바로 가족 때문이었다. 자신의 미래보다는 가족과 함께 사는 게 더 중요했던 것이다. 그리고 매번 종욱이 벼랑 끝에 몰린 순간마다 도움을 주는 누군가가 나타났다. 바로 카우프먼 부부, 헤스 부부, 쉑터 부부, 그리고 워스 부부와 같은 이들이다.

과연 이게 우연일까. 그때만 해도 지지리도 가난했던 한국과 2차 세계대전 패전국 일본 출신의 동양인 부부를 남부러울 게 없는 미국 의사 부부들이 적극적으로 나서서 도움을 준 데는 분명 이유가 있지 않을까. 그 시절 종욱에 대한 이들의 기억에서 어느 정도 그 답을 찾을 수 있을 것 같다.

"욱이는 사교적이고 다정한 사람이었어요. 유머 감각이 대단했고 자신의 성취에 대한 자부심을 갖고 있었죠. 교양 있고 매우 목표 지향적인 사람이었습니다."(윌리엄 카우프먼)

"성격이 밝고, 예의 바르며, 훌륭한 감정지능과 정직함을 갖고 있고, 진짜 열심히 일할 능력도 갖춘 뛰어난 사람이라고 생각했습니다."(존 헤스)

"역경에도 불구하고 뛰어난 지성과 높은 도덕의식, 그리고 끈기를 가지고 있었습니다. 가족과 일, 인생을 사랑한 훌륭하고 사교적인 친구이자 아버지로 기억합니다."(기젤라 쉐터)

종욱은 이들에게 한마디로 '매력적인 사람'이었던 것이다. 더욱이 종욱은 고난과 역경을 겪으면 겪을수록 더욱 단단해졌다. 마치 담금질할수록 강해지는 무쇠처럼. 누구보다 성공하고 싶은 야심은 그 과정에서 만들어지지 않았을까.

아메리칸사모아 LBJ 병원과의 계약기간이 끝나자 종욱은 한국으로, 레이코는 충호를 데리고 일본으로 떠났다. 피지에서 새롭게 출발하기 전에 모처럼 고국을 찾아 가족들을 만나기 위해서였다. 종욱과 레이코가 함께 다니지 못한 건 역시나 비자 문제 때문이었다.

종욱은 일본 도쿄 공항에서 가족을 다시 만나 함께 마닐라를 거쳐 피지로 들어갈 계획이었다. 종욱이 마닐라에 있는 WHO 서태평양지역사무처에 들러 새롭게 발급된 신분증과 서류 그리고 업무 지시를 받아야 했기 때문이었다. 그런데 종욱은 도쿄행 비행기를 타러 김포공항에 갔다가 예상치 못한 상황에 봉착했다. 출국장에 서자 출입국관리사무소 직원이 물었다.

"어디 가시나요."

"일본 도쿄 거쳐서 마닐라에 갈 겁니다."

"증명서를 보여주세요."

종욱은 순간 당황스러웠다. 그에겐 WHO 서태평양지역사무처로부터 받은 신분증은 물론 계약서나 업무지시서 같은 게 아직 없었다. 바로 그런 서류를 받으러 마닐라에 가려는 것이었으니 당연했다. 종욱이 아무리 말로 설명해도 통하지 않았다. 당시 한국은 전두환 군부독재정권 시절로 출입국 절차가 무척 까다로워진 것이다.

'이러다 레이코와 충호를 다시는 못 만나는 거 아냐?'

종욱은 은근히 겁이 덜컥 났다. 한참 가방을 뒤진 끝에 다행히 마닐라 방문과 회의 일정이 적힌 텔렉스 통신문을 찾을 수 있었다. 출입국사무소 직원은 그 통신문을 주의 깊게 살피더니 무표정한 얼굴로 여권과 함께 돌려주며 지나가라고 손짓했다.

무사히 한국을 떠나 도쿄 공항에 도착한 종욱은 레이코와 충호를 보자마자 안도의 한숨을 내쉬었다.

"휴우~ 하마터면 우리 못 볼 뻔했어."

종욱은 김포공항에서 있었던 웃지 못할 일을 전하며 가족과 함께 곧바로 마닐라행 비행기에 몸을 실었다. 몇 시간 후 도착한 마닐라 공항에는 WHO 서태평양지역사무처 소속 운전기사가 기다리고 있었다. 그가 몰고 온 고급 벤츠 승용차에 오르니 에어컨 바람이 무척 시원했다.

필리핀 수도 마닐라의 7~8월은 무척 덥고 습하다. 1년 내내 30℃를 오르내리는 더운 날씨에 우기와 건기로만 나뉘는데, 6월에서 10월 사이가 우기다.

종욱 가족은 5성급 힐튼호텔에 여장을 풀었다. 종욱이 지역사무처에서 교육과 업무 회의를 하는 며칠 동안 가족과 함께 머물 곳이었다. 벤츠 승용차에 5성급 호텔이라니…. 남태평양 외딴 섬 열악한 환경에서 살아왔던 종욱 가족에겐 상상도 못 한 호사였다. 마닐라에서 시드니를 거쳐 피지로 가는 비행기는 난생처음 비즈니스석을 탔다. 유엔 전문기구인 WHO 조직의 일원으로 합류하면서 종욱의 신분이 그만큼 상승한 덕분이었다. 실소득 역시 이전과는 비교할 수 없을 만큼 나아졌다.

WHO 남태평양지역사무소는 피지의 수도이자 남태평양에서 가장 큰 도시인 수바(Suba)에 있다. 당시 직원이 30명인 남태평양지역사무소는 300명인 마닐라 서태평양지역사무처의 축소판이었다.

피지 공항에 도착하자 역시 남태평양지역사무소 소속 운전기사가 마중을 나왔다. 그는 거처를 미처 마련하지 못한 종욱 가족을 남태평양지역사무소에서 함께 일할 동료의 집으로 안내했다.

집은 비어 있었다. 집주인이 휴가차 잠시 고국으로 돌아간 모양이었다.

힘겹고 고달픈 미래를 예고하듯, 종욱의 업무는 숨 돌릴 틈도 없이 곧바로 시작됐다. 도착 바로 다음 날 종욱은 뉴질랜드 크라이스트처치에 가야 했다. '한센병기금(지금의 태평양한센병재단)'과의 회의에 WHO 대표로 참석하기 위해서였다. 당장 옷이 문제였다. 그동안 응급실 임상의나 대학 연구원으로 일했던 그였기에 정장 한 벌 제대로 없었던 것이다.

종욱이 운전기사에게 회의에 입고 갈 만한 정장을 어디서 살 수 없느냐고 묻자 곧장 양복점으로 안내했다. 놀랍게도 그곳엔 24시간 내 옷을 만들 수 있는 솜씨 좋은 재단사가 많았다. 대부분 인디언(인도인의 후손)들이었다. 재단사는 다음 날 아침까지 정장 한 벌을 만들어놓겠다고 했고, 실제 그 약속을 지켰다.

그렇게 종욱이 출장을 떠나고 레이코와 충호만 빈집에 덩그렇게 남았다. 주변에 상점도 없고 버스도 다니지 않는 시 외곽의 한적한 주택가여서인지, 레이코는 마치 외딴 곳에 고립된 것 같은 느낌마저 들었다.

얼마 후 종욱과 레이코는 작지만 편안하고 살기 좋은 아파트를 하나 계약했다. 남태평양지역사무소에서 일하다 고국으로 돌아간 폴란드 출신 의사가 사용하던 곳이었다. 집 근처에 테니스장과 수영장이 있을 뿐만 아니라 충호가 입학한 국제학교가 가까워 더 좋았다. 충호는 간단한 시험을 치르고 1학년에 입학했다. 읽기 능력이 뛰어나 동급생보다 좀 더 어려운 책을 읽을 수 있었다.

종욱은 호주 출신의 만성질환 전문의인 킹슬리 지와 함께 사무실을 썼다. 사무실 전화가 울리면 두 사람의 대응이 똑같았다.

"누굴 찾으시는지요? 닥터 리인가요, 아니면 닥터 지인가요?"

성이 비슷해 혼선이 잦았던 탓이다. 이곳에서 종욱이 맡은 업무는 다양했다. 한센병 예방과 퇴치를 위한 크고 작은 회의에 참석하는 것은 물론 남태평양 지역의 한센병 환자 실태조사, 그리고 척박한 의료 현장에서 일하는 의료진 자문 및 지원 방안을 마련하는 것이 주 업무였다. 모두 처음 해보는 일이었지만, 무엇보다 사무소에서 보고서를 쓰고 행정적인 처리를 하는 과정은 그에게 무척 생소했다. 피지 생활 첫해인 1983년 11월, 종욱이 헤스에게 보낸 편지의 일부다.

수바에서 안부 전하네! 린든 B. 존슨 병원 응급실에서 WHO로 오니 이렇게 다를 수가 있을까. 나는 이제 오전 9시부터 오후 5시까지 근무하면서 중간에 한 시간 반 점심시간을 갖는 생활이 가능하다는 것에 서서히 적응 중이야. 행정 업무를 백지 상태에서 출발해 배우고 있어.

그런데 한번은 365일 다 채울 만큼 일이 없을까 봐 걱정이 되더군. 지금은 일을 만들어서 할 수 있다는 걸 알게 됐어. 편지를 쓰고, 편지에 답하고, 어떤 편지는 무시하면서 서류 작업을 엄청나게 할 수 있지. 정기적으로 오가는 최소한의 기본적인 문서 업무가 언제나 있다네.

종욱은 첫해부터 출장이 잦았다. 주로 '필드워크(Fieldwork)'라고 하는 현장 순회 진료였다. 의료진의 발길이 닿지 않는 오지의 한센병 환자를 찾아 진료하고, 함께 수행한 현지 의료진에게 검사 방법과 치료법, 투약 방법 등을 알려주는 일이었다.

한번은 뉴헤브리데스(New Hebrides, 현 바누아투공화국)제도에서 가장 큰 섬인 에스피리투산토(Espiritu Santo)에 간 적이 있다. 그곳 원주민 마을에 한센병 환자가 있는지 확인하기 위해서였다. 원주민들은 대부분 깊은 밀림에 살았다. 종욱은 가이드와 짐꾼 몇 명을 동반하고 도중에 차에서 내려 한참을 걸어 들어가야 했다.

몇 날 며칠을 원시의 밀림 숲을 헤쳐가며 참기 힘든 더위와 습도, 그리고 온갖 벌레들과 사투를 벌이다 보니 금세 지쳐갔다. 물까지 떨어져 마실 수 있는 건 오렌지와 같은 과일즙뿐이었다. 식사도 제대로 못 했음은 물론이다. 계속하기엔 너무 위험한 모험이었다. 결국 도중에 그만두고 산토의 숙소로 돌아온 종욱은 그대로 쓰러져 꼬박 하루 동안 잠만 잤다.

레이코는 종욱이 무사히 돌아온 것이 무척 기뻤고, 다시는 험한 밀림에 가지 않기를 바랐다. 하지만 종욱의 현장 순회 진료는 계속됐다. 그렇게 바쁜 한 해를 보낸 종욱은 크리스마스를 앞둔 12월 20일 헤스 부부에게 다시 편지를 썼다.

친애하는 린과 존 그리고 애런에게

자네 편지와 같이 보내준 애런 사진 고맙네. 나는 3주 전 하와이에서 밥이 사준 컴퓨터(컴팩)를 기다리는 중이야. 지금은 오스본-1(타자기)을 쓰고 있지. 히로는 워드 프로세싱을 좋아해. 어쨌거나 나는 원래 가지고 있던 타자기를 사용할 거야.

자네한테 여행 퀴즈를 하나 내겠네. 자네는 이곳에 도착하면 여기가 기쁨이 넘치는 곳이란 것을 한눈에 알아차릴 수 있다네. 사람들이 함께 어울려 지내고, 일과 성과는 중요하지 않은 곳이지. 이곳 사람들은 잘 먹고 비싼 옷을 입고 한가하게 무리 지어 어울리면서 담소를 나눈다네. 자네가 있는 이곳은 어디일까? 정답을 알고 싶으면 페이지를 넘겨보게.

갑작스레 웬 퀴즈? 그런데 정말 이런 곳이 있을까? 이어지는 편지를 보면 정답은 자신이 일하고 있는 바로 이곳 남태평양지역사무소였다. 일이나 성과보다는 형식과 절차에 지나치게 얽매인 관료제를 그 특유의 위트와 유머로 비판했던 것이었다. 이어지는 편지는 상식적으로 이해할 수 없는 황당한 사례 하나를 소개한다.

이종욱 평전

이 일은 잠재적으로 많은 책임을 수반한다네. 무엇보다도 나는 이 관료제라는 전쟁터에서 살아남는 방법을 배워가고 있어. 관료제는 정말 매력적인 시스템이야. 열역학 법칙을 무시하고도 계속 살아남을 수 있지. 관료제를 움직이는 비밀 연료는 편지(또는 메모) 쓰기야. 편지가 오면 답장을 써야만 하지. 동의할 수도 동의하지 않을 수도, 우편물을 잃어버렸다고 할 수도 있어. 일전에 폰페이섬에서 의약품(댑손)을 요청하면서 내게 텔렉스를 한 통 보내고 전화까지 하더군. 나는 마닐라에 두 번 전보를 보냈고, 마닐라에서는 제네바에 있는 제약회사에 전보를 보냈어. 스위스의 그 제약회사는 총 50달러어치의 알약을 보냈어. 물론 항공 운임과 보험료 포함해서야. 여기에 폰페이주와 WHO가 이 50달러어치의 알약을 받기 위해 50달러를 여러 차례 지출했지. 누굴 탓하겠나? 우리는 아니지. 우리는 이런 일을 하려고 고용된 사람들인걸. 이 이야기는 그냥 자네 가족 재미있으라고 하는 걸세. 나는 아직 내 일이 필요하거든.

고작 50달러어치도 안 되는 약을 받기 위해 수많은 사람이 동원되고 더 많은 비용을 들여야 하다니… '배보다 배꼽이 더 크다'는 속담에 딱 어울리는 상황이다. 그럼에도 어쩔 수 없는 자신의 상황을 에둘러 표현한 종욱은 출장 중 알게 된 지인들의 안타까운 사고 소식으로 편지를 이어간다.

여기 와서 뉴질랜드에 두 번, 뉴헤브리데스에 한 번, 양쪽 사모아에

한 번씩 다녀왔어. 폴 터너가 뇌졸중이 와서 스트로브 병원에 입원했어. 피터 라바오의 마차가 골프 코스 인근에서 트럭이랑 충돌해 한 명(어린 아들)이 사망하고, 피터의 아내는 양쪽 대퇴골 골절상, 피터는 흉부 타박상을 입었어. 아메리칸사모아 정부가 내가 호놀룰루에서 파고파고로 이주하는 비용으로 8000달러를 썼다고 이야기했던가? 그때는 내가 정부의 결정에 맞설 용기가 없어 아무 소리도 하지 않았는데, 왜 그들이 파산 직전인지 조금은 알 것 같더군.

기반을 좀 더 마련하기 위해 올해 미국 영주권을 신청할 계획이야. 이 편지가 자네의 연말연시에 남태평양의 정취를 불어넣어줄 수 있기를 바라네.

종욱, 레이코, 히로

이 시점까지만 해도 아직 단기 계약직이었으니, 자신의 처지가 여전히 불안했던 모양이다. 종욱에게 미국 영주권은 일종의 보험 같은 것이었는지도 모른다. WHO와 계약이 끝나면 곧바로 미국에서 일자리를 알아봐야 할 수도 있고, 그 전이라도 더 좋은 일자리가 생긴다면 언제든지 WHO를 떠날 생각이 있었던 건 아닐까.

하지만 그런 일은 일어나지 않았다. 1년 후 종욱은 WHO 서태평양지역사무처가 있는 마닐라에 가서 그동안의 업무 성과와 현장 조사 결과 등을 보고했고, 그간의 노력을 평가받아 2년 정식계약을 체결했다. 그리고 직급도 자문관(Consultant)에서 담당관(Team leader)으로 올라갔다. 이제 본인이 원한다면 무기한 계약 연장이 가능해진 것이다. 덕분에 가족 모두가 비자나 여권 문제로 부터도 어느 정도 자유로워졌다.

종욱은 조금씩 WHO의 관료제에 적응해가면서 스스로 할 수 있는 일을 더 찾았다. 당시 피지에는 400여 명, 남태평양의 여러 섬나라에 5000여 명의 한센병 환자가 흩어져 있었다. 종욱은 사무실에 있기보다는 이들을 돕기 위해 1년에 보통 4개월, 많게는 6개월 가까이 출장을 다녔다.

섬으로만 이뤄진 지역이라 종욱은 출장 대부분을 수바 나우조리(Nausori)공항에서 경비행기를 타고 이동해야 했다. 짧은 기간 여러 지역을 다녀야 했기 때문에 다른 도리가 없었다. 이른 아침 공항에서 비행기를 기다리는 동안 신문을 보며 커피 한잔을 마시는 시간이 그에겐 더없이 달콤한 휴식시간이었다.

소형버스처럼 작은 경비행기를 탈 때마다 그의 마음은 조마조마했다. 비행기가 오래된 데다 섬 공항 시설들도 열악했고, 심지어 활주로가 비포장인 공항도 있었다. 그런 곳에 아슬아슬하게 내리면 그때부터 본격적인 밀림 탐험이 시작됐다.

한번은 한국 한 방송국의 '지구촌의 한인'이라는 프로그램 촬영팀과 함께 솔로몬제도에 찾아간 적이 있다. 남태평양에서도 못 사는 지역이라 섬 대부분이 병원은 고사하고 의사 한 명 없었다. 대신 몇 개의 보건진료소가 지역을 나눠 간단한 진료와 처치 등을 해주는 정도였다. 바로 이 보건진료소 의료진과 동행해 환자를

찾고, 여러 가지 진료 및 치료법, 치료제 보관법 등을 꼼꼼히 알려
주는 게 종욱의 역할이었다. WHO 차원에서 지원할 사항이 없는
지 검토하고 점검하는 것도 그의 일이었다.

종욱 일행이 찾아간 곳은 솔로몬제도에서 가장 큰 섬인 과달카
날(Guadalcanal)섬의 작은 마을. 얼마 전 태풍과 홍수로 큰 피해
를 보았던 곳으로, 종욱이 이미 한두 번 다녀간 곳이었다. 이곳 한
센병 환자들은 종욱을 기억하고 무척 반겼다. 문드러진 손과 발가
락, 그리고 깊은 상처들을 종욱은 아무 거리낌 없이 만지고 치료
했다. 엉겨 붙은 치료제(댑손)를 발견한 종욱은 다른 치료제와 한
용기에 담아 흔들었다.

"날씨가 더워서 약이 엉겨 붙으면 댑손(Dapsone)과 클로파지
민(Clofazimine)을 섞어서 이렇게 흔들면 됩니다."

그러자 엉겨 붙은 치료제가 금세 풀어졌다. 종욱이 현장 순회
진료를 다니면서 발견한 방법으로, 남태평양처럼 더운 지역에
서 쉽게 엉겨 붙는 치료제를 보관하는 방법으로도 활용 가능했다.
이 방법은 영국에서 발행하는 한센병 전문지인 〈레프로시 리뷰
(Leprosy review)〉에 소개돼 한센병 학계에 화제를 불러일으켰다.

종욱은 남태평양 여러 섬에 퍼져 있는 한센병 환자들을 찾아다
니면서 그가 예전에 봉사했던 성 라자로 마을과 같은 한국의 한
센병 환자 집단촌을 떠올렸다. 생활환경은 남태평양이 훨씬 열악
했지만, 한센병 환자 치료를 위한 환경은 오히려 한국보다 낫다는

- 경비행기가 닿지 않는 작은 섬들은 보트를 이용해 다녀야 했다.
- '필드워크(Fieldwork)'라고 하는 현장 순회 진료 중 야자수 열매로 목을 축이는 종욱. 깊은 밀림은 무덥고 습한 데다 온갖 벌레의 습격에 피로가 가중됐다.
- 1985년 중국에 견학을 간 종욱이 동료 의사들과 즐겁게 대화를 나누고 있다.

생각이 들었다. 이곳에는 차별의 상징처럼 불렸던 '미감아(전염되지 않은 한센인 자녀)'라는 개념 자체가 없었다. 종욱은 방송에서 이렇게 말했다.

"남태평양 도서 국가에 있는 환자들이나 가족들은 집에서, 동네에서 계속 살면서 재가 치료를 받고 있죠. 다른 곳으로 격리돼 살지 않아요. 요즘은 화학요법이 발달해서 1~2주일 안에 균 전염력이 떨어지고 없어지기 때문에 실질적으로 집에서 치료를 받아도 전염성이 없다고 봐야 합니다. 우리나라와는 인류학적으로, 문화적으로 배경이 다른 곳이지만 그런 점은 상당히 부러워요. 저희도 그런 건 권장할 만한 일이라고 생각합니다."

종욱은 한국의 한센병 환자들도 이곳처럼 소외되지 않고 정상인들과 함께 살면서 치료받을 수 있는 환경이 하루빨리 조성되기를 희망했다.

출장에서 돌아온 종욱이 곧바로 보고서를 작성하고, 그사이 책상 위에 잔뜩 쌓인 서류를 처리하고, 그의 검토와 의견을 기다리는 수십 통의 편지에 회신하자면 잠시 숨 돌릴 틈도 없었다. 남태평양지역사무소에서 함께 일하는 20여 명의 질병별 자문관들과 출장길에 얻은 정보를 주고받는 것도 필요했다.

이처럼 바쁜 와중에도 종욱은 트와미(Twomey) 병원에 매월 5~6차례 방문해 한센병 환자를 직접 진료했다. 당시 자비의 성모 수녀회 선교사들이 운영했던 이 병원은 수바에서 유일하게 한센병 환자를 치료하는 곳이었지만 의료진이 절대적으로 부족했다. 병원장 에사로마 다울라코(Esaroma Daulako)가 병원 내 유일한 의사였다. 간호보조원과 의료보조원 등이 부족한 의료진을 대신할 정도였으니, 종욱의 방문은 병원이나 환자들에게 무척 고마운 일이었다.

이 병원에서는 WHO의 후원을 받아 태평양 일대의 의사와 간호사 등을 대상으로 한센병 다중약물 치료법 등을 가르치는 2~3주 과정의 교육 프로그램도 운영 중이었다. 다중약물 치료법은 치료기간이 6개월에서 2년이나 걸렸지만, 병이 영구적으로 재발하지 않는다는 장점이 있었다. 그만큼 전염성은 물론 유병률을 낮출 수 있었다.

덕분에 WHO는 이 지역 한센병 치료의 목표를 1983년 '관리'에서 1989년 '전면적 관리'로, 다시 1991년 '2000년까지 전 지역에서 제거'라는 수준까지 높이는 게 가능했다. 그리고 바로 그 중심에 종욱이 있었다. WHO 남태평양지역사무소장 마리오 펠처(Mario Feltzer)는 그를 높이 평가했다.

"닥터 리는 매우 존경할 만한 전문 의료인이에요. 책임감도 무척 강하죠. 남태평양에서 한센병 관리를 위한 우리의 역할은 주로 자문이나 상담인데요. 닥터 리는 이 역할뿐만 아니라 의료 장학생을 심사해 선발하고, 워크숍과 세미나에 참석하는가 하면, 환자를 현장에서 직접 점검하고 분류하는 등 매우 활발하게 활동하고 계십니다.”

종욱은 남태평양 지역에서 자신의 역할과 영향력을 확대하면서 점점 더 바빠지고 유명해졌다. 하지만 그만큼 가족에게는 소홀해질 수밖에 없었다.

피지 생활 1년 후쯤의 일이다. 종욱은 필리핀 마닐라 서태평양 지역사무처 중간보고 일정에 맞춰 레이코와 도쿄에 잠시 들렀다가 오기로 했다. 그런데 레이코가 기침을 심하게 해 병원에서 기관지염 진단을 받고 항생제를 복용했지만 좀체 낫질 않았다. 일본 도쿄에 들렀을 때 온갖 검사를 다 받았지만 특별한 이상이 발견되지 않았다. 그런데도 레이코의 증상은 점점 더 심해져 심한 흉부 통증까지 동반했다. 이런 상황에서도 종욱은 다시 출장길에 올라야 했다.

그사이 의사들의 진단 결과는 기관지염이나 흉막염, 천식 등 다양했고 그에 따른 약을 처방했지만 레이코의 기침과 통증은 멈추지 않았다. 결핵이 의심돼 다시 엑스레이를 찍어보니 염증은 보이지 않고 갈비뼈에 금이 가 있었다. 심한 기침 때문이었다.

도대체 원인을 찾을 수 없자, 출장에서 돌아온 종욱이 직접 나섰다. 모든 가능성을 열어놓고 찾은 끝에 마침내 상피병을 일으키는 사상충이 폐 속에서 번식하면서 나타난 증상이라는 걸 알아냈다. 비로소 제대로 처방된 약을 먹고 완치됐지만, 레이코는 3개월 가까이 시달려야 했다.

이 시기를 전후해 레이코의 삶 뒤편에 조용히 웅크리고 있던 자아의 존재감이 다시 꿈틀거리기 시작했다. 종욱의 잦은 출장, 그리고 아들이 학교에 다니면서 혼자 있는 시간이 많아진 것과 무관치 않았다.

레이코는 무료함도 달랠 겸 건강을 위해 적당한 운동을 찾았다. 처음엔 주말에 종욱과 함께 시간을 보내고자 하는 마음에 테니스를 배우고 싶었다. 마침 집 근처에 테니스 코트가 있었다. 하지만 맘처럼 쉽지 않았다. 대신 찾은 운동이 수영이었다. 레이코는 어느 정도 익숙해지자 하루에 2km씩 수영을 했다. 그러자 점점 몸에 이상이 나타났다. 종욱이 조심스레 말렸다.

"너무 무리하지 마. 나이도 생각해야지."

동갑인 두 사람은 어느새 마흔 즈음의 나이였다. 하지만 레이코는 그의 말을 듣지 않았다. 몸의 이상이 수영 때문이라고 생각하지 않았기 때문이다.

"괜찮아요. 할 만해요."

레이코는 척추지압사를 찾아가 시술을 받으면서 무리한 수영을 계속 이어갔다. 그러다 어깨 인대 파열로 한동안 수영을 쉬어야 할 지경에까지 이르렀다. 레이코는 종욱의 말대로 과도한 수영 때문이라는 걸 뒤늦게 알았지만, 그렇다고 그의 말을 따르지 않은 걸 후회하지는 않았다.

종욱은 주말이면 사무실 동료들과 테니스 게임을 하거나, 스쿠버다이빙을 즐기러 바다에 나갔다. 테니스는 대학 때부터 즐겨왔던 것이고, 스쿠버다이빙은 피지에서 새로 배웠다. 경비행기를 타고 남태평양의 수많은 섬을 오가면서 내려다보던 짙푸른 바다 속이 궁금해져 시작한 게 바로 스쿠버다이빙이었다. WHO라는 국제기구의 관료제에 적응하는 과정에서 그가 받은 스트레스를 조금이나마 해소할 수 있는 좋은 스포츠이자 레저이기도 했다.

피지에서 사는 동안 종욱이 과거와는 비교할 수 없을 만큼 많은 스트레스를 받았다는 건 누구보다 아내인 레이코가 잘 알고 있었다. 레이코의 회고록 중 일부다.

WHO에 들어간 뒤, 방바닥에 그의 머리카락이 너무 많이 떨어진 것을 보고 걱정이 됐습니다. 사무실에서 스트레스를 받는 게 분명했어요. 그는 내색을 안 했지만 스트레스를 많이 받고 있다는 걸 알 수 있었죠. 사교적인 일 역시 그에게 익숙지 않았습니다. 저역시 마찬가지였고요. 그는 우리 집에서 손님과 함께하는 모든 저녁 식사가 완벽하기를 원했지만 저는 그러지 못했습니다. 훌륭한 요리사가 아니었거든요. 그래도 저는 그를 기쁘게 하기 위해 최선을 다했습니다. 그는 병원에서 환자를 대할 때 그랬던 것처럼 새로운 삶의 모든 부분에 에너지를 쏟아 부었습니다.

그는 오랫동안 환자를 진료하는 일에서 떠나 있으면서 의술을 많이 잊어버리고 사무직 의료인이 된 것에 좌절감을 느끼는 듯했어요. 그 좌절감은 그가 국제사회에 처음 들어왔을 때만 느낀 건 아니었습니다. 그는 (훗날) 제네바에서 매우 유능한 사람으로 인정받았지만, 그게 큰 좌절의 원인이 되기도 했죠.

그가 WHO의 삶을 선택한 건 우리가 국제결혼을 하면서 겪어야 했던 불편 때문이기도 했습니다. 만약 그가 저와 결혼하지 않고 한국이나 미국에서 의사로 활동했다면 더 행복하지 않았을까요? 이렇게 생각하는 걸 그는 아주 싫어했습니다. 그는 자신이 선택한 삶이니 그 속에서 묵묵히 앞으로 나아갈 뿐이었죠. 그에게 '만약… 그렇지 않았다면?'이라는 건 없었습니다.

언젠가 한국에서 종욱의 대학 은사인 권이혁 박사가 피지를 방문한 적이 있었다. 그가 서울대 의대에 다니던 시절 의과대학장이었던 권 박사는 서울대 총장 신분으로 호주와 뉴질랜드, 피지 등의 대학과 보건당국을 둘러보고 강연도 할 예정이었던 것이다. 이 소식을 들은 종욱은 저녁 식사를 대접하기 위해 권 박사 일행을 집으로 초대했다.

권 박사와 함께 초대한 일행은 무려 30명이나 됐다. 레이코가 이렇게 많은 사람들의 음식을 준비한 건 이때가 처음이었다. 접시며 잔이며 수저며 식탁 같은 것들을 구하는 것 역시 큰일이었다. 다행히 만찬은 잘 끝났고, 종욱은 권 박사와의 관계를 더욱 돈독히 했을 뿐만 아니라 여러 사람과 새로운 인맥을 쌓을 수 있었다.

권 박사는 우리나라의 보건학을 정립한 태두(泰斗)이자 문교부·보건사회부·환경처 장관까지 지낸 인물이다.

이후 종욱은 남태평양지역사무소 동료와 지인들을 집으로 초대해 식사를 대접하는 일이 잦아졌다. 나름 조직 안팎의 인맥 관리의 일환이었다. 그다지 사교적이지 못했던 레이코로서는 여간 불편한 게 아니었지만, 종욱이 원하는 일인 만큼 어쩔 수 없었다.

그러던 1986년 9월 어느 날, 매우 중요한 인사가 점심 식사에 초대됐다. 바로 WHO 서태평양지역사무처의 총책임자인 사무처장 나카지마였다. 매년 9월에 열리는 서태평양지역사무처 질병담당관 연례협의회가 피지에서 열리면서 참석차 와 있었던 것이다. 나카지마는 미식가로 유명했다. 종욱은 레이코에게 맛있는 식사 준비를 신신당부했다.

"신경 써서 맛있는 요리 좀 준비해줘."

레이코는 무척 긴장했다. 전문 요리사가 아닌 데다 그렇게 중요한 사람을 위해 식사를 준비했던 건 처음이었으니 뭘 준비해야 할지 막막했다. 자신과 같은 일본인이라는 점 이외에는 특별히 참고할 만한 정보도 없었다. 다만 왠지 신선한 회를 좋아할 것 같았다. 그녀는 시장에서 전날 갓 잡은 아주 싱싱한 참치 두 조각을 샀다. 작지만 아름다웠다.

종욱은 평소 가깝게 지낸 주피지한국대사 김성구와 WHO 남태평양지역사무소장 펠처, 바누아투 주재 WHO 말라리아 담당관 안성규 등을 함께 초대했다. 그 자리에서 종욱은 나카지마에게 WHO 필리핀 마닐라의 지역사무처로 가고 싶다는 뜻을 조심스레 피력했다. 아들 충호가 마닐라에 있는 일본인 국제학교에 가야 하기 때문이라는 이유를 댔다.

나카지마가 레이코를 바라보자, 그녀는 두 사람이 무슨 대화를 나누는지 알지 못하면서도 슬며시 미소를 지어줬다. 그건 자신도 종욱과 같은 생각이라는 무언의 동의인 셈이었다. 다행히 오찬은 잘 끝났다. 레이코의 회고다.

떨렸지만, 제가 만든 요리가 다들 맛있다고 해서 기분 좋았습니다. 물론 제가 맛있고 보기 좋은 음식을 잘할 줄 아는 요리사는 아니에요. 하지만 종욱은 그런 걸 별로 신경 쓰지 않았습니다. 그는 사람들을 초대하는 것이 중요하다고 생각했죠. 그는 그들을 즐겁게 하는 방법을 알았고, 초대받은 사람들은 그에게 만족했습니다.

마침 자신의 미래에 대해 큰 그림을 그리던 나카지마에게도 종욱처럼 신뢰할 만한 사람을 주변에 두는 게 나쁘지 않았다. 사무차장 한상태 역시 업무에 도움이 되고 조직 내 한국계와 일본계의 균형을 유지하기 위해서라도 한국인을 데려오는 걸 반대할 하등의 이유가 없었다. 연례회의 기간 동안 한상태는 두세 차례 종욱의 집을 방문해서 종욱이 피지에서 마닐라로 이동하기 위한 계획을 함께 세웠다.

　마침 종욱은 2년 전인 1984년 일본법이 바뀌면서 레이코와 함께 일본을 자유롭게 드나들 수 없었던 충호의 국적 문제(1년에 한 번만 방문 가능)를 이미 해결한 뒤였다. 일본 정부가 그동안 아버지만 인정해주던 자녀의 국적 취득 권한을 어머니에게도 허용했던 것. 종욱은 한국 영사관에 근무하는 친구에게 자문을 구했지만, 충호가 한국과 일본 두 국가를 자유롭게 오가기 위해서는 당분간 이중국적을 유지하는 수밖에 없었다. 충호가 이때 일본 국적을 취득했기 때문에 마닐라의 일본인 국제학교 입학도 가능했다.

　이처럼 시의적절한 역학관계 속에서 나카지마는 종욱의 요청을 받아들였다. 종욱은 마닐라에서의 새로운 거처를 마련하기 위해 1986년 11월 피지를 먼저 떠났고, 레이코와 충호는 한 달 뒤 뒤따라 이사했다. 피지에서 생활한 지 3년 반 만의 일이었다. 종욱의 마음속엔 벌써 새로운 목표를 향한 의지가 조금씩 꿈틀거리고 있었다.

마닐라

'소아마비 퇴치'
초석을 놓다

서태평양에 위치한 필리핀은 무려 7107개의 섬으로 이뤄진 나라
다. 1987년 당시 인구는 약 5700만 명(2021년 1억1100만 명, 세
계 13위)으로, 세계 12위였다. WHO 서태평양지역사무처가 바로
필리핀의 수도 마닐라에 있다.

종욱이 이곳에서 업무를 시작한 1987년은 아시아 지역의 정치
적 격변기였다. 필리핀은 코라손 아키노 대통령이 페르디난드 마
르코스 독재정권을 무너뜨리고 새롭게 정권을 잡은 지 1년 정도
밖에 되지 않은 시점이었다. 20여 년간 온갖 폭정과 인권 탄압,
부정부패 등을 자행한 마르코스는 1986년 2월 대통령 선거 때
부정선거로 또다시 정권을 잡으려다 '피플파워 혁명'으로 불리는
강력한 국민적 저항에 부딪쳐 하와이로 망명길에 올라야 했다.

국민적 영웅으로 떠오른 아키노 대통령은 3권 분립과 대통령 6
년 단임제 등을 규정한 새로운 헌법을 공포했지만, 의회를 제대로
장악하지 못하면서 안정적인 국정 운영에는 실패했다. 1987년 8
월 아키노 정부의 공산당 합법화 등에 반발한 군부 쿠데타로 55

명이 사망하는 등 임기 동안 크고 작은 쿠데타가 일곱 번이나 발생했다.

한국 역시 전두환 군부독재정권에 대한 국민적 저항이 전국에서 들불처럼 일어났던 시기다. 1986년 전국 대학을 중심으로 시작된 민주화운동이 1987년 1월 서울대생 박종철 군 고문치사 사건을 계기로 온 국민이 들고 일어났다. 그해 6월 시위 도중 연세대생 이한열 군이 최루탄에 맞아 큰 부상(7월 5일 사망)을 당하면서 시위가 격렬해졌다.

6월 10일 급기야 전국 22개 도시에서 동시에 대통령 직선제와 민주화를 요구하는 대규모 반정부 시위가 시작됐다. "호헌철폐, 독재타도"를 외치는 함성이 전국을 뒤흔들었다. 이날부터 시작한 시위는 6월 29일 전두환으로부터 사실상 정권을 이양받은 노태우 민정당 총재가 국민의 요구를 전적으로 수용한 '6·29 선언'을 발표할 때까지 매일 이어졌다. 이를 '6·10 민주항쟁'이라고 부른다.

그런데 대통령 직선제로의 개헌에 따라 그해 12월 치러진 대통령 선거에서 김대중과 김영삼 두 야당 총재의 분열로 전두환의 후계자인 노태우가 다시 권력을 잡았다. 결국 민주화 세력으로의 정권 교체에는 실패했지만, 이를 계기로 한국의 민주화는 급진전하는 발판을 마련했다. 그리고 다음 해인 1988년 열린 서울올림픽을 성공적으로 치르면서 한국의 세계적인 위상 역시 크게 높아졌다.

그즈음 WHO 내부에도 변화의 흐름이 일기 시작했다. 5년에 한 번씩 치러지는 WHO 사무총장과 전 세계 6개 지역사무처의 사무처장 선거가 1년 앞으로 다가왔기 때문이다. 누구보다 긴밀히 움직였던 사람은 서태평양지역사무처의 넘버 1, 2였던 나카지마와 한상태, 두 사람이었다. 나카지마는 WHO 사무총장에, 한상태는 나카지마의 뒤를 이은 서태평양지역 사무처장에 출마하고자 하는 의지가 강했다. 공교롭게도 두 사람 모두 종욱이 피지에서 마닐라 지역사무처로 옮기는 과정에서 크게 도움을 줬던 이들이었다.

사실 종욱이 피지에서 마닐라로 근무지를 옮기고 싶었던 건 충호의 일본인 국제학교 입학 때문만은 아니었다. 그보다 다른 이유가 더 컸다. 종욱은 어차피 관료조직 세계에 몸담은 이상 좀 더 큰 조직에서 일하고 싶은 욕구가 강했고, 본인이 조직의 밑바닥에서 겪은 불합리한 운영 시스템과 조직 문화를 바꾸고 싶었던 것이다. 나카지마와 한상태 역시 종욱의 속내를 이미 훤히 꿰뚫고 있었다. 종욱의 마닐라 생활은 이처럼 복잡미묘한 상황 속에서 시작됐다.

종욱 가족의 마닐라 생활은 피지와는 비교할 수 없을 정도로 여유로웠다. 큼지막한 집에 집안일을 도와줄 사람도 두 명이나 둘 수 있었다. 그만큼 레이코에게 시간의 여유가 더 생겼다.

충호는 예정대로 일본인 국제학교에 4학년으로 입학했다. 공부를 열심히 해 성적이 좋았다. 레이코는 주말에 아버지와 테니스라도 함께 칠 수 있도록 일주일에 한두 번 테니스 코트를 데리고 다녔지만, 충호는 취미를 붙이지 못했다. 오히려 고학년으로 올라가면서 평소 좋아하는 수영과 함께 달리기, 태권도 등 다른 스포츠에 관심을 갖기 시작했다.

종욱은 자동차를 새로 장만했다. 문제는 운전이었다. 하와이나 아메리칸사모아, 피지 등에서도 운전은 해봤지만, 필리핀 마닐라처럼 교통이 혼잡한 곳은 처음이었다. 그 때문에 처음 몇 주 동안은 필리핀인 기사나 사무원과 함께 다니며 사고를 피하는 법을 배워야 했다. 그는 직원 사교댄스 클럽에도 가입했다. 낯설고 서먹한 직원들과 조금이라도 빨리 친해지기 위한 방편이었다. 덕분에 직원들 사이에서 인기도 얻고 사무실 분위기와 흐름을 이해하는 데도 큰 도움을 받았다.

종욱이 맡은 직책은 서태평양지역사무처 관할 지역의 한센병, 결핵 등 전염성 만성질환 퇴치를 위한 '만성질환 지역고문(Regional Adviser for Chronic Disease)'으로, 업무 영역이 좀 더 확대됐다. 각 지역사무소의 질병별 담당관들의 활동에 조언을 해주고 필요에 따라 직접 지원하는 역할이었다. 그만큼 더 바빠졌다.

종욱은 남태평양의 수많은 섬을 다니며 한센병 환자를 찾아 치료하고 상담해줬던 경험과 노하우를 다른 지역사무소 담당관들에게 전파하기 위해 노력했다. 남태평양지역사무소가 있던 남태평양 지역보다 필리핀과 서태평양지역에 한센병 환자와 신규 감염자 수가 더 많았으니, 그의 역할은 매우 절실했고 또 중요했다.

얼마 후 WHO는 본격적인 선거 국면에 돌입했다. 1973년부터 사무총장 임기를 시작해 내리 3선을 한 할프단 말러(Halfdan Theodor Mahler, 덴마크 출신 의사)가 다시 4선에 도전할 것인지가 초미의 관심사로 떠올랐다. 사무총장 임기는 5년이니 무려 15년간 장기집권을 해온 상황. 직전 사무총장인 브라질 출신 마르콜리노 칸다우(Marcolino Gomes Candau)가 4선으로 20년간 재임한 전례가 있으니 못 할 것도 없었다.

여기에 가장 강력한 도전자로 등장한 후보가 바로 서태평양지역사무처장 나카지마였다. 2차 세계대전 패전 이후 짧은 기간 동안 고도의 경제성장에 성공한 일본은 다시 국제사회에서 영향력을 확대하기 위해 다양한 노력을 기울여왔다. 국제기구 수장에 자국민을 앉히는 것도 그중 하나였다.

이를 위해 일본 정부는 유엔 산하의 수많은 국제기구에 막대한 규모의 원조금을 지원해왔다. 1970년 초 WHO 제네바 본부 정원에 일본 쇼와(昭和)천황이 기념식수를 한 것도 이와 무관치 않은 것으로 알려져 있었다. 피지를 방문했던 권이혁 박사가 2004년 제네바 본부에 기념식수를 하기 전까지 WHO 설립(1946년) 이후 거의 60년 동안 전무후무한 일이었다. 그만큼 강력한 일본 정부의 후원을 등에 업은 나카지마의 당선 가능성이 높았다.

WHO 사무총장은 32개 집행이사국(2021년 현재 34개국) 대표로 구성된 집행이사회에서 선출한다. 집행이사국 임기는 3년. 지역별 안배 차원에서 6개 지역사무처별 소속 국가에서 최소 3개국이상이 포함돼야 한다.

투표는 단순다수결 방식으로 치러진다. 후보자가 여러 명일 경우 과반수 득표자가 없으면 가장 표를 적게 받은 후보부터 탈락시켜 두 명이 남은 마지막 최종 결선에서 단 한 표라도 많이 받은 후보가 당선된다. 현 사무총장 임기가 끝나는 그해 1월 집행이사회에서 새로 선출된 후임 사무총장은 5월 열리는 세계보건총회에서 회원국 3분의 2 이상의 의결로 최종 인준을 받는다. 지금까지 세계보건총회에서 집행이사회의 결정을 받아들이지 않은 경우는 없었다.

나카지마는 1988년 1월 집행이사회를 앞두고 투표권을 가진 집행이사국들을 집중 공략했다. 그런데 선거를 앞두고 사무총장 말러가 퇴임을 결심하면서 나카지마는 차기 사무총장에 무난히 당선됐다.

이제 공석이 된 서태평양지역사무처장 선거를 치를 차례가 다가왔다. 지역사무처장은 9월, 투표권이 있는 지역 회원국 대표들로 구성된 지역위원회에서 뽑는다. 투표 역시 단순다수결 방식이다. 여기서 뽑힌 지역사무처장은 다음 해 1월 WHO 집행이사회에서 승인 절차를 밟는다.

6·25전쟁 이후 눈부신 경제 발전을 이룩한 우리나라 역시 국제 사회에서 목소리를 키우고 존재감을 확보할 수 있는 방안을 찾아야 했다. 1986년 서울아시안게임에 이어 1988년 서울올림픽게임을 유치한 것도 그 일환이었다. 한상태 역시 한국 정부의 지원 하에 일찌감치 지역사무처장 선거에 뛰어들었다.

그가 WHO와 인연을 맺은 건 1967년 서사모아 보건개발사업 담당 고문관으로 일하면서부터였다. 이후 줄곧 국제 공중보건 분야에서 20여 년간 일해왔으니, 이제 지역 최고책임자 자리에 오를 만했다. 그는 선거를 앞두고 국제 공중보건 분야에서 새로운 화두로 떠오른 '소아마비 퇴치' 움직임에 주목했다.

종욱과 함께 마닐라 지역사무처에서 함께 근무했던 WHO 몽골 주재 대표 세르게이 디오르디차(Sergey Diorditsa, 러시아 의사 출신)가 훗날 국내 방송사와 인터뷰한 내용 중 일부다.

1988년에 국제 공중보건 관련기관 지도자들은 제네바에서 회의를 했습니다. 대표적인 비정부기구 중 하나인 '국제로터리(Rotary International)'에 의해 계획된 회의였죠. 그들은 회의에서 국제적인 소아마비 퇴치 프로그램을 조성하자고 제안했고, 당시 모든 세계 지도자들은 그 제안에 찬성했습니다.

디오르디차가 이야기한 프로그램이 바로 '국제 소아마비 퇴치 캠페인(Global Polio Eradication Initiative, GPEI)'이다. WHO는 1988년 5월 세계보건총회에서 이 제안을 받아들여 2000년까지 소아마비를 퇴치한다는 목표를 공식 발표했다.

그러자 한상태는 여기서 한발 더 나아가 서태평양지역에서 1995년까지 소아마비를 퇴치하겠다는 공약을 내걸었다. 7년 만에 소아마비를 완전히 사라지게 만들겠다고 하자 지역위원회 내부에서는 회의적인 시각과 평가가 많았다. 그럼에도 지역위원회는 1988년 9월 그의 공약을 결의안으로 채택하고, 그를 지역사무처장으로 선택했다.

당시 서태평양지역 회원국은 한국과 일본, 중국 등을 포함해 30개국(2020년 현재 37개국)이었다. 종욱이 근무했던 피지와 아메리칸사모아, 그리고 그가 한센병 환자 치료를 위해 자주 방문했던 뉴질랜드, 바누아투, 솔로몬제도, 미크로네시아 등도 회원국이었다. 정치적 중립을 지켜야 하는 국제기구의 직원은 선거에 관여할 수 없다. 하지만 종욱이 자국 출신 후보이자 피지에서 마닐라로 옮기는 데 큰 도움을 줬던 한상태의 선거에 어떤 식으로든 지원하지 않았을까. 물론 이와 관련한 근거나 자료는 없다.

문제는 그다음이다. 새롭게 지역사무처장에 선출된 한상태는 1989년 1월 제네바 본부에서 열린 집행이사회에서 사무처장에 공식 승인을 받은 이후 곧바로 소아마비 퇴치 프로그램 준비 작업에 들어갔다. 그리고 1년 반 후인 1990년 6월 종욱을 이 프로그램을 총괄하는 질병관리국장에 앉혔다.

그 자리는 서태평양지역에서 소아마비 퇴치 프로그램을 위해 필요한 자금과 인원을 동원하는 막중한 책임을 맡아야 했다. 이 밖에도 홍역과 B형 간염, 결핵, 디프테리아, 백일해, 파상풍 등에 대한 예방접종 프로그램 전면 확대, 에이즈 프로그램 신설, 급성 호흡기 질환 관리, 보건연구소 서비스 등의 업무도 주어졌다.

이 인사를 두고 크게 두 가지 평가가 존재한다. 훗날 종욱이 사무총장 시절 연설문 담당자이자 그의 첫 번째 평전을 쓴 데즈먼드 에버리(Desmond Avery)는 "7년 동안 한 분과를 담당한 직원에서 국장으로 올랐으니 체스에 비유하면 졸에서 비숍으로 승격한 것"이라며 대단히 파격적인 인사로 평가했다. 이와는 달리 당시 종욱과 함께 근무했던 디오르디차 대표는 "전염성 질병팀 국장(실제로는 만성질환 담당 고문)이었던 그가 질병관리국장으로 임명된 것이 그리 대수로운 일은 아니었다"고 회고했다.

중요한 건 한상태와 종욱, 두 사람 모두 서로가 절대적으로 필요한 시기였다는 점이다. 사무처장 연임 의지가 강했던 한상태는 5년 내 분명한 성과를 내야 할 상황이었고, 종욱 역시 조직 내에서 관리자로서의 잠재력과 능력을 보여주고 싶은 열망이 컸다.

종욱은 국장에 오르자마자 한상태의 기대에 부응하기 위해 가장 먼저 소아마비 퇴치 프로그램을 본격화하는 데 주력했다. 사실 한상태가 1년 반 가까이 준비만 했지 별다른 진전을 이끌지 못한 상황이었다. 종욱은 먼저 함께할 사람부터 찾았다. 그가 소아마비 퇴치 프로그램에 투입할 적임자로 꼽은 사람은 일본 후생노동성 출신의 오미 시게루(Omi Shigeru)였다. 당시 41세였던 오미는 의사이자 분자생물학 박사에 법까지 공부한 데다 태평양 오지의 섬에서 진료를 한 경험도 있었다. 여기에 겸손했으며 윗사람의 뜻을 잘 따랐다. 그만큼 여러 가지로 강점이 많았다. 한상태도 흡족해했다.

오미가 만난 종욱은 친화력 있고, 사람 좋고, 호감 가는 스타일에다 일본어를 잘해 처음부터 쉽게 친해졌다. 그렇다고 마냥 편한 대상은 아니었다.

오미가 프로그램에 합류한 지 며칠 뒤 도쿄에서 기술자문단(Technical Advisory Group, TAG) 회의가 열렸다. 종욱은 이 회의를 오미에게 전적으로 맡겼다. 참석자에게 연락하는 것을 포함해 의제와 장소, 숙소, 여행, 자료, 물류, 예산 등 모든 것을 관리하고, 목적한 회의 성과를 거둘 수 있도록 하라고 지시했다. 오미는 곧바로 준비에 착수했다. 그런데 회의 준비에 한창이던 어느 날, 종욱이 갑자기 호출을 하더니 새로운 지시를 내렸다.

"라오스 비엔티안에서 열리는 회의에 참석해주세요."

예방 접종 프로그램 문제를 해결하기 위해 유니세프와 일본, 라오스 관리들이 모이는 자리였다. 오미는 자신이 준비하던 기술자문단 회의 준비가 늦어질까 봐 걱정됐다.

"그 회의에는 다른 사람을 보내면 안 되겠습니까?"

그러자 가만히 이야기를 듣던 종욱은 단호한 어조로 말했다.

"비엔티안으로 가세요. 도쿄 걱정은 하지 말고요."

오미는 결국 라오스 비엔티안으로 갔고, 걱정과는 달리 모든 일이 잘 풀렸다. 종욱이 국장에 부임한 지 얼마 되지 않았으면서도 그렇게 강한 면모를 보일 수 있었던 것은 필요한 지시를 할 수 있는 자신의 권한과 능력을 믿었기 때문이 아니었을까.

이듬해 기술자문단 회의는 필리핀 세부에서 열렸다. 소아마비 퇴치 프로그램을 위한 자금을 어떻게 마련하느냐가 관건이었다. 자금줄을 쥐고 있는 기부단체 관계자들은 회의 내내 소아마비 퇴치 캠페인의 장단점과 타당성, 단체의 도의적 지원 등에 대해서만 길게 이야기할 뿐 실질적인 자금 지원 의지를 보이지 않았다.

첫째 날에 이어 둘째 날에도 상황은 달라지지 않았다. 늦은 오후, 아시아개발은행 대표가 또다시 긴 말을 늘어놓자 종욱이 도중에 말을 가로막으며 큰 소리로 말했다.

"이제 쓸데없는 소리는 더 이상 하지 맙시다. 지금 우리에게 필요한 건 돈입니다."

당시 상황에 대한 오미의 회고다.

종욱이 흥분한 것이든, 아니면 냉정하게 계산한 것이든, 그의 격한 발언에 난기류가 걷히면서 다들 상황의 긴박성에 관심을 쏟게 됐죠. 물론 당장 기부금을 약속하게 만든 것은 아니지만 논의가 숙고에서 행동 차원으로 넘어갈 수 있게 된 겁니다.

세 번째 기술자문단 회의는 베트남 호찌민에서 열렸다. 하루는 한상태와 종욱, 그리고 오미가 유니세프 대표와 조찬을 함께하기로 약속돼 있었다. 그런데 그 자리에 종욱이 나타나지 않았다. 한동안 기다리던 세 사람은 먼저 대화를 나눴다. 한참이 지나서야 나타난 종욱은 국제로터리 사람들과 산책을 갔다가 대화에 빠져 그만 길을 잃어버려 늦었다고 했다. 국제로터리는 글로벌 소아마비 퇴치 캠페인을 처음 제안한 단체인 데다 지역사무처 소아마비 퇴치 프로그램의 주요 자금원이었다.

종욱이 정말 실수로 그랬는지, 아니면 유니세프보다 국제로터리 사람들과 만나서 이야기하는 게 더 중요하다고 판단해서 그랬는지는 분명치 않다. 또한 국제로터리가 WHO의 소아마비 퇴치 프로그램에 2005년까지 기부한 자금이 무려 6억 달러에 달한 것이 이날 만남 이후 훗날 WHO 사무총장 때까지 이어진 종욱과의 인연 때문인지도 모를 일이다.

한편 종욱은 부주의했다는 이유로 한상태에게 호되게 꾸지람을 듣고 한동안 몸을 사려야 했다. 상하관계에서 불필요한 격식 같은 것 따지지 않고 소탈했던 종욱과는 달리 한상태는 무척 권위적이고 위계를 중시하는 스타일이었다. 사실 이 때문에 종욱은

이종욱 평전

1991년 4월 3~5일 일본 도쿄에서 열린 첫 번째 기술자문단(Technical Advisory Group, TAG) 회의 기념사진. 앞줄 가운데(왼쪽에서 다섯 번째)가 지역사무처장 한상태, 두 번째 줄 오른쪽에서 일곱 번째가 종욱이다.

그의 밑에서 무척 심한 스트레스를 받았다. 당시 국장 부속실에서 종욱을 보좌했던 한 비서가 기억하는 일화 중 하나다.

국장은 아주 사랑스럽고, 유식한 데다, 재치 있고, 유머러스한 분이셨죠. 그런데 사무처장이 부르거나 뭔가를 요구하면 그는 아주 바빠지고 초조해 보였어요. 말을 걸 수가 없을 정도였죠. 또 (지역 내에) 응급 상황이나 질병이라도 발생하면 국장이 사무처장에게 답을 찾아 보고하거나 의견이라도 내야 했는데, 그럴 때면 아주 까다롭고 예민해졌어요. 그러다 방으로 돌아와서 휴식을 취하면 괜찮아지곤 했죠. 그래도 그가 비서나 아랫사람을 힘들게 한 적은 없어요. 다만 항상 좋은 결과를 얻길 원했고, 그러기 위해 노력한 게 전부였죠. 그는 아주 책임감이 강한 분이었으니까요.

종욱의 잦은 해외 출장과 상급자인 한상태의 관계에서 비롯된 업무 스트레스는 가족과의 관계에도 좋지 않은 영향을 끼쳤다.

레이코는 마닐라에서 자주 아팠다. 처음 걸린 질병은 뎅기열이었다. 모기에 의해 전파되는 급성 바이러스 질환으로 고열을 동반한다. 하필 종욱이 해외 출장 중이었다. 다른 의사를 잘 믿지 못했던 레이코는 병원에 가지 않고 집에서 혼자 끙끙 앓았다. 종욱이 출장에서 돌아왔을 때는 이미 나은 뒤였다.

마닐라의 우기는 6월부터 10월까지로, 무척 덥고 습하다. 이 시

유엔 소속 비행기 앞에 선 종욱. 전염성 질병 관리를 위해 서태평양지역 곳곳을 다녔다.
전염병에 걸려 숨진 것으로 추정되는 동물 사체와 실태조사 중인 WHO 조사단 차량.

기에 레이코는 폐렴이나 기관지염에 자주 걸렸고, 그럴 때마다 종욱은 약을 가져다주고 사무실에서 2시간마다 전화를 걸어 상태를 확인했다. 한번은 가슴에 심한 통증이 나타나 검사를 해보니 흉막염이었다. 약을 먹어도 쉽게 낫지 않았다. 종욱이 뒤늦게 병원에 데려가 엑스레이를 찍어보니 이미 나아가는 중이었고, 결국 쉬면서 완전히 회복하기를 기다리는 수밖에 없었다. 레이코는 이때 성대를 다쳐 기타를 치며 노래하는 것도 어려워졌다.

종욱이 모처럼 휴가를 낸 지 일주일 정도 됐을까. 레이코가 이번엔 위궤양에 걸렸다. 곧 나았지만 발병의 원인이 바로 종욱에게 있었다. 레이코의 회고다.

우리는 매일 아침 테니스 코트에 갔고, 때로는 오후에도 갔어요. 그때 종욱은 매우 어려운 사람이었죠. 트레이너가 맘에 들지 않을 때 거의 폭발 직전까지 갔어요. 저를 너무 힘들게 했죠. 집에서도 마찬가지였어요. 그가 동료에게 이런 이야기를 하니까, 동료 역시 휴가 때 아내가 위궤양에 걸렸다고 말했다더군요. WHO는 그런 일터였습니다. WHO 직원으로 일하는 것이 그에게는 어려운 일이 아니라고 느꼈는데, 한상태 사무처장은 그곳을 극도의 스트레스를 받는 장소로 만들었던 것 같아요. 후배는 거의 선배의 노예가 돼야 했습니다.

이종욱 평전

그런 와중에도 종욱은 주변 사람들을 살뜰하게 챙겼다. 바쁜 출장 일정 중에도 한국과 일본에 잠시 들러 친가나 처가 가족들의 안부를 살피곤 했다. 레이코의 동생 유리코가 전한 과거 에피소드 한 토막이다.

종욱은 다른 나라로 출장 가는 길에 일본에 들러 우리 집을 방문하곤 했다. 당시 나는 이혼한 상태였다. 아이들은 불안하고 외로워도 내게 말을 하지 못했다. 그는 그런 사정을 늘 염려해 아이들에게 인도의 장식 고양이나 호주의 웜뱃(Wombat) 인형 같은 선물을 사다 주곤 했다. 그중에서도 특별히 잊을 수 없는 선물이 있다.

하루는 딸아이가 학교에서 만든 연을 근처 공원에서 날리기 위해 같이 집을 나서려는데 갑자기 그가 나타났다. 우리는 깜짝 놀랐다. 하지만 셋이 함께 공원에 가서 연을 날렸다. 아이는 푸른 하늘 높이 연을 날리며 너무 좋아서 마구 뛰어다녔다.

그로부터 몇 달 뒤 딸이 폐렴에 걸려 입원했다. 일주일 후 퇴원해 집에 돌아오니 웬 선물 꾸러미가 배달돼 있었다. 그가 보낸 것이었다. 열어보니 중국의 전통 연이었다. 아이가 입원해 있는 동안 중국에 출장을 갔던 그가 아이가 다시 연을 날리며 행복하기를 바라는 마음으로 선물을 보낸 듯했다. 그 연은 한동안 우리 집 현관문에 걸려 있었고, 지금은 벽장 속에 잘 보관돼 있다.

다행히 시간이 흐르면서 한상태와 종욱, 그리고 오미가 함께 진행했던 소아마비 퇴치 프로그램에 성과가 나타나기 시작했다. 1990년 6000건에 육박했던 서태평양지역 내 소아마비 발병 사례가 1994년 불과 74건으로 줄었다는 건 사실 엄청난 성공이었다. 특히 1~3형 소아마비 바이러스 중 2형은 라오스에서, 3형은 라오스와 중국, 베트남 등 3개국에서 1993년 사례를 마지막으로 사라졌다.

이 덕분에 한상태는 1993년 9월 연임에 성공했다고 해도 과언이 아니다. 이후 지역 소아마비 발병 사례는 점점 줄어 1997년 9건을 마지막으로 사라지고, 2000년 소아마비로부터 자유로운 지역으로 공인받기에 이른다. 종욱은 이뿐만 아니라 홍역과 B형 간염 퇴치를 위한 백신 예방접종 프로그램을 확대하는 데도 크게 기여했다.

종욱은 이런 성과를 발판 삼아 조용히 제네바 본부로 옮겨갈 기회를 엿보기 시작했다. 좀 더 큰 조직에서 일하고 싶은 마음이 컸지만, 한상태와의 관계에서 받는 스트레스로부터 벗어나고 싶은 마음도 적지 않았던 것 같다. 마침 1993년 1월 WHO 사무총장 연임에 성공한 나카지마가 새롭게 구상 중인 프로그램을 맡을 적임자를 찾고 있었다.

나카지마는 WHO의 예방접종 활동을 '글로벌 백신 프로그램 (Global Programme on Vaccines)'이라는 단일 프로그램으로 새

이종욱 평전

롭게 조직하는 중이었다. 이 프로그램은 몇 년 전에 시작했던 '어린이 백신사업(Children's Vaccine Initiative)'을 보완하기 위한 것으로, WHO와 유니세프, 유엔개발계획(UNDP), 세계은행, 록펠러 재단 등이 업계와 함께 세계적 백신 수요에 대응하는 데 목적이 있었다.

이 새로운 계획에는 국장급 한 사람이 필요했다. WHO 프로그램과 여러 기관이 참여하는 사업의 사무국을 함께 책임지기 위해서였다. 관련된 기관과 단체들의 목적은 인류를 위하는 것에서부터 이윤을 극대화하는 것에 이르기까지 스펙트럼이 다양했다. 그 때문에 업무를 총괄할 국장은 지도력도 강하고, 문제를 다양한 관점에서 볼 수 있을 만큼 유연해야 했다. 아울러 동서양 기부자들의 신뢰를 얻을 수 있는 사람이어야 했다. 그야말로 수많은 사람과 돈을 관리하는 권한을 가진 자리였기 때문이다.

종욱은 바로 그 자리를 원했다. 그동안 나카지마와도 좋은 관계를 유지해왔던 터였다. 종욱은 처음 남태평양지역사무소 한센병 자문관으로 들어올 때처럼 나카지마에게 자신이 왜 이 일에 적임자인지 설명할 기회를 잡기 위해 노력했다. 얼마 후 제네바를 다녀온 종욱이 레이코에게 마닐라를 떠나겠다고 말했다. 다시 레이코의 회고다.

1994년 4월 이전이었던 것 같아요. 어느 날 제네바 출장에서 돌아온 그가 이제 제네바에서 일하게 됐다고 말하더군요. 나카지마 사무총장이 그를 그곳으로 불렀다면서요. 저는 충호가 졸업을 하려면 1년이 더 남았기 때문에, 그동안 마닐라에서 머물겠다고 했죠. 종욱은 제네바에서 혼자 살아도 괜찮다고 했어요. 오히려 그는 더 행복해 보였어요. 그는 곧 필요한 것들을 챙겨서 마닐라를 떠났습니다.

이종욱 평전

제네바
"나는 이미
여기 와 있소"

스위스 제네바 1201번지. WHO 본부 건물이 넓고 푸른 레만호 (Lac Léman)가 내려다보이는 곳에 세워져 있다. 저 멀리 만년설에 뒤덮인 알프스산맥의 최고봉 '몽블랑(Mont Blanc)'이 아스라이 보인다.

필리핀 마닐라에서 홀로 이곳에 온 종욱은 제네바 시내 호텔을 임시 거처로 삼다가 스위스와 국경을 맞대고 있는 바로 옆 프랑스 지역의 한 호텔로 옮겼다. 제네바는 집값이 너무 비싸 마땅한 거처를 찾기 힘들었다. 다시 얼마 후 프랑스 쥐라산맥(Jura Mts) 기슭의 작은 아파트를 하나 얻었다. 그리고 평소 그렇게 갖고 싶었던 빨간색 볼보 승용차를 한 대 샀다.

종욱이 WHO에서 새로 맡은 직책은 국제 백신·면역 프로그램 (Global Programme Vaccines and Immunization, GPVI) 국장 역할과 어린이 백신사업(Children's Vaccine Initiative, CVI) 사무국까지 책임지는 총괄국장이었다. 무척 막중하고 중차대한 업무를 총괄하는 자리인 만큼 그 역시 부담이 클 수밖에 없었다.

더욱이 WHO 안팎에서 의외의 인사라는 평가가 적지 않았다. 적임자로 거론되던 후보도 아닌 데다 서태평양 이외의 지역에서는 잘 알려진 인물도 아니었기 때문이었다. 이를 의식한 듯 종욱은 임명된 지 얼마 지나지 않아 해당 팀 직원 전체 회의를 열었다. 회의 장소는 본부 건물 2층 M205호실. 종욱은 자리에 앉자마자 툭 하고 한마디 던졌다.

"여러분들이 좋든 싫든 나는 이미 여기에 와 있소."

순간, 잠시 정적이 흘렀다. 직원들은 이게 농담인지, 아니면 경고인지 모르니 어떻게 반응해야 할지 몰랐다. 그러다 종욱의 말이 농담이라는 걸 깨달은 직원들의 얼굴에 서서히 미소가 번졌다. 잔뜩 긴장되고 얼어 있던 분위기가 금세 풀어졌다.

종욱이 제네바에서 일을 시작한 1994년 5월부터 12년간 개인 비서를 했던 도린 반더발(Dorine Da Re-Van Der Wal)은 훗날 당시 상황을 이렇게 회고했다.

상당히 규모가 큰 부서였습니다. (종욱의 임명에) 직원들은 다들 스트레스를 좀 받는 상황이었어요. 왜냐면 직원 중에 그를 아는 사람이 거의 없었거든요. 첫 회의에서 결국 분위기가 좋아져서 사람들이 웃기 시작했죠. 그날 그분은 자신이 어떤 사람인지 매우 명확하게 보여줬어요. 그리고 이곳에서, 이 부서를 위해 대단히 헌신적으로 일할 사람이라는 걸 모두가 알았죠.

이종욱 평전

나카지마가 종욱을 선택한 이유는 뭘까. 1993년 사무총장 재임에 성공한 나카지마는 당시 조직과 프로그램 개혁을 추진하라는 정치적 압박을 받았다. 특히 백신 예방접종 분야가 가장 시급하다고 지적하는 목소리가 컸다.

나카지마는 브라질 출신인 시로 데 쿠아드로스(Ciro de Quadros)를 초빙해 WHO 백신사업에 대한 정밀한 구조조정안을 부탁했다. WHO 아메리카지역사무처이기도 한 범미보건기구(PAHO)의 고위 관리였던 데 쿠아드로스는 아메리카 대륙에서 소아마비 퇴치 활동을 성공적으로 이끌면서 최상의 개혁안을 내놓을 인물로 평가받았다. 그는 이질적이던 예방접종 활동의 틀을 새로 짜야 한다고 생각했다. 그러기 위해서는 본부와 6개 지역사무처의 활동을 일원화해 관리할 독립부서가 있어야 하며, 부서명을 '국제 백신·면역 프로그램'으로 하고 광범위한 권한을 가진 국장을 둬야 한다고 권고했다.

그 무렵 나카지마가 상당한 관심과 열의를 보였던 어린이 백신사업 분야에도 강력한 리더십을 가진 사무국장이 절실히 필요했다.

WHO와 세계은행, 유니세프, 유엔개발계획, 록펠러재단 등이 1990년 8월 함께 시작한 어린이 백신사업은 "열에도 안정적이고 비용도 저렴하며 경구 투여가 가능해 어린이를 다양한 질병으로부터 보호할 수 있는 백신을 만드는 것"이 주목적이었다. 백신은 대부분 열에 민감해 생산부터 투약까지 전 과정이 콜드체인, 즉 냉장 보관·운반 시스템이 갖춰져야 해 백신값보다 운송비가 더 비쌌다. 이 때문에 그동안 개발도상국에 백신을 보급하기가 어려웠다. 그런데 사업 참여기관들이 백신 연구나 생산, 보급 중 어떤 것을 우선순위로 삼아야 하는지에 대해 수 년 동안 기본적인 합의조차 이루지 못하고 있었다.

저간의 사정을 잘 아는 데 쿠아드로스는 국제 백신·면역 프로그램과 어린이 백신사업의 책임을 한 사람에게 맡기는 것이 좋겠다고 제안했다. 어쩌면 이 개혁안을 가장 잘 이끌 인물은 바로 데 쿠아드로스 자신이었을지도 모르지만, 그는 작업을 마무리하면서 그 자리를 맡지 않겠다는 의사를 분명히 했다.

유니세프와 유엔개발계획은 마땅한 인물을 찾던 나카지마에게 미국의 과학자인 마크 라포스를 추천했고, 다른 기관에선 어린이 백신사업 운영자문위원회 의장이던 라마찬드란이 좋겠다고 했다. 한동안 결론을 내리지 못하던 나카지마는 어느 날 갑자기 뜻밖에도 종욱을 지명했다. 이를 두고 윌리엄 뮤라스킨(William Muraskin)은 "WHO와 나카지마 자신에게 충직한 사람을 두 프로그램을 책임질 국장에 앉힘으로써 마침내 사업을 장악할 초석을 마련하면서 어린이 백신사업 상임위원회를 완전히 압도해버렸다"고 평가했다.

사실 종욱이 데 쿠아드로스에 비해 경험이나 성과 면에서 부족

이종욱 평전

WHO 본부 국제 백신·면역 프로그램 및 어린이 백신사업 사무국 총괄국장 시절의 종욱.

한 게 없었다. 그는 서태평양지역에서 한센병 치료 및 관리뿐만
아니라 짧은 기간에 소아마비 퇴치를 성공적으로 이끌었고, 홍역
과 B형 간염 백신 예방접종 프로그램 확대에도 상당한 성과를 거
뒀다.

또 서태평양지역 질병관리국장으로서의 경험은 데 쿠아드로스
가 제안한 본부와 지역사무처의 활동을 일원화해 관리하는 역할
을 맡기에 모자람이 없었다. 여기에 종욱의 강력한 업무 추진력과
용인술은 나카지마 역시 익히 잘 알고 있었다. 이 정도면 나카지
마가 종욱을 선택한 이유로 충분하지 않을까.

새로운 일을 시작한 종욱은 마닐라에서처럼 먼저 함께 일할 사
람부터 찾았다. 종욱과 함께 일해봤거나 그를 평소 잘 아는 사람들
은 그가 직관력이 아주 뛰어난 사람이라고 평가했다. 그만큼 사람
의 장단점을 잘 파악하고, 남들보다 빨리 평가하는 능력이 있었다.

종욱이 영입한 첫 번째 인물은 미생물 생화학자이자 전염병학
자로 영국 제약회사와 미국 보건복지부에서 일한 경험이 있는
로이 위더스(Roy Widdus)였다. 그는 1988년부터 1991년까지
WHO 국제 프로그램 중 에이즈 부문 담당자 및 관련 부서장을
맡았을 때 종욱과 함께 일한 인연이 있었다. 당시 에이즈 부문은
서태평양지역사무처에 소속돼 있었다.

종욱은 그에게 어린이 백신사업 사무국 자문역을 맡기고, 사
업 참여기관 간 관계를 원활하게 하고 의견 차이를 극복할 수 있

이종욱 평전

는 방안을 마련하는 역할을 주문했다. 종욱은 그의 지원을 바탕으로 백신 '보급'을 최우선 순위로 정하고, 히브(Hib : 뇌수막염, b형 헤모필루스 인플루엔자) 백신을 개발도상국에 보급하는 데 주력했다. 새롭게 개발한 히브 백신 덕분에 선진국에서는 뇌수막염이 거의 퇴치됐지만, 아프리카와 남미, 아시아 지역 개발도상국에는 그동안 백신 보급 자체가 되지 않았다.

종욱이 시작한 히브 백신 보급사업은 국제 보건의료계에 시사하는 바가 컸다. 서태평양지역사무처에서 예방접종 확대 프로그램(EPI) 책임자로 일했던 디오르디차의 회고다.

선진국에서는 여러 백신이 사용 가능했지만, 개발도상국에서는 그러지 못했거든요. 이 (히브 보급) 사업의 핵심은 사실 선진국에서 사용하는 백신을 개발도상국에서도 사용하자는 것이었죠. 선진국과 개발도상국 간 백신 사용의 불평등에 대해 생각해보자는 최초의 시도라는 걸 주목할 필요가 있어요. 이후 국제 예방접종 연합기구 등 여러 기관이 합류해 적극적으로 지원에 나서면서 개발도상국에 수많은 새로운 백신을 보급할 수 있게 됐거든요. 예를 들어 디프테리아와 백일해, 파상풍, 풍진, 간염, 혈우병, 뇌수막염 등으로부터 보호해주는 5가 혼합백신의 경우 예전엔 오직 선진국에서만 사용했었죠. 하지만 이젠 대부분의 국가에서 사용하고 있습니다.

종욱은 또 다른 프로그램을 이끌어줄 사람을 찾아야 했다. 국제 백신·면역 프로그램 국장으로서 가장 시급히 해결해야 할 과제는 백신 예방접종 확대 계획을 세우는 것이었는데, 그 적임자가 필요했다.

종욱은 WHO 사무총장보였던 랠프 핸더슨(Ralph Handerson)과 진지한 협의 끝에 덴마크 국제개발기구(DANIDA)의 비요른 멜고르가 적임자라는 결론을 내렸다. 멜고르는 처음에 그 자리를 맡기를 거부했다. 덴마크 국제개발기구 직원으로 아프리카와 아시아에서 근무하는 동안 WHO의 활동을 탐탁지 않게 여겼던 것이다.

종욱은 일단 제네바에 와서 일주일 동안 지내며 어떤 일을 하게 될지 직접 보라고 설득했다. 얼마 후 멜고르는 결국 종욱이 제의한 자리를 받아들였다. 이유는 두 가지였다. 하나는 종욱과 함께 일하고 싶은 마음이 생긴 것이고, 또 하나는 예방접종 확대 프로그램이 WHO에서 제대로 운영되는 몇 안 되는 프로그램 중 하나였기 때문이었다. 멜고르가 보기에 종욱은 자잘한 일들을 다 챙기지는 않는 '불간섭주의형 관리자'였고, 이런 점이 맘에 들었다. 훗날 그의 회고다.

저는 그의 스타일을 좋아했어요. 그는 노련한 고위직들에게 재량권을 많이 줘 편하게 일할 수 있도록 해줬죠. 우리가 문제를 제

이종욱 평전

기하면 그는 언제나 흔쾌히 논의에 참여했어요. 우리는 그가 주요 기획이나 예산 문제에 더 적극적으로 관심 갖기를 바랐지만, 그는 그런 데엔 별로 관심이 없었던 것 같아요. 기부단체나 협력기관과의 관계 같은 대외 활동에 더 열심이었죠.

멜고르는 예방접종 분야에서 소아마비를 퇴치하는 데 집중했다. 특히 각 지역사무처 차원에서 진행하던 활동을 본부 차원으로 끌어올려 지원을 강화하기 위해 새로운 인력 보강에 나섰다. 그가 영입한 인물은 WHO 소아마비 예방접종 캠페인의 고문으로 이집트와 캄보디아, 타지키스탄, 쿠르디스탄 등 주로 제3세계 지역에서 수년간 근무한 캐나다 출신 의사 브루스 에일워드(Bruce Aylward)였다. 당시 30대 중반의 에일워드는 젊고 활력이 넘치면서도 경험이 많았다.

사무실은 항상 시끌벅적했다. 개방형 사무실인 데다 대화와 소통이 어느 조직보다 활발했다. 물론 최고책임자인 종욱의 사무실은 독립된 공간으로 마련돼 있었다. 종욱은 자신의 사무실을 오가다 직원들의 대화에 참여하는 경우가 많았다. 고위급부터 하위 직급까지 차이를 두지 않고 모든 직원과 격의 없이 소통했다. 항상 웃는 모습에 위트와 열정이 넘쳤다. 그런데 간혹 문화적 차이나 소통 방식 때문에 사소한 문제가 불거지는 경우가 있었다.

하루는 한 직원이 종욱의 사무실로 찾아가 한국 식당을 추천해

달라고 했다. 그러자 종욱의 표정이 갑자기 잔뜩 굳어졌다. 자리에서 일어난 그가 차갑게 되물었다.

"왜 나한테 그런 걸 물어보나요?"

종욱은 공(公)과 사(私)의 구분이 분명했다. 직원들과 소통은 격의 없었지만, 항상 일정한 거리를 뒀다. '불가근불가원(不可近不可遠)'의 관계를 유지했던 것이다. 그런 종욱에게 공적인 공간인 사무실에서 사적인 질문도 문제였지만, 지나치게 가까워지려는 속내를 드러낸 건 큰 실수였다. 다시 개인비서였던 도린 반더발의 회고다.

그가 직원들에게 진정으로 원했던 건 바로 충실성이었어요. 어떤 일도 본인 몰래 하는 걸 싫어했어요. 투명하지 못한 방식으로 마무리한 일은 그 성과를 인정해줄 수 없다는 점을 분명히 했죠. 그 대신 새로운 일을 원하거나 다른 곳으로 이동을 원하면 도와줄 테니 언제든지 찾아오라고 했어요. 돌이켜보면 그는 함께 일하는 사람들에게 진정한 동기를 부여하는 방법을 아셨던 것 같아요.

직원들은 애로사항을 호소하면 소리 소문 없이 해결해주는 종욱의 일 처리 방식 때문에도 그를 신뢰했다. 한번은 소아마비 퇴치 프로그램을 맡은 에일워드가 사무실로 종욱을 찾아간 적이 있다. 의사결정 과정에서 미국 질병관리본부에서 파견한 특별자문위원 격의 사람과 마찰 때문에 3개월째 아무런 결론도 내리지 못한 채 일이 지지부진한 상태였다.

종욱은 구두를 신은 채 책상에 두 발을 올려놓고 신문을 읽고 있었다. 한국 신문이었다. 벽에 걸린 시계는 오전 11시를 가리켰다. 에일워드는 그의 맞은편에 앉아 자초지종을 설명하고 의견을 물었다.

"이래 가지곤 아무것도 안 될 것 같은데 어떻게 생각하십니까?"

그러자 종욱은 보던 신문을 약간 젖히더니 그 너머로 좀 더 이야기를 해보라는 눈짓을 보냈다. 에일워드가 좀 더 설명하자 종욱은 짧게 한마디 했다.

"전쟁터에선 적을 살려주는 게 아니죠."

그러더니 종욱의 시선은 다시 신문으로 향했다. 에일워드는 잠시 멍하니 앉아 있다가 자리에서 일어나 나왔다. 그의 말이 도무지 무슨 의미인지 이해하기 어려웠다. 그런데 몇 주 후 미국 질병관리본부에서 파견 나왔던 사람이 잘리고 나서야 그 말의 의미와 그의 진면목을 알 수 있었다. 종욱은 직원들의 이야기에 항상 귀를 기울였고, 그들의 이야기가 옳다고 생각하면 어떤 식으로든 해결해주는 스타일이었다. 훗날 에일워드는 종욱에 대해 이렇게 회고했다.

그는 엄청난 악전고투 끝에 치고 올라간 극히 드문 경우였어요. 딱히 적임자라 할 수도 없고, 뛰어난 관리자라고 알려진 것도 아니었고, 지도자로서 인정을 받은 것도 아니었고, 특별히 카리스마가 있는 인물도 아니었는데 말이지요. 그는 특정 프로그램의 세부 사항에까지 파고든 적이 없는 것 같아요. 하지만 그런 면들 때문에 그가 작아 보이는 건 아니었어요. 오히려 그가 얼마나 놀라운 인물인지를 알 수 있게 해줬지요. 그러면서도 '이 일엔 내가 적임자야'라는 자신감이 드러나 보였으니까요.

이후 WHO 본부 차원에서 확대해나간 소아마비 퇴치 프로그램은 개발도상국을 중심으로 큰 성과를 거두기 시작했다. 그 결과 1994년 서유럽에 이어 2000년 서태평양지역에서 소아마비 퇴치를 공식 선언하기에 이른다.

세계적인 과학 전문지인 〈사이언티픽 아메리칸〉지는 1995년 1월호에서 '예방의학의 동향'이라는 특집 기사를 통해 어린이 백신사업을 포함해 다양한 백신 개발 실태 및 성과 등에 대해 집중적으로 다뤘다. 종욱에게 '백신의 황제(Vaccine Czar)'라는 칭호를 처음 붙인 게 이 기사인데, 사실은 종욱이 이룬 성과를 평가했다기보다는 그가 맡은 자리의 위상을 표현한 것이었다. 해당 기사 내용 중 일부다.

이종욱 평전

종욱은 1996년 5월 22일 국제로터리로부터 1580만 달러의 기금을 유치해 소아마비 퇴치사업을 확대하는 데 크게 기여했다. 당시 사무총장은 나카지마(오른쪽 두 번째)였다.

1997년 10월 종욱은 소아마비 퇴치 프로그램을 알리기 위해 유명 테니스 선수인 마르티나 힝기스(Martina Hingis, 오른쪽 두 번째)를 홍보대사로 임명했다. 그해 여자테니스 부문 세계 1위에 오른 힝기스는 에티오피아의 소아마비 퇴치를 위해 7만5000달러를 기부했다.

어린이 백신사업의 역할에 대한 참여기관 간의 의견 차이가 심해지다 지난 8월 마침내 해결됐다. 참여기관들은 어린이 백신사업이 WHO의 신규 프로그램을 감독하는 동일한 위원회의 조언을 따르는 데 동의했고, 이로써 이 사업을 하나의 명령체계하에 효과적으로 둘 수 있게 됐다. 이종욱은 어린이 백신사업 사무국장으로 다시 임명됐고, 이를 계기로 거의 세계적인 백신의 황제로 자리 잡았다.

실제 소탈하고 권위적이지 않은 종욱의 평소 언행과 성향을 감안하면, 매우 봉건적이면서 독재자와 같은 부정적인 뉘앙스를 담고 있는 '황제'라는 표현은 그에게 전혀 어울리지 않는 것이었다. 종욱과 가깝거나 함께 일했던 사람들 역시 "너무 센 표현"이라거나 "업적은 훌륭했지만 그런 호칭에 동의하기는 어렵다"고 했다.

하지만 이후 국내외 언론에서는 종욱에게 '백신의 황제'라는 호칭을 사용하는 데 주저하지 않았다. 그가 생전이나 사후 저세상에서 어떻게 받아들일지 별다른 고민 없이 말이다.

제네바에서 종욱의 업무 외 일상생활은 지나칠 정도로 소박하고 평범했다. 결혼한 이후 처음으로 가족과 떨어져 혼자 살게 된 그는 가까운 친구나 주변 사람들을 집으로 자주 초대했다.

날씨가 화창한 주말엔 인근 포도농장이나 크고 작은 호수를 따라 이어진 좁은 길을 따라 자전거를 타고, 겨울엔 가까운 스키장을 찾아 스키를 즐겼다.

그 시절, 한국 정부(보건복지부)에서 WHO로 파견 나온 파견관 (국장급) 엄영진이 종욱과 자주 어울렸던 친구 중 한 명이었다. 파견 기간이 1994년 3월부터니 종욱이 마닐라에서 제네바로 옮긴 시기와 비슷했다. 나이는 엄영진이 한 살 많았지만, 첫 대학 입학 연도가 1964년으로 같았고, 대학 동문이라는 점도 서로에게 금세 친근감을 느끼게 했다. 엄영진은 서울대 사회학과 64학번, 종욱은 한양대 건축공학과 64학번, 서울대 의대 70학번이었다.

두 사람 모두 대학 입시를 앞둔 자녀들 때문에 아내와 떨어져 '독수공방'을 한다는 점도 같았다. 종욱의 아내 레이코는 마닐라에, 엄영진의 아내는 서울에 있다는 점만 달랐다. 비슷한 처지인 두 사람은 자주 만났다. 서로의 집으로 놀러 가고, 주말이면 함께 융프라우, 루체른 등 가까운 관광지에 짧은 여행을 다녀오기도 했다. 그러다 보니 이런저런 해프닝과 에피소드가 많았다.

한번은 융프라우 인근에 사는 한 부부로부터 두 사람이 함께 저녁 식사 초대를 받은 적이 있었다. 시외로 나갈 때면 종욱은 어김없이 자신의 빨간색 볼보 승용차를 끌고 왔다. 제네바 시내를 벗어나 한참을 달렸을까. 자꾸 이상하고 좁은 길로 들어서는 게 뭔가 이상했다. 엄영진은 불안해지기 시작했다.

"이거 외딴 길 아냐? 아무리 봐도 잘못 온 것 같아."

종욱은 쉽게 인정하지 않았다.

"아냐. 이 길 맞아. 믿어 봐."

하지만 얼마 지나지 않아 '진입 금지' 표지판이 나타났다. 막다른 길이었던 것. 차를 돌릴 공간조차 없어 한참을 후진으로 나와야 했다. 시간이 너무 지체돼 두 사람은 결국 이날 초대받은 저녁 식사 자리에 가지 못했다. 자주 있었던 일은 아니지만, 일상생활 속에서 그의 고집스러움은 가끔 이처럼 막다른 상황과 맞닥뜨리곤 했다.

하루는 종욱이 고등어를 사 들고 엄영진의 집으로 왔다. 한번 구워 먹어보자는 것이었다. 50대 초반의 두 사람 모두 고등어든 뭐든 그때까지 한 번도 생선을 구워본 적이 없었다. 이번에도 도전과 모험심 강한 종욱이 나섰다.

"이거 간단하지 않나? 고등어를 토막 내서 소금을 뿌리고 전자 레인지에 넣고 구우면 될 것 같은데."

"그래? 그럼 한번 해봐."

잠시 후 집안은 온통 난리가 났다. 고등어 기름에 불이 붙어서 고등어는 물론 전자레인지까지 온통 다 타버렸다. 고등어는 맛도 못 보고, 온 집안에 고등어 탄 냄새만 가득 뱄다. 굽는 방법을 잘 몰랐던 데다 온도 조절에 실패한 탓이었다.

얼마 후 한 사람이 더 합류했다. 서울대 의대 교수 겸 한국의료관리연구원장이었던 신영수로, 두 사람과 오래전부터 알고 지내던 사이였다. 1943년생인 신영수는 종욱보다 두 살 위였지만 서울대 의대 학번으로는 7년이나 선배였다. 종욱이 서울대 의대에 입학했던 1970년 당시 학과 조교가 바로 그였다. 엄영진은 보건복지부 사무관 때부터 그와 가깝게 지내왔다.

두 사람에게 스키를 가르쳐준 사람도 바로 신영수였다. 그는 1995년 5월 WHO 집행이사국으로 진출한 우리나라를 대표하는 집행이사(1995~1998)를 맡으면서 제네바에 오가는 일이 많았다. 스위스에 겨울이 찾아오면 세 사람은 주말마다 이곳저곳 유명한 스키장을 자주 찾아다녔다. 평소에는 종욱과 엄영진 두 사람이 다니다가 신영수가 제네바에 오면 합류하는 식이었다.

그사이 마닐라에 있던 충호가 미국에 있는 대학에 진학하면서 레이코는 마닐라 집을 정리하고 제네바로 왔다. 충호가 입학한 대학은 미국 뉴저지주에 있는 작은 대학이었다. 종욱은 아들의 선택이 만족스럽지 않았지만, 그렇다고 지원을 아끼지는 않았다. 충호는 대학 4년을 마친 후 전공을 변경해 미국 명문대인 컬럼비아대 전기공학과를 거쳐 코넬대에서 박사학위까지 받으면서 종욱의 기대에 부응했다.

종욱과 레이코는 그만큼 오랜 기간 아들의 학비를 지원하기 위해 돈을 아껴 써야 했다. 급여가 적지는 않았지만 WHO로부터 집세든 자녀 학비든 별도로 지원받는 게 전혀 없었기에 경제적으로 그다지 여유가 있는 것이 아니었다. 종욱이 혼자 살던 집을 정리하고 제네바에서 30~40분 거리의 작은 도시인 니옹(Nyon)으로 이사한 것도 이런 사정과 무관치 않았다. 니옹 집은 7층 규모의 아담한 아파트로, 종욱 부부는 5층에 살았다.

언제나처럼 출장이 잦았던 종욱은 레이코가 스위스로 오면서 생활이 많이 안정됐다. 당장 제대로 할 줄도 모르는 요리에 도전하지 않아도 됐을 뿐만 아니라, 평소 좋아하는 음식을 마음껏 먹을 수 있어서였다. 레이코의 회고다.

종욱은 맛있는 음식을 먹는 걸 무척 좋아했어요. 제가 만들어주는 '핸드롤 스시'를 먹을 때면 너무 행복해 춤을 추다시피 했죠. 다행히도 핸드롤 스시는 제가 준비할 수 있는 가장 쉬운 음식이었어요.

종욱은 주말이면 레이코와 함께 스위스와 프랑스의 오래된 마을 성당(교회)과 포도농장 등을 찾아다니며 호젓한 시간을 보냈다. 두 사람은 짧은 여행과 모임에서 와인에 대해 많은 것을 배웠고, 조금씩 즐겨 마시기 시작했다. 주변에 와인에 관심 있는 사람이 많았다.

여행을 마치고 집으로 돌아갈 때면 레이코는 다시 기분이 울적해졌다. 이곳에서 새로 시작한 프랑스어 수업을 받는 날을 제외하고는 집에서 외롭게 혼자 지내는 날이 많았기 때문이다. 아들을 미국으로 떠나보낸 이후에는 뭔가 의미 있는 일을 찾기 힘든 이유도 있었다.

이종욱 평전

고난의 세월
그리고 다시 찾아온 기회

1998년은 WHO 사무총장 선거가 있는 해였다. 그동안 사무총장은 무기한 연임이 가능했지만, 새로운 규약이 도입되면서 한 번만 재임할 수 있도록 바뀌었다. 임기가 5년이니 최대 10년까지만 가능해진 것이다. 1988년 선출된 나카지마의 임기는 1998년까지였다. 재임 중 규정이 바뀌었으니 다시 도전할 수 있었지만, 그는 그만큼 지지를 받지는 못했다.

나카지마의 임기가 끝나가자 종욱은 자신이 그 자리를 대신할 수 있을지 따져봤다. 사실 종욱은 WHO 제네바 본부로 오면서부터 사무총장에 출마할 뜻이 있었다. 1996년 WHO 파견관에서 제네바 주재 한국대표부의 보건복지관으로 자리를 옮긴 엄영진이 서태평양지역 제네바 주재 보건(복지)관 모임을 만든 것도 그 일환이었다.

선거를 앞두고 종욱은 유럽과 북미 국가를 중심으로 열린 후보자 선출 회의에서 9명의 후보군 중 한 명으로 거명됐고, 미국은 4명 중 한 명으로 꼽는 데 동의했다. 하지만 선거가 임박해지자 노르웨이 총리 출신인 그로 할렘 브룬틀란(Gro Harlem Brundtland)이 압도적 지지를 받는 분위기였다. 결국 종욱은 공식 선거에 들어가기 전에 출마를 포기하고, 한국 정부에 그녀를 지지해달라고 요청했다. 브룬틀란은 예상대로 무난히 사무총장에 선출됐다.

브룬틀란 신임 사무총장은 1998년 7월 종욱을 사무총장 선임 정책자문관(Senior Policy Adviser to the Director-General) 중의 한 명으로 임명했다. 사무총장과 더 가까운 자리로 승진시켰으니 자신의 지지에 대한 보답 차원의 인사처럼 보였다. 하지만 실질적인 권한은 별로 없고, 쓸 수 있는 예산과 직원도 없었다. 전임 사무총장의 그림자를 지우고 싶은 신임 사무총장으로서는 어쩌면 당연한 인사였다.

종욱이 맡았던 국제 백신·면역 프로그램 국장 자리는 멜고르에게 넘어갔다. 사업 이름도 '세계백신면역연합(Global Alliance for Vaccines and Immunization, GAVI)'으로 바뀌었다. 기존 프로그램을 비판하고 개혁하는 차원에서 변화를 시도하는 것이었으니, 종욱은 논의 과정에서 철저히 배제될 수밖에 없었다.

그렇게 1년 3개월이 흐른 뒤인 1999년 10월, 종욱에게 다른 업무와 직함이 주어졌다. WHO 정보통신 시스템을 종합 점검·감독하는 사무총장 특별대표(Special Representative of the Director-General)였는데, 종욱이 그동안 해왔던 경험이나 전공과는 거리가 먼 업무였다. 이때가 종욱에게는 인생 최대의 위기이자 암흑기였다. '아침이 밝기 전 새벽이 가장 어둡다'고 했던가. 하루에도 수백 통씩 쏟아졌던 이메일도 점점 줄더니 하루에 두어 통밖에 오지 않을 정도였다. 당시 제네바 주재 한국대표부 보건참사관 문창진은 종욱이 처한 암담한 상황을 먼 훗날까지 생생히 기억했다.

조그마한 방 하나에 비서도 없이 혼자 독서하고, 업무 처리하고, 이메일 확인하고 그러시더라고요. 특별히 임무라는 게 거의 없었죠. 국제백신국장은 요직 중의 요직이었는데, 갑자기 무보직으로 발령이 난 셈이었죠. 상황이 좀 참담했어요. 본인은 얼마나 충격이 컸겠습니까. 휘하에 직원이 아무도 없으니까 같이 점심 식사할 사람도 없었어요. 그래서 약속이 없을 때면 저와 WHO에 파견 나와 있던 보건복지부 과장, 이렇게 셋이서 함께 식사하는 날이 많았죠. 절치부심하면서, 그래도 잘 버티셨던 것 같아요.

브룬틀란의 당선에 일조했던 한국 정부도 이런 상황에 대해 불만이 많았다. 제네바 한국대표부를 통해 여러 차례 강하게 이의를 제기하자, 브룬틀란은 뒤늦게 결핵사업을 총괄하는 '사무총장 특별대표 겸 결핵퇴치사업국장(Special Representative of the Director-General & Director Stop TB)' 자리에 그를 앉혔다. 전쟁터로 치면 최후방에서 최전선으로 복귀한 셈이었다. 그때가 2000년 12월이었다.

결핵퇴치사업국장은 여러 가지로 큰 의미가 있는 자리였다. 18~19세기에 발견돼 한동안 유행했던 결핵은 예방 백신과 다양한 치료제가 개발돼 사라지는 듯했다. 하지만 1990년대에 전 세계적으로 연간 800만 건의 결핵 환자가 발생하고, 이 가운데 300만 명이 사망할 정도로 공중보건에 큰 위협으로 재등장했다.

큰 충격을 받은 국제사회는 1991년 WHO 세계보건총회를 통해 2000년까지 결핵 사례 발견율을 85%까지 끌어올린다는 결의안을 채택했다. 이를 위해 마련한 것이 바로 '직접관찰 치료전략(Directly Observed Therapy-Short Course, DOTS)'이었다.

국제 결핵 프로그램 국장이었던 일본인 고치 아라타(Kochi Arata)가 만든 이 전략은 결핵 억제를 위해 일하다 세상을 떠난 체코 의사 카렐 스티블로의 업적을 바탕으로 다섯 가지 요소로 구성됐다. 1) 정부의 약속, 2) 가래 현미경 검사를 이용한 진단, 3) 적절한 사례 관리와 직접 관찰에 따른 표준 단기 치료, 4) 신뢰할 만한 약품 공급체계, 5) 진행 상황을 모니터할 보고 및 기록 체계 등이었다.

하지만 이 전략은 오랜 기간 실행에 옮겨지지 못했다. 그러다 1998년 3월 런던에서 소집된 WHO 임시위원회에서 비정부기구와 기업, 정부, 기부자 등의 노력을 한데 모으자는 이른바 '런던

선언'이 채택됐다. 브룬틀란의 최우선 목표는 바로 이 '런던 선언'
을 서둘러 이행하는 것이었다.

브룬틀란은 이를 위해 국제 결핵 프로그램을 해체하고 '결핵
퇴치사업(Stop TB Initiative)'이라는 새로운 다자기구로 대체했다.
이 기구에는 WHO, 세계은행, 유니세프 같은 국제기구를 위시해
비용을 많이 부담하는 국가들의 대표, 국제 항결핵 및 폐질환 연
합(IUATLD) 같은 전문기구, 네덜란드 왕립 결핵연구소, 그리고
미국의 질병관리본부 등이 참여했다. 그리고 2000년 3월 네덜란
드 암스테르담에서 열린 결핵에 관한 각료회의에서 직접관찰 치
료전략을 확대할 각국 및 국제 협력체를 구성하고, 2005년까지
70%의 발견율과 85%의 치료율이라는 목표를 달성하기 위해 한
해 12억 달러의 예산을 조달하기로 합의했다.

그런데 문제는 결핵 퇴치사업 주체들 사이에 해결하지 못한 문
제들이 적지 않았다는 것이다. 심지어 글로벌약품조달기구 사무
국을 WHO 본부에 둘 것인지, 다른 곳에 둘 것인지조차 합의하지
못한 상태였다. 종욱이 어린이 백신사업을 맡았을 때와 상황이 비
슷했다.

더욱이 결핵사업에 대한 경험이 전혀 없는 종욱이 고치를 대신
한다는 소식에 내부 직원들의 반발이 적지 않았다. 네팔의 한 비
정부기구와 결핵 통제 일을 하다가 WHO 제네바 본부로 온 영국
인 의사 이언 스미스(Ian Smith)의 훗날 회고다.

11월 29일 우리는 상당히 이례적으로(적어도 나와 결핵 퇴치사업의 동료들에겐 그랬다) 사무총장의 이메일을 받았습니다. 고치가 인체면역결핍바이러스·에이즈(HIV·AIDS) 부문으로 옮겨가고 이종욱이 결핵사업을 맡게 됐다는 소식이었죠. 하지만 그가 무엇을 하게 될 것인지는 분명치 않았어요. 결핵 부문은 아직 하나의 부서로 존재하지 않아서 그가 결핵국장에 임명된 것은 아니었던 까닭이었죠.

그날 우리는 복도에서 수군거리거나 여기저기서 걸려오는 전화를 받으며 남은 업무시간을 다 보냈어요. 당시 전염병 담당 총괄국장인 데이비드 헤이먼을 비롯한 결핵 부문 동료들과 회의를 하기도 했죠.

그러고 나서 며칠 동안 우리는 이종욱과 만나게 됐습니다. 우리들 대부분이 전에 그를 만난 적이 없었으며, 내 경우엔 들어본 적도 없었어요. 제 기억이 정확하다면, 그가 결핵 부문을 맡게 된 것을 두고 우려하는 사람들이 꽤 많았습니다. 그를 잘 모르던 사람은 결핵에 대해 너무나 잘 알고 전문적인 지식과 지도력을 인정받던 고치를 대신해 아무 경험도 없는 이종욱이 자리를 맡게 된 것을 몹시 걱정했어요.

복도에서는 심지어 그 결정을 뒤집거나 결핵 전문가가 그 자리를 맡아야 한다고 사무총장에게 전하고, 필요하다면 다른 참여기관들의 지원도 구해야 한다는 얘기까지 나올 정도였죠. 그런 의사

이종욱 평전

를 제휴기관들을 통해 사무총장에게 전달하려고 한 움직임도 있었어요. 그런 시도가 실제로 이뤄졌는지는 모르지만, 그런 식으로 우려를 표명한 사람들이 있었던 게 사실입니다.

우리들 중에 고위직들은 이종욱과 면담하기 위해 7층 그의 방으로 몇 번 올라갔습니다. 그때 그 방에 처음 가봤는데, 생각보다 수수했어요. 당시 우리는 그가 어떤 식으로 일하는지 잘 몰랐지만, 돌이켜보면 매우 전략적으로 일했던 것 같아요. 그는 기본적으로 "좋아요, 필요한 일이 뭔지 생각대로 얘기해봐요"라고 말하는 식이었어요. 그러면 우리는 며칠 동안 온갖 아이디어를 내놓았죠. 사실 그는 자신이 원하는 것을 아주 잘 알고 있으면서 우리가 같은 결론에 도달하기를 기다리고 있었고, 우리는 결국 그렇게 됐습니다.

결론은 결핵사업의 주체들을 한데 묶을 결핵 퇴치사업 부서를 만드는 것이었어요. 우리는 각종 조직도를 만들어 그에게 제출했죠. 그때 나는 그가 딱히 말을 하지 않으면서도 자신이 원하는 바를 남들이 하게 만드는 능력을 갖고 있다는 것을 알 수 있었죠.

하버드에 본부를 둔 비정부기구 '파트너스인헬스(Partners In Health, PIH)'의 공동 창립자이자 하버드대 교수인 김용은 같은 한국인이었지만, 그 역시 종욱에 대해 전혀 알지 못했다. 그가 종욱을 처음 만난 건 2001년 1월, 다제내성 결핵을 관리하기 위한

'DOTS 플러스' 회의가 열린 페루에서였다. 회의에 참석했던 참여기관 관계자들이 직전까지 정보통신 시스템 관리를 맡았고 결핵에 대해 아는 게 없는 백신 전문가라는 종욱에 대해 갖는 기대 수준은 매우 낮았다. 하지만 회의가 끝난 후 분위기는 완전히 반전됐다. 김용이 기억하는 그날의 이야기다.

그는 회의 기간 내내 가만히 팔짱을 끼고 앉아 사람들의 얘기를 아주 열심히 들었어요. 회의를 마칠 무렵, 우리는 그에게 한마디 해달라고 부탁했죠. 그는 먼저 농담으로 운을 떼는 특유의 화법으로 말했어요.
"음, 제가 WHO 회의에 많이 참석해봤지만 성공적으로 끝났다고 하지 않은 경우가 없었습니다. 그렇다면 이번 'DOTS 플러스' 회의는 특별히 더 성공적인 회의였다고 말하겠습니다."
그런 다음 그는 회의 결과를 요약했는데, 문제를 잘 이해하고 있으며, 우리의 노력에 힘을 보탤 것이라는 의지를 보여주는 식이었어요. 우리는 신임 결핵국장이 대단히 명민한 인물이며, 날카로운 유머 감각을 가졌다는 사실에 안도감을 느꼈죠.

종욱은 1945년생, 김용은 1959년생이니 두 사람은 열네 살이나 차이가 났다. 김용이 먼저 한국말로 깍듯하게 인사하면서 "한국식으로 사제지간처럼 지낼 수 있으면 영광이겠다"고 말하자,

이종욱 평전

브룬틀란(맨 오른쪽)과 함께 북한을 방문해 회의에 참석한 종욱.

브룬틀란은 북한에 6만 명분의 결핵 치료제를 제공하고, 향후 3년간 400여만 달러를 지원하기로 약속했다.

종욱은 존경의 뜻으로 고맙게 받아들였다. 이후 두 사람은 개인적으로 좋은 관계를 유지했고, 김용은 이듬해 레이코가 자원봉사 일을 찾고 있을 때 페루 리마 변두리의 빈민가에서 가난한 이들을 돕는 프로젝트에 동참할 수 있도록 주선해주기도 했다.

이 시기에 종욱은 정말 미친 듯이 일했다. 레이코는 그런 종욱을 "물 만난 물고기 같았다"고 기억했다. 그러면서 점점 레이코 혼자 저녁을 먹는 날이 많아졌다. 더 이상 무의미한 일상을 보내는 게 싫었던 레이코는 종욱과 상의 끝에 결국 2002년 1월 가난한 사람들을 돕기 위해 페루로 떠났다. 종욱은 더 일에 집중하고, 레이코는 좀 더 의미 있는 삶을 찾을 수 있다는 점에서 두 사람에겐 그게 최선의 선택이었다.

자신에 대한 조직 내부의 반발과 사업 참여기관들의 불안감을 어느 정도 해소한 종욱은 결핵 퇴치사업의 목표 달성을 위해 본격적으로 뛰어들었다. 우선 참여기관들이 이전부터 WHO에 대해 갖고 있던 두려움과 거부감을 풀어주는 것이 급선무였다. 이들은 WHO가 사업을 진행하면서 일방적으로 밀어붙일지 모른다고 우려했다.

마침 사업 주체들 사이의 관리구조를 결정하는 회의가 이탈리아 벨라지오에서 열렸다. 의견이 엇갈리는 부분이 많은 상황에서, 막대한 자금은 물론이고 사업 자체의 미래가 걸려 있는 중요한 회의였다. 이 때문에 논의가 어떤 식으로 흘러갈지 모두 초조한 마음으로 참석했다.

종욱은 중립적이고 존경받는 인물을 의장으로 내세워 회의를 진행하게 하고, 자신은 회의 내내 조용히 있었다. 종욱이 회의를 일방적으로 밀어붙이지 않는 모습에 참석자들이 경계심을 풀고 대화에 참여하자 회의는 놀랍도록 건설적인 방향으로 흘러갔다.

회의가 끝나고 이어진 저녁 식사 자리에 종욱이 갑자기 검은 나비넥타이에 턱시도 차림으로 나타나 서빙을 해 사람들을 놀라게 하기도 했다. 따분하거나 위선적인 인상을 주지 않고, 딱히 크게 양보하는 모습도 보이지 않으면서, 자신과 WHO가 봉사할 준비가 돼 있다는 것을 몸소 보여주려 했던 것이다. 덕분에 이 회의를 계기로 참여기관들 사이에 좀 더 효율적인 업무 관계가 형성될 수 있었다.

종욱은 DOTS 프로그램을 고안한 고치와는 사업을 진행하는 방향이나 시각이 완전히 달랐다. 사안을 한발 물러서서 객관적으로 보려고 노력했다. 한번은 종욱이 김용에게 참여기관 사람들과의 관계에 대해 고민을 토로한 적이 있다.

"내가 왜 이 사람들과 싸워야 하지? 왜 이렇게 사업을 편협하게 진행하고 있지? 함께 하자고 모두를 초대해 그들의 좋은 아이디어를 가져오는 게 왜 안 되는 거지? 이 사람들도 결핵 퇴치를 위해 우리가 하는 일에 반대하는 이유가 그저 속이 좁기 때문은 아닐까?"

맞는 말이었다. 그래서일까. 종욱이 결핵국장을 맡은 이후 WHO보다 참여기관들이 좀 더 많은 역할을 할 수 있게 됐고, 그건 분명히 이전과는 달라진 점이었다.

종욱은 조직 내 사람들의 역량을 최대한 이끌어내고 공동의 목표를 추진하는 것에서 즐거움을 느꼈다. 물론 이 과정에서 종욱이 항상 재미있고 위트가 넘치며 부드러운 건 아니었다. 업무를 추진하는 과정에서 가끔 참지 못하고 욱하는 마음을 드러내 '성마르다'는 평가를 듣기도 했다.

이탈리아 의사 출신 마리오 라빌리오네(Mario Raviglione)는 2002년 1월 11일 결핵국 전체 직원에게 보낸 이메일을 예로 들었다. '다른 곳으로 가고 싶나요?'라는 제목의 이메일은 한 직원이 다른 자리의 제안을 받고 수락한 뒤 자신에게 통보하자 화가 나 쓴 것이었다.

동료 여러분

살다 보면 개인적인 사유나 공적인 이유 때문에 다른 부서나 지역, 나라나 조직으로 자리를 옮겨야만 하거나 옮기고 싶어서 애쓰는 경우가 있게 마련입니다. 정기적으로 자리를 옮기는 것은 개인의 발전을 위해서도, 조직을 위해서도 좋은 일입니다. 개인적으로 저는 여러 나라와 지역, 그리고 본부의 여러 부서에서 일하며 많은 것을 배울 수 있었습니다.

이종욱 평전

그렇다면 새로운 자리로 매끄럽게 옮겨갈 수 있는 방법은 무엇일까요?

저와 일하는 여러분은 우선 제게 알려주시기 바랍니다. 인사이동은 우리 모두의 업무에 영향을 끼치므로 가장 중요한 일입니다. 팀과 부서는 인사이동으로 미치는 영향에 대비해 긍정적인 조치를 취할 시간이 필요합니다. 그러니 그 사실을 먼저 알려주시면 제가 할 수 있는 지원을 아끼지 않겠습니다.

반면 모든 과정이 끝난 뒤 제게 통보만 할 수도 있겠지요. 좋습니다. 그렇게 하면 자신이 원하는 것을 얻을 수 있겠지요. 하지만 저는 그런 행동에 크게 실망할 것이고, 조직 전체에도 좋지 않은 인상을 줄 것입니다. 여러분 중 직원과 인사이동에 관한 상담을 한 경우에도 제게 먼저 상의해줄 것을 부탁드립니다. 감사합니다.

JW

종욱은 이 이메일을 발송한 지 일주일 뒤 관련자 모두에게 자신이 지나쳤다며 사과했다. 강압에 의한 관리는 이 무렵 WHO에 나쁜 영향을 끼치고 있었고, 종욱도 이런 방법을 별로 좋아하지 않았다.

그의 결정이 필요한 사안에 대해 다소 충동적이고 신경질적으로 대응하는 모습을 보인 적도 있었다. 이메일에 맺는말과 서명도 없이 "고맙습니다. 앞으론 이런 메일에 답하지 않겠습니다"라고 보냈다가, 며칠이 지나자 같은 사안에 대해 해당 직원과 적극적으로 협의하기도 했다.

그런가 하면 세계 여러 지역에서 결핵 통제 활동을 조직하느라 주고받은 메시지를 통해 친밀한 동료애를 보이기도 했다. 한번은 페루에서 이렇게 썼다.

"마리오, 여기 쿠스코에서 멋진 아마존 나비 표본을 발견했어요. 액자에 넣어 파는 걸 기념으로 당신에게 드리려고 샀답니다."

아바나에서 열린 회의에 대해서는 이렇게 쓰기도 했다.

"개인적 취향으로 본다면야 만년의 헤밍웨이가 드나들던 곳과 근처 해변에도 꼭 가보고 싶군요. 회의에도 가보고요."

종욱은 이런 과정을 통해 WHO 내부뿐만 아니라 참여기관 관계자들 사이에 서로 믿고 의지할 수 있는 친구와 동료, 지지자들을 늘려나갈 수 있었다. 이는 곧 좋은 성과로 이어졌다. 2003년 영국의 '건강부문발전연구소'가 이 사업에 대해 내린 결론이다.

이 협력사업은 불과 3년 만에 상당한 성과를 올렸다. 나열하자면 다음과 같다. 우선 협력기관들 간의 광범위한 네트워크를 구축해 지금까지 유지해오고 있다. 또한 광범위한 후원을 받을 수 있는 협력 구조를 마련했다. 결핵을 퇴치하기 위한 면밀한 국제협력 방안에 대한 정치적 약속과 폭넓은 지지를 결집시켰다. 어려운 환경에서도 결핵 퇴치 활동을 상당히 발전시켰다. 또한 매우 중요하지만 시간이 흘러야 효력이 나타나는 새로운 진단법과 약품 및 백신의 개발을 강조했다. 아울러 놀랍도록 짧은 기간 안에 결핵 2차 치료제 보급을 위한 '녹색등위원회'와 1차 치료제 보급에 필요한 기술적 지원을 위한 보조금 조성과 조달 업무, 그리고 협력기관 동원 업무를 맡는 복잡한 글로벌약품조달기구(GDF)를 조직했다. 모두 대단한 업적이다.

글로벌약품조달기구는 종욱이 국제 백신 프로그램을 이끈 경험과 네트워크를 활용해 결핵 퇴치사업 참여기관들과 함께 2001년 초에 설립한 조직으로, 결핵 약에 대한 접근성을 높이고 DOTS 프로그램을 확대하는 데 크게 기여했다.

그 성과는 2007년 확인됐다. 결핵 퇴치사업 사무국은 세계보건총회에 결핵 발병률이 10년 동안 증가하다가 상승세를 멈추고 감소하기 시작했다고 보고했다. 2005년 결핵 감염 건수는 880만 건, 사망자는 160만 명으로 추산됐다. 치료 성공률은 목표치 85%에 살짝 못 미치는 84%, 감염 발견율은 목표치 70%보다 낮은 60%에 머물렀지만, 사업에 성과가 있다는 것을 보여주기에는 충분했다.

4

2003. 1. ~ 2006. 5.

JONG
WOOK
LEE

a man of action

영원한
WHO 사무총장

"네, 이겼어요.
17 대 15로"

2002년 8월 23일, 그로 할렘 브룬틀란 WTO 사무총장은 갑자기 연임을 포기하겠다고 발표했다. 건강상의 이유였다. 그는 직원들에게 이메일로 먼저 이 사실을 알렸고, 곧 언론은 이를 대서특필했다. 최초의 여성 WHO 사무총장으로 활발히 활동하면서 유력한 차기 유엔 사무총장으로까지 거론되던 그의 갑작스러운 연임 포기 배경에 관심이 집중됐다.

바로 그 시각, 종욱은 북한에 있었다. 8월 20일부터 24일까지 4박 5일 일정으로 WHO의 대북 결핵 퇴치사업 지원 실태를 점검하는 중이었다. 한 해 전인 2001년 11월 브룬틀란을 수행해 방북한 이후 두 번째 방문이었다. 당시 WHO는 결핵 치료제 6만 명분(40만 달러 상당)을 북한에 지원했고, 에이즈, 결핵, 말라리아 3대 질병 퇴치를 위해 설립한 글로벌 펀드에서 3년에 걸쳐 400여만 달러를 지원하기로 결정한 상태였다.

보건복지부에서 WHO 결핵국으로 파견 나가 종욱을 직속상관으로 모시던 전병율은 종욱에게 곧바로 이 소식을 전했다. 종욱은

이종욱 평전

방북 일정을 마치고 잠시 한국에 들렀다가 곧바로 제네바행 비행기에 몸을 실었다. 그의 머릿속에는 이미 사무총장 도전을 위한 계획이 구체화되고 있었다.

마침 제네바 본부에는 결핵 퇴치사업 참여기관 관계자 회의에 참여하기 위해 김용이 와 있었다. 종욱은 결핵국장을 맡으면서 알게 된 그를 무척 신뢰했다. 참석자들이 열띤 논쟁을 벌이던 회의실로 불쑥 들어온 종욱이 모두에게 잠시 인사를 하고, 그를 지목하더니 따라 나오라고 했다.

"잠시 산책이나 할까?"

뭔가 중요하게 할 이야기가 있다는 의미였다. 두 사람은 레만 호수를 따라 걸으며 한참을 이야기했다.

"나, 사무총장 선거에 출마할 생각이야."

놀란 김용이 종욱을 바라보며 물었다.

"정말요? 후보로 나서려는 사람들이 많아요. 해낼 수 있을 거라고 생각하세요?"

"자 봐봐. 집행이사회 32개 국가 중에 한국이 있잖아. 그리고 북한도 포함돼 있어."

종욱은 자신이 분석한 선거 판세와 앞으로의 전략에 대해 상세하게 설명하기 시작했다. 그는 그동안 북한을 지원하기 위해 정말 열심히 일했고, 바로 직전에 북한에 직접 다녀왔던 터였다. 제네바 주재 북한대사관 사람들과도 평소 매우 가깝게 지내왔으니 자신을 지지해줄 것이라고 믿었다. 여기에 중국과 일본, 필리핀, 몰디브, 미얀마 등을 포함하면 아시아권 국가가 모두 7개국이었다.

종욱은 국제백신·면역국장과 결핵국장을 하면서 많은 지원을 통해 친분을 다진 개발도상국 일부의 지지도 자신했다. 충분히 도전해볼 만한 상황이라는 것이었다.

"어떻게 생각해?"

"글쎄요. 어떻게 도와드릴까요?"

순간, 김용의 머릿속에 자신이 지지를 끌어올 수 있을 것 같은 나라들이 떠올랐다. 그는 구호단체 '파트너스인헬스' 활동을 하면서 도움을 준 인연으로 아이티 대통령과 매우 친했고, 또 평소 가깝게 지내는 그레나다 출신의 한 대학교수가 그 나라에 어느 정도 영향을 미칠 수 있을 것 같았다. 그레나다는 인구 11만 명 정도에 불과한 아주 작은 섬나라다. 공교롭게도 이 시기에 두 나라가 집행이사국에 포함된 건 종욱에게 행운이었다.

김용은 결핵 치료제 내성 문제의 심각성을 확인하기 위해 러시아 교도소를 함께 방문하면서 가까워진 미 하원의원 셰러드 브라운(Sherrod Brown)이 종욱을 지지해주는 것도 도움이 될 것 같았다. 종욱은 가능하다면 지지 서명을 요청해달라고 부탁했다. 그렇게 막중한 임무를 안고 김용은 미국으로 돌아갔다.

연임이 유력했던 현직 사무총장이 출마 포기를 선언하자, 전 세계적으로 자천타천 거론되는 후보자들이 난립했다. 최종적으로 선거운동에 뛰어든 후보만 무려 9명에 달했다. 세네갈 보건장관 아와 마리 콜섹(Awa Marie Coll-Seck), 모리셔스 보건장관 고문 자밀 파리드(Djamil Fareed), 멕시코 보건장관으로 WHO에서 브룬틀란의 오른팔이었던 훌리오 프렌크(Julio Frenk), 레바논 보건 장관 카람 카람(Karam Karam), 모잠비크 보건장관을 역임한 총리 파스콸 마누엘 모쿰비(Pascoal Manuel Mocumbi), 유엔에이즈계획 대표인 피터 피오(Peter Piot), 이집트 보건장관을 지낸 이스마일 살람(Ismail Sallam), 쿡제도 총리를 지낸 조셉 윌리엄스(Joseph Williams), 그리고 WHO 결핵국장 이종욱이었다.

대부분 총리나 장관급으로 국제적 지명도나 정치적 연륜 면에서 종욱은 한참 뒤처졌다. 하지만 WHO 내부 출신으로 오랜 실무 경력과 전문성을 갖고 있는 유일한 후보이기도 했다. 그런데 예상치 못한 곳에서 걸림돌이 등장했다. 한국 정부, 특히 외교부가 종욱의 후보 추천에 난색을 표한 것이다. 사무총장 후보 등록을 하려면 해당 국가에서 공식적으로 추천해야 한다.

당시 한국은 김대중 정부 임기 말이었다. 전남 여수에 해양엑스포(EXPO)를 유치하는 것이 김대중 대통령의 남은 임기 최대 숙원사업이었다. 전 세계 공관을 동원해 총력을 기울이던 외교부로서는 난감했다. 당장 WHO 사무총장 선거를 지원하기 위한 인력과 예산이 부족했다.

세상에 공짜는 없는 법이다. 특히 중동이나 아프리카, 남미 등지의 후진국이나 개발도상국의 경우에는 후보 지지를 조건으로 아예 노골적으로 금전적 지원을 요구하는 경우가 많았다. 그렇다고 공식적으로 요구할 수는 없는 노릇이니, 이 과정에서 국가 간 모종의 거래가 이뤄졌다. 이 때문에 투표권을 가진 집행이사회 회원국을 상대로 한 선거운동은 보건복지부와 외교부 등 해당 부처뿐만 아니라 정권 차원에서 나서야 할 일이었다.

더 중요한 건 당선 가능성이었다. "해볼 만하다"고 판단했던 보건복지부와는 달리 외교부는 당선 가능성에 무척 회의적이었다. 제네바 주재 한국대표부 보건참사관 문창진은 훗날 당시 상황을 이렇게 기억했다.

외교부가 여수 해양엑스포를 어떻게든 유치하려고 각국 공관을 통해 해외 여러 나라와 한창 교섭 중이었죠. 그렇지 않아도 여러 나라에 신세를 많이 진 상황이었는데, 또다시 WHO 사무총장 선거를 위해 뛰어들 여력이 없었던 것 같아요. 그들 말로 "총알이 없다"고 그러더군요. 또 이종욱 국장이 사무총장감이냐, 이런 이야기도 일부 있었어요. 국내에서 인지도가 낮았고, 보건이나 외교 분야 관료 출신도 아니고, WHO 사무차장이라도 했으면 몰라도 국장급이 도전하기에는 당선 가능성이 희박한 것 아니냐. 이렇게 판단했던 거죠.

종욱은 비상이 걸렸다. 우선 외교부를 설득해야 했다. 미국과 일본, 중국, 러시아 등 4대 강국의 지지를 받으면 어느 정도 당선 가능성을 보여주는 것이라고 판단하고 각국 인맥을 동원해 도움을 청했다. 4개국 모두 집행이사국이었다.

다행히 러시아는 공식적으로 종욱에 대한 지지를 선언했고, 중국도 굉장히 우호적인 답변을 보내왔다. 그런데 미국은 이미 지지하는 후보가 있었다. 멕시코 보건장관 출신인 훌리오 프렌크였다. 대신 투표 과정에서 프렌크가 떨어지면 종욱을 지지하겠다고 약속했다. 일본은 "아직 방침이 정해지지 않았다"며 끝까지 모호한 태도를 취했다.

외교부보다 더 중요한 건 청와대의 결정이었다. 종욱은 김대중 정부와 인연이 있던 종오와 종구 두 동생은 물론 서울대 은사인 권이혁, 연세대 의대 교수 김한중(당시 대통령 자문 의료발전특별위원회 위원 겸 건강보험전문위원회 위원장), WHO 집행이사(한국 대표) 엄영진 등 청와대와 연결된 인맥을 총동원해 설득에 나섰다. 최종 결정은 결국 대통령의 의중에 달려 있기 때문이다.

그 와중에 결정적인 위기가 찾아왔다. 김대중 대통령이 그해 10월 26~27일 이틀간 참석한 제10차 아시아·태평양경제협력체(APEC) 정상회의가 하필 멕시코 로스카보스에서 열렸다. 이를 계기로 이뤄진 한국·멕시코 양국 정상회담에서 멕시코 대통령 비센테 폭스 케사다(Vicente Fox Quesada)는 여수 해양엑스포 지지를 조건으로 자국의 WHO 사무총장 후보로 출마한 훌리오 프렌크를 지지해줄 것을 김 대통령에게 요구했다.

만약 김 대통령이 그 제안을 받아들였다면 종욱의 WHO 사무총장 도전은 완전히 물 건너가는 셈이었다. 하지만 어찌 된 영문인지 김 대통령은 확답을 하지 않고 판단을 보류했다.

시간은 속절없이 흘러갔다. 11월에 접어들었는데도 청와대와 외교부는 별다른 변화의 기미를 보이지 않았다. 후보 등록 마감일(11월 19일)이 점점 다가왔다. 그래도 종욱은 포기하지 않고 끊임없이 방법을 찾았다. 엄영진은 외교부가 끝까지 반대하면 자신이 추천서를 써주겠다고 제안했고, 실제로 11월 11일 자로 작성했다. WHO 집행이사 자격으로 추천이 가능했다. 하지만 정부의 공식 추천서가 아니라는 점은 후보로서 약점이 될 수 있을 뿐만 아니라 정부의 지원 없이 다른 국가로부터 지지를 얻어내기도 쉽지 않았다.

그러던 어느 날, 미국으로부터 희소식이 날아들었다. 종욱을 차기 WHO 사무총장으로 지지한다는 서명서에 미국 하원의원이 54명이나 서명했다는 것이었다. 대부분 민주당 의원이었고, 그중 9명은 공화당 소속 의원이라고 했다. 김용의 회고다.

제네바에서 미국으로 돌아오자마자 셰러드 하원의원에게 "나의 좋은 친구인 종욱이 차기 WHO 사무총장이 될 수 있도록 지지하는 편지를 써줄 수 있느냐"고 물었더니 "물론"이라고 흔쾌히 답하더군요. 그는 내가 추천하는 내용의 편지를 쓰면 거기에 서명해주겠다고 했어요. 편지를 써서 보냈더니, 그는 이 편지를 미 하원의 모든 동료 의원에게 보냈어요. 처음에는 3명에게 서명을 받아서 회신했더군요. 내가 "충분하지 않다"고 하자, 그는 미 하원 회의장으로 가서 54명으로부터 서명을 받아왔어요. 정말 놀라운 일이었죠. 그걸 이종욱 국장에게 보냈더니 충격을 받았다고 할 만큼 크게 놀라더군요.

종욱은 이 서명서를 곧바로 외교부와 청와대에 보냈다. 두 곳 모두 '어떻게 이렇게 많은 미 하원의원들로부터 서명을 받아냈는지' 매우 놀라는 눈치였다. 분위기가 급반전됐다. 급기야 11월 15일 정부 차원에서 종욱을 사무총장 후보로 추천하는 것으로 결정이 내려졌다.

그날이 주말을 앞둔 금요일이라 최종 마감일까지는 18일(월), 19일(화) 이틀밖에 남지 않은 상황이었다. 다행히 추천에 필요한 서류는 만약을 대비해 종욱이 미리 준비해두고 있었다. 그런데 WHO에 제출해야 할 추천서의 최종 결재권자인 제네바 주재 한국대표부 대사 정의용이 하필 그 기간에 다른 공무로 부재중이었다. 결국 공사 박영국이 대리 사인을 해 마감일에 임박해서야 가까스로 서류를 제출할 수 있었다.

종욱은 곧바로 본격적인 선거전에 돌입했다. 정말 어렵고 힘들게 기회를 잡은 만큼 반드시 당선되고 싶었다. 그는 선거 캠프를 크게 두 팀으로 운용했다. 김용과 이언 스미스를 중심으로 만든 한 팀은 공약과 연설문을 쓰고 손질하는 데 주력했다. 물론 김용은 아이티와 그레나다의 지지를 확보하기 위한 노력과 지원을 병행했다.

또 한 팀은 WHO에 파견 나와 있던 과장 전병율(결핵국)과 전만복(인도지원국), 제네바 한국대표부 보건참사관 문창진, 그리고 보건복지부 기획관리실장 문경태 등 보건복지부 소속 공무원들로 구성해 집행이사국과 다른 사무총장 후보들의 동향을 파악하고 선거 전략을 세우는 역할을 맡았다. 이 과정에서 외교부가 제네바 한국대표부로 파견한 선거 지원팀의 도움이 컸다.

한국에서는 권이혁과 청와대 경제수석 이기호, 보건복지부 장관 김성호가 주축이 돼 후원회를 조직해 선거운동 자금을 모았다. 여기에 김한중과 서울대 의대 교수 신영수 등 해외 인맥이 넓은 인사들은 지역별로 집행이사국을 맡아 선거운동 지원에 나섰다. 당시 각국의 동향 파악을 전담했던 문창진의 기억이다.

아프리카 쪽은 김성호 장관과 문경태 실장이 많이 다녔고, 중남미 쪽은 이기호 수석과 신영수 교수가 주로 맡았어요. 유럽은 뭐 거의 포기했는데, 김한중 교수가 카자흐스탄과 인연이 좀 있었던

　　　　　　　　　　　　　이종욱 평전

것 같아요. 유럽에서 유일하게 우리 쪽을 지지해준 곳이 카자흐스
탄이었어요.

그 누구보다 열심히 뛰었던 사람은 바로 후보인 종욱 자신이
었다. 아시아와 유럽, 북미지역은 본인이 직접 뛰어다녔다. 현직
WHO 결핵국장의 신분으로 한계가 있었지만 공무 일정 중 짬짬
이 시간과 동선을 할애해 선거운동을 했다.

예를 들면 이런 식이었다. 종욱이 WHO 지역사무처나 사무소
가 있는 특정 국가의 순방 일정을 잡으면, 그 주변의 집행이사국
보건복지부 장관과의 면담 일정을 별도로 잡아 지지를 요청했다.
면담 일정을 잡는 건 해당국 주재 한국대사관의 도움을 받았다.
이 일정을 조율하는 건 전병율의 몫이었다.

당시 외교부 제네바 지원팀에서 작성한 'WHO 사무총장 진출
전략(안)' 문건을 보면 주요 후보는 물론 각 지역별 동향과 특징
이 상세히 분석돼 있는데, 전망은 그리 밝지 않았다.

가. 아주지역
- 중국, 일본을 포함한 상당수 국가가 아시아 후보 희망 등 원칙적
  입장만 표명하고 우리 후보 적극 지지에 미온적 태도
- 일부 국가는 우리 후보 지지 입장을 비치면서도 멕시코의 Frenk
  후보를 유력 후보로 언급 - 미얀마, 필리핀 등

나. 중동지역

- 후보 단일화를 이루지 못하고 있으며 대부분 국가가 자기 지역 출신 인사의 피선 가능성에 회의적인 입장
- 동 지역 이사국 각국은 실익 측면을 고려, 차선책으로 아프리카 또는 미주지역 출신 인사보다는 우리 후보에 호감을 갖고 있는 듯한 인상
  - 일부 국가는 우리 후보 지지 시 대가 제공 등 제의

다. 유럽지역

- 차기 사무총장으로 개도국 출신 또는 유럽 출신 인사를 지지하는 일반적 경향
  - 일부 국가는 정치적 지명도가 있는 인사 지지 입장
- 동 국가들에 대해 우리 후보 지지 설득에 어려움

라. 아프리카지역

- Mocumbi 후보가 강세이기는 하나 여전히 후보 난립 양상 지속, 1차 선거까지 단일화 추진은 이뤄지지 않을 것으로 예상
  - 현지에서는 최소한 1차 선거 시점까지 Tactical Vote(전략적 투표) 등 상호 협력을 추진할 것으로 전망
- 동 지역 이사들은 자국 정부의 훈령에 따르지 않거나 여타국과의 합의를 지키지 않는 독립적인 투표 경향
  - 일부 국가들은 우리 후보가 피선 시 제공 가능한 협력 분야 등 문의

이종욱 평전

마. 미주지역
- 동 지역 이사국들은 Frenk 후보와 Mocumbi 후보 지지로 분열된 상황

드디어 2003년 1월 21일, 차기 WHO 사무총장 1차 투표 날이 밝았다. 그사이 9명의 후보 중 세네갈 보건장관 아와 마리 콜섹과 모리셔스 보건장관 고문 자밀 파리드가 중도 포기해 7명으로 줄었다. 1차 투표 결과, 종욱은 모두의 예상을 깨고 유엔에이즈계획 대표인 피터 피오와 함께 가장 많은 표를 얻어 무난히 결선투표에 진출했다. 탈락자는 레바논 보건장관 카람 카람과 전 쿡제도 총리 조셉 윌리엄스 등 두 명.

WHO 집행이사국은 모두 32개국. 결선투표에 올라간 5명 중 누구라도 과반수인 17표를 얻으면 곧바로 당선자가 된다. 그렇지 않으면 가장 낮은 표를 얻은 후보부터 한 명씩 탈락하는 식으로 선거가 진행된다.

결선투표는 1월 27일 후보 연설을 마친 다음 날인 28일 오전에 치러졌다. 결선 1차 투표 결과 역시 종욱이 12표로 가장 많이 얻었지만, 과반 확보에는 실패했다. 결선 4차까지 투표해서 남은 후보는 종욱과 피터 피오, 두 사람이었다.

하지만 투표는 쉽게 끝나지 않았다. 벨기에 출신의 피터 피오는 유럽지역 집행이사국의 지지를 받고 있었다. 결선 5차에 이어

6차 투표에서도 16 대 16으로 동률을 이뤘다. 만약 7차 투표에서도 동률이 나오면 선거는 다시 원점으로 되돌아가, 5명의 후보를 놓고 재투표를 해야 할 상황이었다.

잠시 휴회를 하자, 미국 대표가 영국 대표와 함께 자리에서 일어나 회의장 밖으로 나갔다가 들어왔다. 두 사람이 뭔가 모종의 협의를 한 듯했다. 한국 대표로 이날 투표에 참석했던 집행이사 엄영진은 시간이 많이 흐른 뒤에도 당시 상황을 생생하게 기억했다.

그날 상황은 잊을 수가 없어요. 미국 집행이사가 나와 반대쪽에 앉아 있었어요. 영국 집행이사와 잠깐 나갔다가 회의장에 들어왔는데, 일부러 빙 돌아 내 자리를 지나쳐 가면서 살짝 그러는 거예요. 정확한 워딩은 기억나지 않지만 '닥터 리를 지지하겠다'는 그런 메시지였죠.

이어진 마지막 7차 투표 결과는 17 대 15. 극적인 종욱의 승리였다. 누구도 예상하지 못한 결과였다. 회의장 밖에서 대기 중이던 전병율은 잔뜩 들뜬 목소리로 이 기쁜 소식을 본국에 곧바로 알렸다.

"네, 이겼습니다. 이겼어요. 17 대 15로 이겼어요. (언론들을 향해) Thank you so much, 감사합니다."

그 시각, 미국(제네바와 6시간 차이) 보스턴 하버드대 의대 교수

마지막까지 선거운동을 적극적으로 도와줬던 WHO 인도지원국 전만복, 연세대 의대 교수 김한중, 제네바 한국대표부 보건참사관 문창진, WHO 결핵국 전병율(왼쪽부터)과 함께.
결선 7차 투표에서 17 대 15로 극적으로 승리한 직후 축하전화를 받는 종욱.

실 컴퓨터 앞에 있던 김용은 WHO 홈페이지를 반복해서 확인하고 있었다. 새로 고침, 새로 고침, 새로 고침…. 마침내 새벽 4시가 조금 넘자 종욱이 차기 사무총장에 당선됐다는 소식이 떴다. 김용은 "이건 정말 폭탄과도 같이 충격적인 일이었다"고 회상했다. 도대체 어떻게 된 일일까. 엄영진의 이어지는 회고다.

아마도 마지막에 미국이 영국에 양해를 구하고 우리 쪽을 선택한 것 같아요. 그때 미국 집행이사가 닥터 스타이거(W. Steiger)였어요. 해군 제독 출신 유태인이었는데, 사실 이종욱과 이전부터 친한 사이였어요. 김치도 좋아했죠. 국제기구 수장을 하려면 미국의 지지를 받지 않으면 어렵거든요. 그래서 이종욱이 사전에 다 작업해놓은 거였죠. 그렇다고 하더라도 미국 정부가 움직이지 않으면 어렵죠. 집행이사도 다 본국의 훈령에 따라 움직이니까요.

물론 추측일 뿐이다. 비밀투표였으니 당락을 결정한 마지막 한 표가 과연 미국 표였는지, 아니면 영국 표였는지는 알 수 없는 일이다. 다만 선거기간 동안 집행이사국들의 동향과 움직임 등을 분석한 결과를 보면 미국의 선택에 변화가 있었을 개연성이 높았다는 게 엄영진의 생각이다. 분명한 건 어떤 식으로든 미국 측에서 도움을 줬다는 사실이다.

종욱의 WHO 사무총장 당선은 여러 가지로 의미가 컸다. 대한

이종욱 평전

민국 최초의 국제기구 수장이라는 것과 WHO 지역사무처 말단 자문관에서 시작해 20년 만에 최고책임자까지 오른 첫 기록을 썼다는 점에서다.

이종욱 사무총장이 내건 공약은 에이즈에 대한 공격적 대응과 본부 자원의 지역사무처 배분, 업무 효율성과 책임성 제고, WHO를 좀 더 나은 일터로 만들기 위한 근무환경 개선 같은 것이었다.

이 총장은 2월부터 곧바로 김용과 이언 스미스 등을 중심으로 사무총장 업무 인수팀을 꾸리고, 공약과 연계한 구체적인 사업 계획과 이를 위한 조직 개편 방향 등 '이종욱 사무총장 시대'를 위한 청사진을 그리는 작업에 착수했다.

인수팀에는 벨기에 출신으로 에티오피아에서 WHO 대표를 지냈던 미셸 장클로에스, WHO의 약품 안전성 프로그램의 일본 코디네이터인 요시다 도쿠오, 결핵국의 프랑스인 행정보좌관인 실비 살레 같은 이들과 조직 진단 및 자문을 위한 매킨지 컨설팅 회사의 컨설턴트들이 합류했다. 이 총장은 새로운 집행부를 꾸리기 위해 본부의 국장들을 일일이 면담하기 시작했다.

인류 대재앙에 맞선
'3 by 5'

2003년 3~4월 WHO 안팎에서 각 분야의 전문가들이 인수팀에 속속 합류했다. 그동안 함께 일해왔던 동료들이 인정했다시피 짧은 시간 내에 뛰어난 사람을 식별해내는 이 총장의 능력은 정말 탁월했다.

김용은 제네바와 보스턴을 오가면서 인수팀과 하버드대 교수로서의 업무를 병행했다. 봄기운이 가득한 어느 봄날 저녁 늦은 시간. 이 총장이 에이즈 분야를 맡기 위해 합류한 한 무리의 전문가들과 저녁 식사를 마치고 돌아왔다. 사무실에는 김용 혼자 있었다. 그런데 이 총장의 표정이 무척 어두웠다.

"내가 많은 사람과 '3 by 5'에 대해 얘기를 나눴는데, 한 사람도 빠짐없이 이건 정말 나쁜 생각이고, 내가 이걸 못 할 거라고 하더군. 정말 실망스러웠어."

'3 by 5'는 2005년까지 인체면역결핍바이러스((HIV) 보균자 및 에이즈(AIDS) 환자 300만 명에게 치료제를 제공하자는 야심 찬 캠페인으로, 김용이 제네바에 와서 이 총장과 함께 일하기로 하면서 내세운 조건이었다. 그러니 만약 이 캠페인을 하지 않는다면 그가 제네바에 올 이유가 없었다.

"그래서 어쩌실 겁니까?"

"우리는 할 거야."

"정말요?"

"자네도 알다시피 그 사람들은 모두 너무 보수적이야. 모두 겁에 질려 있어. 이건 정말 중요한 이슈잖아. 하자고."

김용은 내심 다행이라고 생각하면서 한편으로는 무척 놀랐다. 자신이 여태까지 본 적 없는 강한 리더십이라는 게 이런 건가 하는 생각이 들었다. 그래도 다시 한 번 확인하고 싶었다.

"정말 할 수 있겠어요? 계속 끌고 갈 수 있겠어요?"

"모르지. 하지만 우리가 드라마틱한 뭔가를 해내지 않는 한 우리는 바보 취급을 당할 거란 건 알아. 어려운 일이라거나 너무 복잡한 일이라면서… 영원히 이럴 거야. 그러니 그냥 해보자고. 가장 달성하기 어려운 목표인 것은 맞아. 하지만 우린 이걸 해야만 해."

이 총장의 의지는 의심할 여지 없이 강하고 분명했다. 사실 '3 by 5'는 아직 사무총장 임기(7월 21일까지)를 남겨둔 브룬틀란이 2002년 7월 스페인 바르셀로나 '국제에이즈회의'에서 이미 발표한 내용이었다.

브룬틀란은 당시 회의에서 WHO와 국제에이즈협회(International AIDS Society) 공동으로 2005년까지 전 세계 인체면역결핍바이러스 및 에이즈 감염 환자 300만 명에게 항레트로바이러스(Anti-retroviral drug, ARV) 치료제를 제공해주겠다고 발표해 국제사회의 주목을 받았다.

기억하기 쉬운 상징적 표현만 붙이지 않았을 뿐이지, 사실 이것이 바로 '3 by 5' 캠페인의 시초였다. 국민 대다수가 절대빈곤에 시달리는 아이티에서 오랜 기간 약제 내성 결핵(Drug Resistant Tuberculosis)과 에이즈 퇴치를 위해 싸워왔던 김용은 브룬틀란의 이날 발표 내용에 깊은 관심을 가졌다. 실제 이렇게 할 수만 있다면 정말 대단한 일이라고 생각했다.

보건 분야에서 그와 함께 활동해온 유명한 미국 사회운동가 폴 데이비스(Paul Davis) 역시 비슷한 생각이었다. 폴은 문득 재밌는 생각이 떠올랐다.

"이봐, 브룬틀란 박사가 300만 명을 2005년까지 치료하자고 했는데, 이거 '3 by 5' 잖아."

미국 사람들 사이에서 3 by 5라고 하면 흔히 3×5인치 단어장을 떠올린다. 한 면에는 줄이 있고, 다른 면에는 없는 작은 노트로 많은 이들이 사용한다. 그만큼 기억하기 쉬운 표현이다. 김용은 여기에서 힌트를 얻어 사무총장에 당선된 직후의 이 총장에게 '3 by 5 캠페인'을 시작하자고 제안했다. 그러자 이 총장도 흔쾌히 동의했다.

"좋네. 이 표현은 절대 잊어버리지 않겠는걸."

유엔에이즈계획이 발표한 연례보고서에 따르면 2001년 말 현재 전 세계적으로 HIV·AIDS 환자는 4000만 명, 2000년부터 2020년까지 20년간 에이즈 피해가 집중될 45개국의 사망자 수는 6800만 명에 달할 것으로 예측됐다. 이대로라면 대재앙이었다.

김용은 비록 사무총장은 바뀌지만 브룬틀란이 국제사회에 약속한 HIV·AIDS 환자에 대한 치료 계획은 예정대로 진행되도록 하고 싶었다. 문제는 시간이었다. 그사이 1년이라는 시간이 흘러 2005년까지는 이제 2년 반 정도밖에 남지 않은 상황이었다. 어찌 보면 미친 짓이나 다름없었다. 그런데 예상치 못한 또 다른 복병이 나타났다. 바로 미국 정부의 반발과 견제였다.

이 총장이 WHO 집행이사회에서 차기 사무총장에 당선된 1월 28일, 미국 대통령 조지 부시(George W. Bush)는 연두교서 연설을 통해 아프리카와 중남미지역의 에이즈 퇴치를 위해 5년간 150억 달러를 투입하겠다고 밝혔다. '에이즈 퇴치를 위한 대통령 비상계획(President's Emergency Plan for AIDS Relief, PEPFAR)'으로 불리는 이 프로젝트는 2008년까지 200만 명의 에이즈 환자에게 치료제를 제공하겠다는 목표를 제시했다. 임기 2년이 지난 부시는 '온정적인(compassionate)' 보수주의와 '자애로운 최강국(Benign Superpower)'이라는 이미지를 내세워 2년 후로 다가온 재선 도전에 활용할 목적이 컸지만, 분명 훌륭한 계획이었다.

이런 상황에서 훨씬 짧은 기간에 훨씬 많은 에이즈 환자에게

치료제를 제공하겠다는 이 총장의 '3 by 5' 아이디어가 미국 정부
로서는 불편할 수밖에 없었다. 에이즈 치료 사업을 함께 벌일 수
도 있겠지만, 그 주도권을 WHO에 빼앗길 수 있다는 불안감도 작
용할 법했다. 훗날 김용은 당시 상황을 이렇게 기억했다.

부시 미 대통령의 발표는 예기치 않은 것이었고 멋진 계획이었
어요. 미 보건복지부 장관 토미 톰슨이 그 일을 맡았죠. 그가 (이
종욱 총장이 미국을 방문했을 때) 대여섯 명의 사람들과 함께 있는
자리에서 "빌어먹을, 당신이 지금 무슨 일을 벌인지 알아? 이건
당신 일이 아니야. 에이즈 치료는 우리 일이라고"라며 이 총장을
향해 고함을 질렀다고 해요. 이 총장이 돌아와서 "미국이 매우 화
가 났다"고 하더라고요.

당시 언론 보도를 보면, 미국이 추진한 대통령 비상계획은 주로
아프리카 사하라 사막 이남 최빈국에 해당하는 15개국에 집중적
으로 에이즈 치료제를 지원할 예정이었다. 국제사회의 도움이 필
요한 국가가 전 세계적으로 45개국이 넘는 상황에서 WHO와 미
국 정부가 협조적 관계를 모색할 여지는 충분했다.

이 총장의 미국 방문 이후 토미 톰슨이 WHO의 여러 가지 사업
에 적극적으로 지원한 걸 보면, 누구보다 친화력이 뛰어난 이 총
장이 미국과 모종의 협상을 하고 온 게 분명했다. 특히 이 총장이

임기 내내 부시 대통령과 공적인 관계뿐만 아니라 사적으로도 매우 가깝게 지낸 걸 봐도 그렇다.

2003년 5월 21일 세계보건총회에서 차기 사무총장으로 정식 승인을 받은 이 총장은 연설을 통해 에이즈 치료에 대한 WHO의 구체적인 목표를 공식 선언했다. 이른바 '3 by 5' 캠페인의 시작을 알리는 것이었다.

"저는 유엔에이즈계획(UNAIDS), 글로벌 펀드, 회원국, 시민사회 그리고 다른 이해관계자들과 공조해 2005년까지 300만 명의 개발도상국 사람들이 항레트로바이러스 처치를 받도록 하는 '3 by 5'라는 대담한 목표를 달성하기 위해 WHO의 리더십을 발휘할 겁니다. 치료법이 나오고 있는 만큼 에이즈 예방 노력도 강화돼야 할 것입니다. 그런 맥락에서 우리의 에이즈 대응 업무는 보건 시스템을 구축하는 차원이 될 것입니다. 아울러 파트너들과 함께 에이즈 예방, 관리, 치료에서 지역의 역할을 늘려나갈 것입니다."

이 총장이 '3 by 5' 캠페인 총괄책임을 맡을 첫 에이즈 국장으로 선택한 사람은 브라질의 '국가 에이즈 프로그램'을 성공적으로 이끈 파울루 테이세이라(Paulo Teixeira)였다. 브라질은 1996년 모든 에이즈 환자에게 약품을 제공하는 정책을 수립해 감염률을 크게 떨어뜨렸다. 하지만 테이세이라는 건강 문제로 얼마 지나지 않아 물러나고, 그 자리를 정책자문이었던 김용이 맡았다. 어차피 처음부터 그의 아이디어였으니 누구보다 적임자였다.

'3 by 5' 캠페인의 근본적인 취지는 에이즈 치료제의 불평등 문제를 해소하는 것이었다. 2003년 에이즈 치료를 받은 환자의 90% 이상이 잘사는 나라에 편중돼 있었다. 반면 아프리카에서 치료제를 공급받은 환자는 불과 2%에 그쳤다. 문제는 이들에게 치료제를 지원할 수 있는 자금이었다.

2002년에 세워진 '에이즈·결핵·말라리아 퇴치를 위한 글로벌 펀드'는 에이즈를 막는 데 드는 천문학적인 자금을 모으고 배분하기 위한 기구였다. 모금 활동과 각종 제안 평가를 위해 각국 정부와 기업들의 도움을 받은 끝에 2003년 말까지 121개국의 각종 질병 퇴치운동에 21억 달러를 보낼 수 있었다. 이는 2001년 유엔의 코피 아난 사무총장이 요청한 연 100억 달러에는 한참 못 미치는 액수였지만, 기금이 계속 늘어날 것이라는 희망을 갖게 했다.

이 총장은 이 기금의 책임자인 리처드 피첨(Richard Feachem)과 유엔에이즈계획 사무총장인 피터 피오를 설득해 2003년 9월 22일 유엔 총회 특별회의에 참석하게 했다. '3 by 5', 즉 2005년 말까지 300만 명의 에이즈 환자가 항레트로바이러스 치료를 받을 수 있도록 즉각적인 행동을 취해야 한다는 선언을 이끌어내기 위해서였다. 이날 선언으로 전 세계의 이목이 WHO에 집중된 건 성공적이었지만, 다른 한편으로는 참여기구 간 주도권 갈등이 노출된 건 이 총장으로서는 원치 않는 결과였다.

WHO 사무총장 선거에서 이 총장에게 아깝게 패했던 피터 피

축하와 감사의 악수를 나누는 현직 사무총장 브룬틀란과 차기 사무총장 종욱.
제6대 사무총장에 선출된 직후 손을 들어 감사를 표하고 있다.

오는 이 총장과 같은 야심을 갖고 있었고, 리처드 피첨 역시 '글로벌 펀드'의 창립 집행이사로서 단체의 위상을 높이고 싶었던 것이다. 그러니 두 사람 모두 이 총장에게 이 대단한 사업의 주도권을 넘겨줄 수 없었다. 반면 이 총장은 WHO가 사업을 선도하고, 유엔에이즈계획은 통계적 지원을, 글로벌 펀드는 가난한 나라들에 자금을 조달하는 창구 역할을 해줄 것을 기대했다.

시간이 흘러도 '3 by 5'에 필요한 자금이 예상보다 들어오지 않자 이 총장의 발걸음은 더욱 분주해졌다. 한편으로는 이 캠페인을 완수하기 위한 세부 계획과 타당성 등을 담은 2004년 세계보건보고서(제목 : 역사를 바꾸다)를 자금 확보를 위한 홍보 도구로 활용하기 위해 서둘러 제작했다. 보통 매년 12월에 발행하는 보고서가 이해에는 5월에 나왔다.

그러던 2004년 5월 10일, 캐나다 총리 폴 마틴이 2년 동안 '3 by 5' 캠페인에 1억 캐나다달러(미화 7200만 달러)를 지원하겠다고 발표했다. 이 기부금은 그때까지 들어온 액수의 두 배가 넘는 것이었으며, 다른 기부자들의 참여를 권장할 수 있는 촉매제가 됐다. 마틴 총리의 도움으로 WHO는 개발도상국 보건 종사자 10만 명에 대한 훈련과 에이즈 치료에 필요한 1만 개의 진료소를 마침내 재조직할 수 있었다.

이 총장이 5월 19일 영국 BBC의 유명 프로그램인 '하드 토크(Hard Talk)'에 출연해 인터뷰한 내용은 당시 그의 심경을 고스란히 보여준다. 저널리스트 리스 두셋이 진행하는 이 프로그램은 매우 공격적이고 까다로운 질문으로 인터뷰 대상자들을 곤혹스럽게 하는 것으로 유명했다. 인터뷰는 예상대로 '3 by 5' 캠페인과 자금 문제에 집중해 이 총장을 몰아붙였다.

두셋 "비평가들은 총장님이 기술 원조의 필요성에 대해 제대로 설명하지 못했다고 지적합니다. 항에이즈 치료제를 확보하는 데 투자를 해야 하는 아프리카 정부가 제안서에 넣을 기술적 노하우를 갖고 있지 않다고 말이에요."

총장 "하지만 매일 8000명의 사람이 죽어가고 있고⋯."

두셋 "그러니까 제대로 해야 하는 거죠. 유엔이 에이즈 퇴치를 위해 지원한 글로벌 펀드는 3차 기금에 대한 제안의 60%를 거부했으며, 해당 제안들이 기술적으로 불충분하다고 말했고, WHO는 비난을 받았습니다. 잘못된 계획 때문일까요?"

총장 "아니요, 계획이 잘못된 것은 아닙니다. 하지만 완벽한 계획을 기다린다면 아무것도 할 수 없을 겁니다. 매일 8000명이 죽고 600만 명이 치료제를 기다리고 있습니다. 그렇기 때문에 우리는 즉각적인 조치를 취해야 했습니다."

두셋 "하지만 비평가들은 너무 섣부른 조치였다고 했죠. 12월에 제대로 된 자금도 없고 기부자들과 적절한 상의도 하지 않은 상태에서 이 거창하고도 세상의 이목을 끄는 계획을 세우셨어요."

총장 "우리는 남부 아프리카 국가들을 포함한 40개국에 팀을 보냈고, 이들 정부가 글로벌 펀드를 위한 제안서 초안을 작성하도록 도왔습니다. 우리는 간소화된 치료법과 간소화된 프로토콜을 발표했고, 사전 검증된 복제약을 확보했습니다. 발표 이후로 많은 일을 해왔던 거죠. 그리고 캐나다가 나서주었습니다. 우리의 일이 세상의 지지를 얻고 있다는 것을 보여준 거죠. 천연두나 소아마비처럼 우리의 행동이 필요한 사안입니다. 행동에 나서면 계획과 지원이 따라올 것입니다. 하지만 자금이 확보되기만을 기다린다면 수천 명의 사람이 죽어가는 동안 완벽한 계획을 기다리는 셈이고, 그런 계획은 절대 일어나지 않을 겁니다."

두셋 "WHO가 정한 매우 야심 찬 목표인데요. 현재 항레트로바이러스 치료제가 필요한 사람 600만 명 중 7%만이 약을 얻고 있는데, 총장님은 내년 말까지 이를 최대 300만 명까지 줄이길 원한다고 했어요."

총장 "이걸 생각해보세요. 아프리카에 에이즈에 감염돼 약을 기다리는 사람이 2700만 명에 달하고, 약이 당장 필요한 사람이 600만 명입니다. 그러니 300만 명은 작은 숫자죠. 이건 야망이 아니라 약이 없어 죽어가고 약이 필요한 사람들에게 약을 공급하는 것에 우리 모두 얼마나 소홀했는지를 보여주는 것이죠."

두셋　"많은 국가가 HIV와 에이즈와의 싸움에 정치적, 도덕적 공약을 내세우지만 막상 합당한 자금은 지원하지 않는 현실에 절망하시나요?"

총장　"뭐 그들도 이제는… 우리 함께 주목할 만한 사례를 세계에 선보여야 한다는 얘길 WHO로부터 들었으니까요. 말하지 않으면 사람들은 모릅니다. 만약 우리가 2010년까지 100만 명을 치료한다고 말했다면 따분한 소리 같아 모두가 하품만 했을 거예요. 우리가 매우 야심차고 거의 불가능한 목표를 세운 것은 분명하지만, 이것이 얼마나 긴급하고 중요한 문제인지 이야기해야 했습니다. 그들을 잘 설득할 필요가 있었지요."

두셋　"총장님께서는 사실상 세상이 돌아가는 방식을 바꾸려는 것 같습니다. 유엔 사무총장의 아프리카 HIV·에이즈 특사 스티븐 루이스는 이를 두고 기괴한 외설이라고 비판했는데요?"

총장　"WHO가 기초 작업을 위해 2억 달러가 필요하다고 말했는데요, 캐나다의 기부금을 포함에서 현재 우리가 얼마를 확보한 줄 아세요? 2억 달러 중 1억4000만 달러를 확보했습니다. 이 자금으로 사람들을 훈련시키고 기술적인 작업을 할 거예요. 그러니 제대로 되고 있는 거죠."

두셋 "최악의 경우인 남아프리카공화국을 살펴보면, 지금 매일 600명이 에이즈로 목숨을 잃고 있습니다. 그런데 지난 몇 년간 타보 음베키 정부는 많은 의학 전문가들이 생명을 구하는 열쇠라고 말하는 항레트로바이러스 약물을 나눠주길 거부하다가 최근에야 겨우 배포를 시작했어요. 그런 정부는 어떻게 해야 하나요?"

총장 "우리의 '3 by 5' 캠페인을 보면 이제 더 이상 약을 제공할 필요성을 부인하기 어려울 겁니다. WHO와 같은 기관들이 아프리카에서 사람들이 죽어가고 있고 이들을 치료해야 한다고 말하면, 이제 그곳 사람들과 정치인들이 분명히 우리의 메시지를 들을 겁니다. 바로 이것이 역사를 만들고 변화시켜나갈 겁니다."

두 사람의 대화는 인터뷰라기보다는 치열한 격론에 가까웠다. 결핵 DOTS 전략과 말라리아 치료용 권장약 약효 문제, 세계적인 비만 문제 해결을 위해 거대 제당회사들에 맞설 것인지 등에 대한 질문과 답변으로 인터뷰는 숨 가쁘게 이어졌다. 그리고 이 총

이종욱 평전

장이 얼마 전 경고했던 '조류 인플루엔자(AI) 세계적 대유행'에 대한 주제로 넘어갔다.

두셋   "우리는 사스 바이러스를 목격했어요. 국경을 넘어 사람들의 목숨을 위협했고 통제가 어려웠죠. 올해는 AI가 발생했고요. 그리고 총장께서는 더욱 무서운 말씀을 하셨어요. '세계는 피할 수 없는 인체 인플루엔자 팬데믹 사태에 대비해야 하며, 세계는 이러한 세계적 대유행에 직면해 이를 해결할 준비가 되어 있지 않다'고요. 우리가 모르는 것에 어떻게 대비할 수 있을까요?"

총장   "WHO에서는 매년 다음 해의 독감 바이러스와 그 조합을 예측해왔고, 저희가 이러한 정보를 기업에 권고하면 기업들은 이를 바탕으로 북반구와 남반구를 위한 새로운 백신을 만들죠. 현재는 AI가 여기저기서 발생하고 있고, 저희가 우려하는 것은 분명 이것이 인체 독감 바이러스와 결합해서 세계적인 독감 바이러스를 만들어낼지도 모른다는 겁니다. 스페인 독감과 1968년 홍콩 독감같이 말이죠."

두셋   "피할 수 없는 인체 인플루엔자의 세계적 유행이라니 악몽 같은 시나리오군요."

총장   "그래서 준비를 해야 합니다. 낙관만 하고 있을 순 없어요. 그리고 중국과 같은 국가들에 대해 강경한 태도를 취하고 대응해야 하죠. 최근과 이전의 위기 상황 때 자국 내 질병 발생 상황을 인정하지 않거나 은폐하려고 한 국가들에 대응해야 해요."

두셋 "치명적인 질병이 너무 많아지면서 비평가들은 WHO 가 너무 분산돼 있다고 이야기하는데요. 어떻게 하면 매년 전 세계에 많은 이들의 목숨을 앗아가는 이 모든 질병에 관심을 두고 효과적으로 대처할 수 있을까요?"

총장 "다른 많은 국제기구와 비교했을 때 WHO의 예산은 증가하고 있습니다. 이는 분명 자신감의 반영이며, 세계가 WHO를 지지해줘야 한다고 생각합니다."

두셋 "하지만 현실은 예상보다 어렵잖아요. 좌절도 느끼실 테죠, 의료와 관련된 일만은 아니니까요. 매우 정치적인 일이고 구걸을 해야 하는 일이죠."

총장 "맞아요, 어떤 의미에서는 구걸이지만 '기금 모금'이라는 더 멋진 단어도 있으니까요."

두셋의 비꼬는 듯한 질문에 이 총장은 재치 있게 받아쳤다. 다행히 인터뷰는 '무사히' 끝났다. 시간은 벌써 2005년 말로 치닫고 있었다. '3 by 5' 사업의 목표는 사실상 불가능한 상태였지만, 그해 12월 1일 '세계 에이즈의 날'을 맞아 내놓은 이 총장의 메시지

이종욱 평전

2005년 12월 1일 세계 에이즈의 날 기념식에서 이 총장은 자신의 목표에 미치지 못한 100만 명의 에이즈 환자에게 치료제를 제공했다고 발표했다. 그의 얼굴이 무척 피곤해 보인다.

는 매우 긍정적이었다.

"불과 18개월 만에 아프리카와 아시아에서 항레트로바이러스 치료를 받은 사람들의 수가 세 배나 증가했습니다. 지금 개발도상국에서 100만 명이 넘는 사람들이 항레트로바이러스 치료를 받고 있습니다."

이 총장이 목표한 300만 명에 미치지는 못했지만, 이를 비난하는 목소리는 더 이상 나오지 않았다. 2006년 1월 WHO를 떠난 김용은 미국 명문대인 다트머스대 총장을 거쳐 세계은행 총재에까지 오른다. 훗날 그는 이 총장과 함께 추진했던 '3 by 5'에 대해 이렇게 평가했다.

300만 명이라는 목표에 도달하지는 못했지만, 에이즈 치료를 받는 환자의 규모를 확대할 수 있었던 것은 정말 대단한 일이었다고 생각해요. 세계은행 총재를 지냈던 제 관점에서 말하는데, 만약 우리가 아프리카의 에이즈 환자를 치료하지 않았다면 아프리카 대륙 전체가 경제적으로 붕괴했을 겁니다. 만약 에이즈 치료 확대에 가장 크게 공헌한 사람이 누구라고 생각하느냐는 질문을 받는다면, 저는 조지 W. 부시 대통령, 코피 아난 유엔 사무총장 그리고 이종욱 사무총장을 꼽을 겁니다.

이종욱 평전

"옳은 일을, 적절한 곳에서, 올바른 방법으로"

2003년 2월 21일, 중국 광둥에서 온 한 의사가 홍콩 메트로폴 호텔로 들어섰다. 그리고 얼마 지나지 않아 세계적인 바이러스 대유행이 시작됐다. 이 호텔에서 묵은 그 의사로부터 바이러스에 감염된 16명의 여행자가 싱가포르와 캐나다 토론토, 베트남 하노이, 홍콩의 다른 지역으로 옮겨가면서 확산시킨 것이 발단이었다. 그후 불과 5개월 만에 전 세계 30개국에서 8456건의 바이러스 발병 사례가 발견됐고, 809명이 사망(사망률 9.6%)했다. 이 신종 바이러스가 바로 중증급성호흡기증후군, 일명 사스(SARS)였다.

WHO에서 사스를 처음 발견한 사람은 당시 베트남에서 환자를 검진하던 카를로 우르바니(Carlo Urbani)였다. 이탈리아 의사이자 미생물학자인 그는 곧바로 감시 수준을 높이고, 병원 직원들을 감염시키기 전에 새로운 환자를 찾아내 격리시켰다.

WHO는 55건의 발병 사례를 확인한 다음, 3월 12일 전 세계에 경보를 발령했다. 이어 3월 15일에는 병명을 처음 발표하고, 여행객들과 항공사들에 긴급 권고문을 알리는 2차 경보를 발령했다.

사스 확산은 5월에 절정에 달해 하루 200건의 새로운 발병 사례
가 접수됐다가 6월 이후 급감했다. 다행히 WHO는 7월 5일 모든
감염 경로가 차단됐다고 선언할 수 있었지만, 사스를 예방할 백신
이나 치료제는 지금까지(2021년 현재)도 만들지 못했다.

이처럼 신속한 대응을 이끈 우르바니는 태국 방콕에서 열리는
학회에 참석하기 위해 이동 중 발열 등 감염 증상이 나타나 곧바
로 방콕의 한 병원 격리병동에 입원했다가 18일 만인 3월 29일
사망했다. 당시 그의 나이는 46세였다. 그는 WHO에 들어오기 전
'국경없는의사회' 이탈리아 지부 회장이었으며, 1999년 국경없는
의사회가 노벨 평화상을 수상할 때 오슬로에 상을 받으러 간 대
표단의 일원이기도 했다.

비슷한 시기, 신종 조류 인플루엔자(AI) 바이러스가 사스만큼
빠르게 확산할 것이라는 우려가 커지기 시작했다. 그해 4월 17일
고병원성 AI 바이러스(H7N7)가 네덜란드 수의사의 목숨을 앗아
간 뒤로 네덜란드와 벨기에에서 닭과 오리 등 가금류 2300만 마
리가 살처분됐다. 이후 80명이 넘는 사람들에게서 눈 감염과 독
감 증상 등이 나타났는데, 이들 대부분 살처분 작업에 참여했던
사람들이었다.

이 총장은 사스나 AI와 같은 신종 바이러스의 대유행은 물론 탄
저균과 보툴리누스균 등을 이용한 생물무기 테러는 언제든지 전
인류를 위협할 수 있을 것으로 보고, 뭔가 대책이 필요하다고 생

이종욱 평전

각했다. 그래서 업무를 시작하자마자 추진한 것이 바로 전 세계적으로 위기 상황이 닥쳤을 때 컨트롤타워 역할을 할 '위기관리센터'를 만드는 것이었다.

이 총장은 업무 시작 첫날인 7월 21일 WHO 전 직원을 대상으로 한 연설에서 '옳은 일을, 적절한 곳에서, 올바른 방법으로 해야 한다'는 세 가지 원칙을 천명하고, 구체적인 사업 목표와 계획을 발표하면서 위기관리센터의 필요성을 강조했다.

(우리는) 새로운 위협에 대비해야 합니다. 사스 발발로 초래된 위기는 전염병 창궐에 대한 국제사회의 대응을 조율하는 핵심적 역할을 WHO가 하는 게 얼마나 중요한지 잘 보여줬습니다. 사스는 글로벌 질병 감시체계의 취약점을 드러내는 계기가 되기도 했습니다. 우리는 파트너들과 더불어 '글로벌 발병 경계 및 대응 네트워크' 활동을 해나갈 것이며, 양자 간 또는 다자간 원조에 대한 국가별 또는 지역별 감시체계를 강화해나갈 것입니다. 또한 '글로벌 네트워크'의 지원 및 조정 기능을 강화할 것이며, 질병 통제력을 높이기 위해 '국제보건규약'을 개정할 것입니다.

이 총장이 아이디어를 얻은 것은 사무총장 당선자 시절인 2003년 4월 미국을 방문해 미국 보건복지부 장관인 토미 톰슨이 안내해준 워싱턴의 최첨단 시설을 보고 나서였다. 그는 자신이 본 시설과 같은 센터를 만들기 위해 하버드 MBA 출신의 젊은 미국인 컨설턴트 재닛 범파스(Janet Bumpas)를 채용했다. 그리고 미국 질병통제예방센터(CDC)가 상황실을 100일 만에 만든 것처럼 WHO 제네바 본부의 센터도 그렇게 신속하게 만들어달라고 주문했다.

초기 이 프로젝트의 이름은 '경계대응운영센터(Alert and Response Operations Center, AROC)'였다. 그 무렵 작성된 기획 문건을 보면 센터의 방향성을 엿볼 수 있다.

> 경계 대응 과정은 아주 신속해야 하기 때문에 WHO 시스템 안팎으로 효과적인 실시간 통신과 의사결정이 필요하다. 아울러 체계적이고 조직적으로 대응하기 위해서는 다양한 전문 인력의 뒷받침이 있어야 한다. 이 프로젝트가 성공하기 위해서는 정보기술이 매우 중요하다.

조직도를 보면 센터를 중심으로 왼쪽으로는 WHO 운영진과 각지역사무처, 각국 사무소, 오른쪽으로는 WHO의 각 프로그램과 지역 네트워크, 위험 병원체, 자금 조달 등의 업무를 담당하는 부서들을 연결했다. 그리고 '피해 국가'들은 가운데 아래쪽으로 더 가깝게 배치했다.

센터 장소는 사무총장 집무실에서 8개 층 아래 지하의 작은 강당 같은 곳으로, 그동안 잘 사용하지 않던 공간을 활용했다. 방에는 6개의 대형 스크린을 설치해 6개 지역마다 한 대씩 연결하고, 비상 상황을 위한 시설인 만큼 별도의 전력망도 구축했다. 도시와 건물 전체의 전력이 끊겨도 이곳만큼은 작동하도록 만들었다.

센터 구축에 드는 예산은 500만 달러가 책정됐다. 센터의 기능이 WHO 프로그램 대부분과 관련 있는 위기관리, 정보 공유, 그리고 언론 및 대중에 대한 정보 전달이었기 때문에 필요한 기금도 주로 각 프로그램의 예산에서 조달됐다. 하지만 턱없이 부족했다. 다행히 부족한 자금(200만 달러)은 이 프로젝트를 처음부터 강력히 지지해줬던 미 보건복지부 장관 토미 톰슨으로부터 지원을 받을 수 있었다.

명칭은 계속 바뀌었다. '전략보건정보센터(SHIC)'라고 했다가 좀 더 의미심장해 보이는 명칭이 필요하다는 의견이 제시됐다. 범파스는 '글로벌 운영 데이터베이스(GOD)'라는 이름을 제안했으나 이 역시 적절치 않아 보이자 '운영(Operations)'이라는 표현만 살리기로 했다. 그렇게 해서 만들어진 이름이 '전략보건운영센터(Strategic Health Operations Centre, SHOC)'였다. 이 센터는 주로 '쇼크룸'으로 불렸다.

사스가 유행했을 때 정보기술(IT) 책임자로서 각국을 돌아다니며 지체되던 데이터 수집·분석·공유 문제를 해결했던 스티븐 우고위처(Steven Uggowitzer)도 이 센터 개설 작업에 참여했다. 그는 그 당시를 회상하며 가슴 벅차했다.

센터 설치는 조직 내에서 각 분야 사람들이 서로 소통하며 무언가를 만들어낸 최초의 일이었어요. IT 전문가와 건물 관리, 경계 대응 네트워크, 공중보건 위기 대응 쪽 사람들이 모두 협력해 조직 전체를 위해 도움 될 일을 하고 있었지요. 그러면서 서로에게 필요한 걸 해결해주기 위해 힘을 합쳤어요. 건물 관리 책임자인 암비 순다람은 일이 계획대로 진행되도록 스케줄 관리를 하면서 매주 회의를 소집했지요. 우리는 동시에 말 그대로 수백 건의 컨설팅 계약을 맺고 일하고 있었어요. 아시다시피 계약 한 건만으로도 벅찰 때가 있는데, 이 프로젝트의 경우엔 동시에 그 많은 걸 다 해야 했지요. 그 많은 판매회사와 공급자를 대하고 자잘한 일들을 다 챙기면서 말이에요. 그러다 보니 단순히 프레젠테이션이나 하는 공간이 아니라 정말 조직의 신경중추가 될 만한 곳을 만들 수 있겠다는 생각이 들었어요.

그런데 유감스럽게도 이 프로젝트에 대해 처음에는 WHO 직원들 사이에서 회의적인 시각과 반대가 많았다. 프로젝트의 중요성과 기능성을 끝까지 확신하고 밀어붙인 사람은 오직 이 총장뿐이었다. 그는 거의 매일 이곳에 들러 상황을 점검하고, 공사가 제대로 진행되도록 독려를 아끼지 않았다. 그의 전폭적인 지원은 매우 효과적이긴 했지만 다른 직원들과의 협의가 매번 원만했던 것은 아니었다.

이 총장은 공사가 채 끝나기도 전인 2004년 5월에 시험 가동을 할 정도로 이곳에 열광했다. 벽이나 바닥 마감은 덜 돼 있었지만 스크린과 전화기, 컴퓨터 등 이미 소통할 수단은 다 갖춰졌으니 운영하지 못할 것도 없었다. 공사는 2004년 말이나 돼서야 마무리됐다.

초창기에 이 센터의 가치를 제대로 이해한 직원들은 거의 없었다. 어떤 곳인지 잘 몰랐고, 어떻게 활용해야 할 줄도 몰랐기 때문이다. 직원들은 센터를 짓는 걸 비현실적이고 이상에 치우친 일이라고 여겼으며, 완공된 후에도 한동안 경시했다.

이 센터의 진가가 드러난 건 WHO가 2005년 5월 국제보건규약(International Health Regulations, IHR)을 새롭게 개정하고, 2년 후인 2007년 6월 15일 발효하면서부터다. 이 총장은 센터를 짓는 것 이상으로 국제보건규약 개정을 위해 모든 힘을 쏟아부었다. 그의 노력 덕분에 총장에 오른 지 2년도 채 안 되는 기간에 개정안이 196개 회원국 만장일치로 통과될 수 있었다.

개정된 국제보건규약은 19세기 중반 공중보건에 관한 국제법이 형성된 이후 가장 혁신적이고 광범위한 변화를 수용한 것으로 평가받는다. 세계적인 공중보건 문제를 지역에서부터 지구적 차원까지 종합적으로 통제하는 근본적인 지배구조를 마련한 것으로, 이전의 규약과는 차원이 달랐다. 특히 새로운 질병 통제를 위해 WHO의 권한이 대폭 강화됐다. 이를 위해 가장 필요한 시설이 바로 전략보건운영센터와 같은 컨트롤타워였다. 훗날 전략보건운영센터 팀장을 맡은 폴 콕스(Paul Cox)는 이 총장의 선견지명을 매우 높이 평가했다.

이 센터가 2005년 IHR가 개정돼 2007년 시행되기도 전에 지어졌다는 점을 기억해야 해요. IHR 개정은 WHO에 새로운 권한을 위임해줬어요. 질병이 발생한 국가들이나 저희 측에 지원을 요청한 국가들에 상황이 어떤지를 물을 수 있는 권한이었죠. 2007년 6월 새로운 IHR가 시행되던 그날, 우리는 큰 규모로 실제 상황을 가장한 훈련을 해봤어요. 센터의 모든 기능이 완벽하게 돌아갔죠. 그 순간, 그 자리에 있던 모든 사람의 마음속에 생전의 그의 모습이 떠올랐죠.

WHO에서 이 센터 직원들은 상황이 발생하면 30분 안에 대응체계를 갖추는 것이 의무다. 이 센터 시스템이 활성화되기까지는 1시간이 채 걸리지 않는다.

2009년 멕시코에서 시작된 신종 인플루엔자 대유행과 2014년 아프리카에서 출몰한 에볼라 바이러스, 2015년 사우디아라비아와 한국 등을 강타한 메르스(중동호흡기증후군), 그리고 2019년 11월 중국 우한에서 시작해 오랜 기간 전 세계를 공포에 떨게 한 신종 코로나바이러스 감염증(코로나19) 대유행에 이르기까지 이

- 이 총장이 조직 내부의 반대가 있었음에도 강하게 밀어붙여 1년여 만에 완공한 '전략보건운 영센터(SHOC)'. 일명 '쇼크룸'으로 불렸다.
- 유엔 사무총장 코피 아난(왼쪽)이 참석한 가운데 전략보건운영센터를 시범 운영해 보이는 이 총장.
- 프랑스 외무장관 필리프 두스트블라지(Philippe Douste-Blazy, 왼쪽)가 이 총장으로부터 센터에 대한 설명을 들으며 환하게 웃고 있다.
- 코피 아난과 함께 센터 운영 시스템에 대해 설명을 듣는 이 총장.

센터는 질병 통제를 위한 컨트롤타워로서 없어서는 안 될 존재가 됐다. 이 총장 사후, 센터의 이름이 '이종욱 전략보건운영센터(JW Lee SHOC)'로 바뀐 것도 그의 노력과 가치를 기리기 위한 것이 었다.

고통의 땅,
그 현장 속으로

"WHO 국제공무원으로서 제게 맡겨진 직무를 충성심, 재량, 양심을 다해서 수행하고, WHO의 이익만을 마음속에 두고 행동을 제한해 그 직무를 다할 것이며, 저의 직무 수행과 관련해 WHO 외부의 어떠한 정부나 기타 당국으로부터의 지시도 구하거나 받아들이지 않을 것을 엄숙히 선언합니다."

2003년 5월 21일 세계보건총회에서 사무총장으로 승인을 받은 이 총장은 192개국의 회원국 앞에서 약정서에 서명하고 선언했다. 이후 그의 삶은 오롯이 WHO와 인류, 그리고 공중보건을 위한 것이었다. 특히 이날 WHO는 '담배규제기본협약(Framework Convention on Tobacco Control, FCTC)'을 회원국 만장일치로 채택하면서, 시작부터 그에게 막중한 임무가 주어졌다. 이 협약은 WHO가 마련한 첫 국제협약으로, 40개국 이상이 비준해야 발효할 수 있었다.

이 총장은 취임 후 6개월간 이 협약과 관련한 회의에 참석하기 위해 핀란드 헬싱키를 자주 오가야 했다. WHO의 6개 지역위원

회가 열린 요하네스버그와 마닐라, 빈, 뉴델리, 워싱턴, 카이로에
도 빠질 수 없었다. 모든 회원국이 그의 연설을 기다리고 있었다.

일정은 끊임없이 이어졌다. 유니세프와의 회담을 위해 미국 뉴
욕에, 런던 위생학·열대의학대학(LSHTM)을 방문하기 위해 영국
런던에, 유럽의회 의원들을 만나기 위해 벨기에 브뤼셀에, 네덜란
드 왕립 결핵연구소 100주년을 기념하기 위해 헤이그에, 알마아
타 선언 25주년을 위해 알마티에, WHO 집행이사들과 회합을 갖
기 위해 가나 아크라에, '세계 에이즈의 날' 기념으로 잠비아 리빙
스턴에, 1차 보건의료에 관한 국제 세미나에 참석하기 위해 브라
질 브라질리아에 가야 했다.

한 달에 적게는 2개국, 많게는 5개국을 방문하는 게 보통이었
다. 출장 일수만 한 해 150일을 넘을 정도였으니, 그의 일정이 얼
마나 강행군이었는지 짐작하기 어렵지 않다.

2004년 12월 26일 새벽 1시, 인도양에서는 대규모의 지진과
쓰나미가 발생했다. 40년 동안 일어난 지진 중 가장 큰 규모였다.
인도네시아와 스리랑카, 방글라데시, 미얀마 등 아시아지역뿐만
아니라 멀리 아프리카 소말리아 해변까지 무시무시한 쓰나미가
덮쳤다. 몰디브와 세이셸과 같은 작은 섬나라들은 초토화됐다. 짧
게는 15분, 길게는 7시간의 여유가 있었지만, 생전 처음 겪는 재
난에 모든 국가가 속수무책이었다.

마침 WHO에는 이런 긴급한 상황에 대비해 만든 전략보건운

영센터가 시험 가동 중이었다. 하지만 담당 부서였던 공중보건 위기대응팀에는 사람이 아무도 없었다. 지진이 발생한 그 시각, 제네바는 하루 전날인 12월 25일 오후 7시로 직원들은 대부분 집에서 크리스마스 연휴를 즐기고 있었다. 마침 건물에 있던 사무총장 비서실장 빌 킨(Bill Kean) 혼자 다른 직원들이 복귀할 때까지 센터를 지켜야 했다. 당시 상황에 대한 그의 기억이다.

제 기억이 맞다면 그때가 박싱데이(Boxing Day, 성탄 연휴)였어요. 그때 건물 7층에 있었던 사람은 저 혼자뿐이었죠. 쓰나미로 수많은 나라가 피해를 보았고, 온 사방에서 정보들이 쏟아져 들어왔어요. 온갖 매체들이 쏟아낸 정보와 피해를 본 나라들로부터 산발적으로 들어오는 정보들까지 다 이곳으로 모였죠. 덕분에 우리는 모든 정보에서 가장 앞설 수 있었어요.

뒤늦게 합류한 데이비드 나바로가 이끄는 위기대응팀은 전략보건운영센터에 곧바로 투입돼 비상사태 대응책을 조율했다. 지진과 쓰나미로 사망한 사람은 무려 28만 명에 달할 것으로 추정됐다. 이 일을 계기로 위기대응팀의 운영 시스템은 대폭 수정됐고, 직원들이 일하는 자세도 달라졌다.

이 총장은 새해 첫 주에 곧바로 인도네시아 반다아체와 스리랑카의 갈, 암파라 등 피해 현장을 찾았다. 현장은 참혹 그 자체였다. 이 총장의 전담 수행원인 지니 아널드(Gini Arnold)가 정리한 출장 보고서를 보면 현장의 참상이 고스란히 느껴진다.

군인들이 하루에 시신 3000구 이상을 수습하고, 하루 105톤의 식량이 배급된다. 잔해 정리는 민간 용역업자들이 맡아서 하고 있다. (중략) 우리 팀은 차로 해안과 병원들과 시내를 둘러보면서 쓰나미와 지진으로 발생한 파괴의 심각성을 목격했다. 내륙 쪽으로 7km 지점까지 엄청난 수해를 입었다. 시신을 담은 자루가 길가에 줄지어 있고, 가족 가운데 한 사람이라도 잃지 않은 가정이 없었다.
우리는 보건 시스템이 겪고 있는 부담도 목격할 수 있었다. 제일 큰 병원은 기능 정지 상태였고, 보건 종사자의 50%가 사고로 희생됐다. 이 때문에 자원봉사자들이 남아 있는 병원에서 직원 노릇을 했다. 가장 큰 보건상의 문제는 골절과 괴저, 호흡기 감염, 설사 등이었다. 그런 참사에도 불구하고 생존자들의 투지를 목격할 수 있었다. 이들은 집 안을 청소하고 잔해를 치우는 등 복구 노력을 시작하고 있었고, 삶을 재건하기 위해 힘쓰고 있었다.

이 총장은 인도네시아에서는 지프를 타고, 스리랑카에서는 헬기를 타고 돌아다녀야 했다. 공식적인 기록으로 남길 수 있는 사실이 있는가 하면, 그럴 수 없는 것들도 있었다. 이를테면 수많은 시신이 썩어가는 냄새와 다치거나 아프거나 가족 잃은 사람들이 자아내는 분위기, 그리고 이를 보면서 느끼는 심리적 고통 같은

이종욱 평전

것들이었다.

이 총장 역시 큰 충격을 받았다. 하지만 해당 국가 지도자들에게 긴급히 필요한 물자의 지원을 약속하고, 조언과 위로를 전하면서 차분히 대처했다. WHO는 필수의약품과 수질 정화용 알약, 항생제, 구강수분보충염(탈수증 치료제) 등을 긴급 제공하고, 임시 수용소에 대한 전문적인 위생과 사체를 관리하는 일들을 집중적으로 지원했다. 하지만 갈수록 보건시설과 서비스를 재건하고 복구하는 일이 더 중요해졌다.

이 총장은 전 세계에 대대적인 지원과 모금을 호소해 70억 달러에 달하는 지원 약속을 받아냈고, 그중 6700만 달러가 최악의 피해지역 보건 활동에 사용되도록 WHO에 전달됐다. 그는 "다시 찾아오겠다"는 약속을 잊지 않고 1년 후 피해 지역 복구 현장과 난민 캠프를 방문해 보건 실태를 점검했다.

쓰나미가 세계 보건의 주요 이슈를 압도하는 동안 '사회적 결정요인위원회'를 2005년 3월에 발족시키기 위한 준비도 이뤄지고 있었다. 이 위원회는 '정책 지원 근거 및 정보' 부문을 이끄는 에번스 국장이 보건정책의 원리에 대한 관심을 높이기 위해 제안한 것이었다. 생명공학이 전례 없는 질병 치유력과 예방력을 획득했지만, 그 혜택이 인류에게 돌아가는 정도는 사회적 선택에 달려 있다는 것이었다. 나아가 이 위원회는 경제적 부를 얻기 위한 수단이라기보다 그 자체가 목적인 보건에 초점을 맞췄다.

이 총장은 자신이 공약으로 내세운 '3 by 5'의 부족한 자금을 확보하기 위해 선진국 지도자들을 만나러 다니면서, 다른 한편으로는 결핵이나 에이즈 치료제가 없어 하루에도 수천 명씩 사망하는 아프리카와 아시아 등 가난한 나라들을 직접 찾아가는 것 또한 잊지 않았다.

그곳에서 병들고 헐벗고 굶주린 아이들과 앙상한 뼈를 드러낸 환자들을 직접 어루만져 위로하는 걸 두려워하지 않았다. 젊은 시절 미크로네시아와 아메리칸사모아, 피지 등 남태평양의 외딴 섬들을 돌아다니며 가난한 이들을 직접 치료하고 돌봤던 경험 때문이 아니었을까.

그 먼 거리를 가기 위해 오랜 시간 비행기를 이용하면서도 이 총장은 항상 이코노미석을 고집했다. WHO 사무총장 관용차도 준중형 하이브리드 승용차로 바꿨다. 이 총장이 주변 사람들에게 밝힌 이유인즉 이랬다.

"세계인의 건강을 책임진 WHO 사무총장인 내가 환경을 생각하지 않을 수 없잖아. 당연히 환경을 생각하면 하이브리드 자동차를 선택할 수밖에. 예전부터 사무총장이 되면 그렇게 하겠다고 결심하고 있었거든."

이 총장의 운전기사였던 패트릭 슈발리에(Patrick Chevalier)는 매년 1, 2월 다보스에서 열리는 세계경제포럼에 참석하기 위해 이 차를 몰고 눈 속에 파묻힌 고지대의 호텔까지 올라간 적이 있

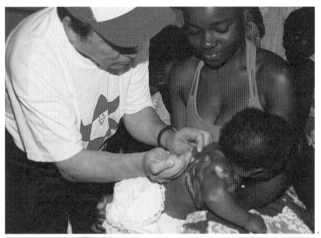

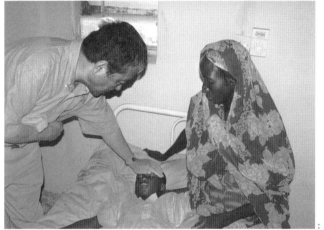

2003년 9월 앙골라를 방문한 이 총장이 아이에게 직접 소아마비 백신 주사를 놓고 있다.

2004년 7월 수단을 방문해 병원에 입원한 아이를 살펴보는 이 총장.

다. 벤츠 같은 대형 승용차들은 올라갈 엄두도 내지 못했다. 이 총장은 이 회의에서 만난 고위 인사들에게 자기처럼 좋은 차를 사라고 농담을 던지며 즐거워했다.

관용차는 업무와 관련된 공용 목적 이외에는 절대 이용하지 않았고, WHO 직원 이외의 외부인은 태우지 않았다. 니옹에 있는 집에서 제네바 사무실까지 출퇴근할 때는 물론 주말이나 휴일에는 10년 정도 된 자신의 빨간 볼보 승용차를 직접 운전해 다녔다. '가난한 나라의 분담금으로 호강을 할 수 없다'는 게 그의 오랜 지론이었다.

이 총장의 모습을 카메라에 담았던 전속사진사 크리스토퍼 블랙은 WHO 결핵국에서 근무했던 권준욱(국립보건원장 겸 중앙방역대책부본부장)에게 훗날 사진 한 장을 내밀면서 "이 총장을 가장 잘 보여주는 사진"이라고 설명했다. 그 사진은 첫 출장을 간 아프리카의 한 공항에서 석양이 저무는 늦은 오후, 수행원 없이 혼자 비행기에서 내려서 한 손에는 가방을 들고 다른 한 손으로는 캐리어를 끌고 트랙을 터벅터벅 걸어가는 모습이었다.

이 총장은 출장을 다닐 때 처음에는 혼자 다니거나 방문 목적에 맞는 전문성을 갖춘 직원을 그때그때 찾아 함께 다녔다. 하지만 몇 개월 후 브리핑과 일정, 약속, 예약, 기록, 합의나 약속 관리, 그 밖의 출장 관련 세부사항을 꼼꼼히 챙겨줄 전담 수행원이 절실히 필요해졌다. 이때 합류한 수행원이 바로 지니 아널드(Gini

이종욱 평전

Arnold)였다. 영국 케임브리지대학 인류학과 출신으로 31세의 여성인 그녀는 결핵 퇴치사업 때 이 총장을 도왔고, 이언 스미스에 이어 2003년 글로벌약품조달기구 관리자로 일했던 사람이었다.

아널드는 이 총장을 수행하면서 많이 힘들었지만, 그만큼 또 많은 걸 느꼈다. 2004년 사흘간 러시아를 방문했을 때의 일이다. 이 총장은 상트페테르부르크에 있는 에이즈 고아원을 찾아가 아이들을 아주 따뜻하게 대했다. 40여 명의 아이가 보건부의 항레트로바이러스 치료를 받으면서 위탁 가정이 나타날 때까지 그곳에서 살고 있었다. 아널드는 그곳에서 이 총장의 자상한 면모를 봤다. 훗날 그녀의 회상이다.

"사무총장님은 아이들을 정말 다정하게 대했어요. 사진으로는 안 나타나는 모습이지요. 사람들이 카메라를 들이대면 어색해지는 분이니까요."

한편 '담배규제기본협약'은 2004년 11월 30일 협약 발효의 필요조건인 40개국이 비준함으로써 2005년 2월 28일부터 발효됐다. 이 협약은 이 총장에겐 남다른 의미가 있다. 어린 시절 아버지가 과도한 흡연으로 폐암에 걸려 사망했던 아픈 기억이 있다. 그 때문에 그는 평소 흡연을 무척 싫어했다.

이 총장은 12월 6일 미국 메릴랜드주 베세즈다에서 열린 '21

세기 보건 연구의 도전'이라는 주제의 강연에서 그 의미를 다시 한 번 강조했다.

"세계적으로 볼 때 우리가 매년 500만 명의 사망을 막을 수 있는 간단한 방법으로 비흡연을 적용하려면 아직도 갈 길이 멉니다. 그러는 가운데 500만이라는 숫자는 2020년이면 1000만 명으로 늘어날 것으로 보입니다. WHO의 담배규제기본협약은 2005년 2월 27일부터 발효될 것입니다. 지난주에 페루가 40번째 가맹국이 됐습니다. 이로써 이 협약은 모든 가맹국에서 법적 구속력을 갖게 됐습니다. 이것은 대단한 성취로 자축할 필요가 있습니다. 하지만 이런 협약의 지원이 있다고 하더라도 담배 관련 질병들이 줄어들기 위해서는 정부와 일반 대중의 결단력 있는 행동이 시급합니다."

2005년 말이 되자 이 총장은 피로감과 함께 혈압이 좀 높은 것을 발견하고 일정을 좀 줄이기로 했다. 그래도 일정은 쉴 없이 이어졌다. '새천년 발전 목표' 회의와 재원 마련 문제로 프랑스 파리에, 말라리아 문제로 카메룬 야운데에, '세계백신면역연합' 회의로 인도 델리에, 영·유아 생존 문제로 영국 런던에, 독감 유행에 관한 지원국 회의 때문에 중국 베이징에, 세계 보건의 날 기념으로 잠비아 루사카에, AI가 중동과 중앙아시아로 번지자 터키와 아제르바이잔에, G8 보건장관 회의에 참석하기 위해 러시아 모스크바에 갔다.

이종욱 평전

2005년 10월 진도 규모 7.6의 대지진이 발생한 파키스탄 북동부 무자파라바드 지역을 돌아보는 이 총장.

그의 일정은 단순히 방문으로 그치는 것이 아니었다. 가는 곳마다 기자회견이나 언론 인터뷰가 뒤따르는 경우가 많았고, 회의에선 모든 이들의 관심이 그의 행동과 발언에 집중됐다. 그만큼 답변에 신중해야 했고, 또 자신의 발언에 책임을 져야 했다. WHO 본부가 있는 제네바에서도 참여해야 할 공식적인 행사가 많았다. 여기에 유엔 산하의 수많은 국제기구와 회원국들과의 관계도 항상 신경 써야 했다. 아무리 건강하고 대외 활동이 체질에 맞는 사람이라고 하더라도 버티기 힘든 가혹한 일정과 업무였다.

이종욱 평전

더 큰 꿈,
그리고 황우석

이 총장은 165cm의 작은 키에, 연설도 그다지 잘하는 편이 아니었다. 그렇다고 화술이 뛰어난 것도 아니었다. 사무총장으로 선출되기 전에는 연설 코치를 고용한 적도 있지만, 자리에 오른 뒤로는 따로 코치의 도움을 받거나 연습도 하지 않았다.

하지만 그의 연설은 듣는 이들에게 상당한 호감을 느끼게 했다. 그 자신만의 독특한 유머와 위트, 그리고 상상력을 발휘해 웃음을 선사하거나, 연설의 시작을 현지 국가의 언어를 사용해 청중을 놀라게 한 게 어느 정도 효과를 봤다. 어쩌면 사무총장이라는 자리가 주는 무게감 때문에 반전 효과가 더 컸던 것일 수도 있다.

2004년 4월 '세계 보건의 날' 행사에 참석한 이 총장은 프랑스 대통령 자크 시라크(Jacques Chirac)와 함께 그해 주제인 교통안전에 대해 연설해줄 것을 요청받았다. 이 총장은 이날 연설을 프랑스어로 시작해 시라크를 깜짝 놀라게 했다. 마침 국제사회에서 널리 사용하는 프랑스어를 배우고 있던 터라 그에겐 그리 특별한 노력이 필요치는 않았다. 하지만 자신에 대한 배려로 생각한 시라크가 호감을 느끼기에는 충분했다.

　이 총장의 가장 큰 장점은 어느 누구와도 쉽게 친해지는 것이었다. 주변 사람들은 친화력이 타고났다고 말하지만, 실제로는 그렇지 않았다. 이 또한 그의 열정과 호기심 그리고 노력의 결과였다. 훗날 레이코 여사의 회고다.

　남편은 친구를 사귀는 데 천재였어요. 몇 년을 보지 못한 사람도 불과 몇 주 전에 봤던 친한 친구처럼 편하게 대했죠. 남편은 사람을 처음 만나면 이런저런 대화를 나눈 뒤 서점에 가서 그 사람의 관심사나 국가에 대한 책을 찾아 읽어요. 그 사람에게 관심이 생기면 더 많이 읽죠. 그런 다음 다시 만나면 친한 친구처럼 서로의 관심사에 대해 많은 이야기를 나눌 수 있고, 그만큼 더 가까워지죠. 남편은 자신과 다른 교육을 받았거나 다른 취미를 즐기는 사람들에 대해 무척 흥미로워했어요. 이런 식으로 그의 관심사와 학습 분야가 크게 확장됐죠.

　이 총장의 이런 성향과 노력은 WHO 사무총장에 오른 이후 더욱 빛을 발했다. 이제는 그가 세계적으로 꽤 유명해진 인사인 데다 그의 영향력 덕을 보려는 사람들도 많아졌기 때문이다. 그만큼 만날 수 있는 층과 선택의 폭이 넓어졌다는 이야기다.

　한번은 스페인 국왕 후안 카를로스 1세(Juan Carlos I)와 단독

회담 일정이 잡힌 적이 있었다. 이 총장은 회담을 하루 앞두고 마드리드에 있는 프라도 미술관을 찾아 역대 왕들의 초상화를 감상했다. 그러고는 다음 날 국왕을 만나 "어제 당신 조상들을 많이 만났다"고 인사말을 건넸다. 그 순간 국왕이 무슨 뜻인지 몰라 무척 당황스럽고 어리둥절한 표정을 짓자, 이 총장은 하루 전날 미술관에 들렀던 이야기를 했다. 국왕은 그때서야 이해하고 파안대소를 터뜨렸다.

이집트 대통령 호스니 무바라크(Hosni Mubarak)와 회담할 때는 1973년 욤 키푸르 전쟁(4차 중동전쟁)을 대화의 소재로 끄집어냈다. 당시 공군 참모총장으로 참전했던 무바라크의 경력을 참고한 전략이었다. 전쟁 때 자신이 했던 역할을 떠올리며 시작한 무바라크의 이야기는 쉽게 끝날 줄 몰랐다. 예정된 회담시간은 15분이었지만, 40분이 지나도 계속됐다. 급기야 보좌관이 들어와 대사 몇 명이 임명장을 기다리고 있다는 사실을 조심스럽게 상기시키고 나서야 그 이야기는 멈췄다. 이 총장이 대동한 비서와 지역사무처장과 함께 느긋하게 접견실에서 나오자, 기다리던 대사들 중 일부는 시계를 가리키며 이 총장 일행을 향해 인상을 찡그렸다.

2005년 6월에는 영국 왕세자 찰스 윈저(Charles Windsor)의 런던 관저를 방문했다. 이 총장을 수행했던 WHO 직원 로버타 릿슨은 두 사람이 만나자마자 죽이 맞아 보였다며 다음과 같이 회고했다.

두 분은 의자 끝에 앉아 몸을 앞으로 기울인 채 대화에 푹 빠졌어요. 이 총장이 전통 의학과 영국 왕실에 대해 너무 해박한 것을 보고 깜짝 놀라서 저는 없어도 될 뻔했다는 생각을 했어요. 찰스 왕세자는 그의 가족 모두 대체의학에 관심이 많고, 특히 할머니가 그렇다고 얘기했어요. 자신도 그 분야에 관심이 많으며, 특히 영국 국가보건서비스에서 대체요법에 대한 인식을 넓혀야 한다는 말도 하더군요. 이 총장은 왕가의 배경에 대해 적절히 언급할 줄 알았고, 중국 약초나 한국 민간요법, 인도의 전통 치료법에 관해 이야기했어요. 왕세자는 아주 흥미롭게 들었지요.

이 만남은 예정보다 30분 이상 길어졌다. 이 총장이 찰스 왕세자에게 2006년 세계보건총회 때 연설을 부탁한 것도 이때였다. 찰스 왕세자는 처음에는 자신에게 그만한 지식이 있겠냐며 고사했지만 분명 흥미를 느끼는 듯했다. 그리고 자신이 주장하는 대의에 대한 지지를 얻을 좋은 기회로 보는 것 같았다. 이 총장이 다시 권하자 찰스 왕세자는 한번 생각해보겠다고 했고, 며칠 뒤 WHO의 공식 초청장이 오자 수락했다. 흥미로운 건 당시 릿슨의 눈에 비친 두 사람의 모습이었다.

이종욱 평전

세간의 주목을 많이 받아온 왕세자가 다소 어색해하면서 반지를 계속 매만진 반면 이 총장은 시종일관 여유로워 보였어요.

매년 5월 열리는 세계보건총회는 WHO 회원국이 모두 모여 건강과 관련한 주제를 논의하고 정책을 결정하는 최고 의결기관이다. 이 자리에 서서 연설을 한다는 것 자체만으로도 굉장히 흥분되고 영광스러운 일이다. 이 총장은 이런 기회를 정치적으로 적절히 활용했다.

그가 사무총장이 된 후 처음 열린 2004년 세계보건총회에는 전직 대통령이자 노벨 평화상 수상자인 한국의 김대중과 미국의 지미 카터(Jimmy Carter)를 함께 초청해 세계 평화의 의미와 가치를 되새기는 시간을 가졌다. 이듬해인 2005년에는 몰디브 대통령 마우문 압둘 가윰(Maumoon Abdul Gayoom)에게는 작은 섬나라가 기후변화로 얼마나 많은 피해를 보고 있는지, 또 빌 게이츠(Bill Gates)에게는 빌&멀린다 게이츠 재단의 업적과 계획에 대해 알릴 수 있는 시간을 할애했다.

이 총장이 총회 개막 행사의 일환으로 빈 필하모니 오케스트라를 초빙해 연주하도록 한 것도 연설의 극적 효과를 더해주었다는 좋은 평가를 받았다. 빈 필하모니 오케스트라의 연주 역시 평소 문화와 예술에 관심이 많았던 이 총장이 연주회에 자주 다니면서 쌓은 친분 덕분에 가능했다.

이 총장은 WHO 본부 건물 주변에 기념식수를 하는 것으로도 세계적인 인사들과 관계의 폭을 넓혔다. 이 총장이 남태평양 피지에서 시작해 이 자리에 오기까지 많은 도움을 줬던 서울대 의대 은사인 권이혁 박사는 이곳 방문을 기념해 자작나무를 심었다. 2005년 3월에는 스페인 국왕 내외가 호두나무를, 그해 10월에는 코피 아난 유엔 사무총장이 단풍나무를 심었다. 또 2006년 4월에 노르웨이 국왕 내외가 물푸레나무를 심은 데 이어 5월 23일에는 세계보건총회 연설을 위해 방문한 영국의 찰스 왕세자가 자작나무를 심었다.

이처럼 다양한 방법으로 이 총장이 친분을 다진 저명인사들이 많았다. 특히 중국 주석 후진타오와 러시아 대통령 블라디미르 푸틴, 미국 대통령 조지 W. 부시, 프랑스 대통령 자크 시라크 등은 개인적으로도 친분이 깊었다. 이 네 사람은 유엔 안전보장이사회의 5개 상임이사국 중 4개국의 수반이었다.

이 총장의 이처럼 폭넓은 친분과 활발한 활동은 WHO의 기부금 확대에 기여했을 뿐만 아니라 세계적 보건 응급 상황에 대처하는 측면에서도 큰 도움이 됐다.

그런데 어느 때부터였을까. 이 총장은 더 큰 꿈을 꾸기 시작했다. 바로 유엔 사무총장이라는 자리에 오르는 것이었다. 날이 갈수록 국제 공중보건보다 정치에 대한 관심이 많아졌다. 그가 프랑스어를 배우기 시작한 것도 사실 이 때문이었다. 유엔 사무총장은 프랑스어를 해야 할 일이 많았다. 그의 프랑스어 실력은 듣는 사람이 당황스러울 정도로 별로였지만 그는 그만두지 않았다. 그만큼 그 자리를 향한 목표가 분명했던 건 아닐까.

이 총장을 지근거리에서 보좌하면서 누구보다 그의 속내를 잘 알았던 김용은 오랫동안 비밀로 간직한 이야기 한 토막을 훗날 털어놨다.

그가 WHO 사무총장으로 선출되고 1년 후부터 한국에서 국회 의원들이 찾아왔어요. 그때 그는 자신이 유엔 사무총장이 되는 게 어떨지에 대해 터놓고 얘기했죠. 한국말로 대화를 했으니 WHO 직원들은 아무도 알아듣지 못했고 저만 이해했어요. 이걸 다른 사람들이 아는 건 좋지 않을 것 같아 저는 아무에게도 말하지 않았어요. 그도 제가 그랬다는 걸 알았을 거예요. 그의 시선은 항상 밖으로 향하고 있었어요. 단순히 야망 때문만은 아니었던 것 같아요. 그는 국제주의(Internationalism)의 이상, 글로벌리즘의 이상을 믿었어요. 자신이 글로벌리즘을 직접 경험한 사람이기도 하죠. 일본 여성과 결혼했고, 제3국 이외에는 가족이 함께 살 곳이 없었죠. 그 때문인지 그는 다른 문화와 다른 사람들에게 열린 태도를 갖는 것에 꽤 진지한 사람이었어요.

이 총장이 생전에 유엔 사무총장에 뜻이 있었다는 것을 기억하는 이들은 꽤 있다. 실제 불가능한 꿈이 아니었다.

2006년은 새로운 유엔 사무총장을 선출하는 해였다. 사무총장은 상임이사국 5개국과 2년 임기의 비상임이사국 10개국 등 모두 15개국으로 구성된 안전보장이사회의 추천으로 총회에서 지명한다(유엔 헌장 97조). 사무총장으로 추천받으려면 9개 이사국 이상의 지지가 필요한데, 5개 상임이사국이 거부권을 행사할 수 있다. 결국 5개 상임이사국의 발언권이 절대적일 수밖에 없는 구조다.

주목해야 할 것은 사무총장 자리에 '지역순환 원칙'이 암묵적으로 작용하고 있다는 점이다. 7대 유엔 사무총장인 코피 아난(아프리카)의 뒤를 이을 후임자는 이제 아시아·태평양지역에서 나올 차례였다. 당시 이 지역을 대표해 한국의 반기문 외교통상부 장관이 유력한 후보로 떠올랐다. 한국 정부의 희망사항이기도 했다.

그런데 WHO 사무총장과 유엔 사무총장 모두 한국인이 되면 다자간 체제에 불균형을 초래할 수 있어 논란의 여지가 있었다. 이런 상황에서 미국 측에서 이 총장을 지지하는 움직임이 있었다. 그에게 유엔 사무총장 후보를 제안했다는 소문까지 돌았다. 이 총장이 유엔 사무총장에 오르면 다자간 체제 불균형 우려를 불식시킬 수 있는 데다 지역순환 원칙도 지켜질 수 있었다.

이 시기에 이 총장은 유엔 안전보장이사회 상임이사국 중 발언권이 가장 센 미국과 러시아의 수반인 조지 부시와 블라디미르 푸틴을 만나기도 했다. 두 사람 모두 이 총장과 친분이 두터웠던 만큼 이 총장이 나설 뜻만 있다면 특별히 반대할 이유가 없었다.

오히려 부시에게는 이 총장이 유엔 사무총장을 맡는 것이 정치적으로 도움이 되는 측면이 있었다. 2003년 3월 유엔 승인도 없이 일방적으로 이라크 전쟁을 일으킨 부시는 시간이 흐를수록 '거짓 정보에 속아 저지른 무모한 전쟁'이라는 평가와 비판 속에서 궁지에 몰리는 형국이었다. 이런 시점에 미국(하와이)에서 교육을 받았고, 미국 의사자격증 보유자이면서 가장 친한 친구들과 조언자들이 미국인이었던 이 총장이 그나마 국제사회에서 미국의 입장을 가장 잘 반영해줄 후보라고 판단하지 않았을까.

2005년 12월 6일, 부시는 WHO 사무총장으로서는 처음으로 이 총장을 백악관 집무실로 초청해 그와 독대한 후 기자들 앞에서 "이 박사는 훌륭한 공직자(good public servant)"라고 치켜세우면서 "당신을 집무실에서 맞이할 수 있어 자랑스럽다"고 말하기도 했다. 이날 두 사람의 만남은 11월 초 회담에 이어 불과 한 달 만에 이뤄진 것이었다.

한국 정부 역시 이 총장의 움직임에 신경을 쓰지 않을 수 없었다. 반기문보다는 국제 문제를 다룬 경험이 더 많고, 국제사회에서의 지명도나 위치가 더 높은 이 총장이 더 경쟁력이 높았기 때문이었다.

이 총장은 한국을 방문할 때 시간이 나면 제네바 한국대표부와

WHO에 근무하면서 사무총장 선거를 도와줬던 보건복지부 공무원들과 저녁 식사를 함께했다. 이 자리에서 한번은 슬쩍 지나가듯이 이런 말을 한 적이 있다.

"외교부가 이번엔 내가 유엔 사무총장 나간다고 할까 봐 신경을 많이 쓰는 것 같아."

이 총장이 실제 유엔 사무총장 출마를 준비하고 있었던 것인지, 아니면 외교부가 과거 자신의 WHO 사무총장 출마를 반대한 것을 꼬집어 우스갯소리로 했던 것인지는 모를 일이다. 그가 이 세상에 없으니.

한편 이 총장이 WHO 사무총장에 오르자 청탁이나 민원을 위해 접근하는 사람들이 부쩍 많아졌다. 스위스 제네바에는 36개의 국제기구와 각국 공관 200여 개소, 그리고 420여 개의 국제 비정부기구가 모여 있다. 이곳에 근무하는 외교관 차량에는 중요한 순서에 따라 순번이 매겨져 있다는 게 정설이다. 그런데 WHO가 3번이다. 1번이 유엔 유럽본부, 2번이 국제노동기구(ILO)다. 국제 사회에서 WHO의 위상이 그만큼 높다는 것이고, 이 기구의 사무총장 역시 대단한 자리라는 의미다.

이 총장은 열정과 위트가 넘치고 대단한 친화력을 갖고 있지만, 자신의 속내는 잘 드러내지 않는 스타일이었다. 물론 예외적으로 자신의 고민과 속내를 털어놓는 친한 친구들도 있었다. 이 총장과 1977년 한국 춘천에서 처음 만나 30년 가까이 친분을 이어온 혜

- 2003년 11월 프랑스 엘리제궁에서 만난 프랑스 대통령 자크 르네 시라크(Jacques René Chirac)와 이 총장. 두 사람은 이후에도 여러 차례 만나 친분을 다졌다.
- 2005년 12월 미국 대통령 조지 부시는 이 총장을 백악관 대통령 집무실로 초청해 환담을 가졌다. 국제기구 수장을 집무실로 초청한 것은 매우 이례적인 일이었다.
- 중국 주석 후진타오와 악수하는 이 총장. 그는 2003년 사스가 출현했을 때 당선자 신분으로 처음 방문한 이후 여러 차례 중국을 방문했다.
- 2005년 3월 WHO 제네바 본부를 방문한 스페인 국왕 후안 카를로스(Juan Carlos) 부부를 반갑게 맞이하는 이 총장.

스 부부(존과 린)와 같은 이들이다. 훗날 존 헤스의 회고를 들어보면 이 총장과 이 부부의 관계가 얼마나 특별했는지 알 수 있다.

종욱이 사무총장으로 선출된 직후인 2003년 7월, 그는 WHO의 혈액 안전에 관한 특별고문 자격으로 저와 린을 제네바로 초청했습니다. 공항까지 마중 나온 그와 재회한 우리는 니옹에 있는 그의 작은 아파트에서 함께 지냈어요. 저는 이틀간 혈액 안전에 관한 글로벌 프로그램에 참여했고, 매일 밤 종욱과 저녁 식사를 하면서 대화를 나눴죠. 종욱이 미국 워싱턴에 방문했을 때는 베세즈다(Bethesda, 워싱턴 교외 주거지역)의 저희 집에서 식사를 함께했습니다. 제가 제네바에서 종욱과 함께 머물렀던 게 두 번이고, 종욱이 미국 저희 집에 와서 식사를 한 게 세 번일 겁니다. 그가 사무총장을 지낸 1000일 중 8~9일 밤을 함께 보낸 셈이죠. 그는 린과 제가 함께 머문 유일한 사람이라고 말한 적이 있어요.

이 총장은 이들 부부와 많은 대화를 나눴다. 그의 혈압 문제와 스키, 자전거 타기 등 사소한 일상생활에서부터 WHO 조직 혁신과 담배규제기본협약 등 주요 현안에 이르기까지 다양했다. 그는 전 세계를 다니면서 만난 인사들과의 에피소드도 가끔 털어났다. 하지만 그를 힘들고 고민스럽게 만든 것은 그가 부적절한 일을 하기를 원하는 사람들의 집요하고 끊임없는 접근이었다. 이어지는 존 헤스의 회고다.

　예를 들면 이런 겁니다. 콜롬비아 정부는 효과가 없는 '파타로요(Patarroyo)' 말라리아 백신이 승인받을 수 있도록 도움을 주길 원했고, 중앙아프리카의 매우 가난한 나라의 한 독재자는 새로 지은 대리석 궁전에서 '더 많은 돈을 구하는 것이 자신의 일'이라고 말했다고 하더군요. WHO 내부에서도 비슷했던 것 같아요. 'WHO에는 1만 개의 관심사를 가진 1만 명의 사람이 있다'는 그의 말은 유명합니다.

　그런데 한국 정부도 그에게 원하는 것이 있었다. 2004~2005년 사람의 체세포를 복제한 배아 줄기세포 배양에 성공했다고 유명 과학잡지 〈사이언스〉에 발표한 데 이어 개를 최초로 복제했다고 또 다른 과학잡지 〈네이처〉에 발표해 세계적으로 주목받던 서울대 수의학과 교수 황우석이 '노벨 의학상'을 받을 수 있도록 도와달라는 것이었다. 이런 요구는 당시 노무현 정부의 여러 고위급 관계자를 통해 이 총장에게 직간접적으로 전달됐다. 이미 정부 차원에서 '황우석 노벨상 추진위원회'까지 만들어진 상황이었으니, 이 총장으로서는 매우 당황스럽고 우려스러운 일이었다.
　마침 이 총장의 막내 동생인 종구(성공회대 사회학과 교수)가 노무현 정부의 여러 인사와 매우 긴밀한 관계에 있었다. 서울대 사회학과 72학번이었던 종구는 대학 시절 '민청학련' 사건에 연루돼 구속됐다가 풀려난 운동권 출신으로, 당시 국무총리 이해찬, 통일부 장관 정동영 등이 함께 옥고를 치른 이른바 '감방 동지'들이었다. 종구 역시 노무현 대통령 자문위원으로 활동하고 있었다. 이 때 종구는 이 총장으로부터 전화를 자주 받았다. 종구의 회고다.

그때 형이 전화를 많이 했어요. 황우석에 대해 경고 좀 해라, 굉장히 위험한 일이 벌어지고 있다고요. 형은 "노벨상이라는 것이 나중에 성과를 인정받아야 받을 수 있는 것인데, 추진위원회를 만들어서 공작이나 정치를 해서 받겠다는 것부터가 말이 안 될뿐더러 황우석의 연구가 국제 학계에서 그리 대단한 것도 아니다"라고 했어요. 그러면서 한국 사회가 지금 황우석에게 다 속고 있다고 걱정했죠. 한국의 모든 과학계가 방향을 잃고 휩쓸려 돌아갈 때, 형은 의료인이자 보건을 책임지는 국제기구의 수장으로서 객관성을 유지하고 이를 바로잡으려고 노력했다는 점은 평가받아야 하지 않나 싶어요.

결국 2005년 11월부터 시작된 언론의 집중 보도와 검증을 계기로 꾸려진 서울대 조사위원회의 조사 결과, 황우석이 발표한 논문은 모두 허위로 드러나면서 국내뿐만 아니라 국제적으로 큰 파문을 일으켰다. 이 총장은 그 직후 한 언론사와의 인터뷰 형식을

이종욱 평전

빌려 짤막한 논평을 남겼다.

"과학 논문의 조작은 학계에서 철저히 검증과 재검증을 거치기 때문에 결국은 다 드러납니다. '정직한 과오'는 인정받습니다만, 그 과오가 도를 넘어섰을 때는 개인뿐만 아니라 국가에도 피해가 미치는 법입니다. 황우석 교수 사건이 국내의 줄기세포 연구 분야에 깊은 좌절을 안겨준 것은 정말 안타깝습니다."

'1만 개의 관심사 가진
1만 명의 조직'

이 총장이 취임하고 WHO 조직 내 분위기는 관료주의적이고 엄숙했던 이전과는 사뭇 달라졌다. 이 총장은 직원들은 물론이고 건물에서 일하는 청소부와도 편하게 인사하고 대화를 주고받았다. 가끔 건물 구내식당에서 식사를 하는 경우에는 평직원과 나란히 줄을 서서 차례를 기다려 식판에 음식을 담아 계산하고 먹었다.

이 총장이 건물 내를 걸어서 돌아다니다가 누군가의 사무실이나 회의실에 불쑥 들어가서 일이 어떻게 돌아가는지 확인하는 것도 이전 사무총장과는 다른 모습이었다. 처음엔 깜짝 놀라 불편해하는 이들이 있었지만, 대부분 곧 생각이 바뀌었다. 직원들이 무슨 일을 하는지 항상 마음에 두고 있고, 뭔가 더 필요한 게 없는지 말할 기회를 주는 것이라는 사실을 알았기 때문이다.

이 총장은 관용차에 탈 때도 뒷자리가 아니라 앞자리 조수석에 앉았다. 운전기사에 대한 존중의 의미가 컸고, 부수적으로 프랑스인이었던 슈발리에와 대화하면서 프랑스어를 배울 수 있어서였다.

이처럼 격의 없고 소탈한 이 총장의 모습은 그가 추진했던 WHO 조직 개혁의 방향과도 맞닿아 있었다. 이 총장이 전체 직원들과의 첫 회의에서 밝힌 개혁 방향은 크게 두 가지였다. 한 가지는 제네바 본부에 집중된 자원을 6개 지역사무처와 각 회원국으로 분산 배치해 WHO의 존재감과 영향력을 개별국 수준에서 강화하는 것이었다.

또 한 가지는 WHO 내부 분위기를 좀 더 개방적이고 협력적으로 바꾸기 위해 사무실 배치를 개방형 구조로 바꾸는 것이었다. 예를 들어 자신의 사무총장실을 트인 구조로 바꾸면 사무총장과 직원들이 같은 공간에서 근무하게 되고, 그만큼 의사소통과 조직 내 협력이 강화돼 업무 효율을 높일 수 있을 것으로 기대했다.

'WHO에는 1만 개의 관심사를 가진 1만 명의 사람이 있다'는 게 평소 WHO를 바라보는 이 총장의 시각이었다. WHO와 같은 전문기구의 조직원들은 모두 뛰어난 전문지식과 능력을 갖춘 만큼 자존감이 강하고 각자의 세계가 분명하다. 그만큼 모래알처럼 파편화된 조직원들은 관리하기도 이끌기도 쉽지 않다. 서로 간의 경쟁도 무섭도록 치열하다. 이 총장이 사무실 분위기를 바꾸려고 한 이유도 바로 이와 같은 조직의 특성과 무관치 않았다.

하지만 시간이 흘러도 이 총장이 바라던 변화는 나타나지 않았다. 오랜 기간 고착화된 조직 시스템의 변화를 거부하는 조직 내 반발은 예상보다 강했다. 그동안 해오던 관성에서 쉽게 벗어나지 못했던 것이다. 이언 스미스의 회고다.

WHO는 빠르게 변화하는 조직이 아니에요. 전 세계에서 8000명의 직원이 일하는 아주 거대한 조직이고, 장기적으로 프로젝트를 진행하는 곳이에요. 조직 개혁은 아주 오랜 시간이 걸리는 프로젝트였습니다. 급진적인 변화보다는 점진적으로 변화를 해야했어요. 인력의 이동이 없이 본부에서 각 지부로 30%의 예산을 이동시킬 수는 없잖아요. 가장 먼저 본부의 한센병 부문을 동남아시아지역사무처로 옮겼습니다. 동남아 지역에서 나병 이슈가 컸었거든요. 어려웠던 부분 중 하나는 직원들이 달가워하지 않는 인사이동이었다는 점입니다. 이미 제네바에서 자리를 잡았고 가족들과 함께 지내고 있었으며, 미래의 계획이 있었던 것이죠. 이종욱 사무총장이 가져왔던 변화 중 일부는 큰 환호를 받지 못했어요.

심지어 이런 일도 있었다. 원조에 대한 대가로 뇌물을 받은 직원 한 명이 징계위원회에 회부된 적이 있었다. 그런데 징계위원회는 곧바로 해당 직원에게 잘못이 없다며 아무런 징계 없이 종결지었다. 이 총장이 자초지종을 알아보니 징계위원회 구성원 대부분이 예전에 비슷한 일로 조사를 받은 적이 있었던 것으로 드러났다. 결국 이 총장은 징계위원회를 해산시키고, 해당 직원에게 직접 징계 조치를 내렸다. 이 총장과 가까운 한 지인은 그가 조직 내부의 인사로 스트레스를 많이 받았다고 회고했다.

WHO 직원 1만 명 중 4000명이 제네바에서 근무합니다. 대부분 훌륭한 인재들이지요. 하지만 이들 중에는 자격 미달인데도 회원국 지도층과 관계가 있는 사람들이 적지 않았고, 이들은 '제1세계에서 1급 연봉을 받으며' 살기를 원했죠. 이 총장은 이런 사람들에 둘러싸여 일해야 했습니다.

담배도 이 총장과 직원 간 갈등 요인 중 하나였다. 이 총장은 흡연과 관련된 질병과 사망을 줄이기 위해 담배규제기본협약을 만들고 더 많은 회원국이 참여하도록 노력하는 WHO에서 담배를 피우는 사람은 직원이 될 자격이 없다고 생각했다. 직원 채용 과정에서도 흡연 유무는 중요한 판단기준으로 작용하기도 했다. 지금은 당연한 기준이 됐지만, 당시엔 이런 조처에 대해서도 내부 불만이 있었다.

이 총장의 개혁 시도와 이에 저항하는 조직 간의 갈등은 급기야 인사 문제에서 폭발했다. 2005년 11월 30일 WHO 제네바 본부에서 직원들의 파업으로 업무 중단 사태가 일어났다. 1948년 설립 이후 처음 있는 일이었다. 파업 참여 인원에 대해서는 지지하는 측은 700명이라고 주장하는 반면, 반대 측에선 350명으로

깎아내렸다. 마치 시위할 때 경찰 추산과 주최 측 추산이 다른 것처럼.

파업 이유는 여러 가지였다. 당시 파업 주도자들 내건 주장은 이랬다.

> 임직원 관계의 파행을 초래한 주된 문제점은 협의 부족과 의사결정 관여, 직원 및 재원 관리 부실, 직원 선발 과정에서 직원 대표 배제 (이로써 규칙과 절차에 대한 신뢰가 훼손됨), 외부 채용에 대한 중단 요구 거부(해고와 고용 병행), 고도의 괴롭힘, 조직 내 사법제도 도입 방해, 용인할 수 없는 수준의 연고주의와 정실인사, '임시' 계약의 지속적인 남용 등이었다.

하지만 이런 문제는 어제오늘 제기된 게 아니었다. 15년간 자리를 지켰던 하프단 말러(Halfdan Theodor Mahler, 1973~1988) 사무총장 재임 시절부터 있었던 문제들이었다. 직원들의 불만이 커진 것은 결국 '단기 계약직' 때문이었다. 단기 계약직은 정규직 전환 등 좀 더 나은 근무 조건을 희망한 반면, 그동안 유엔 본부가 내놓은 공식 입장은 단기 계약직의 계약 갱신을 막는 것이었다. 이에 생계에 위협을 느낀 많은 직원들이 본능적으로 적대적인 반응을 보인 것이었다.

이 총장의 정책자문이었던 케네스 버너드(Kenneth Bernard)는

이종욱 평전

당시 상황을 이렇게 회고했다.

직원협의회는 단기 계약직인 11개월 계약을 없애고 싶어 했습니다. 그들은 그 제도가 사람들을 속여서 급여와 수당, 근속연수, 퇴직금 등을 가로채는 일이라고 했는데, 일리가 있는 주장이었어요. 그런데 뉴욕(유엔 본부)에서 '좋다, 그럼 정규직으로 흡수되지 못한 11개월 계약직 직원들은 11개월 계약 대상에서 전부 제외하겠다'고 했지요. 그러자 직원협의회는 이렇게 생각했어요. '어 그거 좋지. 전부 정규직이 되겠구나.' 하지만 결과는 일 잘하는 직원들만 정규직으로 전환되고 나머지는 계약이 해지된 거예요. 직원협의회 활동가들 가운데 일부는 '나는 WHO에서 평생이 보장되는 정규직이 될 자격이 충분한 사람이야. 그런데도 나를 쫓아내는 건 나를 우롱하는 일이야'라고 생각했어요. 제가 아는 한 파업은 그 이상의 차원이 아니었습니다.

이 총장은 마음이 상했다. 그는 버너드에게 잔뜩 푸념을 늘어났다.

"그들은 그럴 자격이 없어. 여긴 유엔 기구야. 전문직은 유엔의 정규직이 될 자격이 없어. 전문직은 와서 한동안 일하다가 자기 나라로 돌아가는 거지."

일부 직원들이 파업의 뜻을 굽히지 않자 이 총장은 직원 전체를 상대로 이메일을 보냈다. 인내심이 강한 것으로 익히 알려졌던 그였지만, 이메일 내용을 보면 평정심을 잃은 것이 분명했다.

'사무총장이 모든 직원에게 전하는 메시지'라는 제목의 이메일은 직원들의 우려, 특히 이 험난한 전환기의 불안을 이해는 하지만 파업에 대해서는 전혀 공감할 수 없다고 지적했다. 그러면서 본부 사람들에게도, 다르푸르(수단)나 바그다드(이라크) 같은 곳에서 고생하는 사람들이나 아프리카와 아시아 현장에서 일하는 사람들에게도, 우리의 도움을 받는 사람들에게도 유익한 일이 아니라는 점을 분명히 했다.

이 총장은 한발 더 나아가 파업을 단념해야 할 이유 세 가지를 제시했는데, 하나같이 자신의 강경한 의지를 담은 메시지였다.

- 업무는 지속돼야 합니다. 그러니 파업 참여 의사를 밝힌 직원들은 자신의 업무가 필수적인 성격의 것이라면 파업을 할 수 없다는 사실을 각자의 사무총장보에게 통보받게 될 것입니다.
- 파업에 참여하는 직원들은 업무에 임하지 않는 기간 동안 급여를 받을 자격이 없다는 점을 숙지하시기 바랍니다. 그러므로 업무 중단에 동참할 직원들은 오늘 중으로 해당 사무총장보에게 참여 의사를 문서로 꼭 제출하기 바랍니다.
- 그밖에 해고 등 징계 조치를 포함한 다른 조치도 고려하고 있습니다.

단도직입적으로 '파업하지 말라'는 경고였다. 직원들은 진퇴양난에 빠졌다. 두려움 때문에 소신을 꺾을 수도 없고, 그렇다고 조직을 흔들고 그 과정에 자신을 위태롭게 하는 것도 선뜻 내키지 않는 일이었다. 이 때문에 파업에 참여할 의사가 없다가 화가 나서 참여한 사람들이 있는가 하면, 참여하려다가 놀라서 마음이 바뀐 사람들도 있었다. 결과적으로 이 총장의 메시지는 참여 인원에 별 영향을 주지 않았고, 파업을 막는 데도 실패했다.

파업은 아무런 타결 없이 끝났고, 직원협의회는 집행이사회에 진술서를 제출하기로 했다. 이 총장은 이메일을 통해 밝혔던 경고를 실행에 옮기지 않고 좀 더 유화적인 태도를 보였지만 직원들의 불만은 좀체 가라앉지 않았다. 그렇다고 더 악화하지도 않았다.

사실 유엔 기구에서는 임원과 직원의 구분이 뚜렷하지 않다. 기업의 노조 비슷한 조직이라곤 직원협의회뿐이다. 최고위층을 포함해서 모두가 직원협의회 소속인 데다 수많은 자리가 위계에 상관없이 일종의 관리직이다. 이 때문에 직원협의회 자체가 단일한 입장을 취하거나 의견을 한데 모으기 어렵다.

이런 구조적 한계 속에서 집행이사회에 제출할 진술서 역시 마찬가지였다. 문제가 있다고 판단되는 부분에 대해 강경하고 구체적으로 보고하자는 측이 있는가 하면, 신중하고 일반적인 언술로 우려를 표명하자는 측도 있었다. 마감 시한까지 의견이 한데 모아

지지 않아 결국 두 가지 안 모두 작성됐다. 진술서는 집행이사회에 제출하기 전에 사무총장의 승인을 받아야 했다.

5월 19일 금요일 저녁, 이 총장은 직원협의회 위원장과 일부 회원들, 그리고 행정 담당 사무총장보와 몇몇 정책자문들을 사무실로 불러 이 사안에 대해 논의했다. 모두 잔뜩 예민한 상태였지만 이 총장은 회의 시작부터 가벼운 유머로 분위기를 풀어보려 했다. 다행히 이날 회의는 "놀라울 정도로 즐거웠다"고 기억하는 직원이 있을 만큼 원만히 끝났다. 회의에 참석했던 한 직원이 일주일 후 내부 게시판에 올린 글에서도 그런 분위기가 읽힌다.

그는 직원과 관련된 국제적 사안들을 경청하듯이, 본부 직원협의회와 지역사무처 직원협의회의 모든 우려도 해결돼야 한다는 태도였다.

그는 또 자신도 직원협의회에 회비를 내는 회원이기 때문에 투표를 할 기회가 있다면 B안(A안보다 온건한 진술서)에 표를 던지겠다고 농담조로 말했다. 그는 본부 직원협의회에 대해 자신이 보건총회에서 할 예정인 연설을 참작해달라며 WHO 직원들의 재능과 헌신, 용기 그리고 조직의 운명을 개척해나가야 할 우리 모두의 공동 책임을 생각해보길 부탁했다. 그는 이날 회의가 모든 관계자에게 이전보다 건설적인 대화의 출발점이 되기를 바랐다.

마지막으로, 그는 서류상의 글 못지않게 조직의 분위기와 정신이 중요하다고 말했다. 20년 동안 WHO 직원으로 일하면서 조직의 사명을 위해 자신을 바쳤고, 조직과 특히 조직원들 매우 아낀다고 덧

이종욱 평전

- 2006년 3월 WHO 본부 소아마비 퇴치 프로그램 담당 직원들을 위한 간담회를 열고 이들의 이야기에 귀 기울여 듣는 이 총장.
- 2003년부터 2006년 서거하기까지 이 총장을 가까이서 보좌했던 비서실 직원들. 이 총장 바로 뒤가 정책보좌관을 맡았던 이언 스미스다.

붙였다.

회의는 긍정적인 분위기 속에서 마무리됐다. 나는 사무총장이 한 마지막 회의가 그렇게 끝난 것에 늘 감사한다. 그의 갑작스러운 죽음 전의 마지막 공식 회의가 화기애애했다는 것은 매우 상징적이다.

이언 스미스 역시 이 총장이 죽기 며칠 전 직원협의회 측과 만나 오해를 풀고 화해를 했다고 기억했다. 과연 이 총장이 더 오래 살았더라면 조직의 저항, 그리고 직원들과의 대립을 완전히 극복하고 조직의 개혁을 실현할 수 있었을까. 그 답은 영원한 미지수로 남겨졌다.

"레이코는 천사고
나는 악마야"

레이코 여사가 2002년 1월 페루로 떠난 후 이 총장은 주말이면 혼자 지내는 시간이 많았다. 그는 업무에 대한 중압감과 스트레스를 해소하기 위해 주로 스키와 사이클링을 즐겼다.

스위스는 스키의 천국이다. 제네바 주변으로 가까이 쥐라산맥을 따라 수십 개의 크고 작은 스키장이 자리 잡고 있다. 이 총장은 니옹의 자택에서 가까운 라돌(La Dole)이나 레루스(Les Rousses) 스키장을 자주 이용했다. 가끔은 직원들과 함께 알프스산맥 몽블랑 근처의 레콩타민(Les Contamine)과 같은 크고 유명한 스키장들을 찾았다.

이 총장의 스키 실력은 수준급이었다. 스키 시즌이면 오렌지색 재킷과 헬멧, 장갑 차림에 최신 쾌속용 스키를 타고 가파른 슬로프를 멋지게 내려오는 그를 심심치 않게 볼 수 있었다.

스키 시즌이 끝나면 그는 자전거를 주로 탔다. 고도 373.6m에 높은 산맥으로 둘러싸인 제네바는 한여름에도 최고온도가 24~25℃ 정도여서, 한겨울을 제외하면 레만호를 따라 잘 조성된 자전거길을 따라 언제든지 달릴 수 있었다.

그런가 하면 집에서 프랑스 국경을 넘어 15분 거리에 있는 디본(Divonne)호수를 찾아 산책을 하고, 근처 조그만 레스토랑에서 식사를 하면서 휴식을 취했다. 이 호수와 레스토랑은 레이코 여사가 니옹에 있을 때 함께 자주 왔던 곳이기도 했다. 그렇게 혼자 지낸 지 어느덧 4년이 넘어섰다.

같은 기간 레이코 여사 역시 페루 리마의 빈민 지역인 카라바이요(Carabayllo)에서 가난한 여성들을 도우며 혼자 지냈다. 처음에는 파트너스인헬스[스페인어로는 소시오스엔살루(Socios En Salud)]에서 결핵이나 에이즈 환자를 돌보는 간호사들에게 영어를 가르치러 왔는데, 사람들의 교육 수준이 너무 낮은 데다 관심도 없어 보였다. 도대체 어떻게 가르쳐야 할지 몰라 6개월 정도만 해보다가 제네바로 돌아갈 생각이었다. 그러자 이곳을 소개해준 파트너스인헬스 관계자가 다른 곳으로 안내했다. 카라바이요 지역 여성들이 장식용 양초와 작은 장식품 같은 것을 만들어 파는 곳이었다. 정말 조악하기 그지없었다. 레이코 여사의 회고다.

'이런 걸 돈을 내고 살 사람이 있을까' 싶을 정도로 아주 시시한 물건을 팔고 있었어요. 저는 그냥 제네바에 가겠다고 했더니, 그 사람이 저에게 다른 걸 할 수 있는 게 있느냐고 물어보더라고요. 그래서 뜨개질이랑 수놓는 것밖에 모른다고 했죠. 그걸 가르쳐보

이종욱 평전

면 어떠냐, 한번 시작해보고 생각해도 되지 않겠느냐, 지금 당장 어디 가야 하는 것 아니면 조금 더 가르쳐주면 어떠냐고 그래요. 그래서 시작했죠. 처음에는 서너 명이었는데 10명 정도로 늘었어요.

그렇게 시작한 카라바이요에서의 생활이 이처럼 길게 이어질 줄은 몰랐다. 훗날 이 총장 사후에도 그녀는 남은 인생 대부분을 이곳에서 보낸다.

그사이 두 사람은 거의 매일 통화를 하고, 가끔 제네바와 페루를 오가면서 지냈다. 레이코 여사는 페루에서 자원봉사활동을 하다가 잠시 시간을 내 제네바에 다녀갔고, 이 총장은 페루나 주변 국가 출장길이면 항상 별도 일정을 잡아 레이코 여사를 만나는 식이었다. 레이코 여사가 자원봉사활동을 시작한 이후 이 총장이 페루에 온 것은 세 번이었다. 결핵국장 시절에 두 번, 사무총장 시절에 한 번.

이 총장이 처음 페루에 온 건 2002년 4월이었다. 볼리비아 산타크루즈에서 열린 결핵회의에 참석하러 온 이 총장(당시 결핵국장)을 레이코 여사가 만나러 갔고, 둘이 함께 페루로 왔다. 간만에 만난 두 사람은 고대 유적지인 마추픽추 등 페루 곳곳을 3~4일 함께 여행한 후 이 총장 홀로 제네바로 떠났다.

3개월 후 이 총장은 다시 페루를 찾았다. 이 총장은 리마 시내와 레이코 여사가 봉사활동을 하는 빈민 지역인 카라바이요를 이때 처음 방문했다. 정신적으로 또 육체적으로도 많이 힘들었던 레이코 여사는 잠시 휴식을 취하기 위해 이 총장과 함께 제네바로 갔다가 얼마 후 다시 페루로 돌아왔다.

이 총장이 세 번째 페루에 온 것은 사무총장이 된 후였다. 선거 때 자신을 지지해준 나라에 감사 인사차 방문하는 와중에 페루 대통령 알레한드로 톨레도의 초청을 받아 온 것이었다. 이전과는 완전히 다른 지위였던 만큼 이른 아침부터 저녁까지 일정이 빡빡했고, 페루 정부의 대우도 확연히 달랐다. 그가 카라바이요의 레이코 여사 공방에 갈 때는 위험한 지역으로 여겼는지 경찰차가 앞뒤에서 보호했다.

카라바이요 사람들은 이 총장을 무척 반겼다. 준비한 식사를 마친 후에는 함께 춤을 췄다. 이 총장도 레이코 여사와 춤을 추다가 그곳 사람들과 한 사람씩 돌아가면서 춤을 췄다. 두 사람은 모처럼 행복한 시간을 보냈다. 이 총장이 페루를 떠나는 날, 레이코 여사는 헤어지는 게 너무 슬펐다.

제가 페루 리마에 계속 머물면서 카라바이요의 가난한 사람들을 위해 일하는 것이 과연 옳은 일인지 궁금했어요. 그가 사무총장으로 결정됐을 때 저는 그에게 제가 어떻게 하는 게 좋은지 물었어요. 그는 이전보다 더 많이 출장을 다니고, 제가 집에 혼자 남

이종욱 평전

겨질 것이기 때문에 제 일을 계속하는 것이 낫겠다고 대답하더군요. 저는 아직도 (그때) 제가 어떻게 해야 했는지 모르겠어요.

 사실 이 총장은 아내 없이 혼자 지내는 게 여러 가지로 불편한 점이 많았다. 주말마다 홀로 지내는 외로움은 둘째치고, 그가 가장 좋아하는 '레이코표' 핸드롤 스시를 맛볼 수 없다는 것부터 무척 아쉬운 일이었다.

 머리를 깎는 것도 이제 따로 시간을 내야 했다. 이 총장의 머리카락은 결혼하면서부터 줄곧 레이코 여사가 직접 잘라줬다. 춘천 강원도립병원 응급실에서 새벽까지 눈코 뜰 새 없이 바쁘게 일하느라 시간도 부족했고, 무엇보다 이 총장이 이발하는 걸 무척 싫어했다. 이후 하와이에서나, 아메리칸사모아에서나, 피지에서나 다른 선택의 여지가 없었다. 그러다 보니 레이코 여사가 계속 머리카락을 자르게 됐던 것이다.

 한번은 이 총장이 마닐라에서 근무하던 시절 서울에 방문했다가 머리카락이 너무 길어 잘라야 했던 적이 있었다. 이발소에 들어갔더니 이발사 중 한 사람이 이전에 어디서 잘랐는지 물었다. 이 총장이 마닐라에서 잘랐다고 하자 이발사가 하는 말이 이랬다.

 "아, 거기 이발 기술이 아주 열악한 것 같아요."

 이 총장으로부터 이 이야기를 전해들은 레이코 여사는 한참을 웃고 또 웃었다. 그 이후로도 레이코 여사는 이 총장의 머리카락을 계속 잘랐다. 그러다 레이코 여사가 페루로 떠난 이후부터 이 총장은 주로 공항 이발소를 이용했다. 바쁜 일정 중에 비행시간을 기다리는 동안 짬을 내어 이용하기 편했기 때문이 아니었을까.

또 사무총장으로서 전 세계 고위층 인사들을 만나기 위해 적절한 양복이 필요할 때면 일본에 사는 레이코 여사의 동생 유리코의 도움을 받았다.

이 총장은 이런 상황에서도 레이코 여사가 페루에서 머물면서 뭔가 의미 있는 일을 계속하기를 바랐다. 그만큼 아내를 사랑하고 배려했기 때문이다. 그는 가까운 지인들에게 가끔 "레이코는 천사고, 나는 악마"라고 말할 정도로 아내에 대한 감사와 고마운 마음을 평생 안고 살았다.

한편 이 총장은 가족과 함께 살기 위해 고국을 떠나 '세상을 향한 도전'을 시작해 온갖 역경을 극복하면서 조금씩 더 높은 목표를 향했고, 결국 WHO 수장의 자리까지 올랐다. 그리고 자신보다는 WHO라는 조직, 더 나아가 '세계 모든 사람이 가능한 한 최고의 건강 수준에 도달'하고자 하는 조직의 이상을 향해 최선을 다했다.

주목할 만한 건 이 총장이 이 과정에서 만난 수많은 인연과 도움을 준 이들을 쉽게 잊지 않았다는 사실이다. 각자의 전문성과 장점을 기억해뒀다가 적절한 기회에 중요한 역할을 맡기거나, 뜻밖의 안부 인사나 선물로 상대방을 감동시키는 식이었다.

2003년 5월 세계보건총회가 열리기 전 이 총장은 중국을 방문한 적이 있었다. 중국에서 시작해 세계 대유행 조짐을 보이던 사스를 통제하기 위해 중국 정부의 협조를 이끌어내고 WHO의 지원을 약속하기 위해서였다.

당시 중국 정부에서 이 총장의 가장 큰 조력자는 보건부 국제협력국장인 류페이롱이었다. 그런데 이 총장이 베이징에 도착하자마자 비행기에 양복 상의를 두고 내렸다는 사실을 알게 됐다. 겉옷도 없이 회의장에 들어갈 수는 없는 노릇이었다. 난감한 이때 비슷한 체구의 류가 빌려준 옷을 입고 무사히 회의에 참석할 수 있었다. 그런 인연으로 류는 나중에 제네바에서 이 총장의 비서관을 맡게 된다.

또 홍콩에서 발생한 AI에 대처하는 일을 지휘했던 마거릿 챈(Margaret Chan)이 강력한 정치적 반대를 무릅쓰고 가금류 살처분 단행을 결정해 AI 확산을 막은 사례를 눈여겨봤던 이 총장은 자신의 첫 번째 인사에서 그녀를 '인간 환경 보호' 부서 담당 국장으로 앉혔다.

이들보다 한참 앞선 인연으로 거슬러 올라가면, 이 총장이 1977년 한국 춘천에서 처음 만나 30년 가까이 인연을 이어온 존 헤스의 사례를 들 수 있다. 존 헤스는 1993년부터 2001년까지 월터 리드 미 육군연구소(Walter Reed Army Institute of Research) 혈액연구부 사령관으로 근무한 혈액 분야의 전문가로,

적혈구 저장 및 적혈구 대체물에 관해서는 세계적인 권위자였다. 이 총장은 그에게 WHO의 혈액 안전에 관한 특별고문을 부탁했다. 단순히 오랜 인연 때문만이 아니었다. WHO에 혈액에 대해 마땅한 전문가가 없는 상태에서 누군가 혈액 관련 프로그램을 지켜볼 믿을 만한 사람이 필요했던 것이다.

이 총장이 마닐라 서태평양지역사무처 질병관리국장 시절 그를 보좌했던 한 비서는 사무총장 선거 당일 전혀 예상치 못한 전화를 받고 깜짝 놀랐다. 그녀의 훗날 회고다.

그가 사무총장에 출마했을 때 제가 마닐라에서 도움을 드린 게 좀 있어요. 저는 진심으로 이 총장님을 지지했죠. 선거 당일에 개표 결과를 기다리고 있었는데, 그가 당선된 거예요. 저는 속으로 '내 책임자였던 분이 이제 사무총장님이 되셨구나'라고 생각했죠. 그런데 몇 시간 후 저에게 직접 전화를 걸어오신 거예요. 총장님은 제 이름을 부르시더니 "내가 당선됐어!"라고 하셨죠. 정말 다정하고 귀여웠어요. 저는 그 순간을 절대 잊지 못해요. 정말 멋진 통화였어요.

이처럼 이 총장은 아내는 물론 주변 사람들에게 매우 인간적이었고 다정한 사람이었다. 한국 보건복지부에서 WHO로 파견 나온 공무원들에게도 항상 관심을 두고 시간이 날 때마다 챙겼다.

- 이 총장의 스키 실력은 수준급이었다. 가끔 WHO 직원들과 함께 스키를 타고 맥주 한잔 마시면서 스트레스를 풀었다.
- 레이코 여사가 자원봉사를 하던 페루 리마의 빈민촌 카라바이요의 뜨개질 공방 여성과 음악에 맞춰 함께 춤을 추는 이 총장.

퇴근 무렵이면 불쑥 전화를 걸어 "오늘 저녁에 시간 괜찮지?"라고 묻곤 했다. 주로 해외 장기출장을 마치고 제네바로 돌아오거나 큰 행사를 치른 뒤 편한 시간을 보내고 싶을 때가 대부분이었다. 이들과는 주로 제네바에 있는 한식당에서 한국 음식을 즐기곤 했다.

또 이 총장은 단 하나의 선물이나 기념품도 집으로 가져간 적이 없다. 전 세계를 다니면서 만나는 고위 인사들에게 받은 기념품이나 총장실로 들어온 선물들은 연말 자선행사에 전부 내놓았다. 선물을 원하는 직원들에게 일정한 금액의 쿠폰을 구입하게 하고, 이들을 대상으로 추첨해서 나눠주는 식으로 모금했다. 그리고 그 돈은 전액 러시아 상트페테르부르크의 한 고아원에 전달했다. 이 총장이 2004년 방문하면서 인연이 시작된 이 고아원은 부모가 모두 에이즈로 사망해 홀로 남겨진 아이들을 돌보는 곳이었다. 매일 아침, 이 총장은 출근하자마자 신문을 봤다. 그런데 보건 분야보다 정치나 다른 분야의 기사를 주로 챙겨 읽었다. 그래야 세상을 좀 더 폭넓게 이해하고, 옳은 결정과 판단을 할 수 있다고 생각했기 때문이다. 오랜 기간 지근거리에서 이 총장을 보좌했던 이언 스미스의 회고다.

세상에 관해 이종욱 총장처럼 넓고 깊은 지식을 가진 사람은 한 번도 만나보지 못했어요. 역사, 정치, 예술, 문학, 과학 등 모든 분야에서 조예가 굉장히 깊었죠. 역사학자와 역사에 대해 깊은 대

이종욱 평전

화를 할 수 있었고, 정치인들과 민감한 정치적 이슈를 놓고 토론할 수 있었고, 문학가들과 문학에 대해 이야기를 나눌 수 있었죠. 세상을 이해하고 싶어 하는 굶주림 같은 것이 있었던 것 같아요. 그에게는 그런 것들을 하나로 모을 수 있는 놀라운 힘이 있었어요. 모든 것이 연관돼 있고, 보건 분야에만 집중해서는 사람들의 건강 문제를 해결할 수 없다는 것을 너무 잘 알고 있었어요. 그리고 보건 분야에 관해 옳은 결정과 판단을 내리기 위해 전 세계의 지도자들에게 어떻게 영향력을 미칠 것인지에 대해 항상 생각했어요. 아주 대단한 사람이었죠.

마지막
산책

스위스의 5월은 꽃들의 천국이다. 하얀 수선화가 푸르른 들녘에
눈처럼 내려앉고, 레만호수 주변으로 다채로운 튤립이 저마다의
색깔을 뽐낸다. 야트막한 산자락에 핀 갖가지 철쭉과 이름 모를
들꽃들은 저 멀리 알프스 만년설을 배경으로 봄날의 따사로움을
더욱 감사하게 한다.

2006년 세계보건총회를 일주일 앞둔 5월 14일 일요일. 이 총
장은 모처럼 주말을 함께 맞은 레이코 여사에게 프랑스 앙시
(Annecy)에 다녀오자고 했다. 총회가 시작되면 곧 페루로 떠날
아내와 함께 있을 시간이 별로 없기 때문이다. 이 총장은 몹시 피
곤해 보였다. 레이코 여사는 집에서 쉬는 게 좋겠다고 했지만, 여
느 때처럼 그의 고집을 꺾을 수는 없었다.

프랑스 동부에 위치한 앙시는 중세시대의 건물과 흔적이 오롯
이 남아 있는 작고 오래된 도시다. 알프스 빙하가 녹아내린 물이
담긴 아름다운 앙시호수와 그 투명하고 맑은 물에 비친 장엄한
알프스의 모습은 한 폭의 그림처럼 아름답고 황홀하다. 이 총장의

이종욱 평전

집이 있는 니옹에서 앙시까지는 1시간 남짓한 거리다.

　이 총장은 탄 지 벌써 10년이 훌쩍 넘어 35만km 이상 달린 낡은 빨간색 볼보 승용차를 몰고 집을 나섰다. 그런데 금세 졸음이 쏟아졌다. 얼마 가지 못해 잠시 차를 세우고 20분쯤 눈을 붙였다가 다시 출발했다. 그러기를 한 차례 더. 레이코 여사는 집으로 돌아가서 쉬자고 했지만 이 총장은 괜찮다고 고집했다.

　앙시는 두 사람이 종종 호숫가를 산책하거나 오래된 도심을 거닐며 여가를 즐기던 곳이었다. 앙시에 도착한 두 사람은 호숫가 근처에 차를 세워두고 산책을 시작했다. 한적한 공원과 호수, 그리고 저 멀리 만년설이 쌓인 몽블랑산이 보였다. 하지만 얼마 걷지 못하고 의자에 잠시 앉아서 쉬어야 했다. 레이코 여사가 보기에 이 총장의 안색이 너무 힘들고 안돼 보였다.

　"너무 힘들면, 그냥 집으로 돌아갈까?"

　"그래. 그럼 그렇게 하자."

　순간, 레이코 여사는 내심 너무 놀랐다. 이 총장이 순순히 "그만하자"고 했던 건 결혼한 이후 그때가 처음이었다. 뭔가 이상했다. 하지만 이 총장은 집으로 돌아와 좀 쉰 다음, 월요일부터 또다시 평소처럼 바쁜 일정을 소화해냈다.

　그 주 금요일 오후, 이 총장으로부터 집에서 저녁 식사를 하겠다는 전화가 왔다. 사무총장이 된 이후부터 저녁 식사 시간을 집에서 보낸 경우는 극히 드물었다. 처리해야 할 일과 미팅 일정이 많아 저녁 식사 시간조차 쪼개 써야 했기 때문이다. 하지만 모처럼 페루에서 온 아내가 일주일 내내 집에서 혼자 저녁 식사를 하는 게 마음에 걸렸던 모양이다. 이 총장은 그날 저녁 중국식 만두를 포장해가지고 들어왔지만, 시간이 너무 늦어 레이코는 이미 간단히 저녁 식사를 마친 뒤였다. 결국 이 총장 혼자 만두를 먹어야 했다.

다음 날(20일) 토요일 아침, 레이코 여사는 이 총장이 좋아하는 주먹밥 두 개를 아침 식사로 준비했다. 두 사람은 주말에 가벼운 소풍이나 짧은 하루 여행을 다녀올 때면 항상 주먹밥을 준비했다. 좋은 레스토랑에서 식사를 할 수도 있지만, 우연히 발견한 흥미롭고 아름다운 장소에 잠시 차를 세워두고 그 풍광을 즐기면서 먹는 주먹밥 맛에 비견할 바가 아니었다. 그렇게 두 사람은 주먹밥에 거의 중독되다시피 했다.

이날 아침부터 이 총장은 심한 두통을 느꼈다. 하지만 그는 주먹밥 두 개를 "이거, 정말 맛있다"며 행복한 표정을 지으면서 다 먹었다. 레이코 여사가 평생 잊을 수 없는 그의 마지막 모습이었다.

사무실로 출근한 이 총장은 중국 보건장관인 가오치앙과의 점심 약속을 앞두고 월요일에 열릴 총회 준비에 몰두했다. 총회 연설 원고 작성자와 의논하던 중 두통이 더 심해진 그는 두통약(파라세타몰) 한 알을 먹었다. 그 자신이 의사였지만 몸이 보내는 '심각한 경고'를 알아채지 못한 채 업무 부담에 따른 스트레스성 두

이종욱 평전

통으로만 여겼던 것이다. 하지만 두통은 사라지지 않았고, 오히려 온몸을 짓누르는 피로감이 급격히 몰려왔다.

12시 30분 가오치앙과 다른 중국 관리들이 WHO 측 직원들과 함께 중국의 유엔 대표단 연회장에서 이 총장을 기다리고 있었다. 이 오찬은 세계보건총회 기간에 제기될 현안들에 관한 견해와 정보를 나누기 위해 해마다 열리는 정례 행사 같은 것이었다. 조금 늦게 도착한 이 총장은 농담처럼 "두통거리가 너무 많다"면서 두통약을 한 알 더 먹었다.

사실 이 총장은 잠시 얼굴만 비치고 양해를 구한 뒤 집으로 돌아가 쉴 생각이었다. 하지만 막상 자리에 참석하니 기다리던 이들에게 미안했는지 오찬 테이블에 앉았다. 식사 중 평소 그답지 않게 말이 없었다. 동석한 WHO 직원들에게 대만이나 국제보건규약 등의 문제에 대해 대신 이야기해달라고 부탁했다. 음식은 먹지도 않았다. 그러다 세 번째 코스 요리가 나올 즈음, 옆방에 가서 잠시 누워 있는 게 좋겠다면서 양해를 구했다.

함께 참석했던 의사인 마거릿 챈과 빌 킨은 이 총장을 서둘러 부축해 소파로 가서 눕게 했다. 그러자 갑자기 구토를 한 이 총장은 다시 자리에 누웠다가 이내 의식을 잃고 말았다. 식사 중이던 사람들이 모두 일어났고, 누군가 급하게 구급차를 불렀다. 몇 분 뒤 도착한 구급차는 이 총장을 싣고 곧바로 병원 응급실로 달려 갔다. 구급차 소리가 들리자마자 이 총장 때문일 것이라고 느꼈던 운전기사 슈발리에는 상황을 파악하고 곧바로 니옹으로 레이코 여사를 모시러 갔다.

이언 스미스는 집에서 세계보건총회를 준비하다 빌 킨의 전화를 받았다.

"이언, 문제가 생겼어요. 총장님이 쓰러지셨어요."

충격적인 소식이었다. 그날 오후 두 건, 일요일 아홉 건의 약속을 취소하는 건 그리 어려운 일이 아니었다. 당장 월요일에 열릴 세계보건총회가 문제였다. 사무총장석에 누구를 앉힐 것인지, 아니면 비워둘 것인지, 회의는 또 누가 주재할 것인지 서둘러 결정해야 했다. WHO 설립 이후 단 한 번도 없었던 비상사태였으니, 다들 극심한 혼란에 빠질 수밖에 없었다.

이 총장이 쓰러진 원인은 뇌졸중(허혈성 뇌경색증)이었다. 각 부문을 책임지는 사무총장보와 국장 등 WHO 고위 관리자들이 모여 대책을 논의하는 동안 이 총장은 뇌혈전 제거 수술을 받았다. 그런데 수술 후 2차 출혈이 생겨 재수술을 받아야 했다.

그날 저녁 수술을 집도한 의사는 기다리던 레이코 여사와 이 총장의 가까운 두 친구, 샐리 스미스(이언 스미스의 아내이자 유엔에이즈계획 고문), 케네스 버너드에게 나쁜 소식을 전했다. 환자가 아직 살아 있기는 해도 인공호흡기를 통해 생명을 유지할 뿐이며 회복될 가능성이 없다는 것이었다.

이 총장이 쓰러졌다는 소식은 한국의 가족들과 미국에 있는 김용에게도 곧바로 전해졌다. 누나 종원은 쉽게 믿기지 않았다. 불과 이틀 전인 18일, 전화로 조카 결혼식 준비까지 꼼꼼히 챙기던 살뜰한 동생이었기 때문이다. 종원은 만일을 대비해 막내 종구는 국내에 대기하도록 하고, 종오와 함께 곧바로 제네바로 출발했다.

미국에 있던 김용은 이언 스미스로부터 연락을 받자마자 즉시 비행기 편을 구해 제네바로 날아왔다. WHO 본부 사무총장실로 올라가니 이언 스미스 혼자 있었다. 두 사람은 서로를 껴안고 울었다. 두 사람 모두 자신이 울 수 있는 사람이라는 것을 그때 처음 알았다. 두 사람은 함께 병원으로 달려가 이 총장의 상태를 살폈지만 더 이상 할 수 있는 게 아무것도 없었다. 김용은 훗날 당시 병원의 조치가 적절했는지 의문이라고 지적했다. 그의 회고다.

솔직히 병원이 그에게 해준 치료를 저는 이해할 수가 없었어요. 병원 의료진은 그를 치료하기까지 너무 오래 기다렸어요. 만약 그가 하버드 의대 병원에 입원했더라면 죽지 않았을 거라고 항상 생각해왔어요. 제네바 병원은 너무 잘못 대처했어요. 만약 그가 서울에만 있었어도 절대로 죽지 않았을 겁니다. 서울의 병원은 즉시 출혈을 제거한 후에 바로 개두술을 시행했을 거고, 그랬다면 살았을 겁니다. 그러기에 저는 그의 죽음을 크나큰 비극이라고 생각해요.

그날 밤 레이코 여사는 중환자실에 누워 있는 남편 곁에 앉아 그가 막 의사가 돼 성 라자로 마을에 왔던 때와 자신이 결국 수녀가 아니라 그의 아내가 되기로 결심했던 때를 떠올렸다. 결혼을 앞두고 대주교가 남편에게 "자네, 가톨릭 신자가 돼야 한다는 걸 알 테지"라고 하자, 이 총장이 말로는 그렇게 하겠다고 하던 순간도 기억했다. 결혼한 뒤로 이 총장은 이따금 자신이 "레이코를 하느님한테서 훔쳤다"며 농담을 하곤 했다. 이 총장은 어쩌면 레이코 여사를 통해 종교적 안목을 갖게 됐다고 해도 좋을 터였다. 레이코 여사는 당시 상황을 회고록에 이렇게 썼다.

토요일 밤에 그이가 회복될 가망이 없다는 얘기를 듣고서 다음 날 아침에 갑자기 그 생각이 들었어요. 저는 그게 우리 둘 다 저세상으로 간 다음에 다시 만날 수 있는 유일한 방법이라고 생각했어요. 물론 성경에서는 우리 두 사람이 하늘나라에서는 더 이상 부부가 되지 않는다고 하지만 말이에요. 응급 시 어떤 신자라도 성부와 성자와 성령의 이름으로 그렇게 할 수 있다고 들었기 때문에 저도 그럴 수 있다고 생각했어요. 그래서 샐리에게 신부님을 모실 수 있는지 알아봐달라고 부탁했고, 병원 사목을 담당하는 신부님이 와주셨어요.

이 총장은 쓰러지기 얼마 전 레이코 여사에게 이런 말을 한 적

이종욱 평전

이 있었다.

"우리가 함께 가본 그 많은 성당에서 당신이 나와 충호를 위해 밝혔던 그 많은 촛불이 효험이 있었나 봐."

레이코 여사는 이 총장이 지금은 아무 의식 없이 병상에 누워 있지만, 마지막 순간에 종교에 귀의하는 것을 반대하지는 않을 것이라고 생각했다. 사랑하는 아내가 원한다면 더더욱 그러지 않았을까.

신부는 약간의 설명을 한 뒤에 영어로 임종 세례를 거행했다. 이 총장은 머리에 붕대를 감고 인공호흡기에 의지한 상태로 의식 없이 누워 있었고, 레이코 여사와 버너드, 샐리가 그 곁에 서 있었다. 세례식을 마칠 때 촛불을 켜야 했지만, 중환자실에서 불을 붙이는 게 금지돼 있어서 초를 받아두었다가 장례 미사 때 촛불을 켜기로 했다.

그날(21일) 나머지 낮과 밤 동안 이 총장은 미국에서 아들이 올 때까지 계속 인공호흡기에 의지하고 있었다. 밤 11시 20분 의사가 뇌사 판정을 내리자 레이코 여사는 눈물을 흘리며 "7시간만 기다려달라"고 애원했다. 하지만 이 총장의 몸은 이미 차갑게 식어가고 있었다. 다음 날(22일) 아침 7시 43분, 그의 심장은 완전히 멈췄다. 충호는 8시 30분에야 병원에 도착해 안타깝게도 아버지의 임종을 끝내 지키지 못했다.

그 직후 WHO는 이 총장의 서거 소식을 공식 발표했다. 당시 발표 내용이다.

> WHO의 이종욱 사무총장께서 타계하셨습니다.
> 총장께서는 토요일 오후부터 입원해 계셨으며, 뇌혈전(경막하혈종) 제거 수술을 받으셨습니다.
> WHO의 모든 직원은 총장님의 유족에게 심심한 애도를 표하는 바입니다. 저희는 지도자이자 동료이자 친구인 분을 갑작스레 잃게 돼 충격에 빠져 있습니다. 이종욱 총장은 세계 각국의 많은 사람에게 최상의 보건 서비스를 제공하는 사명을 다하기 위해 WHO를 이끌어오셨습니다.
> 그는 만 61세로 일기를 마치셨으며, 유족으로 사모님과 아드님, 누님 한 분과 아우님 두 분, 그 밖의 가족을 남기셨습니다.
> 애도의 말씀은 다음 주소로 남겨주십시오. DrLee-tribute@who.int.

이날 오전 10시 20분, WHO의 192개 회원국 대표단이 참석하는 세계보건총회가 제네바 유엔 유럽본부 건물에서 열렸다. 사회는 연례총회 의장인 스페인 보건장관 엘레나 살가도가 맡았다. 개회를 선언하고 이 총장의 서거 소식과 그동안 세계 보건 문제를 해결하기 위해 그가 보여준 헌신적인 노력과 공로에 찬사를 보냈다.

"그는 비범한 인물이었고 비범한 리더였습니다. 그의 지도력 아래 세계보건기구는 더욱 강해졌고 글로벌 보건 문제에 대한 효과적인 대응을 제공할 수 있었습니다. 그는 우리 마음속에 영원히 남을 것입니다."

살가도의 떨리는 목소리는 애통해하는 마음이 묻어났고, 그녀의 눈가는 촉촉이 젖어 들었다. 그리고 2분 동안 그를 기리는 묵념을 제안했다.

총회에 참석한 세계 각국 대표들은 일제히 자리에서 일어나 그의 죽음을 애도했다. 30분간 휴회 후 다시 시작한 총회에서는 빈 필하모닉 오케스트라가 준비한 '이 총장을 기리는 느린 악장'을 연주했다. 오케스트라는 그 전 두 해 동안 그랬던 것처럼 총회 개회식을 기념하기 위해 이 총장으로부터 초청을 받았으나, 이제 그를 위한 적절한 곡을 찾기 위해 빈까지 다시 갔다 와야 했다.

이 총장이 생전 마지막으로 준비했던 총회 연설은 핵심적인 부분만 빌 킨이 읽는 것으로 대신했고, 원고 전문을 모두에게 배포했다. 이 총장은 이 연설문에서 그동안 노력했던 소아마비 퇴치사업과 에이즈 '3 by 5' 캠페인의 성과, AI와 신종 인플루엔자의 세계적 대유행에 대한 경고와 전략보건운영센터의 중요성, 말라리아와 결핵 통제를 위한 방안, WHO 조직의 투명성과 책임성을 높이기 위한 개혁 방향 등을 제시했다. 그리고 연설문 말미에 그가 2003년 취임 당시 첫 총회 연설에서 강조했던 '행동'을 다시 한번 강조했다.

"유엔 개혁은 연례행사가 아니라 날마다 해야 하는 일입니다.

개혁에서 중요한 것은 말이 아니라 행동입니다. 조직은 행동으로 말해야 한다고 생각합니다."

이틀 후인 24일 수요일 오전. 제네바 노트르담 대성당에서 이 총장의 장례 미사가 거행됐다. 7명의 신부를 대동한 로마 교황청 대사가 집전한 이날 미사에는 세계보건총회 참석을 위해 제네바에 와 있던 세계 각국 대표들과 외교사절, 보건장관 등이 대거 참석했다. 또 WHO의 임직원과 이 총장의 서거 소식을 듣고 전 세계에서 달려온 동료와 친구들이 자리를 가득 메웠다.

이 총장과 가까웠던 세계 각국의 수반과 명사들은 성명을 발표하거나 조전(弔電)을 보내 애도의 뜻을 전했다. 모두 이 '위대한 의사'의 죽음을 진심으로 슬퍼했다.

"세계는 오늘 위대한 인물을 잃었습니다."

‒ 유엔 사무총장 코피 아난

"미국인을 대표해 저와 로라는 닥터 리의 갑작스러운 죽음에 크게 상심했으며, 그가 WHO에 헌신한 덕에 전 세계 수천만 사람들의 삶이 개선됐습니다."

‒ 미국 대통령 조지 W. 부시

"이 위대한 의사는 비전과 관용으로 다른 이들을 도왔으며, 그

이종욱 평전

2006년 3월 아프리카 케냐의 음바가티(Mbagathi) HIV 클리닉을 방문해 만난 19세 소년
존슨 음와카지(Johnson Mwakazi). 이 소년은 이 총장 서거 직후 열린 2006년 세계보건총
회에 참석해 자신이 직접 지은 시를 읽었다.

가 수장으로 있을 때 프랑스는 WHO와 우정과 신뢰의 관계를 맺을 수 있었습니다."

– 프랑스 대통령 자크 시라크

"그는 열정적이고 담대하며 큰 성취를 이뤘습니다. 그의 겸손함과 품위와 더 나은 세상을 향한 비전에 많은 영감을 받았으며, 그의 죽음이 저와 제 아내에게 개인적 상실이고, 전 세계에는 크나큰 손실입니다."

– 전 미국 대통령 지미 카터

아들 충호는 가족을 대표해 수많은 이들의 애도에 감사를 표하고, '너무나 자애로웠던' 생전 아버지를 가슴 깊이 추도했다.

"아버지는 도전정신 덕분에 삶과 일에서 많은 것을 이루셨습니다. 행여 엄격하거나 조급한 듯 보였다면 그건 주어진 시간에 이뤄야 할 것들이 많았기 때문이었을 겁니다. 어떤 질병을 퇴치하고자 애쓸 때이든, 어머니와 함께 아름다운 옛 성당을 보려고 할 때이든 아버지는 시간을 헛되이 보내려 하지 않으셨습니다."

이날 장례 미사가 거행된 성당 이외에도 전 세계 WHO 사무소에 마련된 추모 장소에는 사람들의 발길이 끊이지 않았다. 그리고 모든 이들의 마음속에 '영원한 WHO 사무총장'으로 남았다. 현직 사무총장으로 업무 중 순직한 경우는 전에도 없었고, 이후에도 없었다.

장례 미사 후 이 총장의 시신은 한 줌 재로 변해 고국으로 돌아와 대전 국립현충원에 안장됐다. 그가 1979년 한국을 떠난 지 27년 만이었다. 그의 묘에는 이런 비문이 새겨졌다.

A man of action
"We will move forward towards the goal of Health for all. Together, learning from the past, we can change the future of global public health."

행동하는 사람
"우리는 모두를 위한 건강이라는 목표를 향해 나아갈 것입니다.
함께, 과거로부터 배운다면,
우리는 글로벌 공중보건의 미래를 바꿀 수 있습니다."

세계보건총회가 열리는 유엔 유럽본부 건물에서 바라본
제네바 레만호와 알프스산맥.
가장 높은 봉우리가 몽블랑산이다.
이 총장의 영혼은 영원히 이곳에 남아 있을 것이다.

그가 남긴 유산

"여보,
　도와주세요."

이종욱 사무총장은 만 61세의 일기로 세상을 떠났다. 그가 남긴 재산은 12년 된 볼보 승용차 한 대가 전부였다. 집 한 칸 없었다. 그가 살던 제네바 근교 니옹의 아파트는 월세였다. WHO는 사무총장에게 관사를 제공하지 않는다.

　이 총장 사후, 페루에서 자원봉사를 하던 레이코 여사는 돌아갈 곳조차 마땅치 않았다. 이 총장이 23년간 WHO에서 근무하면서 받게 될 연금과 보험금이 일부 있었지만 비싼 월세를 내면서 니옹에서 살 수준은 아니었고, 딱히 살아야 할 이유도 없었다. 한국이나 일본에도 돌아갈 마땅한 거처가 없는 건 마찬가지였다.

　레이코 여사는 결국 다시 페루 리마 빈민가 카라바이요로 돌아갔다. 그래도 자신을 기다리고, 자신을 필요로 하는 사람들이 있는 곳을 택한 것이다. 그로부터 15년이 흐른 지금(2021년)까지도 레이코 여사는 여전히 그곳을 떠나지 못하고 있다. 그사이 가난한 빈민 여성들을 위한 공방 건물을 짓고, 이들이 알파카 울로 만든 스카프와 넥워머, 숄, 판초, 조끼, 스웨터, 모자 그리고 면직물로 만든 쇼핑백 등을 해외 여러 곳에 판매해 수익을 얻을 수 있도록 도와줬다.

레이코 여사는 한동안 이 총장에 대한 그리움과 미안함 때문에 많이 힘들었다. 자신이 이곳에서 지내면서 남편의 건강을 제대로 챙겨주지 못했던 것 아닌가 하는 생각이 많이 들었다. 그럴 때마다 후회의 눈물이 흘렀다. 그런데 어느 순간, 이 총장이 항상 옆에서 자신을 지켜주는 것 같은 생각이 들었다.

그동안 힘들 때가 많았어요. 공방을 지으려고 어렵게 지원을 받아 땅과 허름한 집을 샀는데, 지붕을 올릴 돈이 없는 거예요. 벽에 걸린 남편 사진을 보고 "여보, 도와주세요." 그랬더니 갑자기 도와주는 사람이 나타났어요. 어려운 일이 생길 때마다 남편에게 도와달라고 하면 어디선가 도와주는 사람이 나타나는 거예요. 정말 기적 같은 일이었죠. 남편 사진이 없었으면 용기가 안 날 때가 많았을 거예요. 남편 덕분에 지금까지 살아온 것 같아요.

레이코 여사는 독실한 가톨릭 신자인데도, 하나님보다 이 총장을 더 믿는 눈치였다. 어쩌면 이 총장이 생전에 그만큼 아내에게 깊은 신뢰와 믿음을 줬기 때문이 아닐까. 레이코 여사는 얼마 되지 않는 연금의 일부도 지독히 가난한 카라바이요 빈민 여성들을 돕는 데 사용하고 있다. 어쩌면 그들에게 레이코 여사는 이 총장이 남겨준 최고의 선물이자 유산이 아닐까.

한센병
'1만 명당 1건 이하로'

WHO는 한센병에 대해서는 '퇴치'라는 단어를 사용하지 않는다. 아직 한센병의 전염 경로가 제대로 밝혀지지 않았고, 한센병을 일으키는 한센균(나균)이 감염돼도 발현되기까지 20년 이상 잠복하는 경우가 있어 사실상 퇴치가 어렵기 때문이다. 대신 '제거'라는 개념을 사용한다.

이 총장이 한센병을 처음 마주한 것은 성 라자로 마을이었지만, 본격적인 치료에 나선 것은 1983년 WHO 피지사무소에 들어오면서부터였다. 이 총장은 남태평양의 수많은 섬을 찾아다니며 한센병 환자를 찾아내 치료했다. 이때부터는 댑손과 클로파지민 두 가지 약물을 사용하는 다중약물 치료로 한센병도 완치가 가능해졌고, 이 치료법을 확산시키는 중심에 이 총장이 있었다.

이종욱 평전

당시 WHO가 장기적으로 내건 목표는 유병률 '인구 1만 명당 1건 이하'였다. 이 총장은 피지에 이어 WHO 서태평양지역사무처가 있는 마닐라에서도 한센병 제거를 위해 꾸준히 노력했다. 그의 노력과 의지는 함께했던 동료와 후배들에 의해 이어졌다.

그 결과, 2019년 현재 피지의 유병률은 12명으로 인구 1만 명당 0.056 수준으로 낮아졌다. 이 총장이 자주 다녔던 솔로몬제도는 38명으로 0.63, 바누아투는 7명으로 0.23의 인구 1만 명당 유병률을 나타냈다. 또 상대적으로 인구가 많은 필리핀은 2122명의 신규 한센병 환자가 발생했지만 인구 1만 명당 유병률은 0.19로 WHO의 목표치보다 한참 밑으로 떨어뜨렸다.

'소아마비 종식' 선언 임박

소아마비(Polio)는 5세 미만 어린이에게 큰 영향을 미치는 전염성 높은 바이러스성 질환이다. 이 바이러스는 주로 대변 또는 입을 통해 전염되는데, 간혹 오염된 물이나 음식으로 전염되는 경우도 있다. 전염된 바이러스는 장에서 증식한 후 신경계를 침범해 마비를 일으킨다.

세계보건총회는 1988년 소아마비 퇴치를 위한 결의안을 채택하고 WHO와 국제로터리, 미국질병통제예방센터, 유니세프 등이 주도하는 국제 소아마비 퇴치 캠페인(GPEI)을 시작했다. 이후 빌&멜린다 게이츠 재단과 세계백신·면역연합(Gavi, Vaccine Alliance)이 캠페인에 합류해 2000년까지 소아마비 퇴치를 목표로 함께 노력했다.

1990년 서태평양지역사무처에서 새롭게 질병관리국장을 맡은 이 총장은 일본의 오미 시게루와 함께 자금을 끌어 모으고 지역 국가들에게 소아마비 백신을 확대하는 데 전념했다. 그 결과로 1990년 6000건에 육박했던 서태평양지역 내 소아마비 발병 사례가 1994년 74건으로 줄었다. 특히 1~3형의 야생 소아마비 바이러스(WPV) 중 2형은 라오스에서, 3형은 라오스와 중국, 베트남 등 3개국에서 1993년 사례를 마지막으로 사라졌다. 불과 3~4년 만에 이뤄낸 성과였다.

그 성과를 인정받은 이 총장은 1994년 5월 WHO 제네바 본부의 국제 백신·면역 프로그램 담당 국장 겸 어린이 백신사업 사무국장 역할을 함께 맡는 총괄국장에 오르면서 전 세계적인 소아마비 퇴치사업에 나섰다. 그의 노력은 곧 성과로 이어졌다.

전 세계적으로 야생 소아마비 바이러스 2형은 1999년에 박멸됐고, 3형도 2012년 11월 나이지리아에서 마지막으로 보고된 이후 사라졌다. 두 바이러스 모두 전 세계에서 공식적으로 사라진 것으로 인증됐다. 이제 남은 1형 바이러스는 오랜 내전으로 아이

이종욱 평전

들에게 백신 보급과 접종이 제대로 이뤄지지 않는 파키스탄과 아프가니스탄, 두 국가에만 남아 있다.

다만 살아 있는 균을 주입하는 '생백신(약화된 폴리오바이러스, OPV)'으로부터 소아마비 증상이 발생하는 사례가 파키스탄과 아프가니스탄뿐만 아니라 예멘과 마다가스카르, 아프리카 일부 국가들을 중심으로 새롭게 나타나면서 대책 마련이 필요해졌다. 이 백신은 경구용으로 값이 싸고 어린이들에게 투약하기에는 편하지만, 이런 부작용 때문에 죽은 균으로 만든 '사백신(불활성화 폴리오바이러스, IPV)'으로 대체해야 한다는 지적을 받는다. 문제는 비용이다. 사백신은 생백신에 비해 적게는 10배, 많게는 20배가량 비싸다.

아직 1형 바이러스가 남아 있는 파키스탄과 아프가니스탄 두 개 국가에 백신을 집중적으로 투여하고, 생백신을 사백신으로 대체할 수만 있다면 소아마비 종식 선언도 얼마 남지 않았다.

'3 by 5'는 성공한 캠페인

'2005년 말까지 300만 명의 에이즈 환자에게 항레트로바이러스 치료를 받을 수 있도록 하겠다'는 캠페인은 과연 실패한 것일까.

이 총장의 약속은 분명 지켜지지 않았다. 2005년 말까지 치료를 받은 에이즈 환자는 100만 명에 불과했다. 하지만 그가 의도했던 목표는 분명 달성하고도 남았다. 버려지고 외면당했던 개발도상국의 수백, 수천만 명의 가난한 에이즈 환자들에게 지구촌의 관심이 집중됐고, 선진국 환자들만 맞을 수 있었던 치료제가 이들에게도 제공될 수 있는 기회가 열렸다는 것만으로 큰 의미가 있었다.

유엔에이즈계획 사무총장이었던 피터 피오는 '3 by 5' 캠페인에 대해 "WHO가 본연의 역할을 하게 만든 계기가 됐으며, 2008년에는 실제로 300만 명까지 치료를 받게 됐다"고 높이 평가했다. 로버트 비글홀 역시 이 캠페인을 두창 퇴치에 필적할 만한 "공중보건 역사상 가장 위대한 업적의 하나"라고 극찬을 아끼지 않았다. 이 총장의 비서실장이었던 빌 킨은 훗날 이렇게 평가했다.

저는 이 캠페인이 실패했다는 평가에 동의하지 않습니다. 이 캠페인의 취지는 인체면역결핍바이러스(HIV) 보균자와 에이즈 환자들에게 치료제를 보급하자는 것이었어요. '3 by 5' 캠페인은 바로 그 표준이 됐죠. 지금 치료제 보급은 꾸준히 증가하고 있습니다. 저는 그런 의미에서 성공한 캠페인이었다고 생각합니다.

실제 HIV 보균자 및 에이즈 환자 중 항레트로바이러스 치료를 받은 사람은 2009년 640만 명으로 1년 전보다 두 배 이상 늘었고, 2019년 말에는 2540만 명까지 확대됐다. 그래도 아직 부족하다. 2019년 말 기준으로 HIV 보균자와 에이즈 환자는 전 세계적으로 3800만 명에 달하고, 이 가운데 67%만 치료를 받고 있다.

'이종욱 쇼크룸'과 담배규제기본협약

2019년 12월 중순에 중국 우한에서 시작한 신종 코로나바이러스 감염증(COVID-19, 코로나19)이 전 세계를 공포로 몰아넣는 데 3개월이 채 걸리지 않았다. 어쩌면 사상 최악의 대유행(팬데믹)이 될지도 모를 이런 바이러스의 출현을 이 총장은 이미 오래전에 경고했다. 바이러스는 예측 불가능하며 국경을 가리지 않기 때문이다.

이 총장이 이를 대비하기 위해 사무총장에 취임하자마자 만든 것이 바로 '전략보건운영센터(SHOC)'다. 일명 '쇼크룸'으로 불린다. 내부의 거센 반발도 있었지만 그는 강하게 밀어붙였다. 그 가치는 그가 사망한 이후 더 크게 평가받았다.

코로나19가 전 세계를 강타하자 모든 국가와 기구는 바로 이 센터에 주목했다. 각국의 전염과 통제, 치료, 백신 수급 등 모든 상황이 실시간으로 공유되고, 국경을 넘나드는 이 바이러스를 차단하기 위한 국가 간 협조와 지원이 중요했기 때문이다. 코로나19 팬데믹이 발생하기 몇 년 전 전략보건운영센터 팀장이었던 폴 콕스는 이렇게 이야기했다.

쇼크룸은 WHO가 세계적인 공중보건상의 긴급 상황에 대응하는 진정한 중심이 됐습니다. 전문적인 기술 분야에서뿐만 아니라 모든 분야에서 그렇습니다. 서로 어떻게 운영하고 상대할 것인지의 측면에서죠. 이제 사람들은 브리핑을 받으러 어디로 가야 할지 궁금해할 필요가 없습니다. 그냥 자연스럽게 이곳으로 와서 무슨 일이 벌어지는지를 파악하고 신속하게 대응하면 됩니다.

WHO는 이 총장의 뜻을 기리고 그에 대한 감사의 의미로 이 센터의 이름을 '이종욱 전략보건운영센터(JW Lee SHOC)'로 바꿨다. 그리고 센터의 규모를 더 확장해 5개의 방을 더 만들었다. 만약 그가 이곳을 만들지 않았다면, 세계적으로 바이러스의 대유행이 발생할 때마다 엄청난 혼란과 수많은 사람의 죽음은 불가피하지 않았을까.

한편 이 총장이 임기 중 심혈을 기울였던 '담배규제기본협약

이종욱 평전

(FCTC)' 비준은 2004년 11월 30일 40개국이 참여해 발효 조건을 충족했다. 이 협약은 2005년 2월 27일부터 발효됐다. 이후 참여한 국가들이 꾸준히 늘어 모두 182개국(2021년 기준)이 비준함으로써 유엔 역사상 가장 많은 국가가 참여한 국제협약이 됐다.

남들이
가지 않은 길

이 총장은 실로 파란만장한 인생 역정을 겪었다. 그리고 남들이 가지 않은 길을 선택했고, 그가 할 수 있는 최선을 다했다. 하지만 한국인 최초로 WHO라는 국제기구 수장에 오른 이후에서야 비로소 그의 삶과 그가 걸어온 길이 온전히 평가받았다.

〈타임〉지는 2004년 그를 '세계 영향력 있는 100인'으로, 그의 모교인 서울대는 2005년 '자랑스러운 서울대인'으로 선정했다. 이 총장이 서거한 후에도 평가는 이어졌다. 2008년 대한의사협회와 한미약품 공동으로 제정한 '한미 자랑스러운 의사상'을 수상한 데 이어 2010년에는 세계한센포럼에서 '한센 공로상'을 받았다.

하지만 이보다 더 의미 있는 건 이 총장이 걸었던 길을 뒤따르는 이들이 많아지고 있다는 것이다. WHO 사모아국가사무소 소속 보건의료 전문인으로 일하는 장효범은 남태평양의 섬 곳곳에서 만성질환을 치료하고 있다. 그가 이 길을 선택한 건 이 총장의 서울대 강연이 큰 영향을 미쳤다. 그가 한 방송 프로그램에서 한 이야기다.

임상의사로서의 길이 맞나, 아니면 다른 길이 맞나 고민이 많을 때 마침 이종욱 사무총장의 강연이 있었어요. 자랑스러운 서울대인 상을 받는 자리였죠. 그때까지 그런 분이 있는 줄도 일단 몰랐고, 그런 분이 유엔 기구에서 수장 자리를 차지하고 있는지도 몰랐죠. 제가 어렴풋이 생각하고 있던 개발도상국의 건강에 이바지하는 일을 이미 하고 있는 사람이 있다는 걸 알고 신선한 충격을 받았던 것 같아요. '앞으로 의사 되실 여러분들은 돈을 벌고 싶으면 다른 길을 가십시오. 의사는 사람의 생명을 살리고 건강하게 만드는 거지, 돈을 바라고 할 일이 아닙니다'라고 말씀하셨는데, 저는 그게 굉장히 좋았던 것 같아요. 그게 아직까지 마음속에 깊이 남아 있습니다.

이 총장이 일했던 WHO 남태평양사무소(피지사무소)에서 일하는 한국인도 있다. 이곳 의료체계 및 정책부서 전문직 윤창교다. 그는 한국에서 예방의학 전문의 과정을 수료하고 군의관으로 복무한 후 국제보건에 뜻이 있어 이곳에서 근무를 시작했다. 이들처럼 전 세계 곳곳에서 이 총장과 같은 길을 걷는 이들이 적지 않다.

2006년 6월 이 총장의 뜻을 기리기 위해 설립된 '한국국제보건의료재단(KOFIH)'이 매년 개발도상국 보건의료 인력 역량 강화를 위해 실시하는 '이종욱 펠로우십 프로그램' 역시 그가 남긴 또 하나의 유산이다. 2007년 우즈베키스탄에서 11명으로 시작한 이 프로그램은 2020년까지 총 29개국 1030명의 보건의료 인력을 양성했다. 이들 각자가 바로 또 한 명의 이종욱인 셈이다.

스위스 제네바 WHO 본부에 걸린 역대 사무총장 중 이종욱과 브룬틀란 사진.

참고 문헌

〈국내〉

- 권준욱. 〈옳다고 생각하면 행동하라〉. 단행본, 가야북스, 2007. 4.

- 데즈먼드 에버리(지음), 이한중(옮김). 〈이종욱 평전〉. 세계보건기구·한국보건의료재단, 2013. 11. 30

- 오영희. "한국대학입시제도의 변천 과정과 원인에 관한 연구". 경희대 교육대학원 학위 논문(석사), 1999. 8.

- 이경숙. "일제시대 시험의 사회사". 경북대 교육학 박사학위 논문, 2006, p. 60~61

- 장신. "신국제보건규칙(IHR 2005) 제정에 따른 국제보건법의 발전 – 적용범위 확대를 중심으로". 대한국제법학회 논총 제52권 제2호, 2007, p. 28.

- 최은진. "세계보건기구 담배규제기본협약의 이행을 위한 가이드라인 개발의 동향". 한국보건사회연구원 국제 보건복지 정책 동향1, 2009.

- 한국국제보건의료재단. 〈이종욱 박사〉. KOFIH, 2008.

〈국외〉

- Adler, Robert E. Medical Firsts : From Hippocrates to the Human Genome. Hoboken, NJ : John Wiley & Sons, 2004.

- Allen, Arthur. Vaccine : The Controversial Story of Medicine's Greatest Life Saver. New York : W. W. Norton, 2007.

- Beaglehole, Robert, and Ruth Bonita. Public Health at the Crossroads. Cambridge : Cambridge University Press, 2001.

- ____ . "Global Public Health : A Scorecard". Lancet 372, 6 December 2008, 1988.

- Benkimoun, Paul. Medicine objectif 2035. Paris : L'Archipel, 2008.

- ____ . "How Lee Jong-wook Changed WHO". Lancet 376, 3 June 2006, p. 1807.

- Black, Maggie. The No-Nonsense Guide to the United Nations. Oxford : New Internationalist, 2008.

- Boseley, Sarah. "Obituary, Lee Jong-wook". Lancet 367, 3 June 2006, p. 1812.

- Camus, Albert. La Peste. Paris : Gallimard, 1947.

- ____ . L'Etanger. Paris : Gallimard, 1942.

- Carter, Jimmy. Beyond the White House : Waging Peace, Fighting Disease, Building Hope. New York : Simon & Schuster, 2007.

- Chen, Lincoln. "Summary Reflections", Prince Mahidol Award Conference on Mainstreaming Healthy Public Policies at All Levels, Bangkok, January 28-30, 2009.

- Chesterman, Simon, ed. Secretary or General? The UN Secretary - General in World Politics. Cambridge University Press, 2007.

- Crabb, Charlotte. "Farmers Kill 23 Million Birds to Stop Influenza Virus". Bulletin of the World Health Organization 81, 2003, p. 471.

- Cumings, Bruce. Korea's Place in the Sun : A Modern History. New York : W.W. Norton, 2005.

- Chisholm, George Brock. Lectures by Brock Chisholm, M.D. Chapel : University of North Carolina, 1959.

- Day, M. "Obituary, Lee Jong-wook". BMJ 332, 3 June 2006, p. 1337.

- Desmond Avery. "LEE JONG-WOOK ; A Life in Health and Politics". World

Health Organization·Korea Foundation for International Healthcare, 2012.

- Douglas, J. T., S. O. Naka, and J. W. Lee. "Development of an ELISA for Detection of Antibody in Leprosy". International Journal of Leprosy 52(1) : 1984, pp. 19-25.

- Douglas, J. T., R. M. Worth, C. J. Murry, J. A. Shaffer, and J. W. Lee. "ELISA Techniques with Application to Leprosy". Proceedings on the Work on Serological Tests for Detection of Subclinical Infection in Leprosy. Tokyo : Sasakawa Memorial Health Foundation, 1983, pp. 85-90.

- Eckert, C. J., K. B. Lee, Y. I. Lew, M. Robinson, and E. W. Wagner. Korea Old and New : A History. Seoul : Ilchokak, 1991.

- Farmer, Paul. Pathologies of Power: Health, Human Rights, and the New War on the Poor. Berkeley : University of California Press, 2005.

- Fleck, Fiona. "How SARS Changed the World in Less than Six Months". Bulletin of the World Health Organization 81 (8) : 2003, p. 625.

- Foege, William H., Nils Daulaire, Robert E. Black, and Clarence E. Pearson, eds. Global Health Leadership and Management. San Francisco: Jossey-Bass, 2005.

- Garrett, Laurie. The Coming Plague : Newly Emerging Diseases in a World Out of Balance. London : Virago, 1995.

- ＿＿＿. "An AIDS Emergency Declared : WHO aims to Help Poor". Newsday, 2 September 2003.

- Havel, Vaclav. Living in Truth. London : Faber & Faber, 1989.

- Honigsbaum, Mark. Living with Enza : The Forgotten Story of Britain and the Great Flu Pandemic of 1918. London : Palgrave Macmillan, 2009.

- Institute for Health Sector Development. Independent External Evaluation of the Global Stop TB Partnership : Report. London : IHSD, December 2003.

- Johnson, N. P., and J. Mueller. "Updating the Accounts : Global Mortality of the 1918-1920 'Spanish' Influenza". Bulletin of the History of Medicine 76(1) : Spring 2002, pp. 105-115.

• Katz, Alison. "The Independence of International Civil Servants during the Neoliberal Decades : Implications of the Work Stoppage Involving 700 Staff of the World Health Organization in November 2005". International Journal of Health Services 38 (1) : 2008, pp. 161-182.

• Keating, Colin. "Selecting the World's Diplomat". In Secretary or General? The UN Secretary-General in World Politics, ed. Simon Chesterman, pp. 47-56. Cambridge : Cambridge University Press, 2007.

• Kim, Jim Yong, Joyce V. Millen, Alec Irwin, and John Gershman. Dying for Growth : Global Inequality and the Health of the Poor. Cambridge, MA : Common Courage Press, 2000.

• Kim, Jim Yong. "Dr Lee Jong-wook(1945-2006) : A Personal Tribute". Bulletin of the World Health Organization 84 (7) : 2006, p. 517.

• Lee, Kelly. The World Health Organization . New York : Routledge, 2009.

• Marmot, Michael. The Status Syndrome : How Social Standing Affects Our Health and Longevity. New York : Times Books, 2004.

• Mathiasan, John. Invisible Governance : International Secretariats in Global Politics. Bloomfield, CT : Kumarian Press, 2007.

• Meisler, Stanley. Kofi Annan : A Man of Peace in a World of War. Hoboken, NJ : John Wiley & Sons, 2007.

• Mellersh, H. E. L., R. L. Storey, N. Williams, and P. Waller, eds. The Hutchinson Chronology of World History. Oxford : Helicon, 1998.

• Muraskin, William. The Politics of International Health : The Children's Vaccine Initiative and the Struggle to Develop Vaccines for the Third World. New York : State University of New York Press, 1998.

• ____ . "The Last Years of the CVI and the Birth fo the GAVI". In Public-

Private Partnerships for Public Health, ed. Michael R. Reich, pp. 115-168. Cambridge, MA : Harvard University Press, 2002.

• Orwell, George. "Shooting an Elephant". In Inside and Whale and Other Essays. Harmondsworth : Penguin, 1957.

• Peabody, John. "An Organizational Analysis of the World Health Organization : Narrowing the Gap between Promise and Performance". Social Science & Medicine 40, 1995, pp. 731-742.

• Poter, Dorothy. Health, Civilization and the State : A History of Public Health from Ancient to Modern Times. London : Routledge, 1999.

• Porter, Roy. The Greatest Benefit to Mankind : A Medical History of Humanity from Antiquity to the Present. London : HarperCollins, 1997.

• Power, Samantha. Chasing the Flame : Sergio Vieira de Mello and the Fight to Save the World. London : Allen Lane, 2008.

• Raviglione, M, and A. Pio. "Evolution of WHO Policies for Tuberculosis Control, 1948~2001". Lancet 359, 2 March 2002, pp. 775-780.

• Raviglione, M. The TB Epidemic from 1992 to 2002. Tuberculosis 83, 2003, pp. 4-14.

• Reich, Michael T., ed. Public-Private Partnerships for Public Health. Cambridge, MA : Harvard University Press, 2002.

• Reichman, Lee B., and Janice Hopkins Tanne. Timebomb : The Global Epidemic of Multi-Drug-Resistant Tuberculosis. New York : McGrawiHill, 2002.

• UNICEF. World Declaration on the Survival, Protection and Development of Childre. Agreed to at the World Summit for Children on 30 September 1990. New York : UNICEF, 1990.

• Walters, Mark Jerome. Six Modern Plagues and How We Are Causing Them. Washington, DC : Shearwater, 2003.

• Walton, John, Jeremiah A. Barondess, and Stephen Lock, eds. The Oxford Medical Companion. Oxford : Oxford University Press, 1994.

• World Health Organization. The work of WHO in the Western Pacific Region. Manila: WHO, Western Pacific Region, 1983, 1989, 1991.

• ____ . Basic Documents, forty-sixth edition. Geneva : WHO, 2007.

• ____ . Closing the Gap in a Generation : Commission on Social Determinants of Health, Final Report. Geneva : WHO, 2008.

• ____ . Fifty-Ninth World Health Assembly, Geneva, 22-27 May 2006, verbatim records of plenary meetings, WHA59/2006/REC/2.: World Health Organization, 2006.

• ____ . International Health Regulations (2005), second edition. Geneva : WHO, 2008.

• ____ . Polio Eradication : Western Pacific Region. Manila : WHO, Western Pacific Region, 2002.

• ____ . SARS : How a Global Epidemic was stopped. Manila : WHO, Western Pacific Region, 2006.

• ____ . TB Advocacy Report 2003. Geneva : WHO, 2003.

• ____ . World Health Report 2003 : Shaping the Future. Geneva : WHO, 2003.

• ____ . World Heath Report 2004 : Changing History. Geneva : WHO, 2004.

• ____ . "Lee Jong-wook Takes Office with Pledge for Results in Countries". Bulletin of the World Health Organization 81(8) : 2003, p. 628.

• ____ . Declaration of Alma-Ata, International Conference on Primary Health Care, Alma-Ata, USSR, 6-12 September 1978. Geneva : WHO, 1978.

• ____ . "WHO Frontline Worker Dies of SARS". Bulletin of the World Health Organization 81(5) : 2003, p. 384.

• ____ . Global Tuberculosis Programme: Report of the Ad Hoc Committee on

이종욱 평전

the Tuberculosis Epidemic. London, 17-19 March 1998. Geneva : WHO, 1998.

• ____ . Tuberculosis & Sustainable Development : Report of a Conference. Geneva: WHO, 2000.

• ____ . Tuberculosis Control : Progress and Long-Term Planning. Report by the Secretariat to the Sixtieth World Health Assembly. Geneva : WHO, 2007.

• Yamy, Gavin. "Head of WHO to Stand Down". BMJ 325, 31 August 2002, p. 457.

• ____ . "WHO's Management Struggling to Transform a 'Fossilized Bureaucracy'". BMJ 325, 16 November 2002, pp. 1170-1173.

• ____ . Daily Report, No.125, Korea, June 28 1950, ccc 5 (RG 263, Records of the Central Intelligence Agency, Foreign Broadcast Information Service Daily Reports, 1941-1959, Box 330)

〈영상 & 미디어〉

• 강희중. "운명처럼 생명의 전선에서". KBS 스페셜, KBS, 2016. 9.

• 신언훈. "지구촌의 한국인, 나병의사 이종욱". MBC 교양제작국, 1987. 1.

• ____ . "흐리고 눈 온 후 오후엔 맑아". 내일의 날씨, 동아일보 7면, 1976. 2. 9

• 이규석. "환자 풍년에 쩔쩔매는 '의사 기근' 새해부터 시행된 의료보호제를 알아본다-강원, 2차 기관의 전문의 태부족". 동아일보 4면, 1977. 2. 17

• ____ . "시·도립의료원 병상이 비어 있다". 동아일보 7면, 1978. 3. 24

• Tim Beardsley. "Better than a Cure". SCIENTIFIC AMERICAN, 1995. 1.

• Lyse Doucet. HARDtalk-Jong Wook Lee, BBC WORLD NEWS, 2005. 5. 19

이종욱 연설 모음
2003년 1월 27일~2006년 5월 23일

———

제6대 WHO 사무총장 후보 출마 연설

2003년 1월 27일, 스위스 제네바

의장님과 집행위원님들, 그 밖의 신사·숙녀 여러분!

오늘 이 자리에서 여러분께 제가 왜 이 위대한 조직의 차기 사무총장 선거에 나왔는지 말씀드릴 수 있게 되어서 영광입니다. 아마 오늘 모든 후보의 연설을 듣고 나시면 무척 피곤하실 테지만, 지금부터 한 시간 반 동안은 제게 집중할 수 있지 않나 하는 생각을 감히 해봅니다.

저는 지난 20년 동안 WHO에서 일해왔습니다. 그리고 그러한 사실을 자랑스럽게 여기고 있습니다. 저는 피지에서 한센병 환자를 돌보며 업무를 시작했습니다. 그것은 보람 있으면서도 겸손함을 배울 수 있는 경험이었습니다.

당시 젊은 의사였던 저는, 나이도 많고 경험도 풍부해서 훨씬 더 현명한 그곳의 의사들과 함께 일하면서 돌아다녔습니다. 그들은 항상 저를 먼저 배려해줬는데, 그 이유는 단지 제가 WHO에서 파견되었기 때문이었습니다. 그들의 이해심과 긍정적인 삶의 태도는 제가 공중보건 분야의 경력을 쌓는 데 큰 도움이 되었습니다. 그들과 헤어진 후 7년간 서태평양지역사무처에서 일한 다음, 본부에서 9년째 근무하고 있습니다. 그러나 제가 언제나 삶의 기준으로 삼았던 것은 의사와 환자 그리고 공중보건 담당 관리들과 함께 일한 경험이었습니다. 그분들이 있었기에 오늘 제가 이 자리에 설 수 있었던 것입니다.

아시다시피 1948년 WHO가 처음 창설되었을 때 우리의 임무는 '도달할 수 있는 가장 높은 수준의 건강을 모든 이들이 누릴 수 있도록 하는 것'이었습니다. 약 55년이 지났지만 아직 이 원대한 목표를 달성하기 위해 가야 할 길이 멉니다. 수백만 명의 사람들이 여전히 죽지 않아도 될 병으로 고통받다 죽어가고 있으며, 수억 명의 사람들이 비참한 가난에서 벗어나는 데 필요한 기본적인 건강 유지 조건조차 결여된 상태입니다.

그러나 이 때문에 낙심해서는 안 됩니다. 우리 스스로 세워온 고귀한 목표들을 절대 포기해서는 안 됩니다. 누가 봐도 불가능한 목표들을 세웠던 덕에 우리는 두창을 퇴치했고, 소아마비로부터 막 자유로워지려는 지점까지 올 수 있었습니다. 이러한 일들은 전 세계의 보건계가 더 위대한 성취를 위해 본보기로 삼아야 할 이상입니다.

이 연설에서 저는 세 가지 근본적인 문제에 대하여 답하려 합니다. 우리의 사명을 완수하기 위해 필요한 것은 '무엇'이며, '어떻게' 그것을 이룰 수 있으며, '왜' 제가 그 임무에 가장 적합한지에 대해서 말입니다.

그러면 '무엇'이 필요한지부터 말씀드리도록 하겠습니다.

오늘날 우리에겐 25년 전 알마아타 선언이 표방한 대로, WHO 헌장 및 만인을 위한 건강에 대한 열망을 토대로 하는 또 하나의 야심찬 목표가 있습니다. 바로 2000년 9월 유엔 회원국들이 참가한 새천년 정상회의에서 제창한 '새천년 발전 목표'입니다. 우리는 이제 지속 가능한 개발과 빈곤 퇴치를 위한 전 지구적 차원의 약속에 모든 노력을 기울여야 합니다.

여덟 개의 새천년 발전 목표는 명확한 대상과 지표를 가지고 있습니다. 그중 여섯 개의 목표와 대상의 상당수는 특별히 건강과 관련된 것입니다. 지금 우리에게 필요한 것은 그 목표에 부합하도록 행동과 자원을 대대적이고 신속하게 확대하는 것입니다. WHO는 이러한 일을 하는 데 핵심적인 역할을 해야 합니다.

우리 모두 알다시피 지구상의 많은 지역들, 특히 아프리카는 에이즈 확산으로 재앙을 겪고 있습니다. 에이즈로 극심한 재앙을 겪는 나라들에서는 인간의 사회적 삶의 대부분이 위협받기에 신임 사무총장이 이 문제의 해결을 최우선으로 삼아야 한다는 것에 이론이 없을 것입니다. 이 전염병을 해결하기 위한 첫걸음으로 저는 유엔에이즈계획 및 글로벌 펀드와 함께 강력하고 효과적인 동맹을 구축할 것입니다.

물론 답이 쉽게 얻어지는 문제는 아닐 것입니다. 그러나 백신과 결핵 프로그램을 이끌면서 저는 자원이 부족한 상황에서 복잡하게 얽힌 보건 문제를 풀어나가는 방법을 많이 배울 수 있었습니다. 우리는 이미 경험한 사례들의 교훈을 활용해야 할뿐더러 새로운 방법 또한 많이 고안해내야 합니다.

우리 세대는 에이즈에 어떻게 대응했느냐에 따라 규정될 것입니다. 에이즈가 다른 중요한 프로그램들에 악영향을 끼치도록 내버려둬서는 안 됩니다. 그뿐만 아니라 성공적인 대응을 통해 우리 보건체계의 모든 부문에 긍정적인 효과를 가져오도록 해야 합니다.

이제는 '어떻게' 할 것이냐에 대해 말씀드리겠습니다. 저는 말씀드린 것들의 성과가 가시적으로 나타날 수 있도록 WHO의 다섯 가지 우선 과제를 다음과 같이 꼽아보았습니다.

• 밀레니엄 개발 목표를 달성하기 위해 온 힘을 다해 헌신하기

- WHO 조직 및 업무의 분권화
- WHO의 업무 효율성 증대
- WHO의 책임 제고
- WHO를 사람들이 일하기 훨씬 더 좋은 직장으로 만들기

제가 만약 당선된다면, 사무총장으로서 가장 먼저 할 일은 건강과 관련된 밀레니엄 개발 목표를 달성하는 것입니다. 저는 공중보건 시스템에 대한 개별 국가 및 국제적 단위의 투자 확대를 지지할 것입니다.

'에이즈·결핵·말라리아와 싸우는 글로벌 펀드(GFATM)'를 통한 새로운 재원은 상당한 차별성을 보일 것이며, 대단한 환영을 받을 것입니다. WHO는 앞으로도 글로벌 펀드 이사회 및 사무국과 협력하여 글로벌 펀드가 현재의 재원을 잘 운용하여 자금 지출을 신속히 할 수 있도록 할 것입니다. 그러나 이와 함께 확실하게 해두어야 할 것은 지금까지의 재원 투입이 그 어디에서도 만족스럽지 못하며 에이즈, 결핵, 말라리아에 대한 통제를 확대하려는 폭넓은 요구에 적절히 부응하지도 못했다는 점입니다.

이 회의실을 비롯해 다른 곳에 계신 우리의 지지자들이 보여준 관대함에도 불구하고 WHO는 결코 우리가 원하는 일들을 모두 할 만한 재원을 갖지는 못할 것입니다. 따라서 우리가 가장 잘할 수 있는 일에 노력을 집중해야 합니다. 건강에 관한 높은 수준의 규범과 표준을 만들고, 국제 공중보건을 감독하고 조정하며, 더 많은 재원을 더 효율적으로 사용하고, 우리의 주장을 뒷받침할 수 있는 근거를 제공하는 것과 같은 일들입니다.

상당수 회원국들이 지금 맞닥뜨리고 있는 심각한 인적자원 문제를 해결할 수 있도록 돕는 일에도 초점을 맞출 것입니다. 이 점에 대해 저는 개별 국가들과 함께 다음과 같은 일들을 해나갈 것입니다.

- 각국 보건 종사자들에 대한 기본 교육을 늘리기 위한 투자를 활성화하도록 하겠습니다.
- 보건 종사자들의 보수체계를 지속 가능한 수준으로 발전시키겠습니다.
- 남반구의 두뇌 유출을 완화할 수 있도록 부유한 나라와 가난한 나라의 장기적 인력 수급계획을 향상시키겠습니다.
- WHO 내에 멘토링 시스템을 운영하겠습니다. 여기에는 젊은 전문가들의 모집과 교육이 포함될 것입니다. 그들은 WHO에서 2년간 상급 직원들과 함께 일하면서 소중한 경험을 쌓은 후 고국으로 돌아가게 될 것입니다.

또 저는 가장 취약한 계층의 질병률과 사망률을 확실히 줄일 수 있는 구체적인 보건 방안을 장려하고자 합니다. 예를 들면 산모 건강, 영·유아의 면역, 결핵 치유를 위한 DOTS 같은 것들입니다. 저는 서태평양지역사무처와 본부에서 지난 8년 동안 소아마비 퇴치 캠페인을 이끌어온 사람으로서, 재임하게 된다면 소아마비를 확실히 퇴치하도록 하겠습니다. 새천년 발전 목표에 집중한다고 해서 WHO의 활동 범위와 권한을 축소시키지는 않을 것입니다.

건강에 관한 우리의 정의는 광범위합니다. 우리는 비전염병, 출산 보건, 담배 규제, 보건체계, 인권, 젠더, 폭력, 정신건강과 같은 다른 시급한 분야들도 계속해서 아우르며 활동해야 합니다. 이 모든 분야에서 지속적으로 지도력을 발휘해야 합니다. 담배규제기본협약이 대표적인 예입니다. 이 중요한 협약에 합의하는 것은 시작일 뿐이며, 앞으로 몇 달이나 몇 년에 걸쳐 그 효과를 면밀하게 관찰해야 합니다.

저의 두 번째와 세 번째 핵심 과제인 분권화와 효율성은 서로 이어져 있습니다. 저는 WHO 자원을 직접적인 효과가 나타날 수 있도록 개별 국가와 지역에 더 많이 배분하려 합니다. 최근 본부의 장·단기 고용 직원의 수는 꾸준히 증가하고 있습니다. 2004년도와 2005년도에는 예산의 36%가 본부에 배정되었습니다. 저는 이것을 2005년까지는 25%로, 2008년까지는 20%로 낮추겠습니다. 줄어든 만큼 각 지역과 개별 국가 예산을 늘린다면 본부 직원의 증가세를 중단시킬 수 있을 뿐만 아니라 역전시킬 수 있을 것입니다.

저는 가장 큰 효과를 낼 수 있는 지역에 특정 기술 프로그램을 '전진 배치'하려 합니다. 이를테면 한센병 관련 프로그램은 동남아시아지역사무처로, 기생충 관련 프로그램은 동지중해지역사무처로, 전통의료 관련 프로그램은 서태평양지역사무처로 이관하는 것입니다. 이러한 프로그램들의 '전진 배치'를 특정 질병의 '지역화'로 오인하지는 마시기 바랍니다. 그보다는 WHO의 전문성이 지역의 풍부한 지혜의 도움을 받고, 프로그램의 도움을 가장 받기 좋은 수혜자들에게 프로그램을 더 직접적으로 제공하는 것으로 이해해주면 좋겠습니다. 그만큼 경비도 절감될 것입니다. 아울러 업무를 진행하는 방식과 업무가 이루어지는 장소도 모두 바꿔야 할 것입니다.

또한 첨단 기술로 나아가야 합니다. 이를 위해 정보기술에 지속적으로 투자할 것이며, 특히 각 사무소와 지역사무처, 그리고 본부를 연결하는 통신 기반시설을 확충할 것입니다. 화상회의 사용 횟수를 높인다면 각종 회의와 그에 따르는 출장이 줄어들 것입니다.

그리고 되도록이면 아웃소싱을 많이 해야 합니다. 세계 각지에 있는 수많은 협력센터를 좀 더 효과적으로 활용하는 방법도 있지 않을까요?

어떤 이들은 각 지역사무처와 각국 사무소가 기여할 수 있다는 점을 믿지 않습니다. 그런 회의적 태도 때문에 오늘날 우리가 목격하듯이 자원이 중앙에 집중된 것입니다. 저는 그런 평가에 전혀 동의할 수 없습니다.

각국 사무소와 각 지역사무처, 그리고 본부는 WHO를 받치는 세 개의 큰 기둥입니다. 저는 이 세 기둥을 거쳐본 경험을 충분히 살려서 그들 사이에 자원이 더욱 효과적으로 배분되도록 감독하겠습니다.

지역사무처장들과는 각 지역사무처와 각국 사무소의 운영을 개선하고 역량을 키워나가도록 협력하겠습니다. 그만큼 역량이 커지고 자원이 확충된다면, 각 지역사무처와 각국 사무소가 더욱 책임 있게 해당 국가를 지원할 수 있을 것입니다. 본부 업무의 핵심은 세계적 보건 이슈들의 전략적 방향을 설정하고 감독하며 감시 및 조정을 하는 것이 될 것입니다. 통상적으로는 지역사회와 국가들이 각각의 보건 목표를 달성할 수 있도록 지원하게 될 것입니다.

이러한 변화들은 브룬틀란 총장이 5년 전에 시작했던 일의 확장입니다.

저는 이러한 변화를 집행위원들과 지역위원회, 지역사무처장, 회원국 여러분들과 면밀하게 협의해 이루어낼 것입니다.

네 번째로 제가 재임하게 된다면 WHO는 좀 더 책임 있고 투명한 조직이 될 것입니다. 우리는 엄청난 공공자금을 받아서 집행하고 있습니다. 가장 가난한 나라의 최저 납세자조차 우리의 활동에 재정적으로 기여하고 있습니다. 사무총장이 된다면 저는 프로그램과 재정에 대한 평가를 지속적으로 해나가겠습니다. 아울러 개별 회원국들이 WHO의 존재 기반임을 잊지 않도록 하겠습니다.

오늘 마지막 순서로 말씀드리지만 다른 것들 못지않게 중요한 우선과제는 WHO에서 일하는 사람들에 관한 것입니다. 제가 말씀드린 그 어떤 일도 헌신적인 직원들 없이는 이룰 수 없습니다. 저는 앞에서 WHO를 최고의 업무 환경을 갖춘 일터로 만들겠다고 말씀드렸습니다. 이를 위해 투명한 인력 관리체제를 구축하고, 재직자 연수에 투자하며, 숙련된 전문가들에게 권한을 위임할 것입니다. 직원들이야말로 우리가 가진 가장 귀한 자산입니다. 높은 도덕적 규범을 유지하며 헌신적으로 업무에 집중하도록

이종욱 평전

만드는 것은 쉬운 일이 아닙니다. 저는 최고의 인재들을 모으고 싶습니다. 그리고 그들에게 가능한 한 최적의 업무 환경을 제공하고 싶습니다. 그래서 그들이 여기에 있는 동안 전문가로 성장하도록 하고 싶습니다.

의장님과 집행위원 여러분, 이제 협력사업의 핵심적 역할에 대해 말씀드리고자 합니다. WHO는 본래 주권을 가진 각 회원국들의 특화된 협력체입니다.

저는 지난 2년간 '결핵 퇴치사업'을 재편하는 책임을 맡아왔습니다. 그 사이 '결핵 퇴치사업'이라는 협력사업은 WHO 회원국, 기부자, 비정부기구, 산업계 및 재단들을 망라하여 250개가 넘는 국제 파트너들이 함께하는 복잡하고도 효과적인 협력체로 성장했습니다. 우리는 '글로벌약품조달기구'를 통하여 필수 의약품들을 구매하고 보급하는 혁신적인 방법을 개발해왔습니다. 아울러 안타깝게도 간과되어오던 문제들에 대하여 국제사회의 주의를 환기시켰으며, 결핵을 좀 더 잘 발견하여 치료한다는 목표에 다가가는 중대한 진전을 이루기도 했습니다.

이야말로 진정한 발전입니다. 그것이 가능했던 것은 협력관계에 대한 진지한 헌신 덕분입니다. 우리는 무슨 일을 하든 지금까지의 WHO를 능가하는 방법을 찾아내야 합니다. 포용적이면서 성공적인 협력관계를 구축하는 일이 우리의 핵심 업무에 부가적인 일이 되어서는 곤란합니다. 그 자체가 핵심 업무가 되어야 합니다. WHO가 작은 역할이라도 맡을 수 있다면 어떠한 협력사업이라도 추진해야 합니다. 협력사업 때문에 WHO의 주도적 역할이 희석될까 걱정하는 분이 계실지 모르겠지만, 우리에게 파트너가 필요한 만큼 파트너에게도 우리 WHO가 필요하다는 점을 말씀드리고 싶습니다.

저는 여러분이 차기 WHO 사무총장을 선출할 때 다음 세 가지 요소를 고려해주시길 부탁드립니다.

첫째로, 저는 이 조직을 잘 압니다. 아마 가장 잘 알 것입니다. 여기에서 일하는 사람들도 잘 압니다. 우리의 강점과 약점도 알고 있습니다. 저는 사무총장을 보좌하는 선임 정책자문으로서 지난 몇 년간의 개혁작업에 긴밀히 관여해왔습니다. 그러한 경험은 WHO가 거둔 지난 55년간의 성취에 더해 앞으로 우리가 기여하는 데 꼭 필요한 자산이 될 것입니다.

둘째로, 저는 개발도상국과 선진국이 함께 직면한 기회와 문제점들에 대해 잘 알고 있습니다. 저는 한때 극빈국이던 한국에서 태어나고 자랐습니다. 한국은 이제 산업과 경제 양면에서 실력을 갖춘 나라가 되었지만, 제 인생 초기의 한국은 개발도상국으로서 많은 문제를 겪었습니다. 저는 그 경험을 잊지 않고 있습니다.

셋째로, 저는 성과를 내는 사람입니다. 지난 9년간 저는 두 가지 핵심 프로그램을 이끄는 특권을 누릴 수 있었습니다. 소아마비 퇴치 프로그램과 결핵 통제 프로그램입니다. 이 두 프로그램에서 가장 중요한 점은 각 나라에 끼치는 파급 효과였습니다. 수많은 어린이들이 예방접종 덕분에 질병으로부터 안전해질 수 있었습니다. 수많은 사람들의 결핵이 완치되었습니다. 제 지휘에 따라 두 프로그램은 큰 성과를 거두었고 자원도 상당히 늘었습니다.

저는 이 조직을 압니다. 그리고 많은 국가들이 직면한 기회와 문제를 이해하고 있습니다. 저는 성과를 내는 사람입니다. 이것이 오늘 제가 여러분에게 드리고 싶은 말씀입니다. 대단히 감사합니다.

제56차 세계보건총회 연설

2003년 5월 21일, 스위스 제네바

오늘 저는 세계 보건 상황과 관련하여 앞으로 5년간 우리가 추구해야할 핵심 가치와 우리가 대응해야 할 현재의 보건 문제들에 대하여 간략히설명드리겠습니다.

오늘날 세계는 질병에 감염되는 것을 막기 위한 지속적인 투쟁과 빈곤때문에 병에 노출되는 가장 불행한 사람들을 위한 지도력을 필요로 합니다. 유엔 체제는 이러한 안전과 정의라는 두 개의 원칙을 지탱하기 위해 정교하게 구축되었습니다. 이 두 가지 원칙은 상호 의존적 관계입니다. 유엔헌장을 기초한 세계의 지도자들은 평화와 안전이 '정의가… 유지될 수 있는 상황'을 확립하는 데 달려 있다고 봤습니다.

1946년에 조인된 WHO 헌장 역시 같은 주제를 택했습니다. 국제정치에서 적용되는 원칙이라면 보건에서도 통한다고 보았던 것입니다. WHO는 포괄적인 사명을 가진 조직입니다. 바로 '인종, 종교, 정치적 신념, 경제적 또는 사회적 조건에 따른 차이 없이 모든 인류를 위하여' 달성할 수 있는 가장 높은 수준의 보건을 위하여 일한다는 것입니다. 우리의 헌장은 우리에게 연대할 것을 요구하고 있습니다. 또한 '보건 향상과 질병 통제에서불평등한 발전'은 만인에게 '공통의 위험'이 된다고 경고하고 있습니다. 이러한 우리의 사명은 천진난만한 것이 아닙니다. 인류가 목격한 최악의 전쟁을 겪고서 비롯된 사명인 것입니다.

지금 유엔 헌장과 WHO 헌장의 가치들이 우리 업무의 근원이 되어야한다는 것이 그 어느 때보다 명백해졌습니다.

세계의 보건 상황은 WHO가 창설된 이후 55년 동안 여러 가지 측면에서 개선되어왔습니다. 우리는 많은 역사적 성취를 목격했습니다. 두창이 퇴치되었고, 영·유아 사망률이 크게 줄었으며, 많은 나라에서 평균수명이 크게 늘어났습니다. 하지만 오늘날 그러한 성취와는 극명한 대조를 이루는 현실도 있습니다. 아직 달성되지 않은 보건상의 도전이 있으며, 수많은 사람들이 의료와 과학의 발전이 가져다주는 혜택에 접근조차 할 수 없어 고통받고 있습니다.

엄청난 전염병 또한 계속 퍼져나가고 있습니다. 에이즈는 일부 국가에서 수십 년 동안 이루어온 수명 연장의 성과를 무색하게 만들고 있습니다. 가장 심한 타격을 입은 지역에서는 성인의 25%가 앞으로 10년 안에 사망할지도 모릅니다. 결핵의 경우 에이즈 바이러스와의 상승작용 탓도 있겠지만, 통제가 더디게 진행되는 탓에 200만 명에 이르는 사람들이 매년 결핵으로 죽어가고 있습니다. 한편 말라리아는 매일 3000명의 목숨을 앗아가고 있으며, 주로 아이들이 희생되고 있습니다.

우리는 또한 새롭고 강력한 도전에 직면해 있습니다. 사스의 발병은 새로운 전염병에 세계가 얼마나 취약한지를 보여줍니다. 열흘 전 저는 베이징에서 이 상황에 관해 중국 정부와 이야기를 나눴습니다. 저는 이 회담에서 사스를 통제하기 위한 단호한 노력이 이루어지고 있음을 직접 확인했으며, 국가와 지역과 세계적 수준에서 더 강력한 질병 감시와 즉각적인 대응체계 마련이 시급하다는 것도 확인했습니다.

동시에 비전염성 질병은 더 많은 해를 끼치고 있습니다. 비전염성 질병은 2001년 세계 질병 부담의 45% 이상을 차지했으며, 그 비율은 앞으로 더 높아질 것입니다. 여성 보건의 경우 아직 해결하지 못한 도전들이 있는데, 산모보건이 그중 하나입니다. 지난 10년간 임산부 사망률은 거의 줄어들지 않았습니다. 정신건강 분야에서도 우리가 직면한 도전은 엄청납니다. 이상과 같은 수치가 나오게 된 배경에는 악전고투하는 보건체계가 있습니다. 많은 국가들이 보건 기반이나 의료기술, 그리고 인력 때문에 큰 어려움을 겪고 있습니다. 개발도상국가들의 경우 보건체계에 대한 투자가 여전히 부족합니다. 여러 국가와 기부자와 국제기구가 일관되고 효과적인 대응을 할 필요성이 여전히 있습니다.

그러한 양상이 반복됨에 따라 세계적으로 보건 불평등이 계속해서 확대되고 있습니다. 두 가지 극단적인 경우를 생각해봅시다. 2002년 일본에서 태어난 소녀는 합리적으로 생각할 때 22세기를 볼 수 있을 때까지 살 수 있을 것입니다. 반면 같은 해 아프가니스탄에서 태어난 어린이는 다섯 살이 되기 전에 사망할 확률이 25%나 됩니다.

일부 선진국에서 평균 기대수명은 80세에 접근하고 있으나 사하라 이남 아프리카 일부 지역에서는 에이즈 등의 건강 위협 요인들로 말미암아 평균수명이 40세도 안 됩니다. 세계화가 되었다고 해도 이런 극단적인 차이가 난다면 그 사회는 받아들이기 어려운 정도가 아니라 지속하기도 힘들 것입니다.

형평성의 문제는 제게 특별한 의미가 있습니다. 저는 한국에서 태어났습니다. 제가 소년이던 시절 한국은 전쟁으로 빈곤과 파탄을 겪었습니다. 예나 지금이나 다른 많은 가난한 국가들이 겪은 고통을 한국민들도 경험했습니다.

저와 같은 세대의 한국인들은 지난 시절의 교훈을 잊지 않고 살아왔습니다. 우리는 만연한 질병과 빈곤과 갈등과 마주한다는 것이 어떤 것인지 알고 있습니다. 저는 그런 유년기를 겪었기에 어려운 처지에 있는 국민들에 대한 보건 지원을 더 강조하는 것입니다.

의장님, 이제 WHO와 그 동반자들이 앞으로 어떻게 세계의 보건 문제에 대처할 것인지에 대해 말씀드리겠습니다. 우리가 나아갈 방향은 명백합니다.

25년 전 알마아타 선언에서는 1차 보건의료 시스템을 강화하여 '2000년 까지 모든 사람을 위한 보건'이라는 목표를 달성하겠다고 선언한 바 있습니다. 시계를 알마아타로 되돌릴 수는 없을 것입니다. 하지만 '모든 사람을 위한 보건'이 표방하는 형평성에 대한 기본 책무만큼은 새롭게 해야 합니다.

WHO는 회원국들과 새로운 관계를 맺음으로써 그러한 이상을 주목할 만한 성과로 일구어내야 합니다.

앞으로 몇 년간 WHO는 개별 국가 수준의 성과를 새로이 강조하게 될 것입니다. 지금부터 5년 동안 우리가 할 일은 훨씬 더 개별 국가에 집중될 것입니다. 우리는 '훨씬 더 현장에 가까이 가서' 개별 국가의 보건기구들과 함께 그들이 우선적으로 원하는 보건 목표에 부응하기 위해 더 집중적으로 일할 것입니다. WHO가 기술과 자원을 제공할 수 있는 영역에서 도달 가능한 목표들에 집중할 것입니다.

이처럼 개별 국가에서의 성과를 강조한다는 것이 무엇을 뜻하는지는 WHO의 동료 카를로 우르바니 박사를 보면 알 수 있습니다. 우르바니 박사는 지난 3월 29일 사스 감염으로 세상을 떠났습니다. 그는 이 새로운 질병의 심각성을 처음 인지하고는 하노이에서 초기 사례들을 다루었습니다. 그는 WHO의 여느 의사들이나 과학자들처럼, 이 병의 전파를 막고 수많은 생명을 구하기 위해 전 세계에 처음으로 사태의 심각성을 일깨웠습니다.

우르바니 박사가 몸져눕기 전에 그의 아내가 지금처럼 연구하는 것이 너무 위험하지 않느냐고 걱정을 했습니다. 그러자 그는 이렇게 대답했습니다. "내가 그런 여건에서 일할 수 없다면 왜 여기서 일하겠어? 이메일에 답하고 서류 업무만 하면서 지내려고?"

카를로 우르바니 박사는 우리에게 WHO가 할 수 있는 최선의 것을 보여주었습니다. 사무실에서 서류만 제출하며 지내는 대신 가난과 질병에 맞서 싸웠던 것입니다. 오늘 이 자리에 우르바니 박사의 부인이신 지울리

이종욱 평전

아나 치오리니 여사를 모시게 되어 영광입니다. 여사님과 가족, 그리고 고인에 대한 애도와 존경을 표합니다.

의장님, 개별 국가에서의 성과를 강조하는 것은 제가 WHO에 대해 갖고 있는 비전의 핵심입니다. 여기에는 다섯 가지 의미가 있습니다. 그 각각이 우리의 업무에 대해 지닌 전반적인 중요성을 간단히 말씀드리겠습니다.

첫 번째는 2000년 9월에 유엔 회원국들이 참가한 새천년 정상회의에서 제창한 '새천년 발전 목표'를 포함해 측정 가능한 보건 목표들을 적극적으로 추진하는 것입니다. 이들 목표는 나라별로 영양, 안전한 물 확보, 모자 보건, 전염병 통제, 필수의약품에 대한 접근 등에 관한 것들로, 알마아타 선언에 입각한 폭넓은 보건 의제 안에서도 전략적 핵심을 이루고 있습니다.

이들 의제에서도 가장 중요한 것은 에이즈에 대한 대응을 강화하는 것입니다. 저는 유엔에이즈계획(UNAIDS), 글로벌 펀드, 회원국, 시민사회 그리고 다른 이해관계자들과 공조하여 2005년까지 300만 명의 개발도상국 사람들이 항레트로바이러스 처치를 받도록 하는 '3 by 5'라는 대담한 목표를 달성하기 위해 WHO의 리더십을 발휘할 것입니다. 치료법이 나오고 있는 만큼 에이즈 예방 노력도 강화되어야 할 것입니다.

그런 맥락에서 우리의 에이즈 대응 업무는 보건 시스템을 구축하는 차원이 될 것입니다. 아울러 파트너들과 함께 에이즈 예방, 관리, 치료에서 지역의 역할을 확대해나갈 것입니다.

우리는 다른 보건 목표들도 추진해나갈 것입니다. 저는 8년간 소아마비 관련 캠페인을 이끌어본 경험이 있습니다. 4년은 서태평양지역사무처에서, 4년은 본부에서였습니다. 이제는 사무총장으로서 임기 내에 소아마비를 퇴치하겠다는 약속을 드립니다.

국가 수준의 성과를 강조하는 방침의 두 번째 의미는 자원을 개별 국가들에 더 많이 이전하는 것입니다. WHO 업무의 분권화는 각국을 좀 더 효과적으로 지원하게 될 것입니다. 이는 WHO 전체로 볼 때 각국의 바닥 현장에서부터 긍정적인 결과를 촉진할 만한 선에서 추진될 것입니다.

이것은 세 번째 강조점인 효율성과 밀접한 관련이 있습니다. 간단히 말해 우선순위를 정하고 예산 절감 측정 방법을 구체적으로 바꾸어보려 합니다.

효율성을 높이는 핵심 요소는 신기술을 더 잘 활용하는 것입니다. 우리는 정보기술 분야에서 많은 발전을 거두었지만 아직 할 일이 많습니다. IT 투자를 더 늘리고, 특별히 각국 사무소와 지역사무처, 그리고 본부를 연결하는 통신 기반시설에 집중할 계획입니다.

네 번째 의미는 책임성을 새롭게 강조하는 데 있습니다. 사무총장으로서 WHO의 감사 기능을 크게 강화하려 합니다. 이 책임성은 회계감사 차원만이 아니라 우리가 보건에 얼마나 효과적으로 기여하는가에 대한 것이기도 합니다.

더 넓게 보자면 각국에서의 활동에는 좀 더 신뢰할 만하고 시의적절한 보건 자료들이 필요하기 때문에 지구적인 보건과 감시 활동, 그리고 자료 운용을 개선하는 일은 향후 5년간 WHO의 핵심 목표가 될 것입니다.

저는 WHO와 그 파트너들이 '글로벌 전염병 경계'와 '대응 네트워크'를 더 확장하고 강화하도록 이끌겠습니다. 21세기 들어 처음 닥친 위협적인 신종 전염병인 사스가 끝은 아닐 것입니다. 우리는 사스를 완벽하게 통제하게 될 것이며, 앞으로 생겨날 치명적인 새로운 전염병들에 대한 대응책을 강화할 것입니다. 자원의 90%는 각 회원국과 지역사무처의 질병 감시 역량을 구축하는 데 쓰일 것입니다. 기본 자금은 이미 마련되었습니다. 최근 미국이 지원 의사를 밝힌 것은 무척이나 고무적인 일입니다.

아울러 우리는 보건 측정을 확대하고 개선하는 것과 함께, 각 회원국의 역량 구축에 주안점을 둘 것입니다. 보건 활동 목표에 얼마나 접근했는지를 추적하고 회원국과 기부자와 국제기구 간의 상호 책임성을 강화하기 위해서는 합리적인 보건 지표를 체계적으로 관리할 필요가 있습니다.

다섯 번째이자 마지막 강조점은 조직 안팎으로 인적자원을 보강하자는 것입니다. 저는 WHO 직원들이 조직에 몸담고 있는 동안 조직의 기대에 부응하면서 개인적 발전도 이룰 수 있는 방안을 마련하고자 합니다. 또한 WHO 직원들을 다양한 회원국 출신들로 구성하고 성비 균형도 맞출 계획입니다.

마찬가지로 우리는 WHO 외부적으로도 각 회원국들의 보건 인력에 대한 요구에 부응해야 합니다. 저는 많은 나라의 보건 시스템이 겪고 있는 인력난을 해결하기 위해 WHO의 전문성과 영향력을 활용할 것입니다.

의장님, 저는 서로 떼려야 뗄 수 없는 두 개의 가치, 즉 안전과 정의라는 핵심 가치를 다시금 강조하면서 이 연설을 시작했습니다. 아울러 오늘날 전 세계 보건 상황이 마주하고 있는 도전들에 대해서도 언급했습니다. 그리고 그 도전들에 대응하는 데 WHO가 주도적 역할을 할 수 있다고 믿는 이유들을 말씀드렸습니다. 그것은 각 회원국에서의 성과 중심적 활동과 다섯 가지 핵심 가치에 집중한다면 가능할 것입니다.

저는 WHO에서 일하면서도 그랬고, WHO 직원이 되기 전 의사로 일할 때에도 잘 듣는 것이 얼마나 중요한지를 배웠습니다. 저는 WHO가 열린 의사소통을 중시하는 잘 '듣는 조직'이 되기를 바라며, 저 스스로 그런 자세를 갖는 모범이 되려고 노력할 것입니다. 향후 몇 개월 동안은 아이디어를 공유하는 것이 매우 중요할 것입니다. 그러나 우리의 마지막 시험은 행동에서 판가름 날 것입니다. 앞으로 힘을 합쳐 일해봅시다. 감사합니다.

WHO 직원들에게 한 연설

2003년 7월 21일, 스위스 제네바

147개 회원국, 6개 지역사무처, 이곳 본부, 그 밖의 어디엔가 계시는 동료 여러분!

제가 WHO에서 일한 지도 거의 20년이 되었습니다. 20년이라는 세월 동안 저는 우리 조직이 성취한 많은 일들을 지켜볼 수 있는 특권을 누렸습니다.

그 모든 성취는 바로 WHO에서 일하시는 여러분이 이룬 것입니다.

WHO의 강점은 다양한 배경과 재능에서 나옵니다. 우리는 경험에서 나오는 지혜와 젊음에서 나오는 에너지와 열정을 한데 모읍니다. 우리 가운데 가장 젊은 사람은 제가 이 조직에 몸담은 지 얼마 되지 않아 태어났습니다. 예를 들어 뉴델리의 동남아지역사무처 도서관에서 근무하는 데프티 아들라카는 제가 피지에서 WHO 일을 시작할 때 한 살이었습니다.

젊은 시절의 헌신이 평생의 천직이 될 수도 있습니다. 브라자빌에 있는 아프리카지역사무처 사무관인 조셉 옥카나는 1964년 그가 스물한 살 되던 해에 WHO에 몸을 담아 올해까지 39년 동안 이 조직을 위해 일해왔습니다.

이 두 명의 동료들은 WHO가 의존하는 경험의 폭과 다양한 재능을 대변합니다. 베테랑과 신입 직원, 관리직과 전문직, 유지보수 직원들 여러분 모두의 헌신이 없었다면 WHO 활동은 진전할 수 없었을 것입니다.

오늘 우리는 WHO 역사의 새로운 장을 열어나갈 것입니다. 우리는 지금껏 해오던 활동을 계속 이어나가는 동시에, 각 회원국이 거둔 성과라는 새로운 도전에 대응하기 위해 변화를 꾀할 것입니다.

세계적 보건사업들은 윤리적 비전에 따라 추진되어야 합니다. 우리의 비전은 WHO 헌장에 명시되어 있으며, 그 핵심은 모든 인류에 대한 헌신과 존중입니다. 우리의 모든 활동은 그러한 헌신으로 이루어져야 합니다.

'모든 사람을 위한 보건'이라는 개념은 WHO 헌장에 표현되어 있는 사회 정의와 의료 형평성 추구를 잘 반영하고 있습니다. '알마아타 선언'이 여전히 우리에게 영감을 주고 있는 것은 사람을 보건과 발전의 중심에 놓기 때문입니다. 이번 5월의 세계보건총회 결의안과 수많은 보건 종사자들의 행동력, 그리고 세계의 지역사회들은 '모든 사람을 위한 보건'이라는 이상이 아직도 살아 있다는 것을 보여줍니다. 구호야 생겨났다 사라지게 마련이지만 '모든 사람을 위한 보건'이라는 목표는 언제나 WHO 활동의 중심이 될 것입니다.

동료 여러분, 앞으로 우리의 활동은 다음 세 가지 원칙에 따라 이루어질 것입니다. 그것은 옳은 일을, 적절한 곳에서, 올바른 방법으로 해야 한다는 것입니다.

첫째로 옳은 일을 하는 것에 대해서 말씀드리겠습니다. HIV·AIDS라는 전 지구적 유행병이 확산되기 시작한 지 20년을 넘어선 오늘날, 새로운 정치적 결의와 신기술들이 글로벌 킬러의 확산 추세를 바꿔놓을 기회를 주고 있습니다. 국제사회는 지금 바로 행동을 취해야 합니다. 우리는 가난하고 보건 여건이 열악한 지역을 우선적으로 돌보면서 HIV·AIDS의 예방과 관리와 치료를 연계하는 통합적이고 전 지구적인 전략을 확대해나가야 합니다. 그러기 위해서 WHO는 지역과 각국과 국제사회의 파트너들과 공조하는 가운데 활동의 최전선에 설 수 있는 전담 선도팀을 만들도록 하겠습니다.

'글로벌 펀드'와 여타 공조 프로그램들은 HIV·AIDS와의 싸움에 더 많은 지원을 약속했습니다. 그러나 이러한 지원이 성과를 낼 수 있도록 각국은 포괄적인 에이즈 프로그램들을 설계하고 이행함에 있어 기술적 협력을 요청하고 있습니다. 저는 HIV·AIDS에 맞선 투쟁의 최전선에 각국이 주도적인 역할을 할 수 있도록 지원하는 데 WHO의 자원을 집중하고자 합니다.

5월에 열렸던 세계보건총회에서는 2005년 말까지 개발도상국의 300만 명에게 항레트로바이러스 치료를 제공하겠다는 목표가 주목을 받았습니다. 이 '3 by 5'라는 목표에는 넘어서야 할 엄청난 기술적 도전과 정치적 과제가 있습니다. 올해 12월 1일 '세계 에이즈의 날'에는 파트너들과 함께 일하는 WHO의 에이즈 부서에서 '3 by 5' 목표에 도달하기 위한 지구적 계획을 발표할 것입니다. 이 계획을 실행에 옮기는 데 필요한 추가적 지원과 정치적 의지를 동원하기 위해 WHO는 유엔에이즈계획 같은 파트너들과 함께 가능한 모든 수단을 동원할 것입니다.

HIV의 예방을 강화하고 보건체계를 구축하기 위해 우리는 적절한 에이즈 치료를 제공할 것입니다. 항레트로바이러스 치료제에 대한 저항력의 추이를 면밀히 모니터할 것입니다. 또한 에이즈 치료제에 대한 저항력 패턴을 모니터하기 위해 WHO 파트너들과 함께 지구적 네트워크를 만들어 나갈 것입니다.

2001년도에 결핵 퇴치사업인 'STOP TB' 파트너십은 질 좋은 결핵 치료제를 좀 더 저렴한 가격에 공급하기 위해 글로벌약품조달기구와 '그린 라이트 위원회(Green Light Committee)'를 발족했습니다. 이들 기구를 통해 프로그램 규모 확대의 길을 닦고 치료약에 대한 내성 관리를 지원하면서 결핵 치료의 표준화를 향상시켰습니다. 올해 말 WHO는 말라리아와 HIV·AIDS에 대해서도 유사한 프로그램을 발족할 것입니다.

주요 전염병에 대하여 우리의 사업들이 시너지 효과를 낼 수 있도록 하기 위해서는 HIV·AIDS, 결핵, 말라리아를 담당하는 WHO 부서들이 한 부문에 속해야 합니다. 그래야만 우리의 활동이 내부적으로 더 원활해질 것입니다. 또한 그래야만 '글로벌 펀드' 같은 사업들이나 각 회원국과의 협력 관계도 더욱 효율적이 될 것입니다.

'새천년 발전 목표'의 보건 분야를 위한 각국과의 공조는 향후 WHO의 핵심 목표가 될 것입니다. 우리는 '새천년 발전 목표'를 '모든 사람을 위한 보건'으로 가는 길의 이정표로 삼고 있습니다. 지금까지 WHO는 주로 측정에 초점을 맞춰 '새천년 발전 목표'에 기여해왔지만, 앞으로도 신뢰할 만한 자료 입수를 강조하고 개별 국가 단위의 보건 측정 역량을 구축하는 데 협력해나갈 것입니다. 아울러 목표에 다가가기 위한 국가별 계획을 수립하고 적용하는 데 있어 개별 국가들과의 기술 협력도 강화해나갈 것입니다.

산모와 영·유아 보건에 대한 위협에 대처하기 위해서도 우리의 활동을 강화해야 합니다. 해마다 임신기와 출산기에 사망하는 여성의 수가 50만 명이 넘고, 병들거나 장애를 입는 여성도 수백만 명이 넘습니다. 올해만 해도 저개발국에서 1000만 명이 넘는 어린이들이 다섯 번째 생일을 맞이하기도 전에 목숨을 잃게 될 것입니다. 이러한 죽음의 70%는 주로 예방과 치료가 가능한 5대 질병, 즉 폐렴, 설사, 말라리아, 기생충, 영양실조가 그 원인입니다. 우리는 각국의 보건 시스템이 '좀 더 안전한 임신'이나 '통합 영·유아 질병관리' 프로그램을 도입하도록 함으로써 사망자 수를 크게 낮출 수 있습니다.

비전염성 질환과 상해로 생긴 병이 전 세계 질병의 60% 정도를 차지하고 있고 점점 증가하는 추세인 만큼, 비전염성 질환에 대처하기 위해 포괄적인 방안을 마련하여 이행해나가야 합니다.

아울러 흡연 통제, 영양 섭취, 폭력과 상해, 정신건강 같은 분야의 활동도 지속적으로 강화해나갈 것입니다. 영양 섭취 패턴의 변화는 최빈국이나 지역을 제외하면 점점 더 큰 문제가 되어가고 있습니다. 이에 우리는 모든 이해관계자들과 협력하여 부적절한 영양 섭취로 발생하는 건강상의 문제를 피해가면서 영양실조에 대한 필수적 요구에 대응하는 통합적인 접근법을 개발해야 합니다.

한편 2004년 '세계 보건의 날'에는 교통사고로 입는 상해를 중점 부각시킬 것입니다. 매년 100만 명 이상의 사망자가 발생하는 교통 상해는 대부분 개발도상국에서 일어나는 사고 상해입니다.

더불어 소아마비도 퇴치해야 하는 힘든 싸움을 앞두고 있습니다. 하지만 헌신적으로 임한다면 이러한 재앙을 종식시키기 위한 세계 보건단체들의 오랜 노력이 결실을 거둘 수 있을 것입니다.

또한 새로운 위협에도 대비해야 합니다. 사스 발발로 초래된 위기는 전염병 창궐에 대한 국제사회의 대응을 조율하는 핵심적 역할을 WHO가 하는 게 얼마나 중요한지 잘 보여주었습니다. 사스는 글로벌 질병 감시체계의 취약점을 드러내는 계기가 되기도 했습니다. 우리는 파트너들과 더불어 '글로벌 발병 경계 및 대응 네트워크(Global Outbreak Alert & Response Network)' 활동을 해나갈 것이며, 양자 간 또는 다자간 원조에 대한 국가별 또는 지역별 감시체계를 강화해나갈 것입니다. 또한 '글로벌 네트워크'의 지원 및 조정 기능을 강화할 것이며, 질병 통제력을 높이기 위해 '국제보건규약'을 개정할 것입니다.

옳은 일을 하는 것은 우리 활동의 일부일 뿐입니다. 옳은 일을 적절한 곳에서 하는 것에도 관심을 쏟아야 합니다. 이 말은 각국을 활동의 중심에 두어야 한다는 뜻입니다. 이러한 생각은 우리 조직만큼이나 오래된 것입니다.

변한 것이 있다면 우리의 사명이 긴급하다는 것이며, 우리의 사명을 자원을 동원하여 되살리려는 결의를 해야 한다는 것입니다. 우리는 각국이 있을 자리에 있도록, 즉 우리 활동의 중심에 있도록 할 것입니다.

앞으로 수개월 또는 수년간 우리는 WHO의 존재감과 영향력을 개별국 수준에서 강화해나갈 것입니다. 회원국, 지역사무처, WHO의 국가별 담당 직원과 함께 각국 사무소가 각자 필요로 하는 자원과 권한을 갖도록 할 것입니다. 우리는 WHO의 각국 사무소가 각국 당국과 더불어 더욱 효과적이고 책임성 있게 국가나 지역 차원의 보건 현안에 대응할 수 있도록 권한을 강화해줄 것입니다.

근래 들어 WHO의 자원은 제네바에 점점 집중되어왔습니다. 자원이 집중된 만큼 본부의 성과는 뛰어났습니다. 그러나 개별 국가의 수준에서 요구되던 프로그램들이 점점 본부의 우선순위에 따라 추진되는 프로그램들로 옮겨오는 부작용이 나타났습니다.

저는 모든 사무총장보들께 각자 맡고 있는 부문의 업무를 분석해서 본부의 자원을 지역사무처와 회원국으로 이관하는 구체적인 절차를 제안해 달라고 요청했습니다. 아울러 HIV·AIDS 통제와 보건 시스템 역량을 구축하는 데 각국 사무소가 선도적 위치에 설 수 있도록 자원을 추가로 지원하려고 합니다. HIV·AIDS 관련 기술 협력과 여타의 우선순위를 신속히 확충하자면 2004년 초까지 그만큼의 자원을 이용할 수 있어야 합니다.

회원국들은 보건 시스템 발전을 위해 더욱 협력하겠다는 바람을 피력하고 있습니다. 이는 WHO의 '정책 근거 및 정보(EIP)' 부문의 핵심 임무가 될 것입니다. 이 임무를 달성하기 위해 EIP는 새로운 지도력을 발휘하여 전략적인 계획 과정을 이끌어나갈 것입니다.

보건 정보는 보건 시스템을 결합시켜 주는 접착제와도 같습니다. 대부분의 나라들이 더 강력하고 통합된 정보 시스템을 필요로 하고 있습니다.

한 예로 등록 시스템, 즉 출생과 사망을 헤아릴 수 있는 시스템이 절실합니다. 질병 부담이 큰 나라일수록 이 시스템이 결여되어 있습니다. 사람을 중히 여기려면 우선 사람 수를 헤아릴 수 있어야 합니다. 이 문제에 대처하기 위해 회원국은 물론이고 게이츠재단, 세계은행, 유니세프 등의 국제 기구와 더불어 WHO의 보건 정보 파트너십을 확립하고자 합니다. 아울러 각국이 보건 정보의 심각한 격차를 메우는 데 도움이 되도록 보건 측정 네트워크도 만들어나가야 합니다.

많은 나라들이 보건 인력의 위기를 겪고 있습니다. 숙련된 보건 인력이 부족하면 '3 by 5' 같은 보건 목표나 산모 사망률상의 새천년 목표를 향한 발전이 더뎌질 수밖에 없습니다. 우리는 이 문제에 관하여 각국과 협력을 강화해나가야 합니다. 아울러 파트너나 지역의 보건 인력에 대한 훈련, 배치, 감독을 혁신함으로써 보건 인력을 확충해야 합니다. 지역사회의 활동을 활성화하는 것은 성공의 핵심입니다. 또한 시민사회 및 지역사회와의 공조를 발전시켜나가야 합니다. 국제 포럼과 각국 현장을 함께 활용하는 것도 하나의 방법입니다.

WHO는 국제적 수준의 보건 인력 강화에 직접적으로 기여할 수 있습니다. 저는 2004년 초에 '보건 리더십 서비스'라는 프로그램을 발족하려 합니다. 세계 각지의 유망하고 젊은 보건 전문 인력을 채용하여 2년 동안 WHO 회원국 사무소나 지역사무처, 또는 본부에서 일하며 배울 기회를 제공하는 사업입니다. 그들은 WHO의 선임 직원들을 멘토로 하여 차세대 국제 보건 지도자로 성장할 것입니다.

각국이 지역민들의 요구에 부응할 만한 보건 시스템을 마련하고 유지하는 능력을 기르는 데에는 국제적 차원의 지원과 영향력이 중요합니다. 각국을 우리 활동의 중심에 두려면 지속 가능한 발전에 영향을 끼치는 요소들과 발전 정책이 보건에 끼치는 파급 효과를 면밀히 따져볼 필요가 있습니다.

WHO는 세계의 보건 수호자로서 보건에 영향을 끼치는 모든 이슈에 관한 국제 토론에서 강력한 목소리를 낼 것입니다. 우리는 세계 무역정책, 지적재산권, 환경 변화, 이민, 분쟁, 그 밖의 개발 관련 제도나 과정이 보건에 끼치는 영향을 분석하고 문제점을 살피는 역할을 계속해나갈 것입니다.

우리는 옳은 일을 적절한 곳에서 하는 만큼 옳은 방법으로 해야 합니다. 이는 새로운 방식의 협업을 의미합니다.

우리는 회원국들을 더 잘 섬기기 위해 우리의 인적자원 정책을 바꿀 필요가 있습니다. 저는 WHO 직원들이 직무 만족도 느끼면서 일을 더 잘할 수 있게 해주고 싶습니다. 그런 차원에서 조직 전체를 아우르는 재능 검토를 올해 말까지 실시하고자 합니다. 직원들의 기능과 경험이 효과적으로 활용되어 각국에서 더 나은 성과를 얻는다는 우리의 공동 목표에 도달하기 위해서입니다.

그런 점에서 직원들의 보직 이동을 확대하는 새로운 시스템을 도입하려고 합니다. WHO 직원들이 다른 지역이나 직무를 경험할 기회를 주기 위해서입니다. 이 프로그램은 직원들의 능력을 향상시키고, 지식 교류를 활성화하며, 각 나라와 지역사무처와 본부 간의 유대를 강화할 것입니다. 저는 몇 주 내로 모든 고위 간부 및 지역사무처와 더불어 직원의 업무 순환과 보직 이동 문제를 상의할 것입니다.

지금까지의 직원 평가체계가 직원들의 업무 성과를 향상시키는 데 언제나 도움이 되었던 건 아닙니다. 우리는 건설적이고 대화에 기초한 평가에 따라 각 직원들이 명료한 발전계획의 혜택을 받을 수 있도록 할 것입니다. 또 직원들의 발전을 위해 더 많은 자원을 투입하려 합니다. 아울러 평등과 지역 및 성비 균형이라는 우리의 지향에 맞게끔 채용과 계약 과정을 살펴보려합니다.

구체적인 정책과 더불어 우리의 조직 문화도 발전해야 합니다. 그러한 변화를 억지로 강요할 수는 없습니다. 다만 각 수준, 즉 각국 사무소에서 제네바 본부에 이르기까지 구상하고 지원할 수는 있습니다. WHO 내부 분위기도 더욱 개방적이고 협력적인 것이 되어야 합니다. 우리는 신뢰와 상호 존중의 분위기 속에서 더 끈끈하게 결속해야 합니다. 그리고 의사결정 과정에 더 많이 참여할 수 있어야 합니다. 부문 간, 부서 간 정보 공유도 강화해야 합니다.

경우에 따라서는 사무실의 물리적 배치를 달리해 새로운 업무 방식을 활성화할 수 있습니다. 예를 들면 여기 본부의 사무총장실을 트인 구조로 바꾸는 것입니다. 그러면 제 책상은 다른 직원들 사이에 있게 됩니다. 이는 상징적인 제스처가 아닙니다. 의사소통 구조를 개방해 언제든 저와 접촉할 수 있도록 하기 위한 것입니다. 조직 내 협력이 강화되면 업무도 더 효율적으로 이루어질 것입니다.

또한 조직의 관리 절차도 점검해서 합리적으로 개선하려 합니다. 관리지원팀들은 더욱 능률적으로 간소화될 수 있습니다. 저는 관리지원팀 하나가 두 개 부문을 지원하도록 통합할 예정입니다. 정보기술을 활용해 효율성을 높일 방안도 마련하겠습니다. 정보기술은 WHO의 목표를 달성하는 데 중요한 촉매 역할을 할 것입니다. 특히 조직을 더 끈끈하게 통합하고 각국 현장의 활동을 강화하는 데 필요한 수단이 될 것입니다.

현재 WHO의 IT 전문직들은 자원 부족과 조직 전반의 기술 전략 부족으로 어려움을 겪고 있습니다. 저는 올 하반기 안에 조직 전체를 아우르는 지식 관리 및 정보기술을 위한 포괄적인 계획을 내놓으려 합니다. IT 부서 자체를 위해서도 명료하고 합리적인 팀 구조를 육성해야 합니다. 관리 기능은 '글로벌 관리 시스템'을 통해서 원활히 할 것입니다. 또 협업이 잘되도록 유연한 '소비자 주도형' IT 솔루션을 개발할 것입니다. 한 예로 오늘 사무총장실에 테스트용 무선 네트워크를 도입했습니다. 각국 사무소의 정보 관리를 강화하고, 본부와 각국과 지역사무처 간의 연락도 긴밀하게 할 것입니다. 아울러 자료 관리를 용이하게 하고 자료 수집을 할 때 이용할 수

이종욱 평전

있는 솔루션도 구축해야 합니다.

지난 몇 년간 우리는 계획 차원의 강조점을 자원에서 성과로 옮겨왔습니다. 이러한 변화는 평가와 감사 기능에서도 일어나야 합니다. 저는 감사 역량을 강화하려 합니다. 아울러 기술 옴부즈만 제도를 도입하려 합니다.

동료 여러분, 저는 우리 조직의 일원이 되어 함께 일하며 기여할 뛰어난 분들을 채용할 수 있어 기쁘다는 말씀도 드립니다. 여러분은 지난주에 제가 보낸 이메일에서 그분들의 이름을 이미 보았을 겁니다.

먼저 사무총장보로 일할 분들을 소개합니다.

데니스 아이켄(영국)은 WHO 각료장을 지낸 분으로, 사무총장실 실장을 맡게 되었습니다.

류페이롱(중국)은 중국 보건부 국제협력국장을 지낸 분으로, 사무총장 비서관으로 일하게 되었습니다.

아나르피 아사모아-바아(가나)는 현재 '보건의료기술 및 제약 총괄국장'으로, 전염병 부문장을 맡게 되었습니다.

카젬 베베하니(쿠웨이트)는 가장 최근에 '동지중해 연락관'을 지낸 분으로, '대외관계 및 운영' 부문을 이끌게 되었습니다.

잭 차우(미국)는 미국 국무부 보건·과학 부차관보를 지냈던 분으로, '에이즈·결핵·말라리아' 부문을 맡았습니다.

팀 에번스(캐나다)는 뉴욕의 록펠러재단에서 의료 형평성 부문 국장으로 있던 분으로, '정책 지원 근거 및 정보' 부문을 맡게 되었습니다.

카트린 카뮈(프랑스)는 프랑스 보건장관 과학고문을 지냈던 분으로, '비전염성 질병 및 정신건강' 부문을 맡았습니다.

케르스틴 라이트너(독일)는 중국 주재 유엔 조정관 및 유엔개발계획 대표를 지냈던 분으로, '지속 가능한 개발 및 건강한 환경' 부문을 맡았습니다.

블라디미르 레파힌(러시아)은 가장 최근 러시아 인민친선대학의 일반 및 임상 약리학과 학과장을 지낸 분으로, '보건의료기술 및 제약' 부문을 이끌 것입니다.

안데르스 노르드스트룀(스웨덴)은 스웨덴 국제개발협력기구(SIDA)의 보건부문장을 지낸 분으로, '종합관리' 부문을 책임질 것입니다.

조이 푸마피(보츠와나)는 현재 보츠와나 보건장관으로, '가정보건 및 공동체보건' 부문을 맡았습니다.

그러면 사무총장보들을 대표해서 조이 푸마피 장관께 선서를 부탁하겠습니다. 아울러 저는 브룬틀란 총장님과 함께 각료로 일하며 임기를 마치신 뛰어난 동료 네 분께 중요한 임무를 부탁드렸습니다.

데이비드 헤이먼은 우리의 '소아마비 퇴치' 활동을 이끌게 되었습니다. 데이비드 나바로 박사는 '공중보건 위기대응' 활동을 이끌기로 했습니다. 톰리스 튀르멘은 지적재산권 구조가 보건에 미치는 영향을 평가하고 이 분야에 관한 명료한 정책안을 개발하는 팀을 이끌 것입니다. 데렉 야크 박사는 비전염성 질병에 대한 WHO의 대응을 강화하는 포괄 계획을 설계할 것입니다.

신임 국장들은 다음과 같습니다. 로버트 비글홀(뉴질랜드)은 '정책 근거 및 정보국'을, 마거릿 챈(중국)은 '인간 환경 보호' 부서를, 그레이엄 클럭스턴(오스트레일리아)은 '기술 옴부즈만' 부서를, 마리 안드레이 디우프(세네갈·프랑스)는 '협력 및 회원국 집중' 부서를, 엔도 히로요시(일본)는 '전염병 예방·통제·박멸' 부서를, 마리오 라빌리오네(이탈리아)는 신설 'HIV·AIDS 및 결핵·말라리아' 부문을, 베른하르트 슈바르틀란더(독일)는 'HIV·AIDS 및 결핵·말라리아 대응전략 지원' 부서를, 암비 순다람(스리랑카)은 '지원 서비스 및 조달·여행' 부서를, 파울루 테이세이라(브라질)는 'HIV·AIDS 및 결핵·말라리아' 부서를 맡았습니다.

동료 여러분, 제가 방금 소개한 분들은 우리의 활동을 이끌어갈 촉매 역할을 할 것입니다. 하지만 제가 말한 목표에 도달하기 위해서는 모든 WHO 직원의 헌신과 회원국들의 지지, 그리고 각 나라와 국제 파트너들의 노력이 필요합니다.

우리는 겸손과 결의로 무장하고 앞으로 몇 개월 또는 몇 년 동안 활동해야 합니다. WHO 창립 이념과 지금까지의 업적, 파트너, 직원들이 있기에 기반은 탄탄합니다. 우리는 회원국들을 우리 활동의 중심에 둘 것입니다. 충실성과 투명성과 탁월성을 중시하는 우리의 원칙에 따라 '모든 사람을 위한 보건'이라는 목표를 향해 나아가야 합니다. 과거에서 배우며 힘을 합친다면 세계 공중보건의 미래를 바꿀 수 있습니다. 대단히 감사합니다.

에이즈 치료 관련
세계 보건 응급 상황에 대한 기자회견

2003년 9월 22일, 미국 뉴욕

신사·숙녀 여러분!

항레트로바이러스 치료가 필요한 수백만 명의 에이즈 환자들에게 치료를 제공하지 못하고 있는 지금은 전 지구적 응급 상황입니다.

오늘날 우리는 하루 1달러 미만의 비용으로 에이즈 환자들을 치료할 수 있는 의약품들을 보유하고 있지만, 이 약품들이 필요한 사람들에게 전달되지 못하고 있습니다.

항레트로바이러스 치료제를 수백만 명에게 보급하기 위해서는 우리의 사고방식과 행동방식을 모두 바꾸어야 합니다. 하던 대로 해서는 안 됩니다.

하던 대로 한다는 건 매일 수천만 명이 죽어가는 걸 그냥 보고 있는 셈입니다.

에이즈 치료 응급 상황에 대처하자면 응급조치를 취해야 합니다. 여기 오늘 우리 모두는, 즉 WHO, 유엔에이즈계획, 글로벌 펀드, 그 밖의 모든 파트너들은 응급행동을 실행에 옮겨야 합니다. 우리는 아프가니스탄, 라이베리아, 이라크에서의 까다로운 응급 상황에 대처하거나 사스 발발을 신속히 통제하면서 배운 신속 대응법을 활용할 수 있습니다.

WHO는 HIV·AIDS 부담이 가장 큰 나라들을 도울 긴급대응팀들을 조직하여 활동을 주도할 것이며, 해당국 정부의 요청에 따라 활동을 전개할 것입니다. 국제적인 비정부기구 출신의 에이즈 치료 전문가들로 구성된 이들 팀은 도움이 필요한 사람들에게 항레트로바이러스 치료나 진단 테스트 등을 신속히 제공할 수 있도록 노력할 것입니다.

이미 우리는 항레트로바이러스 약품을 공급하고 이용하는 기준이 되는, 더욱 간편화된 기술 지침을 개발하고 있습니다. 적정량 투약 조합이나 실험실 기초 테스트, 그리고 좀 더 간편한 투약법에 따른 지침 등입니다. 지금 우리는 개발도상국들이 양질의 항레트로바이러스 약품을 조달할 수 있게 도와준 '에이즈 약품 및 진단기구'를 조직하고 있습니다. 또한 치료를 도와줄 보건 인력 수천 명을 신속히 훈련시킬 방안도 마련하고 있습니다.

저는 또 WHO의 대단히 야심찬 목표를 실행에 옮기기 위해 애쓰고 있습니다. 다름 아닌 300만 명의 사람들에게 2005년까지 항레트로바이러스 치료를 제공하겠다는, 이른바 '3 by 5' 목표입니다.

지금 추세대로라면 그들 중 목표 연도인 2005년 말까지 100만 명이 안 되는 사람들이 항레트로바이러스 치료를 받게 될 것입니다. 우리의 목표에 도달하자면 이미 기울이고 있는 수준을 뛰어넘는 특별한 노력이 필요합니다.

개발도상국 사람들 중 약 600만 명이 항레트로바이러스 치료가 필요한 HIV 감염 환자입니다. 하지만 정작 치료를 받고 있는 사람은 30만 명이 채 되지 않습니다. 치료가 필요한 사람들 대부분이 살고 있는 아프리카 사하라사막 남부 지역에서는 치료를 받는 사람이 5만 명도 되지 않습니다.

지난달 저는 앙골라에서 카롤리나 핀토라는 젊고 용기 있는 여성을 만났습니다. 그녀는 앙골라에서 항레트로바이러스 치료를 받고 있는 극소수 사람들 가운데 한 명입니다. 그녀는 앙골라에서 항레트로바이러스 치료를 제공하는 유일한 센터에서 치료를 받고 있지만, 센터의 재정이 불확실해서 치료를 더 받을 수 있을지 모르겠다는 말을 했습니다. 우리는 카롤리나와 그녀 같은 수백만 명이 필요한 치료를 받을 수 있도록 해야 합니다.

물론 의약품을 제공하는 것만으로는 충분치 않습니다. 에이즈 치료에 투자한다는 것은 보건 시스템을 강화하는 일이기도 합니다. 그렇게 되면 에이즈든 결핵이든 다른 어떤 질병이든 의료 처치가 필요한 모든 사람에게 도움이 될 것입니다.

지금 우리는 돈이 정확히 얼마나 들지 알아보고 있습니다. 의약품을 제공하고, 그를 위해 필요한 의료 시스템을 강화하는 데 드는 모든 비용을 알아야 하기 때문입니다. 우리는 그러한 자금이 가능한 한 빨리 마련될 수 있도록 열심히 노력할 것입니다.

필요한 건 아주 간단합니다. 예컨대 유럽에서는 암소 한 마리당 보조금으로 매일 2달러를 지급합니다. 그런데 그 비용의 절반만 있으면 에이즈 환자를 치료할 수 있는 약을 구할 수 있습니다.

우리는 에이즈가 신종 질병이 아니라는 건 압니다. 사람들이 항레트로바이러스 약품 치료를 받을 수 있는 건 생소한 일이 아닙니다. 새로운 것은 지금의 응급 상황에 대처하는 우리의 자세와 결의입니다. 생명을 구할 수 있는 약을 지금 당장 필요로 하는 수백만 명에게 제공하기 위해서는, 우리가 예전의 응급 상황에 대처하고 사스 위기를 통제하면서 배웠던 모든 경험과 지식을 동원해야 합니다.

이러한 응급 상황에 WHO는 유엔에이즈계획, 글로벌 펀드 같은 단체와 더불어 파트너들과 공조하며 대응해나갈 것입니다. 전 세계적인 응급 상황에 제동을 걸기 위해 각국 정부와 국제기구, 그리고 비정부기구에 요청합니다.

필요한 말과 행동, 결의는 물론이고 자원을 동원하여 어서 응급 상황에 함께 대처하자고 말입니다.

유엔 총회 : 세계적 도로교통 위기

2004년 4월 14일, 미국 뉴욕

의장님, 총장님, 존경하는 파견단과 신사·숙녀 여러분.

영국에서 자동차 사고로 사망한 최초의 사람은 브리짓 드리스콜이었습니다. 그녀는 마흔네 살로 두 아이의 어머니였습니다. 그녀는 1896년 8월 17일 런던의 크리스털팰리스에서 쓰러졌습니다. 사고 차량은 시속 12km의 속도로 달리고 있었습니다. 그녀는 자신이 무엇에 부딪쳤는지도 몰랐습니다.

검시관은 사고사라는 판단을 내렸고, 법정에서 이렇게 경고했습니다.

"이런 일이 다시 일어나선 안 됩니다."

참으로 안타깝게도 세계는 그의 조언을 받아들이지 않았습니다.

20년 전, 미셸 졸러라는 분이 차를 몰고 출근하다가 트럭과 충돌하는 사고를 당했습니다. 그는 목숨을 잃지는 않았지만 6개월간 혼수상태에 빠졌습니다. 그가 지난주 제네바에서 열린 '세계 보건의 날' 행사에 참석했습니다.

그는 그때의 사고로 전신이 마비된 환자가 되어 휠체어를 타고 왔습니다. 그는 목소리까지 잃어 그의 아내가 대신 연설을 했습니다. 그녀는 말을 잇기가 아주 힘들어 보였습니다. 다친 데가 있어서가 아니라 남편에게 일어난 일을 다시 떠올리기가 너무 힘들었기 때문입니다. 그녀의 메시지는 그런 일이 다시는 그 누구에게도 일어나서는 안 된다는 것이었습니다.

그녀의 가족을 위해서, 그리고 매년 같은 식으로 사고를 당하는 수많은 사람들을 위해서, 저는 오늘 여러분께 같은 메시지를 전달하고자 합니다. 오늘 이 주제를 유엔 총회에서 다룰 수 있게 주선해준 오만 정부에 감사를 드립니다.

도로교통 사고로 당하는 죽음과 부상과 경제적 손실은 얼마든지 예방할 수 있습니다. 저희가 지난주 파리에서 발간한 도로교통 피해 예방에 관한 세계 보고서에서는 이미 알려진 위험 요소와 효과적이라 알려진 예방책을 제시하고 있습니다. 이를테면 안전벨트 착용, 아동 보호용 의자 이용, 헬멧 착용, 음주운전에 관한 법률 제정 또는 강화, 주간 전조등 이용, 그리고 모든 도로 이용자를 위해 시야를 지금보다 더 확보할 수 있도록 하는 것 등입니다.

법을 제정하고 인식을 높이는 일 말고도 각국은 더 안전한 자동차와 더 안전한 교통관리, 그리고 더 안전한 도로를 설계하도록 하는 정책을 세울 필요가 있습니다. 안전성을 높이는 데 가장 성공한 나라들은 다방면으로 조정된 도로교통 프로그램에 정부와 시민사회, 그리고 업계의 여러 집단을 참여시킨 경우였습니다. 이 문제에 대처하려면 모든 영역, 특히 운송, 교육, 의료, 법률 분야가 각자 할 역할이 있습니다.

공중보건 분야에서는 피해자에 대한 응급 서비스 강화, 자료 수집 향상, 정책 마련, 예방 활동 강화를 통해 기여도를 높일 필요가 있습니다.

국제기구, 기부단체, 비정부기구도 도로 안전을 높이는 데 중요한 역할을 할 수 있습니다. 우리 모두 보행자이건 운전자이건 정책 입안자건 안전 향상에 기여할 수 있습니다.

도로교통 안전은 사고가 아닙니다. 교통사고는 사람들이 예방이 가능하다고 여기고, 그에 맞게끔 행동한다면 줄어들 수 있습니다. 여기 모인 우리는 모두 이제 도로 안전을 마땅한 우선순위에 두도록 합시다. 대단히 감사합니다.

제57차 세계보건총회 사무총장 연설

2004년 5월 17일, 스위스 제네바

의장님과 각국 장관, 파견단, 그리고 신사·숙녀 여러분.

여러분 중 많은 분들이 어제 회의 도중이나 이후에 우려를 나타내셨습니다. 어제는 다른 의제에 관해 토의하느라 상당한 시간이 걸렸습니다. 여러분의 우려에 저도 공감합니다. 일부 회원국은 회의시간을 줄일 수 있도록 사무국이 조정해주리라 예상했을 겁니다. 근년 들어 토론시간을 줄이자는 원칙적인 합의가 있기도 했습니다.

하지만 올해엔 그런 합의가 없었습니다. 포괄적인 토론이 이루어진 것을 보면 그런 문제들을 여러 회원국들이 대단히 중요하게 여긴다는 것을 알 수 있습니다. 회원국들 간에 의견일치가 이루어지지 않을 때에는 서로의 입장을 잘 들어주는 게 중요하다고 생각합니다. 다음번에는 총회의 의사진행이 더 매끄럽게 될 수 있는 방법을 찾아보도록 하겠습니다. 우리가 다룰 의제의 모든 주제들에 관해 회원국들이 회기 중에 토론할 시간이 충분하도록 노력하겠습니다.

총괄위원회의 권고안에 대한 견해를 떠나서, 저는 모든 회원국들이 중국 정부가 세계 보건 활동에 대만이 참여할 수 있도록 해준 조치를 저처럼 감사히 여길 것으로 확신합니다. 중국의 조치에 따라 대만의 보건의료 전문가들이 총회에 파견될 수 있고, 대만에 대한 양국 정부의 회담이 가능해졌으며, WHO의 기술 관련 활동에 중국이 참여할 수 있게 되었습니다. 이를테면 중국은 우리 사무국과 협의하여 대만 출신의 의료 전문가들이 WHO의 기술 교환활동에 참여하도록 해줄 것입니다. 아울러 중국이 WHO로부터 기술 지원을 받는 것도 가능해졌습니다. 사스 발병 위기로 우리는 전 지구적 감시 및 대응 네트워크에 어떠한 틈도 용납할 수 없다는 것을 알게 되었습니다. 저는 앞으로 몇 달 안에 이상의 제안들이 실행에 옮겨질 수 있기를 바랍니다.

의장님, 오늘의 세계가 처한 상황은 다음과 같습니다.

- 먼저 오늘날 28억 명이 하루에 2달러도 안 되는 돈으로 생활하고 있습니다.
- 4억 8000만 명이 분쟁 지역에 살면서 생명에 위협을 느끼고 있습니다.
- 12억 명이 깨끗한 물을 구하느라 고생을 하고 있습니다.
- 50만 명이 넘는 여성들이 매년 출산으로 목숨을 잃고 있습니다.
- 13억 명이 흡연으로 질병과 이른 죽음에 노출되어 있습니다.
- 120만 명이 매년 도로교통 사고로 목숨을 잃고 있습니다.

전 세계에서 질병이나 고난이나 죽음으로 고통받는 사람들의 수는 어마어마합니다. '한 사람이 죽으면 비극이지만 100만 명이 죽으면 통계다'라는 유명한 말이 있습니다. 죽음이나 고난에 노출되어 있는 사람들은 절대 그런 식으로 생각할 수 없습니다. 그들은 그런 불행을 무심하게 받아들일 수 없는 것입니다.

공중보건 종사자인 우리로서는 우리가 사용하는 통계가 대단히 중요하다는 것을 언제나 명심해야 합니다. 통계가 한 사람 한 사람의 아이나 여성이나 남성을 나타내기 때문입니다. 우리는 통계가 대변하는 목소리를 들어야 합니다. 그런 맥락에서 벨라루스의 아나스타샤 카밀크를 이번 총회에 초대했습니다. 그녀의 경험담을 한번 들어보도록 하십시다. 아나스타샤 카밀크는 러시아어로 말할 것입니다.

(아나스타샤 카밀크가 이야기하다)

감사합니다. 이번 총회에 참석하신 분들의 책임을 명료하고 구체적으로 일깨워주신 용기에 감사를 드립니다.

의장님, 기술의 발전은 우리가 살고 일하는 방식을 크게 바꿔놓았습니다. 기술 발전으로 나아진 점도 많습니다만, 보건을 향상시키는 우리의 능력이 나아진 만큼 우리의 부주의로 보건이 열악해지기도 합니다. 빈부 격차가 심해져 먹을 게 남아돌아도 배고프고 목마른 사람들이 아직도 많은 실정입니다.

조화와 평화와 안보를 지키려는 많은 나라들의 노력에도 불구하고, 수억 명의 사람들이 매일같이 전쟁이나 분쟁으로 고난을 겪고 있습니다. 우리 WHO는 세계에서 무장 충돌이 벌어지고 있는 대부분의 지역에서 '위기 대응 보건행동'을 통해 활발히 활동하고 있습니다.

저는 WHO가 이 기회를 활용해 보건 관련 시설이나 차량, 인원을 남용하는 어떠한 행위에 대해서도 단호히 맞서야 한다고 생각합니다. 마찬가지로 보건 종사자들에 대한 공격 행위도 중단되어야 합니다. 국제 인권법에서는 모든 전투원들에게 민간인들이 기본적인 필요, 즉 물이나 위생이나 식량이나 유효 의료시설에 접근하는 것을 막아선 안 된다는 의무를 부과하고 있습니다.

우리는 흔히 몇 년씩 지속되는 분쟁에서 민간인들이 희생되는 경우를 점점 더 많이 보고 있습니다. 고통을 가장 많이 받는 사람들은 식량이나 깨끗한 물이나 의료처치를 받을 수 없게 된 사람들, 특히 여성이나 어린이나 만성질환 환자들입니다. 보건기구는 그런 식으로 목숨이나 건강을 위협받는 사람들을 대변해야 합니다.

세계 여러 지역에서는 중대한 환경 문제로 보건상의 혜택을 입지 못해 고통을 겪는 사람들도 있습니다. 물이 오염되거나 고형 폐기물이 관리되지 않거나 생활조건이 안전하지 못한 결과로 말입니다. 이런 문제들은 흔히 무계획적인 도시화나 기후변화, 통제되지 않은 개발과 관련이 있습니다. 이런 보건상의 위험이 없는 지역이라 해도 생활방식과 관련 있는 예방 가능한 만성질환이 개인이나 공중의 보건에 심각한 제약을 가하고 있습니다.

그럼에도 불구하고 그런 문제들을 해결하려는 세계적 요구나 능력이 커지고 있다는 증거도 있습니다. 2000년에 채택한 '새천년 발전 목표'가 증명한 바에 따르면, 지구촌 사회는 빈곤을 줄이고 보건의료를 보호할 필요성을 심각하게 여기고 있습니다. 오늘날의 보건 시스템에서 가장 위험하면서 부적절한 문제는 나라 안에서나 나라끼리의 불평등입니다. 그러한 불평등이 만연하는 한, 세계 평화와 안보라는 희망은 퇴색할 수밖에 없습니다. 적절한 보건 서비스는 '새천년 발전 목표' 중에서 보건과 구체적인 관련이 있는 세 가지를 위해 반드시 필요할 뿐만 아니라 다른 다섯 가지 목표에도 크게 기여할 것입니다.

지난 몇 년 동안 보건 발전을 위한 원조가 늘어난 사실 또한 반가운 신호입니다. 1997년부터 2002년까지 평균 17억 달러가 늘어났습니다. 이

상승치의 상당 부분은 HIV·AIDS로 보게 된 피해가 얼마나 심각한지를 각성하게 된 결과입니다. 일부 지역에서는 젊은 성인의 절반 가까이가 HIV 감염자입니다.

효과적인 치료를 받지 못하는 한, 그들은 앞으로 몇 년 안에 목숨을 잃게 될 것입니다.

작년 12월 '세계 에이즈의 날'에 WHO는 항레트로바이러스 치료에 대한 접근성을 높이기 위한 전략을 개시했습니다. 애초의 목적은 다양한 파트너들과 함께 개발도상국 사람들 300만 명에게 2005년 말까지 치료를 받게 하자는 것이었습니다. 우리는 이 목적을 달성하기 위해 여러 나라의 보건당국과 더불어 노력하고 있습니다. 우리의 노력은 두 가지 원칙에 따라 이루어집니다. 하나는 그 누구든 되도록 빠른 시일 안에 치료를 받을 수 있게 해야 한다는 것이고, 또 하나는 예방 활동을 더욱 효과적으로 해야 한다는 것입니다.

우리는 파트너들의 도움으로 치료 접근성을 간소화하는 발전을 이루었으며, 항레트로바이러스 약품의 적정량 투약 조합을 미리 마련해두었습니다.

이번 주 초 미국 정부의 발표도 환영할 일입니다. 미국이 적정량 투약 조합과 공동 패키지 약품(Co-packaged Products)을 검토하기 위한 빠른 절차를 제안했기 때문입니다.

3월에는 모잠비크 정부가 자국의 요구에 부응하기 위해 항레트로바이러스 약품 조합 세 가지를 제조하는 데 필요한 의무 면허증을 발행하기 시작했습니다. 이로써 모잠비크 정부는 '도하 선언'을 이행하는 중요한 절차를 처음으로 밟은 아프리카 국가가 되었습니다. 캐나다는 2003년 8월 세계무역기구가 내린 결정을 실행에 옮기기 위해 특허법 개정 움직임을 최초로 보인 나라입니다. 세계무역기구의 결정이란 제약 제조 능력이 충분하지 않은 나라들에 일반 의약품을 수출할 수 있게 하자는 것이었습니다.

이종욱 평전

지난주에 캐나다의 법안이 채택되었다는 발표 역시 환영합니다.

'새천년 발전 목표' 중에 HIV·AIDS에 관한 내용은 2015년까지 HIV의 확산을 막고 흐름을 역전시키자는 것입니다. 치료가 새로운 HIV 감염을 예방하는 효과가 얼마나 있는지는 아직 알려져 있지 않지만, 치료를 받은 사람 각각에 대하여 새로운 전염병 한 가지가 역전될 수 있다면 '3 by 5' 사업은 '새천년 발전 목표'의 달성 속도를 크게 높이게 될 것입니다.

사람들이 우리에게 요구하는 것은 분명합니다. 2월과 3월 사이에 WHO는 여러 나라가 행동 계획을 세우고 글로벌 펀드 보조금을 신청하는 일을 돕기 위해 25개국에 직원을 더 파견했습니다. 우리와 함께 일하는 나라들 중 90% 이상이 능력 배양과 훈련을 위해 전문적인 도움이 필요하다고 했습니다. 60%는 약품 구매와 공급망 관리에 도움이 필요하다고 하고, 50%는 모니터링과 평가를 위한 도움이 필요하다고 합니다. 우리는 그런 요구에 대응해야 합니다.

이제는 HIV·AIDS와 결핵과 말라리아와의 싸움에 전례가 없을 정도로 큰 정치적 결의와 재정 지원이 집중되고 있습니다. 이는 특히 글로벌 펀드와 그 밖의 다자간 또는 양자 간 지원을 통해 이루어지고 있습니다.

지난주에는 캐나다 총리께서 우리의 '3 by 5' 사업을 지원하기 위해 1억 캐나다달러를 지원하겠다고 발표했습니다. 이러한 지원은 앞서 영국 정부가 제공한 자금과 더불어 여러 나라에서 치료 접근성 규모를 확대하려는 우리의 활동을 더 활발하게 해줄 것입니다.

우리는 '3 by 5'에 관한 첫 번째 상세한 사업보고서를 7월 태국 방콕에서 열릴 '국제 에이즈 콘퍼런스'에 제출할 것입니다. 그사이에는 '역사를 바꾸다'라는 제목을 단 올해의 '세계 보건 보고서'를 통해 HIV·AIDS로부터 수백만 명의 목숨을 구하는 일에 우리가 현재 얼마나 와 있는지와 이번 기회를 왜 잘 잡아야 하는지에 관한 설명을 볼 수 있습니다.

바이러스는 예측 불가능하며 국경을 가리지 않습니다. 사스가 완전히 통제되었는지, AI가 아시아나 다른 지역에서 재발할 것인지 알 방법은 아직 없습니다. 사스 대유행이 작년 7월에 억제되었다고는 하지만, 아시아에서 네 건의 발병 사례가 더 있었습니다. 이 가운데 세 번은 실험실 사고에서 비롯되어 생물안전(Bio-Safety)을 강화할 필요성이 더욱 강조되고 있습니다. 1월에는 아시아 8개국에서 역사적으로 전례가 없는 H5N1의 발병으로 인간에게서 확인된 발병 사례가 34건이었고, 23명이 목숨을 잃었습니다. 이 전염병을 억제하기 위해 WHO 전문가들은 여러 나라 당국에 신속한 지원을 해주었습니다. 그들의 협력적 노력은 지금까지 성공적이었지만 경계를 늦출 수 없는 상황입니다.

우리의 다른 장기 질병 통제 프로그램들 중에는 소아마비 퇴치가 있습니다. 이 사업 성공의 핵심은 끈기일 것입니다. 면역 캠페인을 운영하고 감시의 끈을 늦추지 않으려는 우리 동료들도, 우리의 기부자들도 끈기를 잃지 말아야 합니다. 올해엔 아프가니스탄, 이집트, 인도, 파키스탄에서 모두 22건의 발병 사례만 발견되었으니 퇴치 직전의 단계에 와 있는 셈입니다.

한편 아프리카 서부와 중부 지역에서는 어려움을 겪고 있습니다. 두 지역에서 발병률이 폭발적으로 늘어나 500명의 아동이 마비되고 말았습니다. 이들 지역 22개국 지도자들은 대대적인 면역 캠페인을 공동으로 다시 벌이기로 했습니다. 캠페인의 마지막 단계에 와 있는 만큼 용기를 잃지 않는다면, 1988년 세계보건총회에서 우리가 소아마비를 퇴치하겠다던 약속을 곧 지킬 수 있을 것입니다. 어떻게 하느냐에 따라 잃을 것도 얻을 것도 많은 상황입니다.

1년 전 보건총회에서 채택된 담배규제기본협약은 이제 유럽연합 말고도 112개국의 조인을 받아냈으며, 14개국에서 비준을 했습니다. 이 협약은 40개국이 비준하게 되면 발효되는데, 오늘날 가장 심각하면서 불필요

한 건강 위협요인 중 하나로부터 공중을 보호하려는 각국 정부와 보건당
국에 도움이 될 것입니다.

의장님, 저는 우리가 닥쳐오는 도전에 대한 조직으로서의 대응력을 계
속 향상시켜나갈 것으로 믿습니다. 작년에 저는 총회에서 HIV·AIDS를 안
고 살아가는 사람들에 대한 치료 공백을 메우겠다는 서약 말고도 네 가지
다른 분야도 중점적으로 관리하겠다고 말씀드린 바 있습니다. 각국에서
우리가 벌이는 활동을 효과적으로 향상시키기 위한 것들입니다.

하나는 조직의 탈중심화를 위해 구체적인 목표를 설정하는 것이었습
니다.

그 이후로 올해까지 2년간 각 지역사무처와 각국 사무소의 예산을 70%
까지 늘렸습니다. 효율성을 높일 필요성에 대해서도 말씀드렸습니다. 우리
는 일반관리를 위한 전략적 틀을 개발했으며, 협력을 증진하고 재정 관리
를 강화하며, 업무 프로세스를 능률적으로 하기 위한 방안도 마련하여 시
행했습니다.

아울러 업무의 책임성을 높이기 위해 노력했습니다. 기쁘게도
2002~2003년 두 해의 성과 측정 보고서 초안을 미리 구해볼 수 있다는 말
씀을 드립니다. 이제 우리는 성과 중심의 예산을 바탕으로 업무 성과가 예
상한 결과에 비추어 어느 정도인지를 파악하여 보고할 것입니다. 이러한 보
고 방식의 발전은 다음 두 해의 계획을 수립하는 데 도움이 될 것입니다.

저는 또 고용 현황을 개선할 필요가 있다는 점도 강조한 바 있습니다. 이
는 각국에서의 성과를 높이기 위한 일로, 성비 및 지역 안배를 더 균형 있
게 하고, 직무 이동과 경력 개발을 촉진해야만 가능한 일입니다. 이 분야에
서 우리는 계속 발전하고 있으며, 직무 이동 및 순환 제도가 지난달부터 시
작되었습니다. 또한 '빌 & 멜린다 게이츠 재단'이 '보건 리더십 서비스' 사
업의 기금을 대기로 했다는 소식을 알려드리게 되어 기쁩니다. 이 새로운

사업은 젊은 보건 전문 인력들, 특히 제 목소리를 내지 못하는 개발도상국 출신들에게 2년 동안 체계적인 배움의 기회를 줄 것입니다.

아울러 우리에게 더 필요한 네 가지 보건 업무 분야를 강조하고 싶습니다.

우리는 보건과 평등과 발전을 연계해서 활동할 필요가 있습니다. 저의 사무총장 임기 첫해의 바탕이 된 주제는 평등과 사회 정의입니다. 이 분야와 관련한 활동을 지원하기 위해 보건 불평등의 사회적, 환경적 원인이 되는 증거를 수집하고 극복하는 기능을 할 위원회를 신설하고자 합니다. 목표는 전문가들의 지식을 한데 모으는 것입니다. 특히 이 문제에 대처해본 경험을 가진 사람들의 지식을 모으는 것입니다.

산모 사망률을 줄이고 어린이 건강을 지키는 노력도 더 기울여야 합니다.

이 일을 앞으로 1년 동안 가장 우선시하려고 합니다. 2005년 세계 보건 보고서와 세계 보건의 날 또한 같은 주제, 즉 여성과 아동의 보건 문제를 다룰 것입니다. 이를 통해 WHO의 활동과 우리 파트너들의 활동을 상당 수 하나로 모을 것입니다. 특히 면역과 산모 보호와 영양 분야에서 그렇게 할 것입니다.

보건 연구자금의 전반적인 불평등도 큰 폭으로 줄여야 합니다. 매년 보건 분야의 연구개발에 쓰이는 자금은 공공 부문과 민간 부문을 합쳐서 700억 달러가 넘습니다. 하지만 이것의 10%도 안 되는 자금이 세계 보건 문제의 90%를 차지하는 분야의 연구에 쓰이고 있습니다. 우리는 오는 11월에 멕시코 정부와 더불어 보건 연구에 관한 각료 정상회담을 공동 주최하려고 합니다. 회담에서는 이러한 불평등 문제를 다룰 것이며, '새천년 발전 목표'를 달성하는 데 필요한 지식과 행동에 초점을 맞출 것입니다.

마지막으로, 우리는 보건 정보 시스템의 공백과 지연이라는 문제를 여전히 안고 있습니다. 이 문제를 해결하기 위해 우리는 WHO 본부에 '전략 보건운영센터'를 세웠습니다. 이 센터는 위기와 발병을 관리하기 위해 현재 이용할 수 있는 가장 빠르고 강력한 정보통신 시설로 이루어져 있습니다. 이 기술 덕분에 우리 개인이나 팀이나 회원국은 좀 더 효과적인 응급 활동을 할 수 있게 될 것입니다. 또 센터 덕분에 정보 관리 및 보급에서도 중단 없는 지원을 받을 수 있게 되었습니다. 기술적 차원에서 글로벌 발병 경계나 대응 네트워크에 틈이 생기지 않도록 하는 게 중요합니다.

의장님, 이번 57차 세계보건총회의 의제를 보면 오늘날 세계가 직면한 중대한 보건 위기에 대처하기 위해 우리가 함께 고민하고 있음을 알 수 있습니다. 여러분은 건강한 식사와 신체 활동을 장려하고 생식 건강을 향상시키기 위한 글로벌 전략을 논의할 것입니다. 원탁회의에서는 HIV·AIDS의 유행을 저지하기 위한 행동을 논의할 것입니다. 기술 브리핑에서는 위기나 정신건강 분야에서 우리가 최근 어떤 활동을 하고 있는지 듣게 되실 겁니다. 방금 말씀드린 것들은 여러분이 이번 주에 접하게 될 중요한 여러 주제 중 몇 가지에 지나지 않습니다.

이번 세계보건총회는 세계의 보건 활동을 선도하는 막중한 책임을 안고 있습니다. 6일 동안 우리가 함께 숙고하고 내릴 결정은 전 세계 모든 사람들의 건강에 중대한 영향을 끼칠 것입니다.

저는 몇 가지 수치를 말씀드리며 연설을 시작했습니다. 마치면서도 몇 가지 수치를 더 말씀드리려 합니다.

- 소아마비 퇴치를 위한 우리의 노력 덕분에 신체가 마비될 뻔했다가 걷게 될 아동이 2005년에 500만 명이나 됩니다.
- DOTS 프로그램에 따라 치료를 받고 있는 결핵 환자가 매년 300만 명 됩니다.

- '사상충증 통제 프로그램' 덕분에 실명 장애 60만 건이 예방되었습니다.

이러한 수치들을 보면 우리 조직이 어떤 성취를 이룰 수 있는지 잘 알 수 있습니다. 희망을 가져다주는 숫자들입니다. 아나스타샤 같은 개인이나 HIV를 안고 사는 수백만 명에게도 희망을 줄 것입니다.

의장님, 고매하신 각국 장관님과 파견단 여러분, 그리고 신사·숙녀 여러분.

WHO 직원들은 세계 보건을 향상시키기 위한 여러분의 헌신에 공감하며 함께 노력하고 있습니다. 저희는 더 나은 보건을 누구보다 필요로 하는 사람들을 앞으로도 섬기기 위해 결의를 다지고 있습니다. 감사합니다.

21세기 보건 연구의 도전
데이비드 E. 밤스를 기리는 글로벌 보건 강연
2004년 12월 6일, 미국 메릴랜드주 베세즈다

데이비드 밤스는 1967년부터 1992년까지 WHO에서 일했습니다. 그는 대단히 유능한 '구강보건 프로그램' 책임자이자 탁월한 과학자이고 빼어난 글로벌 보건 전략가로서 우리 기억에 남아 있습니다. WHO가 힘을 얻고 지금처럼 활동할 수 있게 된 것은 그와 같은 분들이 있었기 때문입니다. 제가 그분의 업적을 이어 이번 시리즈 강연에 동참하게 된 것을 기쁘게 생각합니다.

이번에 발표하는 내용은 현재의 세계 공중보건에 관한 우리의 우려를

역사적 맥락에 놓고 보기 위해서입니다. 그래야 우리의 현재와 미래의 책임을 가능한 한 명료하게 볼 수 있으리라 생각하기 때문입니다.

과학적 탐구가 인류의 보건을 향상시킬 수 있다는 사실은 24세기 전에도 적어도 한 사람에게는 분명했던 모양입니다. 기원전 400년경 히포크라테스는 체계적 관찰에 근거한 진단법을 도입했을 뿐만 아니라 세심한 테스트를 거친 식습관과 신체 활동을 가장 중요한 치료 방법으로 추천했습니다.

하지만 이 선구적인 접근법이 자리를 잡는 데는 오랜 시간이 걸렸으며, 제가 보기엔 아직도 우리에게 필요한 만큼 자리를 잡지 못한 게 아닌가 싶습니다. 사실 과학 지식을 보건에 적용하는 관행의 발전은 히포크라테스가 시작한 이래로 21세기가 지나서야 속도를 내기 시작했습니다.

역사적으로 지금 우리의 관심사에 참고가 될 만한 획기적인 사건이 세 가지 있었습니다. 치료와 예방법과 백신에 관한 것입니다. 세 가지 발견 모두 개인과 관련이 있습니다만, 발견 전후로 많은 사람들의 노력과 재능이 반영된 결과이기도 합니다. 저는 이번 세기 이전의 3세기 동안 매 세기에 한 번씩 있었던 사례를 이야기하고자 합니다.

- 1753년에는 제임스 린드가 괴혈병 치료법을 발표했습니다.
- 1854년에는 존 스노가 콜레라 예방법을 입증했습니다.
- 1954년에는 조너스 소크가 소아마비 백신을 발견했습니다.

지금 필요한 연구를 약간 언급하는 것으로 이야기를 마무리하려고 합니다. 제가 말씀드리고 싶은 것은 그러한 연구 덕분에 오늘날 우리를 위협하는 중대한 질병 대부분을 통제하고 예방할 수 있게 되었다는 사실입니다. 또한 지금 우리에게 닥친 도전은 그러한 방법들을 잘 활용하는 문제이기도 하다는 것입니다.

1753년 괴혈병 치료법을 발견하다

18세기에 괴혈병은 매년 수천 명의 목숨을 앗아간 무서운 병이었습니다. 영국 해군의 경우, 적과의 교전보다 괴혈병으로 죽는 선원이 더 많았습니다. 그러던 차에 제임스 린드가 1753년에 '괴혈병 논고'라는 논문을 발표했습니다. 이 논문은 괴혈병 치료에 흔히 이용되던 여섯 가지 방법을 비교한 것으로 최초의 예견적 임상실험 중 하나로 불리곤 합니다. 이 논문에는 괴혈병의 진단, 예방, 치료에 관하여 그 이전에 발표되었던 논문들을 체계적으로 검토한 내용도 포함되어 있습니다.

해군 외과의였던 린드는 '채널 플리트(영국해협 방어 선단)'에 근무하던 1747년에 비슷한 단계의 괴혈병을 앓고 있던 선원 12명을 택했습니다. 그들은 배에서 비슷한 식사를 하고 같은 선실에서 자는 생활을 하고 있었습니다. 린드는 12명 중 2명씩에게 당시 괴혈병 치료법으로 쓰이던 다음 여섯 가지 방법 중 하나씩을 적용했습니다.

- 하루에 사과술 1쿼트를 한 차례 복용
- 하루에 황산 용액 25방울을 세 차례 복용
- 하루에 식초 2스푼을 세 차례 복용
- 하루에 육두구, 겨자, 마늘 혼합물을 세 차례 복용
- 하루에 오렌지 두 개와 레몬 한 개 섭취

린드는 그 결과를 다음과 같이 보고했습니다.

"가장 빠르고 가시적인 효능은 오렌지와 레몬을 섭취한 경우에서 나타났다. 오렌지와 레몬을 섭취한 두 사람 중 한 명은 6일째 저녁 근무할 수 있는 수준으로 회복되었다. (중략) 다른 한 사람은 투병기간에 가장 나은

상태에 도달하고 상당히 호전된 것으로 여겨졌기에, 간호사는 나머지 환자들만 보살펴도 되었다."

린드는 항해를 마친 다음 해군을 떠나 에든버러대학으로 돌아가서 괴혈병 문헌을 두루 살펴보았습니다. 그는 비판적 평가가 필요한 책 54권을 발견하고는 그 책들을 요약했습니다. 싱싱한 과일과 채소가 괴혈병을 예방하고 치료한다는 증거는 엄청났습니다.

그 뒤 린드는 450쪽 분량의 논문을 발표한 데 이어 영어, 프랑스어, 이탈리아어, 독일어로 다시 발표했습니다. 쿡 선장 같은 계몽적인 사람은 기회만 있으면 싱싱한 과일과 채소를 섭취하도록 하는 원칙을 잘 지켰으며, 모든 선원들에게 그런 음식을 먹도록 했습니다. 덕분에 그와 함께 항해한 선원들의 사망률은 매우 낮았습니다.

하지만 해군성에서 선원들에게 레몬주스를 대대적으로 제공하기 시작한 것은 린드가 사망한 지 1년 뒤인 1794년부터였습니다. 효과는 아주 뛰어났습니다. 시행한 지 2년이 못 되어 괴혈병이 해군 내에서 거의 사라지다시피 했으니까요. 필요한 정보와 지식은 누가 봐도 알 수 있게 이미 있었지만, 영국 해군당국이 그것을 적용하는 데에는 40년이란 세월이 걸렸던 것입니다.

우리 시대에도 마찬가지로 지체되고 있는 일이 있습니다. 어쩌면 더 심할지도 모르겠습니다. 리처드 돌과 브래드퍼드 힐이 흡연과 폐암의 연관성을 보여준 기념비적 연구 결과를 발표한 게 1950년입니다. 그런 연구가 처음 있었던 것도 마지막으로 있었던 것도 아니었지만 '담배를 질병의 원인으로 보는 사례를 처음 제시한 것'으로 평가받고 있습니다.

하지만 유럽과 미국에서 흡연을 제한하기 위한 국제 공조를 대대적으로 벌이기 시작한 것은 수십 년 뒤의 일이었습니다. 세계적으로 볼 때 우리가 매년 500만 명의 사망을 막을 수 있는 간단한 방법으로 비흡연을 적용하려면 아직도 갈 길이 멉니다. 그러는 가운데 500만이라는 숫자는 2020년이면 1000만 명으로 늘어날 것으로 보입니다.

WHO의 담배규제기본협약은 2005년 2월 28일부터 발효될 것입니다. 지난주에는 페루가 40번째 가맹국이 되었습니다. 이로써 이 협약은 모든 가맹국에서 법적 구속력을 갖게 되었습니다. 이것은 대단한 성취로 자축할 필요가 있습니다. 하지만 이런 협약의 지원이 있다 하더라도, 담배 관련 질병들이 줄어들기 위해서는 정부와 일반 대중의 결단력 있는 행동이 시급합니다.

WHO의 '식습관 및 신체활동 글로벌 전략'은 지난 5월 세계보건총회에서 채택되었습니다. 이 전략은 따라 하기 쉬운 방법들을 권하고 있으며, 효험이 있다는 명백한 증거를 제시하고 있습니다. 이 방법을 따르면 한창 능력을 발휘할 나이인 수많은 남녀의 생명을 구할 수 있습니다. 린드의 독창성과 체계적인 접근이 시급히 요구되는 분야는 영양학자들과 비전염성 질병 연구자들의 지식이 충분히 융합되고 이해되고 적용될 수 있도록 해주는 방법을 찾는 일이라고 하겠습니다.

1854년 콜레라 예방법을 발견하다

아시아의 콜레라가 영국에 침투한 것은 1831년 선덜랜드 항구를 통해서였습니다. 당시 견습 의사였던 존 스노는 뉴캐슬 지역의 환자들을 돕도록 배치되었습니다. 그는 기존의 약이 콜레라에 무력하다는 것을 금세 알 수 있었습니다. 환자가 콜레라에 감염된 지 몇 시간 안에 사망하고 말았던 것입니다. 그는 뉴캐슬 지역에 이어 런던에서의 발병 사례들을 연구한 결과 콜레라의 전염이 분변~구강 경로로 이루어지며, 주로 오염된 식수를 통해 퍼진다는 확신을 갖게 되었습니다.

1854년 런던에서 콜레라가 발병하자, 그는 우리가 잘 알다시피 사망신고서를 조회하고, 가구들을 방문해 설문조사로 감염 경로를 추적했습니다. 또한 런던의 상하수도 배관망을 분석함으로써 자신의 이론을 입증해나갔습니다. 스노는 사망 사례와 공공 급수펌프의 위치를 모두 도로 지도에 표기했습니다. 그리고 살펴보니 10일 안에 작은 한 지역에서 500명이 사망한 것을 알 수 있었습니다. 그중에서 50명이 브로드스트리트 펌프에서 15m가량 떨어진 거리 안쪽에 살던 사람들이었습니다. 그는 또 그 동네에서 죽은 사람들 대부분이 그 펌프에서 나온 식수를 마셨다는 것을 알 수 있었습니다. 다른 펌프의 물을 마신 집들에선 사망자가 없었습니다.

스노는 그 펌프에서 얼마 안 되는 거리에 하수관이 지나가는 것에도 주목했습니다. 게다가 당시에는 그 펌프의 물에 유기물이 많이 함유되어 있음을 보여줄 만큼 충분히 발달된 현미경이 있었습니다. 스노는 자신이 발견한 사실을 1854년 9월 7일 세인트 제임스 교구 구호위원회에 보고했습니다. 위원회는 그의 조언을 받아들여 브로드스트리트 펌프의 손잡이를 없애버렸습니다. 그러자 스노가 예상한 대로 며칠 지나지 않아 발병 사례가 줄어들기 시작했습니다.

콜라라 대유행이 어쩌면 정점에 도달했을지도 모릅니다. 하지만 중요한 건 코흐의 미생물학이 콜레라균을 밝혀내기 29년 전에 이미 스노의 역학(전염병학)이 예방법이 될 만한 근거를 충분히 마련했다는 사실입니다.

하지만 그가 발견한 사실을 접수한 의회 위원회에서는 처음에 확신을 갖지 못하고 기존의 견해를 고수했습니다. 콜레라가 나쁜 공기 때문에 발생하는 공기 전염성 질병이라고 믿었던 것입니다. 더 많은 증거와 정치적 압력이 쌓여 런던의 상하수도 시스템을 개편하는 결단이 내려지기까지는 여러 해가 더 걸려 수천 명이 더 목숨을 잃어야 했습니다.

이 이야기는 공중보건이 개별적인 의료 개입보다 많은 목숨을 구할 수 있다는 교훈을 줍니다. 콜레라는 개별 환자에게는 무시무시한 신비였지만, 콜레라의 전파를 막기 위해 할 수 있는 일은 많았던 것입니다. 필요한 것은 용기 있게 꾸준히 증거를 모아나갈 한 사람이었습니다.

작년에 발발했던 사스도 마찬가지입니다. 사스를 멈추게 한 것은 존 스노가 썼던 역학과 같은 기본적인 방법이었습니다. 사례를 지도에 표시하고, 전파 경로를 추적하고, 발견한 사실들을 분석하고, 결론을 내린 다음, 행동에 나서는 것입니다. 2003년에 그런 일이 가능했던 것은 전 세계적으로 빠른 정보 교환과 여러분 같은 전 세계의 과학자들이 지식과 기술을 한데 모으려는 의지가 있었던 덕분입니다.

브로드스트리트 펌프 이야기가 주는 두 번째 교훈은 작은 지역 당국이 큰 정부 기구보다 더 빠르고 적절하게 움직일 수도 있다는 사실입니다. 사람들에게 정보가 충분히 주어진 경우에는 대대적인 행동을 취하기 위해 기다릴 필요가 없습니다. 펌프 하나를 못 쓰게 조치하는 것은 로켓 공격이나 국내 또는 국제 합의나 회의가 필요한 일이 아닙니다. 필요한 일이라는 것을 알기 위해서 고난도의 연구가 필요했지만, 연구 결과가 이미 나와 있기 때문입니다. 그다음 단계는 그러한 지식이 시급히 요구되는 곳에 적용하는 것입니다.

이 역시 중요한 일입니다. 그래서 우리 WHO는 신뢰할 만한 정보에 입각하여 지역 단위의 활동을 지원하기 위해 우리가 할 수 있는 모든 일을 다하고 있습니다.

하지만 자조가 기능을 발휘하기 위해서는 신뢰가 뒷받침되어야 하기에 각국 정부와 함께 국가별 국제적 보건 시스템을 구축하는 게 우리가 할 일입니다. 이러한 차원의 보건 활동이 시작된 것은 1851년 파리에서 열린 '국제위생 콘퍼런스'에서였습니다. 이 회의는 질병을 통제하기 위해 선박의 선적 및 부두 접안에 관한 협약을 맺기 위한 것이었습니다. 콜레라가 유럽 전역을 휩쓸며 사람을 1000명 이상 죽이고 막대한 재산 피해를 주고 있었으니까요.

153년 뒤인 지난달, 우리 회원국 대표들은 협약을 개정하기 위해 제네바에서 2주 동안 회의를 했습니다. 그 이전의 큰 개정은 1969년에 있었는데, 당시 세계는 지금과는 많이 달랐습니다(예컨대 두창이 여전히 고민거리였고, 에이즈는 아직 알려지지 않았습니다). 이번 개정의 가장 큰 관심사는 인플루엔자 대유행이었습니다. 개정안은 내년 5월 세계보건총회에서 고려될 것입니다. 세계의 보건은 갈수록 그런 협의나 조치에 따라 좌우되겠지만, 개인과 지역의 주도적 역할도 그 못지않게 중요합니다. 완벽한 해결책을 기다릴 필요가 없습니다. 많은 경우 그럴 여유가 없기 때문입니다.

존 스노의 이야기를 통해 제가 말하고 싶은 세 번째 교훈은 보건의 결정요인이 생물학적인 것 못지않게 사회적인 것이라는 점입니다. 콜레라로 목숨을 잃은 사람들은 주로 가난한 사람들이었습니다. 질병과 그것을 막기 위한 노력은 더 안전하고 정의로운 사회를 만들 필요성을 드러내줍니다. 이 말은 믿을 만한 보건 시스템만으로는 충분하지 않으며, 모두를 위해 적절한 물과 위생과 생활조건이 갖추어져야 한다는 뜻입니다. 그렇지 않다면 모두가 위험에 처하게 됩니다.

오늘날 빈곤이라는 질병도 마찬가지입니다. 우리는 이 점을 분명히 하고 적절히 행동하는 프로세스를 만들기 위해 내년 3월 '보건의 사회적 결정요인위원회'를 발족시킬 것입니다. 이 위원회는 보건 문제의 원인이 되는 사회적 결함과 그것을 어떻게 극복할 것인지를 검토할 것입니다. 보건과학은 오늘날 수많은 아동과 청소년을 죽이고 있는 질병 대부분을 예방하거나 억제하는 방법을 발견했지만, 필요한 사회적 지원 없이는 무력할 수밖에 없습니다. 역사는 주거와 노동의 조건이 사람들의 건강에 얼마나 큰 영향을 끼치는지 잘 이해할 때 사회적 지원이 주어진다는 사실을 말해줍니다.

우리에겐 존 스노처럼 증거를 모으고, 사실을 이해하고, 그것을 정책 입안자들에게 명료하게 제시할 만큼 용기와 끈기를 갖춘 사람이 필요합니다.

1954년 소아마비 백신을 발견하다

이번에는 조너스 소크의 이야기를 들려드리려 합니다. 그가 시작한 일역시 우리가 아직 이루지 못하고 있으니까요.

소크는 1947년부터 소아마비 백신을 체계적으로 연구하기 시작했습니다. 그의 나이 33세, 피츠버그대학 의대에서 일하며 '국립소아마비재단'과함께 연구하던 때입니다. 1952년에 그는 비활성 소아마비 백신을 발견하여 개발했습니다. 그로부터 2년 뒤 미국에서는 170만 명의 아동이 이 신약을 실증하기 위한 테스트에 참여했습니다.

미국 말고도 서구의 여러 나라들이 생명을 앗아가거나 평생 다리를 절룩거리게 만드는 이 전염병에 맞서 싸우고 있었습니다. 여름에 수영장이나 극장을 폐쇄하는 등의 조치를 취해봤지만 수천 명의 아동과 성인이 마비 증세로 고통받았습니다. 철제 호흡 보조기에 누워 있거나 목발이나 다리 보조기구에 의지해 절뚝거리면서 말입니다. 당시 소아마비는 커다란슬픔과 걱정과 두려움을 안겨주던 존재였습니다.

그랬으니 소크의 성취는 국제적으로 센세이션을 불러일으킨 일대 뉴스였습니다. 그는 발견과 개발의 영광에다 유명한 답변으로 명성을 더욱 높였습니다. 새로운 백신의 특허권을 누가 갖게 되느냐는 질문에 여러분도아시다시피 이렇게 답했던 것입니다. "사람들이지요! 태양을 가지고도 특허를 낼 수 있습니까?" 조너스 소크에 대한 의견이 갈릴 수도 있지만 정말대단한 답변이었습니다.

물론 그의 발견에 이어 앨버트 세이빈이 경구 소아마비 백신을 개발했습니다. 이렇게 매우 효과적이고 저렴한 제품들 덕분에 수억 명의 아동이 예방 혜택을 받을 수 있었습니다. 이후 소아마비는 불필요한 고통으로 인식되어 1988년 세계보건총회에서 글로벌 소아마비 퇴치사업을 발족하게 되었습니다.

소아마비 바이러스는 아프가니스탄, 이집트, 인도, 파키스탄에서는 아직도 발생하고 있지만 내년 중반이면 억제할 수 있을 것입니다. 아프리카에서도 발생하고 있지만 내년 말까지 발병을 막을 수 있을 것으로 보입니다. 이제 끝이 보이는 시점에 와 있지만, 임무를 완수하자면 아직도 많은 활동과 끈기가 필요합니다.

소크는 강력한 사회운동과 과학에 대한 신념과 자비로움이 있으면 당대에 가장 다루기 어렵고 위험하던 공중보건 문제도 해결할 수 있다는 것을 보여주었습니다. 그의 업적을 완수하려면 그런 정신이 필요합니다.

그런 정신은 HIV·AIDS를 해결하기 위해서도 시급히 요구되는 자질입니다. HIV·AIDS 치료는 1990년대부터 있어왔지만, 치료가 필요한 사람들 중 600만 명이 혜택을 입지 못해 죽어가고 있습니다. 그들이 죽어가고 있는 것은 효과적인 약이 없어서가 아니라 약을 구할 수 없을 만큼 너무 가난하기 때문이며, 약을 조달해줄 보건 시스템도 없기 때문입니다.

작년에 WHO와 유엔에이즈계획은 300만 명의 사람들에게 2005년도 말까지 치료를 제공하자는 사업을 시작했습니다. 우리는 이 사업을 HIV 전염을 예방하기 위한 보편적 접근과 필수적인 지원 활동에 이르는 첫걸음으로 보고 있습니다. 이는 응급조치입니다. 세계 일부 지역에서는 에이즈가 사회 전체를 파괴하고 있기 때문입니다.

치료를 위해서는 이용하기 쉬운 약뿐만 아니라 효과적인 보건 시스템도 필요합니다. 지난달 저는 멕시코에서 열린 '보건 연구에 관한 각료정상회담'에 참석했습니다. 이 회담의 목적은 빈곤으로 생기는 질병을 막기 위한 연구 노력을 이끄는 것이었습니다. 참가자들은 국가 차원에서는 이미 혁신이 충분히 이루어졌지만 제대로 활용하지 못하고 있다는 점을 알게 되었습니다. 그들은 또 부유한 나라 못지않게 가난한 나라들도 보건 시스템에 대한 도전에 직면해 있다는 것을 알 수 있었습니다. 가장 필요한 것은 질과 안전, 형평성, 공정성 같은 것이었습니다.

회담에서는 가장 필요한 연구 분야에 대한 합의가 많이 이루어졌습니다. 그중에는 물론 우선관리 대상 질병에 대한 진단, 약품, 백신에 관한 합의가 있습니다. 무엇보다 중요한 점은 그러한 것들이 일관된 시스템의 일부나 일련의 접근법으로 이해되어야 한다는 것입니다.

모인 사람들의 가장 큰 관심사가 21세기의 필요를 충족시켜 줄 보건 시스템의 연구 필요성이었던 것도 그 때문입니다. 그런 시스템이 저절로 발전하지는 않습니다. 그것은 도시 수도 시스템과 마찬가지로 상당히 전문적으로 설계되고 구축되어야 합니다. 효과적이고 신뢰할 만한 국제 또는 국내 보건 시스템이 하루빨리 필요한 시점입니다.

그런 시스템을 운영하는 사람들은 정보를 잘 알고 있어야 하며, 이용 가능한 기술을 충분히 활용할 줄 알아야 합니다. 그들은 또 의학적 요소만이 아니라 사회적, 경제적 요소도 모두 고려해야 합니다.

맺는말

지금까지 말씀드린 세 명의 연구자들은 비범한 개인이었을 뿐만 아니라 자기 시대 사회운동의 한 부분이기도 했습니다. 린드는 계몽주의자였습니다. 스노는 산업혁명이 초래한 비인간적인 주거 및 작업 조건에 경종을 울렸습니다. 소크는 소아마비 피해자를 돕기 위한 미국의 대대적인 대중운동과 '마치 오브 다임스' 재단의 지원을 받았습니다.

그들은 사회적 추세에서 힘을 받았지만 그런 추세에 개인적으로 힘을 실어주기도 했습니다. 그들은 우리처럼 어렵고 위험한 시대를 살았습니다. 그들처럼 우리도 우리 시대의 긍정적인 추세에 맞추어 일할 필요가 있습니다.

그들은 각자 다른 면에서 뛰어난 위대한 과학자였지만 존경스러운 품성을 갖추고 있었습니다. 그런 품성이야말로 그들이 성공한 중요한 비결 중 하나였습니다. 또한 그들은 용기와 끈기와 너그러움을 갖고 있었습니다. 그런 자질을 갖추어가며 고민하고 노력한다면 어느 분야에서건 필요한 발견을 해낼 수 있을 것입니다.

데이비드 밤스는 이를 실천한 탁월한 본보기였습니다. 그는 대개 잘 알려져 있지 않은 많은 사람들을 대표합니다. 저는 이번 기회를 통해 우리 모두 그런 정신을 갖고 일하는 것이 얼마나 중요한지를 다시 일깨우고 싶습니다.

우리는 조직의 전문성과 역할을 한데 모아 오늘의 보건 문제에 대처할 수 있으며, 위대한 선배들의 업적을 이어나가야 합니다. 감사합니다.

'보건의 사회적 결정요인 위원회' 출범식 연설

2005년 3월 18일, 칠레 산티아고

의장님, 위원회 여러분, 존경하는 각료 여러분, 동료 여러분, 그리고 신사·숙녀 여러분!

"나에게 설 자리를 주면 지구를 들어 보이겠다."

아르키메데스의 말입니다. 오늘 '보건의 사회적 결정요인 위원회'의 출범을 맞아 보건 종사자인 우리 모두 같은 말을 할 수 있을 것입니다. 우리에게 설 자리를 주면 오늘날 세계의 너무나 많은 사람들을 너무나 불필요하게 짓밟고 있는 건강 장애의 부담을 덜어주겠노라고 말입니다.

아르키메데스의 말은 충분히 긴 지렛대와 그것을 누르기 적당한 자리만 있으면 아무리 무거운 것이라도 들어 올릴 수 있다는 뜻이었습니다. 그는 22세기 전에 역학과 물리학을 발견한 사람으로 알려져 있습니다. 그 지식은 지금까지도 우리의 생활방식을 바꾸어나가고 있습니다. 위원 여러분도 마찬가지로 중요한 무언가를 발견할 필요가 있을지도 모릅니다. 여러분 각자가 뛰어난 능력과 전문성을 갖춘 만큼 더 나은 보건 활동을 추구하고 있으니까요. 여러분은 각자의 재능을 한데 모음으로써 성공 가능성을 높일 수 있을 것입니다.

의학은 엄청나게 발전했으며, 앞으로 더 발전할 것으로 예상됩니다. 하지만 지금 우리는 사회적 결정요인 과학(Social Determinants Science)이라 부를 만한 분야에서 돌파구를 마련할 필요가 있습니다. 아니면 우리 조상들과 마찬가지의 보건 위험에 노출될지도 모릅니다. 지금 우리가 직면한 도전에는 항균제 내성, 신종 유행병의 대두, 기존 유행병의 지속적 확산 등이 있습니다. 이런 문제들에는 의생물학적 해법 못지않게 사회적 해결책이 시급히 요구됩니다.

WHO의 입장에서 볼 때, 지금 세계는 두 가지 보건 문제의 해결을 요구하고 있습니다. 하나는 세계적 보건 안보를 향상시키는 것이고, 또 하나는 각국에서 보건 활동의 위상을 높이는 것입니다. 여기서 어느 하나 없이 다른 하나를 이룬다는 건 불가능합니다.

우리는 그러한 요구들을 충족시키기 위한 활동을 전면적으로 하고 있습니다. 글로벌 발병 경계태세를 발달시키고, 감염병을 예방하고, 소아마비를 퇴치하고, 모자 보건을 지키는 것 등입니다. 그 모든 노력은 강력한 사회적 협력을 필요로 합니다.

일례로 소아마비 퇴치의 경우를 보면 이해하기 쉬울 겁니다. 소아마비 예방은 백신에 따라 좌우되지만, 백신은 1950년대에 대단히 강력한 사회 운동에 힘입어 연구자금이 마련되고 연구가 장려되었기에 만들어질 수 있었습니다. 백신을 발견했다 해도 지체 없이 대규모로 보급되자면 사회적 추동력이 있어야 합니다. 게다가 소아마비가 세계적으로 아직 박멸되지 않은 것은 의료적 이유보다는 사회적 어려움 때문인 경우가 대부분입니다.

마찬가지로 부유한 나라든 가난한 나라든 국가의 보건 프로그램은 교육, 생활 및 노동 조건, 경제 같은 사회적 요인들을 해결하느라 애쓰고 있습니다. 보건 종사자들이 그러한 사회적 요인을 보지 못하고 애만 쓴다면 그들의 프로젝트는 실패하기 십상입니다. 반면에 이미 알려진 것을 활용하고 다른 영역의 동료들과 힘을 합쳐 열린 눈으로 일한다면 큰 효과를 거둘 수 있습니다.

보건의 사회적 결정요인에 대해서는 세계적으로 알려진 게 많지만, 그런 지식을 한데 모으고, 더 분명히 이해하고, 좀 더 체계적으로 활용할 필요가 있습니다. 그러기 위해서는 위원회가 세계의 모든 지역을 대변해야 합니다. 어떤 위원들은 행동의 세계 출신이고, 어떤 위원들은 지식의 세계 출신입니다. 우리의 바람은 그들이 서로의 행동을 현명하게 만들고, 서로의 지식을 활발히 구현할 수 있도록 영감을 주는 것입니다. 그래서 많은 경우에 그들의 지식과 행동이 아주 효과적일 수 있도록 말입니다.

이곳 다그 함마르셸드 거리에 와보니 칠레의 글로벌 비전이 다시 떠오릅니다. 다그 함마르셸드는 유엔의 두 번째 사무총장으로, 100년 전 7월에 태어나셨습니다. 그는 국제적 서비스와 연대에 삶을 바쳤는데, 그 두 가지를 세계의 미래를 위해 없어선 안 될 요소로 보았습니다. 우리의 새 위원회는 그런 그의 이해를 되살리고 강화하는 데 도움이 될 것입니다.

유엔의 사회적 목적이 최근에 표현된 것은 2000년 세계보건총회에서 채택된 '새천년 발전 목표'입니다. 채택된 8개 목표는 보건을 매우 강조하고 있습니다. 보건 지표야말로 인간의 복리를 가장 잘 평가하는 수단일 것입니다.

새천년 목표 말고도 많은 유망한 사업들이 펼쳐지고 있습니다. 그것들은 위원회의 힘을 강화해줄 것입니다. 저는 특히 '아프리카위원회'와 G8과 유럽연합의 노력에 주목하고 있습니다. 부채 탕감과 새로운 금융제도와 개발원조 증가를 통해 빈곤을 줄이려는 노력 말입니다. 또 칠레의 솔리다리오(연대) 시스템이나 어제 현장 방문에서 우리가 본 프로그램들 같은 국가 주도의 사업들에도 주목하고 있습니다. 예컨대 칠레가 항레트로바이러스 치료를 보편적으로 할 수 있게 되었다거나, 강력한 보건 시스템을 구축하기 위한 진전이 있었다거나, '생명윤리 지역 프로그램' 센터가 이곳 칠레대학교에 있다는 것 등입니다.

그러한 활동들은 사람들의 건강을 지키고 향상시키는 데 가장 직접적이고 효과적으로 기여할 수 있습니다.

'보건의 사회적 결정요인 위원회'는 모든 나라에서 그러한 활동을 촉진하고 강화하는 강력한 수단이 될 것입니다. 위원회의 첫 사업은 2008년에 마무리됩니다. 2008년은 '알마아타 선언(1978)' 이후 30년, WHO가 출범(1948)한 지 60년이 되는 해입니다. 그 두 해는 세계 보건을 위한 요구와 기회가 아주 분명하던 때였습니다. 이제 우리는 위원회의 도움을 받아 그처럼 명료하던 순간들이 다시 오도록 준비를 해야 합니다.

지구촌 각지의 보건 종사자들, 그리고 그들을 필요로 하는 모든 사람들을 대신해서 우리의 노력에 동참해준 위원회 여러분께 감사를 드리며, 모두가 성공하시기를 기원합니다. 감사합니다.

이종욱 평전

제59차 세계보건총회 사무총장 보고

2006년 5월 22일, 스위스 제네바

의장님, 존경하는 각료 여러분, 저명하신 대표단 여러분, 그리고 신사·숙녀 여러분!

우선 성원해주신 모든 국가들에 감사를 드립니다. 여러분은 지난해 결정된 많은 중요한 협상들, 예를 들면 WHO의 담배규제기본협약이나 2005년 국제보건규약 개정을 위한 당사국 총회 등에서 결정적으로 협력해주셨습니다. 이러한 민감한 절차들은 지연되기 십상인데 여러분 덕분에 그렇지 않았습니다. 여러분의 협동심과 더 큰 목표에 감사를 드립니다.

WHO는 항상 회원국들에 열려 있습니다. 지난해에는 노르웨이 국왕 내외분과 이집트와 세네갈의 영부인께서 방문해주셔서 영광이었습니다. 2005년에는 여러 국가의 수반, 각료, 대사, NGO, 국회의원, 기업체, 그 밖의 파트너 기관의 대표께서 방문해주셨습니다. 여러분을 맞이하는 것은 저희로선 언제나 영광입니다. 저희는 세심한 주의를 기울여 여러분의 의견을 경청할 것입니다. 여러분의 요구가 무엇인지 알 때, 그 요구에 맞춰서 일할 수 있을 것입니다.

우리는 많은 보건 문제에 신속히 대응해야 합니다. 우리의 발병 및 응급대응팀에 대한 수요는 많고, 계속 증가하고 있습니다. 여러분이 우릴 부를 때 우리가 그곳에 있을 것입니다. 남아시아에 지진이 발생한 직후 파키스탄 정부와 칸 장관께서 위급함을 알렸을 때 우리는 즉각 대응팀을 보내고 자원을 지원했습니다.

팔레스타인 사람들의 보건에 관한 우려는 늘 있었습니다. WHO는 상황을 면밀히 파악하고 있으며, 웨스트뱅크와 가자지구의 팔레스타인 사람들에게 보건 서비스를 계속 제공하고 있습니다.

올해에는 1988년 소아마비 퇴치사업이 시행된 이후 가장 많은 나라에서 소아마비 전염병이 발생했지만, 대단히 효과적으로 대응했습니다. 25개국이 넘는 국가들의 집단적 행동이 이러한 국제적 노력을 정상 궤도로 올려놓은 것입니다.

AI가 전 세계로 퍼져나가자 우리는 여러분의 지원 요청에 수 시간 이내에 전문가들을 파견했습니다. 올해는 아프리카, 아시아, 유럽, 중동의 20개국에 평가 및 대응팀을 보냈습니다.

'전략보건운영센터'는 행동을 조율하고 정보를 제공하는 데 핵심적인 역할을 계속 해오고 있습니다. 이러한 연계성은 저희와 여러분의 관계에서 반드시 필요한 부분입니다. 우리는 WHO가 신뢰할 만한 정보나 전략이나 지혜의 원천이 되길 원합니다. 여러분은 제멋대로 구는 바이러스와도 싸워야 하지만, 터무니없는 소문들과도 싸워야 하기 때문입니다. 솔직히 말하고 제대로 과학을 하는 것만이 도움이 될 것입니다.

솔직한 발언은 제가 초대한 연사가 아주 잘하는 일입니다. 저는 올 3월 그의 고향인 케냐를 방문했다가 이 19세 청년의 시를 듣고 깜짝 놀랐습니다. 저는 그가 HIV에 관해 말하는 것을 듣고 이 자리에 초대했습니다. 신사·숙녀 여러분, 존슨 와카지의 이야기에 귀를 기울여주십시오.

그의 발언은 우리가 귀담아 들어야 할 목소리입니다. 그는 HIV와 함께 살아가는 4000만 명을 대표하여 말합니다. 오명의 그늘에서 살아가는 사람들 말입니다. 존슨, 나와서 이야기해주시기 바랍니다.

(존슨 와카지가 시를 읽다)

이 자리에 있는 모두를 대표해서 존슨에게 감사드립니다. HIV와의 싸움에서는 '안심 수준'이란 게 있을 수 없습니다. 예방과 치료와 간호가 서로 유기적으로 작동하도록 지속적으로 압력을 가해야 합니다.

'3 by 5'의 핵심 결과물은 2010년까지 치료에 대한 보편적인 접근이 가능하도록 노력하는 것입니다. 그렇다면 보편적인 접근이란 무엇을 의미할까요?

그것은 누구도 약을 구하지 못해서 목숨을 잃는 일이 있어서는 안 된다는 것입니다. 누구도 병원이 없다는 이유로 진단이나 검진이나 치료를 놓쳐서는 안 됩니다. HIV 양성인 어머니가 자기도 모르게 자신의 아이에게 사형 선고를 내려선 안 됩니다. 부모들은 아이들을 에이즈 고아로 만드는 대신 그들을 돌보며 살아야 합니다. 필요한 모든 사람들이 진단과 상담, 치료, 간호를 받도록 끊임없이 노력해야 합니다. 동시에 사람들이 HIV 감염 예방법을 알고, 또 실행할 수 있도록 충분히 지원해야 합니다.

'3 by 5'는 이를 위해 확실한 기반을 구축하도록 도왔습니다. 이 사업 덕분에 공급망과 적격심사제, 치료, 진단, 사례관리 등에 관한 물질적 기반과 운영 기반을 구축할 수 있었습니다.

그러나 보편적 접근은 여전히 심각한 도전에 직면해 있습니다. 오늘날 항레트로바이러스 치료가 시급한 사람은 600만 명에 이릅니다. 약품 부족은 세계 도처에서 아주 흔한 일입니다. 어린이들이 효과적인 치료를 받을 수 없다는 것은 끔찍한 일입니다. 소아과와 관련한 대비가 거의 없기 때문에 일어나는 일입니다. HIV의 경우만 그런 게 아닙니다. 결핵과 말라리아의 경우도 그렇습니다. 그 이상의 문제까지 언급하자면, 결핵과 말라리아에 대한 2차 치료는 언제나 비싸고 공급이 부족합니다. 대담한 행동과 새로운 자원이 필요한 때입니다.

저는 그러한 필요를 충족시킬 수 있도록 브라질, 칠레, 프랑스, 노르웨이 정부가 주도하는 국제약품조달기구(IDPF) 같은 사업을 진심으로 환영합니다.

IDPF는 지속 가능한 자금 조달을 위해 항공세 등의 세금에서 나오는 안정적이고 혁신적인 자금을 사용할 것입니다. 또한 IDPF는 자금 및 물자를 공동으로 조달함으로써 약품 가격을 낮추고, 전 세계에 유통되는 제품의 품질을 하루빨리 높이며, 환자들이 이들 제품에 접근할 수 있도록 할 것입니다. WHO는 우리가 할 수 있는 모든 방법을 동원해 IDPF를 지원할 것입니다.

치료도 중요하지만 예방도 필수입니다. 전염병 예방 활동에서 예방접종은 주춧돌과도 같습니다. 홍역으로 사망하는 사람은 지난 몇 년간 거의 절반으로 줄었습니다. 소아마비가 고질병인 나라는 4개국으로 감소했는데, 이는 역사상 최저입니다. 그 마지막 네 나라를 한번 살펴보겠습니다.

인도와 파키스탄은 올해 말이면 소아마비를 완전히 퇴치할 것으로 보입니다. 몇 건의 사례만이 남아 있을 뿐이니 대단한 성취라고 할 수 있습니다. 아프가니스탄에서도 마지막 발병 사례들을 치료해 퇴치하기 위한 작업이 잘 진행되고 있습니다. 단, 남부 지역의 치안 상황이 문제이긴 합니다. 분쟁이 어린이들과 소아마비 백신을 가로막고 있는 형국입니다.

지금 세계는 나이지리아를 주목하고 있습니다. 북부 지역에서는 아동의 절반가량이 아직도 예방접종을 받지 못하고 있습니다. 소아마비가 아직 통제되지 않고 집중되어 있는 마지막 지역입니다.

우리에겐 훌륭한 파트너들이 있습니다. 국제로터리클럽, 미국 질병통제예방센터, 유니세프는 나이지리아 당국에 대한 지원을 주도하고 있습니다. 우리는 그들과 함께 소아마비 백신을 접할 수 없는 아이들에게 접종을 할 수 있도록 새로운 전략을 구사하고 있습니다. 예를 들어 부모들이 아이를 예방접종 장소에 데리고 오면 모기장을 준다고 유도합니다.

세계는 소아마비 퇴치를 위해 지금까지 40억 달러를 투자했습니다. 저는 여러분에게 이 일이 완료될 때까지 정치적, 재정적 지원을 계속해주실 것을 호소합니다. 소아마비 퇴치가 과연 가능할까 의심하는 분들이 있었습니다. 그러한 의심이 사라지도록 합시다. 우리는 할 수 있습니다. 그리고 반드시 해낼 것입니다.

AI 문제로 넘어가보겠습니다. 지금까지 고병원성 H5N1 바이러스는 아시아와 유럽, 아프리카, 중동 50여 개국의 야생 조류나 가금류에서 발견된 것으로 보고되고 있습니다. 이들 나라 가운데 10개국에서는 인간 감염 사례도 보고되었습니다.

안타깝게도 올해는 지금까지만 해도 지난 2005년의 전체 사망자 수보다 많은 사망자가 나왔습니다. 우리는 경계를 늦추어선 안 됩니다. AI의 위협은 아직 끝나지 않았습니다. 당장 사라지지도 않을 것입니다. 바이러스가 어떤 식으로 변할지 모르므로 앞으로도 모든 징후에 주의를 기울여야 합니다.

지금 우리 전염병 학자들은 지금까지 보고된 가장 큰 규모의 인간 집단 사례인 인도네시아의 대가족을 관찰하고 있습니다. 이 집단은 효과적인 감시에 힘입어 격리되었습니다. 그러나 세계 여기저기엔 여전히 수백, 어쩌면 수천 명의 질병 관찰 사각지대가 있습니다. 그곳은 무엇을 지켜봐야 하는지, 무엇을 보고해야 하는지, 또 누구에게 보고해야 하는지 아무도 알지 못합니다.

우리는 이러한 틈새를 메워야 합니다. 그곳이 어디든 질병의 발달 과정을 집단별로 감시해야 합니다. 지금까지 2억 마리가 넘는 조류가 폐사하거나 살처분되었습니다. 그 때문에 사람들이 생계수단을 잃고 필수영양분을 잃었습니다.

이러한 파괴적인 바이러스 공격을 아직 받지 않은 나라 분들에게 드리고 싶은 말씀은 잘 생각해보시라는 것입니다. 숨 돌릴 여유가 있다면 그 여유를 잘 활용하시기 바랍니다. 대비에는 끝이 없습니다. 백신 개발에 박차를 가하고, 생산 능력을 구축하고, 조기 경보 시스템을 개선하고, 산업 보호 방안을 공유하고, 다른 나라의 대비를 도와야 합니다.

저는 AI와 신종 인플루엔자에 관한 국제 파트너십을 발족시키는 데 핵심적인 역할을 한 미국의 부시 대통령께 진심으로 감사를 드립니다. 캐나다와 중국, 일본 정부는 즉각 그러한 취지에 공감하여 리더십과 자금을 마련하기 위한 회의를 열었습니다. 그런 중요한 일에 애써주신 여러분 모두에게 감사를 드립니다.

이번 주에 여러분은 개정된 국제보건규약 조항들을 즉각 자발적으로 준수할 것을 요구하는 결의안을 검토하게 될 것입니다. 이 결의안은 우선 고려 대상국들이 신종 인플루엔자의 위협에 대해 보내는 분명한 의사 표시입니다. 상당한 자금 조달이 약속되었지만 가장 시급하게 필요로 하는 곳에 도달하는 것이 늦어지고 있습니다. 중국 베이징에서 맺은 자금 지원 약속은 이행되어야 합니다.

말라리아 문제로 넘어가겠습니다. 말라리아 통제와 관련된 일은 분명히 잘 안 되고 있습니다. 모기를 통제할 수 있는 간단한 도구나 살충제가 처리된 침대그물, 아르테미시닌 조합 치료법을 사용했다면 많은 생명을 구할 수 있었을 것입니다. 많은 연구자들은 이 질병을 물리칠 효과적인 백신 개발이라는 궁극의 목표를 추구하고 있습니다.

하지만 말라리아는 아프리카에서 여전히 5세 이하 어린이가 사망하는 가장 큰 원인입니다. 우리는 여기에 책임을 져야 합니다. 망설일 때가 아닙니다.

WHO는 말라리아 통제에 더 강력한 리더십을 발휘할 것입니다. 우리는 이 질병과 싸워온 많은 파트너들의 훌륭한 노력을 존중합니다만, 하루라도 빨리 정상 궤도에 올라서야만 합니다. 우리는 회원국들의 기대에 부응해야 합니다. WHO의 '글로벌 말라리아 프로그램'이 지난해 발족한 것은 그래서입니다. 다음 보건총회에서는 진척 사항을 보고할 것입니다.

'3 by 5' 사업에서 우리가 한 경험은 단계별 목표 설정이 얼마나 유용한지를 잘 말해줍니다. '중간 단계' 목표는 책임감을 갖게 합니다. '새천년 발전목표'는 그 자체로는 충분치 않습니다. 새천년 발전 목표 중 보건 관련 분야는 각각 명확한 목표가 있어야 합니다.

결핵 통제 역시 같은 접근법을 따라야 합니다. '결핵 퇴치 글로벌 계획'이라는 신사업은 포괄적이면서 잘 구성되어 있어 측정하고 책임성을 파악하기도 용이합니다. 해마다 세계 연례 결핵 보고서를 통해 결핵의 전염 경로와 병을 막기 위한 진행 상황을 추적하고 있는데, 이런 식으로 접근하는게 중요합니다. 진행 지표뿐만 아니라 사람들의 생명에 끼친 긍정적인 영향까지 추적해야 합니다.

신생아와 어린이 보건 관찰에도 같은 접근법이 유용합니다. 산모 사망률을 낮추기 위해서도 똑같이 만족할 만한 모델이 하루속히 필요합니다.

저는 올해 열린 G8 정상회담에 보건을 매우 중요한 의제로 포함시킨 러시아연방의 푸틴 대통령께 감사를 드립니다. 보건, 안전, 교육은 서로 떼려야 뗄 수 없는 관계이며, 제각각 많은 어려움을 안고 있습니다.

우리는 지금 그런 어려운 문제들에 주목해야 합니다. 그렇지 않으면 새천년 발전 목표와 빈곤의 감소는 몽상에 그치고 맙니다. 새천년 발전 목표에 도달하기 위해서는 빈곤, 여성의 권리 신장, 사회적 배제, 주거환경, 무역정책 및 공중보건의 파급 효과, 환경 위험 같은 사회적 요소들을 건강보험과 연계해야 합니다. 1년 전에 발족한 '보건의 사회적 결정요인 위원회'는 그것이 어떻게 이루어질 수 있는지를 보여줍니다. 여러 영역에 걸친 효과적인 정책을 찾아내고 시행하기 위해 이 위원회와 함께 일하려는 국가들이 늘어나고 있습니다.

이번 주에 여러분은 '지적재산권·혁신·공중보건위원회'의 보고서를 검토하게 될 것입니다. 여기서 다시 드라이푸스 여사께 감사드립니다. 스위스 대통령을 지내신 여사께서는 위원회의 공통 진로를 찾기 위해 엄청난 외교적 수완을 발휘하셨습니다. 여러분은 이러한 보고를 바탕으로 개발도 상국에 시급히 필요한 백신과 진단과 약품들을 개발·보급하기 위해 지속적으로 노력하게 하려면 어떠한 행동을 취해야 할지를 숙고하게 될 것입니다. 저는 우리가 그러한 목표를 향해 나아갈 수 있다고 확신합니다.

〈2006년 세계 보건 보고서〉는 빠른 해결책이 없는 또 하나의 고질적인 문제를 다루고 있습니다. 바로 보건 인력의 위기 문제입니다. 저는 이처럼 중요한 문제를 계속 제기해온 많은 아프리카 국가 여러분에게 감사드리고 싶습니다. 여러분의 설득 덕분에 이번 회기에 관련 주제 두 건에 관한 결의안을 다룰 수 있게 되었습니다. 여러분은 변화를 위해 계속 압력을 가해오셨습니다.

잠비아의 루사카에서 〈세계 보건 보고서〉를 발표할 때 현지 병원의 간호사를 한 분 만난 적이 있습니다. 그녀는 하루 18시간을 일하고 있었습니다. 그녀는 계속해서 그렇게 일할 수는 없을 것 같다고 말했습니다. 제가 본 한 병원은 1000명의 직원을 고용하는 게 맞지만 직원은 400명도 채 안 되었습니다. 저는 간호대 학생들도 만났습니다. 장한 직업을 선택했다며 격려했지만, 그들 중에서 졸업과 동시에 이민을 갈 작정인 학생이 얼마나 많을까 하는 의문이 들었습니다.

우리는 파트너들과 함께 이번 목요일에 '세계보건인력연합'을 발족시킬 것입니다. 보건 인력이 없다면 발전도 없다는 것은 분명합니다. 출산을 돕는, 제대로 훈련받은 조산사의 부족은 신속한 행동이 필요한 분야 중 하나입니다. 출산 전후의 산모와 자녀의 건강은 개선이 필요한 중대 문제입니다.

임신 관련 사망은 15세에서 19세 사이 소녀들의 사망률 중 으뜸가는 요인입니다. 지난해 세계 청소년의 수는 12억 명이었습니다. 사상 최고였으며, 앞으로 더 늘어날 것으로 예측됩니다. 이 젊은이들 집단은 또한 HIV로 가장 큰 타격을 입고 있습니다. 해마다 HIV에 새로 감염되는 490만 명 중에서 절반가량이 15세에서 24세 사이입니다. 그리고 여성이 남성보다 감염률이 높습니다.

문제가 돈만으로 해결될 수 있다면 정말 어려운 문제도 아닐 겁니다. 그렇다면 이 어려운 문제들에 어떻게 접근해야 할까요? 기대치를 바꿔야만 합니다. 그리고 변화를 이끌어내도록 도울 수 있는 분위기를 만들어야 합니다. 지침과 표준에 따라 일한다면 이룰 수 있습니다. 예를 들어 최근에 나온 아동 성장 표준은 인종과 유전적 차이에도 불구하고 모든 어린이들이 동일한 비율로 성장할 수 있는 잠재력을 갖고 있음을 보여줍니다. 이는 발육 기대치에서 새로운 시대가 왔음을 의미합니다. 이것이 암시하는 바는 대단합니다. 우리는 이제 아이들이 잠재 성장치까지 도달할 수 있도록 아이들을 먹여 기르는 방식의 변화를 지원하기 위해 노력해야만 합니다.

글로벌 보고서인 〈만성병 예방〉 같은 출판물은 기대치를 수정하고 변화를 지원하는 활동의 일부입니다. 이 보고서는 최초로 암, 당뇨, 심혈관계 질환 같은 질병이 끼치는 피해 정도를 명확히 분석하여 제시했습니다. 아울러 2015년까지 해마다 만성질환으로 목숨을 잃는 사람의 수를 매년 2%씩 줄여나가겠다는 야심찬 목표를 제시하기도 했습니다. 그렇게 되면 3600만 명이 조기 사망하는 것을 막을 수 있습니다.

변화는 우리가 문제를 제기하고, 문제에 대한 이해와 합의를 이끌어낼 때 일어납니다. 이를테면 '성병에 관한 글로벌 전략'과 '제11차 업무총괄 프로그램'은 폭넓은 협의를 거쳐 개발되었습니다. 진화적 압박은 유기체들이 진화하는 방법을 변화시킵니다. 우리는 AI를 예측하고 예방하는 작업에 그러한 지식을 활용하고 있습니다. 소아마비 바이러스 전파를 고립시키고 퇴치하는 데도 같은 지식이 활용되고 있습니다.

그런데 그런 지식을 우리 자신에게 적용할 때, 우리가 배울 수 있는 건 무얼까요? 우리 환경을 어떻게 바꿀 수 있을까요?

저는 사무총장에 선출되고 나서 우리 조직의 투명성과 책임성을 높이기 위해 노력하겠다고 약속드린 바 있습니다. 올해 초에는 WHO를 위한 '책임성 기준'을 발표했습니다. 이 기준은 우리 조직 전반의 책임과 권한을 개략적으로 서술하고 있습니다. 또 이 기준은 우리가 달성하기를 바라는 결과를 강조합니다. 달리 말해 과정만을 바라보는 것이 아니라 실제로 사람들의 보건에 어떤 일이 일어났는지를 알고 싶은 것입니다.

예를 들면 결핵 연례 보고서가 그렇습니다. 여기에는 얼마나 많은 협의가 이루어지고 회의가 열렸는지는 적혀 있지 않습니다. 그보다는 2004년에 480만 명의 결핵 환자가 DOTS 전략에 따라 전 세계적으로 치료를 받았다는 사실이 적혀 있습니다. 그중 80%는 지금 완치되었습니다.

그러한 책임의 일환으로 지난 2개 연도의 예산 사용처를 조사해보았습니다. 저는 앞에서 돈만으로 문제를 해결할 수 있다면 그것은 어려운 문제가 아니라고 말씀드렸습니다. 그런가 하면 돈이 있어서 문제를 해결했다는 즐거운 보고를 드릴 수 있는 분야도 많이 있습니다.

여러분의 지속적이고 관대한 재정 후원에 감사를 드립니다. 당연한 말씀이지만 돈이 없다면 우리는 더 이상 활동하지 못할 것입니다. 여러분이 계속 후원해주신다는 사실은 WHO의 활동을 인정하고 지지해주신다는 아주 반가운 신호입니다. 우리의 으뜸가는 자원은 바로 사람입니다.

재정 현황에 관해서는 세 가지를 말씀드리고자 합니다.

첫 번째로, 2004~2005년의 예산 외 기부금 총수입이 20억 달러가 조금 넘습니다. 사상 최고 액수입니다. 자발적 기부가 61% 증가했습니다.

두 번째로, WHO는 그러한 자발적 자원으로부터 대부분의 재정 계획을 세우고 있는 추세입니다. 현재 이들이 전체 재정의 4분의 3을 차지하고 있습니다.

세 번째로, 2004~2005년에 조직의 업무 강조점에 변화가 있었습니다.

본부 예산의 급격한 증가 추세는 이제 꺾였습니다. 우리는 조직의 자원을 가장 필요로 하는 곳, 즉 각 지역사무처와 회원국으로 더 옮기겠다는 제 약속을 지키는 방향으로 과감히 나아가고 있습니다. 지역사무처와 회원국의 총지출은 2002~2003년의 13억 달러에서 2004~2005년에는 19억 달러로 증가했습니다. 46%가 증가한 것입니다. 총지출에서 회원국 지출이 차지하는 비율은 30%에서 35.5%로 높아졌습니다.

저는 야심찬 장기 목표를 설정할 때 중간 목표들을 설정할 필요가 있다고 강조했습니다. '중기 전략 계획'은 그래서 나왔습니다. 이 계획의 2008~2013년의 상세한 내용은 몇 달 뒤에 열릴 지역위원회 회의에서 협의하기 위해 공개될 것입니다.

저는 오늘 WHO가 여러분의 요구에 대응하는 방식에 대해 상세히 설명드렸습니다. 여러분의 이야기에 귀를 기울여야 할 필요성에 대해서도 말씀드렸습니다. 보건 관련 성과가 측정 가능하도록 우리의 대응을 구조화해야 하는 이유도 말씀드렸습니다. 우리가 여러분의 자금을 어떻게 쓰는지 완전히 투명하게 해야 할 필요성도 말씀드렸습니다. 장기 계획과 함께 단기 계획들이 있어야 하는 필요성도 말씀드렸습니다.

그리고 계획을 적용하고 전략을 실행하는 것이 우선적인 일이 아니라는 것을 항상 기억할 필요가 있다는 말씀도 드렸습니다. 그보다는 사람이 중요하다는 뜻입니다. 삶을 향상시키고 사람들의 건강을 지키는 일 말입니다.

유엔 개혁을 둘러싸고 말들이 많습니다. 제가 보기에 유엔 개혁은 연례행사가 아니라 날마다 해야 하는 일입니다.

개혁에서 중요한 것은 말이 아니라 행동입니다. 조직은 행동으로 말해야 한다고 생각합니다.

　이 연설 서두에서 말씀드렸듯이 저는 WHO 직원인 저희와 회원국 여러분의 관계를 깊이 인식하고 있습니다. 저희의 역할과 목표는 여러분의 공중보건에 관한 요구를 반영하는 것입니다. 사무총장의 중요한 임무 중 하나는 여러분의 요구에 민감하게 반응하고, WHO가 여러분의 필요에 맞게끔 충분히 유연한 수단이 되도록 하는 것입니다.

　60년 전인 1946년 7월 국제보건회의가 WHO 헌장을 채택했습니다. 가장 먼저 서명한 두 나라는 영국과 중국이었습니다. 그들은 '유보 없이' 헌장에 지지를 보냈다고 합니다.

　60년이 지난 지금까지 어떠한 유보도 없었다고 여긴다면 외람된 말씀이 될지도 모르겠습니다. 그러나 한 가지만은 변하지 않았습니다. 그것은 저희가 저희 역할을 분명히 인식하면서 이해하고 있다는 점입니다.

　WHO는 '국제 보건 활동을 선도하는 조직'으로서 회원국들을 섬기기 위해 만들어졌습니다. 저는 여러분에게 바로 그 취지가 저희를 이끌어가는 원동력이라는 말씀을 주저 없이 드립니다. 감사합니다.

WHO 사무총장
1000일의 여정

• 곧 떠나는 직전 사무총장 브룬틀란과 함께 환하게 웃고 있다.
•• 2003년 10월 비정부기구(NGO) 100주년 콘퍼런스에서 감사장을 받았다.
••• 2004년 NGO 100주년 콘퍼런스 기조발제자로 나서서 발표하는 모습.

- 2003년 11월 프랑스 엘리제궁에서 프랑스 대통령 자크 르네 시라크와 함께. 두 사람은 이후 사적으로도 매우 가까워졌다.
- 2005년 10월 이례적으로 대통령 집무실로 초청한 미국 대통령 조지 부시와 회담 직후. 맨 오른쪽은 이 총장의 정책자문관 케네스 버너드.
- 2003년 체코공화국 초대 대통령인 바츨라프 하벨과 WHO 체코 연락사무소에서 환담 직후.
- 2005년 3월 WHO를 방문한 스페인 국왕 후안 카를로스 부부와 함께 본부 건물 앞에서 기념 촬영을 하고 있다.

2005년 10월 WHO 본부를 방문한 유엔 사무총장 코피 아난과 즐겁게 대화를 나누는 모습. 두 사람은 평소 서로에게 깊은 신뢰와 지지를 표했다.

2004년 5월 세계보건총회 연설자로 초청한 전직 미국 대통령이자 노벨 평화상 수상자인 지미 카터를 안내하고 있다.

· 2005년 5월 세계보건총회에 초청한 빌 게이츠와 함께. 가운데는 연례총회 의장인 스페인 보건장관 엘레나 살가도.

·· 2005년 3월 에티오피아 출신 유명 모델 리야 케베데(Liya Kebede)를 WHO 친선홍보대사로 선정하고 밝게 웃으며 악수하고 있다.

··· 2004년 콘래드N힐튼재단이 주최한 콘퍼런스에 참석해 발표하는 모습. 이 총장은 임기 내내 세계 공공보건과 개발도상국 지원에 필요한 기금 마련을 위해 최선을 다했다.

2003년 9월 아프리카 앙골라를 방문해 아이들에게 둘러싸여 환하게 웃는 모습.
2004년 7월 아프리카 수단에서 아이들과 함께.

- 2003년 9월 남아프리카공화국 음푸말랑가주를 찾아가 토속 리듬에 맞춰 원주민들과 춤을
  추고 있다.
- 2005년 12월 대지진으로 큰 피해를 본 파키스탄 발라콧 지역을 방문해 현장 상황을 듣는
  모습.

◦ 2005년 제58차 세계보건총회에서 자료를 들어 보이며 연설하고 있다.
◦◦ 2006년 1월 WHO 집행이사회 회의를 앞두고 잠시 상념에 잠겨 있는 모습.

••• 셰익스피어 원문을 읽다가 갑작스러운 촬영이 쑥스러운지 환하게 웃는 모습.

••• 2005년 6월 방문한 아르헨티나의 한 만찬장에서 익살스러운 표정으로 참석자들에게 큰 웃음을 주고 있다.

••• 2006년 4월 '세계 보건의 날' 행사를 위해 아프리카 잠비아 공항에 도착해 혼자 가방을 끌고 가는 모습. 그를 가장 잘 나타내는 사진으로 꼽힌다.

역대 WHO 사무총장들과 함께. 사진 왼쪽부터 그로 할렘 블룬틀란(1998~2003), 할프단 말러(1973~1988), 나카지마 히로시(1988~1988), 이종욱(2003~2006).

2006년 1월 WHO 집행이사회 개막식을 앞두고 인간환경보호국장 마거릿 챈과 상의하는 모습. 챈은 이 총장 후임 사무총장으로 선출돼 2017년까지 10년간 WHO를 이끌었다.

- 2006년 5월 24일 오전 치러진 장례식에서 WHO 직원들이 이종욱 총장의 시신이 안치된 관을 어깨에 메고 옮기고 있다.
- 2006년 5월 31일 유엔 총회에 참석한 사무총장 코피 아난(왼쪽)과 유엔에이즈계획 대표 피터 피오(가운데) 등 참석자들이 이종욱 총장의 서거에 깊은 애도를 표하고 있다.
- 2006년 5월 22일 세계보건총회에 참석한 영국 왕세자 찰스 윈저가 이 총장의 서거를 애도하며 조문록에 글을 남기고 있다.
- 이 총장의 가족을 대표해 추도사를 읽는 아들 충호.

2006년 5월 24일 오전, 스위스 제네바 노트르담 대성당에서 치러진 장례 미사에는 각국
대표와 외교사절, 보건장관 등 수많은 추모객이 참석해 발 디딜 틈이 없었다.
장례 미사는 로마교황청 대사가 7명의 신부들과 함께 직접 집전했다.

1945. 4. 12.	서울 북아현동 출생. 아버지 이명세(李名世)와 어머니 이상간(李商簡) 사이에서 4남 2녀 중 넷째로 태어났다. 원래는 누나와 형이 한 명씩 더 있었으나 어린 나이에 일찍 세상을 떠났다.
1950. 6. 25.	북한의 남침으로 6·25전쟁 발발. 그해 12월 뒤늦게 피난길에 올라 다음 해 9월까지 대구에서 피난 생활을 했다.
1952. 3.	서울 봉래초등학교 입학. 연령에 맞춰 2학년으로 들어간 것으로 보인다.
1954. 4. 1.	서울 덕수초등학교 4학년으로 전학. 당시 생활기록부를 보면 '영리하고 온순하며 상식이 많다. 꾸준한 노력으로 성적 향상이 크다'라고 적혀 있다.
1957. 4. 1.	서울 경복중학교 입학. 유복한 집안의 명랑 소년으로 친구들 사이에서 인기가 많았다.
1960. 4. 1.	서울 경복고등학교 입학. 학우들에게 신망을 얻어 3년 내리 반장에 뽑혔다.
1960. 8.	아버지 이명세 후두암으로 사망. 이때부터 가세가 급격히 기울었지만, 주변 친구들에게 전혀 내색하지 않았다.
1963. 1.	첫 번째 서울대 입시 낙방.
1964. 1.	두 번째 서울대 입시 낙방 후 한양대 공대(후기) 건축과 합격. 하지만 얼마 지나지 않아 휴학하고 다시 서울대 입시를 준비했다.
1965~66.	3~4수를 하며 서울대 입시에 도전했으나 연거푸 낙방.
1966. 3. 14.	육군 보병 입대. 병역사항 '30사 인명(병) 제95호'.

1969. 3. 8.	육군 병장 제대(36개월 만기). 복무한 군부대는 확인되지 않았다.
1970. 1.	5수 끝에 서울대 문리대 의예과 입학. 동기생들보다 일곱 살이나 많았다.
1974. 3. 31.	막내 동생 종구, '대통령 긴급조치 제4호' 위반 혐의(민청학련 사건)로 긴급 체포됨. 이때 체포된 민청학련 사건 연루자들은 35년 뒤인 2009년 모두 무죄 판결을 받았다.
1975. 2. 15.	종구 석방(1심 15년, 2심 12년 선고).
1976. 2. 9.	경기도 의왕시 '성 라자로 마을' 방문해 한센병 환자들을 대상으로 의료 자원봉사활동 시작. 이날 마을에서 자원봉사를 하던 가부라키 레이코 여사를 처음 만났다.
1976. 2. 26.	서울대 의과대학 졸업.
1976. 6. 1	서울 도봉구보건소 보건지도과 의사 근무(2개월).
1976. 8. 1.	강원도립의료원 응급실 촉탁의사 부임.
1976. 12. 18.	서울 명동성당에서 노기남 주교의 주례로 레이코 여사와 결혼.
1977. 10. 31.	레이코 여사, 아들 충호(일본명 다다히로) 출산.
1978. 1. 14.	춘천 성 골롬반 의원에서 미군 군의관 존 헤스와 처음 만남.
1979. 2. 1.	강원도립의료원 응급실 일반의(지방잡급 직8종) 발령.
1979. 7. 31.	강원도립의료원 응급실 일반의 면직.
1979. 8. 9.	존 헤스의 도움으로 미국 하와이로 유학길에 오름. 하와이대에서 로버트 M 워스 교수가 지도하는 공중보건학 석사과정을 시작했다.
1981. 6.	하와이대 공중보건학 석사과정 졸업 후 아메리칸사모아(미국령) 린든 B. 존슨 병원 응급실 임상의로 취업.
1982. 11. 2.	미국 의사국가고시위원회, ECFMG 비자자격시험 합격 통보.
1983. 6.	피지 수바 WHO 남태평양지역사무소 한센병 자문관(Consultant)으로 부임. 레이코 여사는 실제 일은 8월 정도부터 시작한 것으로 기억했다.

1984. 6.	WHO 남태평양지역사무소 한센병 담당관(Team leader)으로 승진. 단기 계약직에서 정식 계약직으로 신분이 바뀌면서 무기한 계약 연장이 가능해졌다.
1986. 12.	필리핀 마닐라 WHO 서태평양지역사무처 만성질환 지역고문(Regional Adviser for Chronic Disease)으로 전보.
1990. 6.	WHO 서태평양지역사무처 질병관리국장(Director, Disease Prevention and Control) 부임. 소아마비 퇴치 프로그램에 앞장서 1990년 6000건에 육박했던 발병 사례를 불과 4년 만에 74건으로 줄이는 등 큰 성과를 거뒀다.
1994. 5.	스위스 제네바 WHO 본부 국제 백신·면역 프로그램(Global Programme Vaccines and Immunization, GPVI) 및 어린이 백신사업(Children's Vaccine Initiative, CVI) 사무국 총괄국장 부임.
1998. 7.	WHO 본부 사무총장 선임 정책자문관(Senior Policy Adviser to the Director-General)으로 부임. 실질적인 권한은 없고 쓸 수 있는 예산이나 직원도 없는 자리로, 이때 매우 힘든 시기를 보냈다.
1999. 10.	WHO 본부 사무총장 특별대표(Special Representative of the Director-General)로 전보. 그동안 해왔던 경험이나 전공과는 거리가 먼 정보통신 시스템을 종합 점검·감독하는 업무를 맡았다.
2000. 12.	WHO 본부 사무총장 특별대표 겸 결핵퇴치사업국장(Special Representative of the Director-General & Director Stop TB)으로 부임. 글로벌약품조달기구를 설립해 결핵 약에 대한 개발도상국의 접근성을 높이고 결핵 퇴치 프로그램을 확대하는 데 크게 기여했다.
2001. 11.	브룬틀란 WHO 사무총장과 함께 북한 방문. 결핵 치료제 6만 명분(40만 달러 상당)을 제공하고, 글로벌 펀드에서 3년간 400여만 달러를 지원하기로 약속했다.
2002. 1.	레이코 여사, 자원봉사활동을 위해 페루 리마 빈민지역으로 떠남. 레이코 여사는 빈민지역인 카라바이요에서 20년 가까이 자원봉사활동을 이어오고 있다.

2003. 1.	WHO 6대 사무총장 당선. 한국인 최초로 국제기구 수장에 올랐다.
2003. 5. 21.	세계보건총회에서 WHO 사무총장 정식 승인. 2005년까지 300만 명의 에이즈 환자에게 항레트로바이러스 치료제를 제공하겠다는 '3 by 5' 캠페인을 공식 선언했다.
2004. 12.	WHO 본부 건물 지하 강당에 '전략보건운영센터(Strategic Health Operations Centre, SHOC)' 완공. 조직 내 거센 반대를 무릅쓰고 완성시킨 이 시설은 향후 발생한 신종 인플루엔자 대유행과 에볼라 바이러스, 메르스, 코로나19 등 국제 공중보건의 위기 상황에 훌륭한 컨트롤 타워 역할을 담당하고 있다. 이종욱 사무총장이 이 시설을 세운 가치와 정신을 기념하기 위해 후에 센터 이름을 '이종욱 전략보건운영센터(JW Lee SHOC)'로 바꾸었다.
2005. 2. 27.	'담배규제기본규약(Framework Convention on Tobacco Control, FCTC)' 발효.
2005. 12. 1.	세계 에이즈의 날, 2005년까지 300만 명에게 에이즈 치료제를 보급한다는 캠페인('3 by 5')의 목표를 달성하지는 못했지만, 100만 명에게 치료제를 보급했다고 발표.
2006. 5. 20.	뇌졸중(허혈성 뇌경색증)으로 쓰러져 뇌혈전 제거 수술을 받음.
2006. 5. 22.	세계보건총회 당일 오전 7시 43분 최종 사망 선언.
2006. 5. 24.	스위스 제네바 노트르담 성당에서 WHO장으로 장례식 거행. 그의 유해는 화장해 국립 대전현충원에 안장됐다.

영원한 WHO 사무총장
이종욱 평전

1판 1쇄 발행 2021년 6월 14일
1판 2쇄 발행 2021년 7월 30일
1판 3쇄 발행 2023년 4월 20일

지은이 엄상현
발행인 임채청
디자인 김진디자인
교 열 배영조
발 행 동아일보사
등 록 1968. 11. 9(1-75)
주 소 서울시 서대문구 충정로 29(03737)
팩 스 02-361-1041
편 집 02-361-0915, 1068
인 쇄 에이치와이프린팅

ISBN 979-11-87194-95-8 03990

본 책에 실린 사진은 WHO와 한국국제보건의료재단, 서울대 의과대학 도서관,
가부라키 레이코 여사, 존 헤스 부부, 카우프먼 박사 부부, 성 라자로 마을,
성 골롬반 외방선교수녀회 등이 제공한 것입니다.